Pupil's Book 4B

TRICOLORE

Stage Four

Heather Mascie-Taylor and Sylvia Honnor

Nelson

Tricolore Stage 4

Pupil's Books 4A/4B
Teacher's Book
Tapes or Cassettes
Reproduction Masters
Filmstrips
Overhead Projector Transparencies

Illustrations

Viv Quillin
David Mostyn
Colin Smithson
Mike Hall
Studio PFB
Neil Puddephat
Jake Tebbit
Roland Fiddy
Peter Smith

Designer

Barrie Richardson

If we have unwittingly infringed copyright in any picture, article or photograph reproduced in this publication, we tender our sincere apologies, and will be glad of the opportunity, upon being satisfied as to the owners' title, to pay an appropriate fee as if we had been able to obtain prior permission.

Thomas Nelson and Sons Ltd
Nelson House Mayfield Road
Walton-on-Thames Surrey
KT12 5PL UK

51 York Place
Edinburgh
EH1 3JD UK

Nelson Canada
1120 Birchmount Road
Scarborough Ontario
M1K 5G4 Canada

Thomas Nelson (Hong Kong) Ltd
Toppan Building 10/F
22A Westlands Road
Quarry Bay Hong Kong

Thomas Nelson Australia
102 Dodds Street
South Melbourne Victoria 3205
Australia

© Heather Mascie-Taylor & Sylvia Honnor 1985

First published by E J Arnold and Son Ltd 1985
ISBN 0-560-20623-2
This edition published by Thomas Nelson and Sons Ltd 1990
ISBN 0-17-439393-8
NPN 9 8 7 6 5 4 3

All rights reserved. No paragraph of this publication may be reproduced, copied or transmitted save with written permission or in accordance with the provisions of the Copyright, Design and Patents Act 1988, or under the terms of any licence permitting limited copying issued by the Copyright Licensing Agency, 33-34 Alfred Place, London WC1E 7DP.

Any person who does any unauthorised act in relation to this publication may be liable to criminal prosecution and civil claims for damages.

Printed in Hong Kong

Acknowledgements

The publishers would like to thank the following examination boards for permission to include questions from previous examination papers:

Associated Examining Board (AEB)
University of Cambridge Local Examinations Syndicate (Cambridge)
Joint Matriculation Board (JMB)
University of London, School Examinations Department (London)
Oxford Delegacy of Local Examinations (Oxford)
Oxford and Cambridge Schools Examination Board
Welsh Joint Education Committee (WJEC)
Associated Lancashire Schools Examining Board (ALSEB)
East Anglian Examinations Board (EAEB)
East Midland Regional Examinations Board (EMREB)
London Regional Examinations Board (LREB)
Northern Ireland Examinations Council (NIEC)
North West Regional Examinations Board (NWREB)
Southern Regional Examinations Board (SREB)
South East Regional Examinations Board (SEREB)
South Western Examinations Board (SWEB)
West Midlands Examinations Board (WMEB)
Yorkshire and Humberside Regional Examinations Board (YHREB)
Northern Examining Association
(Associated Lancashire Schools Examining Board,
Joint Matriculation Board, North Regional Examinations Board,
North West Regional Examinations Board,
Yorkshire and Humberside Regional Examinations Board)
Achievement Test Working Party, Newcastle LEA

Photographs: Brendan Hearne

Other photographs: John Billingham: pp. 72, 184, 185 top Documentation Française: p. 16 (Renault, J. C. Pinheira, Morin D-F); p.17 (J. C. Pinheira, Sodel EDF Guichard); p. 136 bottom (Credit Foncier de France); p. 178 (Bois Prevost); p. 181 (J. Pottier); p.185 (C.N.D.P. Marc Pialoux) Keith Gibson: pp. 6, 8, 38, 41, 101, 106 Marks & Spencer: p. 98 Hugo Mascie-Taylor: p. 29 Office du Tourisme de Lyon: pp. 83, 163 Clive Pickering: p. 20 Photo Library International: pp. 47, 51 Sic-PTT: pp. 115, 117. 118 Bob Thomas: p. 16 top left

Cover photographs Brendan Hearne, top right
Direction du Tourisme: F. Bouille, left, Air France Tourisme, bottom right

Introduction

Tricolore 4 is the final stage of the Tricolore French Course and contains materials for 1½ – 2 years' work.

The two pupils' books, 4A and 4B, are designed to help you to revise and extend your knowledge of French so that, by the end of the course, you should be able to do the following:

1
Visit a French-speaking country and cope there with everyday situations such as shopping, using public transport, booking accommodation, finding out information, ordering food and drink and sorting out any problems which arise.

2
Talk or write about yourself, your family, school life, your local area, your interests, hobbies and ambitions, and also ask French people about these things.
You should be able to express your opinions on a variety of matters, including television, exams, smoking and marriage (particularly after working on Pupil's Book 4B).

3
Offer advice or assistance to French-speaking visitors staying in your own country, explaining to them what there is to see in your area, how they can travel around, and helping them with any difficulties.

4
Be fairly well-informed about everyday life in France and French-speaking countries.

5
Find out information from brochures, instructions, posters, etc. printed in French.

6
Read for enjoyment or interest a French magazine or newspaper article, or a short story, and understand the gist of it even if you do not know the meaning of every word.

7
Understand most of what French people say when they are actually speaking to you.

8
Understand the gist of other spoken French, which you are likely to hear, such as conversations between members of a French family or friends, travel information, simple weather or news items on the radio.

9
Be familiar with the most important grammar and structures of the French language and use this knowledge to help you to express yourself better in French, and to understand more fully the French that you hear or read.

Besides introducing new language, Stage 4 does include a lot of revision and consolidation of topics or grammar which have already been covered earlier in the course. In some cases, you may not need to spend long on these areas, and your teacher may suggest that you work through some of them quickly on your own, or even omit some altogether. However, it is important to keep practising the language which you have already learnt, and these sections should also prove very useful for reference when you are revising by yourself. (Use the list of contents, page 4, the vocabulary index, page 253, and the grammar index, page 253, to help you to find the pages which you need.)

At the back of each book, there are sections containing extra practice and guidance in preparing for examinations. You will probably use some of this material in class, but it has been designed so that you can work through much of it on your own when you are doing revision for exams.

Bonne chance et bon travail!

Contents

6 Les loisirs

Les jeunes à Lyon

Ils aiment la musique, ils rêvent de voyage et ils manquent d'argent.

Voilà les conclusions d'une enquête faite par la Jeune Chambre Economique de Lyon auprès de 786 jeunes de 14 à 20 ans.

Comment les jeunes vivent-ils en dehors du travail? A quelles activités consacrent-ils le plus de temps?

Les jeunes consacrent la plupart de leur temps libre à la musique, puis viennent les sports, le cinéma, la télévision et la lecture. Ces activités sont les plus populaires, mais les activités manuelles, la danse, la M.J.C et les visites au café occupent aussi une place importante.

Quels obstacles rencontrent-ils pour se consacrer à ces activités ou réaliser leurs désirs?

Le travail scolaire, les horaires, le manque d'argent, les transports, le manque d'équipement, le manque d'informations.

De quoi rêvent-ils?

Ils rêvent de voyages: l'Amérique, la Chine ou, tout simplement, Londres (surtout les filles), mais ils rêvent aussi de devenir riches (surtout les garçons!).
Ils éprouvent aussi le besoin de communiquer avec d'autres jeunes, de sortir de l'anonymat de la grande ville.
56% voudraient un lieu de rencontre, un local qu'ils puissent aménager à leur goût.

6·1 Pour passer le temps

1 Qui s'intéresse principalement à la musique?
2 Qui est très sportif?
3 Qui aime les boums?
4 Qui fait partie d'une chorale?
5 Qui joue dans une équipe de football?
6 Qui aime lire?
7 Qui fait de l'équitation?
8 Qui aime écouter la musique pop à la radio?
9 Qui aime se promener à vélo à la campagne?
10 Qui apprend à jouer d'un instrument de musique?

Les jeunes et les loisirs

Les jeunes en France, comment passent-ils leur temps libre? Notre reporter Claude Blanchard s'est mis en route pour trouver la réponse.

Laurent est en seconde au lycée de Tours.

— *Laurent, qu'est-ce que tu as comme distraction?*
Laurent: Moi, je fais beaucoup de sport. J'adore ça.
— *Est-ce que tu fais partie d'une équipe?*
Laurent: Oui, je joue dans l'équipe de football du lycée. En hiver, il y a des matchs presque tous les dimanches.
— *C'est ton sport préféré?*
Laurent: Non, j'aime bien le football, mais je préfère le ski . . . seulement on n'a pas souvent l'occasion d'en faire.
— *Tu fais d'autres sports aussi?*
Laurent: Oui, je joue au handball à la M.J.C. et, en été, je joue au tennis.
— *Tu fais aussi autre chose? De la musique, du bricolage?*
Laurent: Le bricolage, le travail manuel, ça ne m'intéresse pas du tout. Quant à la musique, j'écoute des disques et des cassettes de temps en temps – c'est tout.

Anne, 16 ans, habite à Toulouse.

— *Anne, qu'est-ce que tu aimes faire, quand tu es libre?*
Anne: Pour moi, c'est la musique qui m'intéresse le plus.
— *Tu joues d'un instrument?*
Anne: Oui, je joue du piano et de la guitare et j'apprends aussi à jouer de la flûte.
— *Est-ce que tu joues dans un orchestre?*
Anne: Non, mais je fais partie d'une chorale.
— *Quel genre de musique préfères-tu?*
Anne: J'aime tout. Je joue surtout de la musique classique et de la musique folklorique, mais j'aime aussi la musique moderne et le jazz.

Julien et Luc, 15 et 14 ans, sont élèves de troisième à Rochefort.

— *Quelle est votre distraction préférée?*
Julien: Les boums.
Luc: Les boums, c'est bien. On écoute de la musique: disco, rock et les groupes à la mode. On boit des jus de fruit, parfois un peu de bière et on danse.
Julien: Ça sert aussi à rencontrer les filles!
— *Que faites-vous le mercredi, quand vous n'avez pas cours?*
Luc: On va au café. On discute, on joue au flipper.
— *Allez-vous au cinéma?*
Julien: Oui, mais quand ça finit, on ne sait pas quoi faire.
— *Vous écoutez la radio?*
Julien: On écoute «Radio Rochefort». C'est une radio libre toute nouvelle. On passe de la bonne musique.
— *La télévision, ça vous intéresse?*
Luc: Quelquefois, mais moins qu'avant. Il y a trop de débats. Quand on passe un film, il est souvent sous-titré et ça, c'est moins intéressant.

Sophie et Nicole habitent un petit village en Dordogne. Elles sont voisines et elles ont toutes les deux quatorze ans.

— *Qu'est-ce que vous faites, quand vous avez du temps libre?*
Sophie: Je lis. J'ai toujours un livre en train.
Nicole: Moi aussi. En ce moment, je lis «Le journal d'Anne Frank». C'est passionnant.
— *Quand vous ne lisez pas, qu'est-ce que vous faites?*
Nicole: On se promène à la campagne. On discute.
— *De quoi?*
Sophie: De tout, du lycée, de la famille, des copains.
Nicole: Quelquefois on va au cinéma à Saint-Emilion. Mon frère nous emmène en voiture.
— *Vous regardez la télévision?*
Sophie: Quelquefois. Les films policiers, les dessins animés. C'est bien pour ne pas s'ennuyer.
Nicole: Mais ça n'instruit pas tellement.
— *Faites-vous du sport?*
Sophie: Moi, je fais de l'équitation. J'aime bien les animaux, surtout les chevaux.
Nicole: Et moi, je fais du vélo. C'est bien pour se promener à la campagne.

Pour passer le temps vocabulaire et phrases utiles

Qu'est-ce que	tu as vous avez	comme distraction			?
	tu fais vous faites	quand	tu es vous êtes	libre	

Est-ce que	tu sors vous sortez tu regardes la TV vous regardez la TV tu écoutes la musique vous écoutez la radio	souvent	le soir le samedi le week-end	?

Est-ce que	tu fais vous faites	du théâtre du sport du bricolage de la musique de la poterie *etc.*	?

Vas-tu Allez-vous	souvent de temps en temps	dans un ciné-club au cinéma au théâtre au concert à un spectacle dans les boîtes dans les discothèques	?

Est-ce que	tu fais vous faites	partie d'	un club une chorale un orchestre un groupe une équipe	?

— Je reviens tout de suite — je vais chercher le ballon!

Les passe-temps, les loisirs

Est-ce que	tu aimes vous aimez	la musique le sport la radio la lecture	?

Le cinéma, Le sport, La musique, L'informatique, *etc.*	ça	t' vous	intéresse	?

Aimes-tu Aimez-vous Sais-tu Savez-vous	danser jouer au tennis/football *etc.* jouer aux échecs/cartes/ jeux de société *etc.* faire du ski/de la gymnastique *etc.* jouer avec le micro-ordinateur	?

Faites-vous du sport?

Je fais partie d'une équipe de	football. rugby. netball. hockey.

Je joue souvent	au tennis. au squash. au badminton. au snooker.

J'aime beaucoup regarder	la natation l'athlétisme la gymnastique le ski le patin sur glace le snooker	à la télé.

Aimez-vous sortir?

Je sors	très peu de temps en temps assez souvent beaucoup	le soir. le week-end.

Où aimez-vous aller?

J'aime aller	au cinéma. au théâtre. dans une discothèque. au club des jeunes. chez mes ami(e)s.

La musique, la télévision, les jeux, la lecture

J'écoute souvent	des disques des cassettes la radio	J'aime	la musique pop. la musique classique. le rock. le jazz. le folk.

J'aime regarder	les documentaires les films d'aventures les bandes dessinées les émissions comiques	à la télé.

Je joue	aux échecs. aux cartes. d'un instrument de musique. (du piano, de la guitare, de la flûte *etc.*)

J'aime lire	les histoires vraies. la science-fiction. les bandes dessinées. les magazines. le journal.

Le sport Le football La politique La lecture Le bricolage La cuisine La couture Le yoga *etc.*	(ça) m'intéresse	beaucoup énormément.
	(ça) ne m'intéresse	pas. pas beaucoup. pas du tout.

Complétez les conversations

A Vous faites l'interview

1 ....?
– Je vais au cinéma, j'écoute des disques, je me promène avec des copains.

2 ....?
– Non, je n'aime pas le sport.

3 ....?
– Quelquefois, mais je trouve qu'il y a trop de débats à la télévision.
La politique ne m'intéresse pas.

4 ....?
– Oui, j'aime beaucoup la musique. La musique de toutes sortes: la musique classique, le rock, le jazz.

5 ....?
– Oui, je joue du piano et de la guitare classique.

6 ....?
– Je ne sors pas souvent en semaine. Mes parents ne veulent pas et, en plus, j'ai beaucoup de travail scolaire.

B On vous interviewe

1 Qu'est-ce que tu as comme distraction?
2 Aimes-tu la musique?
3 Est-ce que tu fais du sport?
4 Est-ce que tu fais partie d'un club ou d'une équipe?
5 Est-ce que tu sors souvent le soir?
6 Est-ce que tu vas souvent danser?
7 Tu aimes regarder la télévision?
8 Qu'est-ce qui t'intéresse le plus à la télévision?
9 Et la radio, tu l'écoutes souvent?
10 Tu fais aussi autre chose? De la musique, du bricolage? *etc.*

Faites des conversations

Travaillez avec un partenaire.

1 L'élève **A** doit poser une question à l'élève **B**.

2 L'élève **B** doit répondre à la question, puis il doit poser une question à l'élève **A**.

3 L'élève **A** doit répondre à la question, puis poser une autre question à l'élève **B** et ainsi de suite.

Faites un sondage

Vous préparez un sondage sur les loisirs (cinéma, sport, musique *etc.*) pour une revue française. Vous avez déjà écrit deux questions; maintenant écrivez au moins six autres questions.

1 Est-ce que vous faites du sport?

2 Quels sports pratiquez-vous?

Grammaire

Jouer à ou jouer de?

When talking about sport or games, use the appropriate form of **à**:

– Est-ce que tu joues **au** bridge?
– Oui, mais je préfère jouer **aux** échecs.
– Mon frère joue **au** tennis, **au** squash et **au** badminton. Il adore le sport.

When talking about music and musical instruments, use the appropriate form of **de**:

– Tu joues **d**'un instrument de musique?
– Oui, je joue **de la** guitare et ma sœur joue **du** piano.

Écrivez ces phrases correctement en mettant dans les blancs **à**, **au**, **à la**, **aux** ou **d'**, **du**, **de la**, **des**.

1 Est-ce que tu aimes jouer ... cartes?
2 J'apprends à jouer ... trompette.
3 Est-ce que vous savez jouer ... piano?
4 Ma sœur joue très bien ... violon.
5 Est-ce que vous jouez souvent ... cricket, en été?
6 Je n'ai jamais joué ... squash.
7 Mon mari joue ... golf tous les week-ends.
8 En hiver, je joue ... badminton, une fois par semaine.
9 J'ai un copain qui joue bien ... clarinette.
10 Est-ce que tu sais jouer ... échecs?
11 Il fait beau. Jouons ... tennis.
12 Malheureusement, je ne sais pas jouer ... boules.
13 J'aime bien la musique, mais je n'ai jamais appris à jouer ... un instrument.
14 Viens jouer ... volley avec nous.
15 Tu aimes les jeux de société? Alors jouons ... Monopoly.

Les loisirs

vocabulaire et phrases utiles

une activité	*activity*
aimer	*to like*
aimer mieux	*to prefer*
amusant	*enjoyable*
s'amuser	*to enjoy yourself*
le babyfoot	*table football*
une boum	*party*
le bricolage	*craft, do-it-yourself*
le cinéma	*cinema*
un club des jeunes	*youth club*
connu	*well-known*
consacrer	*to devote (time)*
la couture	*needlework,sewing*
la danse	*dance*
danser	*to dance*
écouter	*to listen to*
enregistrer	*to record*
une équipe	*team*
faire une collection de	*to collect something*
faire partie d'un club	*to belong to a club*
faire une partie de	*to play a game of*
faire du théâtre	*to act*
favori	*favourite*
le flipper	*pin-ball machine*
le genre	*kind (of)*
un groupe	*group*
l'informatique (f)	*computer studies/science*
un jeu	*game*
un jeu de cartes	*a pack of cards*
un jeu de société	*a board game involving two or more people, e.g. Monopoly*
jouer	*to play*
jouer au bridge	*to play bridge*
jouer aux échecs	*to play chess*
un journal	*newspaper*
la lecture	*reading*
libre	*free*
les loisirs (m.pl.)	*leisure*
un magazine	*magazine*
un magnétophone	*tape-recorder*
une maison des jeunes (M.J.C.)	*youth centre*
un match	*match*
nager	*to swim*
un passe-temps	*hobby*
la pêche	*fishing*
la peinture	*painting*
la photographie	*photography*
la poterie	*pottery*
se promener	*to go for a walk*
la radio	*radio*
regarder	*to watch*
un roman	*novel*
le sport	*sport*
une surprise-partie	*party*
la télévision	*television*
le tricot	*knitting*
un tube	*hit record*

C'est pour un renseignement

Vous travaillez à la M.J.C. et vous venez de préparer le programme pour l'année prochaine. Pouvez-vous répondre aux questions suivantes en consultant le programme?

1 Je voudrais m'inscrire pour les cours d'allemand. C'est quand les cours pour débutants?

2 Est-ce qu'on peut apprendre d'autres langues . . . l'anglais, par exemple?

3 Mon frère veut apprendre à jouer au tennis. Quand est-ce qu'il peut faire ça?

4 L'entraînement pour l'équipe de filles de volleyball, c'est quand?

5 Est-ce qu'il y a un club d'échecs, cette année?

6 Quand peut-on faire de la gymnastique?

7 Est-ce qu'il y aura un ciné-club, comme d'habitude?

8 Qu'est-ce qu'on peut faire comme sport à la M.J.C.?

9 Est-ce qu'il y aura des cours de danse aussi?

10 Moi, je m'intéresse à la photo. Où est-ce que je peux me renseigner sur cette activité?

M.J.C. Maison pour tous

Activités proposées pour la saison

Activités d'expression

Chorale
Samedi 17h à 19h

Danse classique
Cours élémentaire: Mardi 16h45
Cours préparatoire: Mardi 17h45
Cours secondaire: Mardi 18h45

Poterie-Céramique
Samedi 15h15 à 16h45

Photographie
Pour dates, réunions, stages, sorties s'informer au bureau.

Cours

Allemand
Débutants: Mardi 21h15 à 22h30
2ème niveau: Jeudi 20h15 à 21h15
3ème niveau: Mardi 17h45 à 18h45
Conversation: Vendredi 16h à 17h

Espagnol
1ère année: 19h à 20h30

Espéranto
se renseigner

Français pour immigrés
se renseigner

Russe
Lundi 15h30 à 16h30

Sports

Badminton
Mardi 20h à 22h
Jeudi 17h30 à 19h
Samedi 19h à 20h30

Gymnastique
Vendredi 19h à 20h15
(Gymnase Pierre de Coubertin)

Handball
Initiation: Vendredi 17h30 à 19h
Entraînement: Mercredi 20h30 à 22h

Tennis
Débutants : Mardi 19h45 à 21h45
Perfectionnement: Jeudi 18h45 à 20h15
Jeu libre: Lundi 10h à 12h; 13h30 à 16h
Dimanche 18h à 22h

Volleyball
Equipe masculine: Lundi 20h à 22h
Equipe féminine: Vendredi 20h15 à 22h

Activités diverses

Bridge
Vendredi 14h à 18h

Ciné-club
Vendredi à 20h45
Demander le programme

Débats
2 fois par trimestre en général le vendredi à 20h45

Echecs
Samedi 14h30 à 19h

Le savez-vous?

A

1 Which two kinds of music do French teenagers like best?
2 Which musical instrument is most commonly found in French homes?
3 What percentage of French teenagers own two or more musical instruments?
4 How many teenagers buy a record or cassette once a month?
5 Which is the most popular radio programme with French teenagers and which station is it on?

B

1 A lot of French teenagers practise at least one sport. About how much time per week do they devote to it?
2 Which are the two most popular sports?
3 Is the number of French teenagers who take part in winter sports increasing or decreasing?

Have a guess at the answers, then read the article to check whether you were right.

La musique et le sport

Maintenant répondez vous-même aux questions de l'enquête.

1 Quel genre de musique préférez-vous?
2 a) Possédez-vous un seul ou plusieurs (écrivez le nombre) instruments de musique?
b) Si oui, lesquels?
3 Achetez-vous un disque ou une cassette chaque mois?
4 Écoutez-vous des émissions de musique à la radio?
5 Quelle est votre émission de radio préférée?
6 Pratiquez-vous un sport régulièrement?
7 a) Environ combien d'heures par semaine consacrez-vous au sport?
b) Quels sports faites-vous?
8 a) Êtes-vous jamais allé(e) aux sports d'hiver?
b) Voudriez-vous y aller? (Je voudrais/Je ne voudrais pas . . .)

Enquête sur les jeunes

Les jeunes et la musique

Est-ce que les jeunes Français aiment la musique?
Oui. Les jeunes ont mis la musique en tête de leurs loisirs préférés.

Quel genre de musique préfèrent-ils?
Par ordre de préférence, ils ont mis le rock, la musique classique, les variétés, le jazz, puis le folk.

Est-ce que beaucoup de jeunes Français jouent d'un instrument de musique?
Plus de la moitié des jeunes entre 14 et 18 ans ont répondu qu'ils possédaient un seul (33%) ou plusieurs (26%) ,instruments de musique. Les instruments les plus souvent cités sont: le piano, la guitare classique, la flûte, l'orgue, la guitare électrique, le violon et la clarinette.

Est-ce qu'ils achètent régulièrement des disques ou des cassettes?
Oui, environ 10 millions de disques et de cassettes sont achetés chaque année par les adolescents. Environ 40% des jeunes achètent un disque ou une cassette chaque mois.

Est-ce qu'ils écoutent souvent les émissions musicales à la radio?
Oui. D'après le sondage, les émissions de musique et de variétés sont les émissions les plus suivies à la radio. Les jeunes écoutent surtout des stations où l'on passe souvent les derniers tubes: Europe 1, RTL (Radio-Télé-Luxembourg) et Radio Monte-Carlo. Leur émission préféré est «Hit-Parade d'Europe» sur Europe 1.

Les jeunes et le sport

Est-ce que les jeunes Français sont sportifs?
Oui, environ 75% des jeunes entre 14 et 18 ans pratiquent au moins un sport régulièrement. La plupart des jeunes (60%) consacrent entre une et quatre heures en moyenne par semaine au sport. Les garçons, paraît-il, consacrent plus de temps au sport que les filles.
Les sports les plus populaires sont le football, la natation et le tennis.

Est-ce que beaucoup de jeunes Français participent aux sports d'hiver?
Le nombre de jeunes qui participe aux sports d'hiver augmente. Cette année, 73% des jeunes sont allés une ou plusieurs fois aux sports d'hiver.

Cher/Chère Chris,

J'ai bien reçu ta dernière lettre avec des photos de tes vacances. Merci beaucoup.

Tu me demandes si j'aime le sport. Oui, ça m'intéresse, mais je ne fais pas beaucoup de sport en ce moment. Quand j'étais plus jeune, je jouais dans une équipe de football et nous avions des matchs presque toutes les semaines. Je faisais aussi du vélo et de l'athlétisme. Maintenant, je n'ai plus beaucoup de temps et j'aime mieux regarder le sport à la télévision. Cependant je vais à la pêche de temps en temps et, en été, je joue au tennis.

Est-ce que tu aimes la musique? Moi, j'apprends à jouer de la guitare. Pour mon anniversaire on m'a offert une guitare classique et je suis des cours au conservatoire. J'aime surtout la musique classique, mais j'aime aussi la musique moderne. Est-ce que tu connais le groupe "Téléphone"? C'est un groupe français qui joue très bien. Je t'enverrai un de leurs disques, si tu veux.

Est-ce que tu sors souvent, le week-end? Qu'est-ce que tu aimes faire? Est-ce qu'il y a beaucoup de distractions près de chez toi?

En attendant ta prochaine lettre,

Ton ami français

Marc

Une lettre à écrire

Lisez ces trois petites annonces et écrivez une lettre à une de ces personnes. Ou bien lisez la lettre de Marc et écrivez-lui une réponse.

Ch. corresp. 14 à 17 ans habitant Londres et aimant musique, natation, tennis. Anne Lawrence, 2 rue Albert Camus, 44300 Nantes.

JF 15 ans ch. corresp. en Angleterre. Parle français, anglais, espagnol, aime lecture, musique, volley, les sciences et collectionne cartes postales et timbres. Réponse assurée. Dominique Jan, 4 rue du Maréchal Leclerc, 31300 Toulouse.

JH 16 ans ch. corresp. tous pays parlant français ou anglais. J'aime le cinéma, le sport, la musique, les voyages, Jean-Marc Sueur, 19 rue de Verdun, 62000 Arras.

Note:

parlant français ou anglais = *speaking French or English*
habitant Londres = *living in London*
aimant musique = *liking music*

These are all examples of the present participle in French, which is explained fully on page 55.

Now you can:
describe how you spend your free time and discuss general leisure interests: sport, music, hobbies etc.

6·2 Sport pour tous

Quel sport font-ils?

1

Exemple:
Il fait de la natation.

2

3

4

5

6

7

8

9

10

Jeu des définitions

Identifiez les sports:

1 C'est un sport d'origine anglaise qu'on joue le plus souvent à deux, mais aussi à quatre. Il se joue de plus en plus en France, mais dans des clubs plutôt qu'à l'école. Les termes du sport ont, en effet, des origines françaises. Le terrain où se joue ce sport vient du mot français «la cour» et le nom du sport même vient du vieux français «tenez».

2 C'est le sport le plus populaire en France. C'est un sport d'équipe. Beaucoup de garçons y jouent le dimanche après-midi, par exemple. Il y a aussi des équipes de filles, mais elles sont plus rares. On voit souvent des matchs du championnat de France et des matchs internationaux à la télévision.

3 C'est un sport d'école assez répandu en France, mais très peu joué en Grande-Bretagne. Il se joue par équipes de filles ou de garçons. Il s'agit de faire passer un ballon en se servant uniquement des mains.

4 Encore un sport qui se pratique davantage en France qu'en Grande-Bretagne. Cette fois, c'est un sport individuel. En été, de nombreuses courses sont organisées, dont la plus célèbre est, sans aucun doute, *Le Tour de France*.

5 Ce sport est un sport de combat très populaire. C'est la forme moderne d'un sport que les Chinois pratiquaient il y a plus de 2 000 ans et qui s'appelait le «jiu-jitsu». Aujourd'hui, c'est un sport pratiqué un peu partout, mais surtout au Japon où c'est le sport national.

6 D'après la tradition ce sport est né dans une école privée en Angleterre, en 1833. C'est un sport d'équipe avec treize ou quinze joueurs. Autrefois, c'était plutôt un sport régional, joué dans le sud-ouest de la France, mais depuis une vingtaine d'années c'est devenu un sport national en France.

7 C'est un sport traditionnel et très populaire qui se joue partout en France, mais surtout dans le Midi. On n'a pas besoin d'un terrain spécial pour ce jeu; il se joue au parc, dans la rue, presque n'importe où, si le terrain est plat.

8 C'est un sport qui est devenu à la mode. Ça se pratique n'importe où – dans les rues, dans les parcs en ville et à la campagne. Et, en plus, on n'a pas besoin de matériel spécial. C'est un sport pour tout le monde; des enfants de sept ans aux adultes de soixante-dix-sept ans. Pour les débutants, il faut s'y mettre doucement, mais régulièrement, et progresser petit à petit. Les vrais amateurs de ce sport peuvent s'inscrire aux marathons qu'on organise dans plusieurs villes.

Mots croisés à l'inverse

Voilà la solution, mais il n'y a pas de définitions! Pouvez-vous les écrire? Puis vous pouvez donner le puzzle (sans les réponses, bien sûr) à un de vos camarades dans une autre classe.

1 G	Y	M	2 N	A	3 S	T	I	Q	U	4 E
			A		K					Q
5 R			T		I			6 J	E	U
U			A				7 P			I
G			8 T	E	N	N	I	S		P
B			I				A			E
Y			O				N			
			N		9 V	I	O	L	O	N

Horizontalement

1 ______
6 ______
8 ______
9 ______

Verticalement

2 ______
3 ______
4 ______
5 ______
7 ______

Pour vous aider:

C'est un sport [individuel / d'équipe]

qui se pratique [au stade. / à la piscine. / dans un gymnase. / à la montagne.]

Pour le football, il y a 11 joueurs dans une . . .

C'est un instrument de musique.

Vrai ou faux?

1 Le football est moins populaire en France que le rugby.

2 Le handball est plus connu en France qu'en Grande-Bretagne.

3 Le jogging est aussi populaire en France qu'en Grande-Bretagne.

4 En France, le squash n'est pas si populaire que le cyclisme.

5 En Grande-Bretagne, la danse et l'aérobic deviennent de plus en plus populaires, surtout pour les femmes.

6 En France, le ski et la voile deviennent de moins en moins populaires comme sport.

7 Les garçons sont plus sportifs que les filles.

8 Généralement, les adolescents sont plus sportifs que les personnes du troisième âge.

Grammaire

Making comparisons (adjectives)

To compare one person or thing with another, you use **plus** (*more. . .*), **moins** (*less. . .*), **aussi** (*as. . .*), **si** (*as. . .* in a negative sentence) + adjective + **que**:

Il est **plus riche que** mon père, mais il est **moins intelligent**.	*He's richer than my father, but less intelligent.*
Elle est **aussi célèbre que** sa mère, mais elle n'est pas **si belle.**	*She's as famous as her mother, but not as beautiful.*

Remember to make the adjective agree in the usual way:

Ce restaurant est **plus cher que** l'autre.	*This restaurant is dearer than the other.*
Cette robe est **plus chère que** l'autre.	*This dress is dearer than the other.*
Ces skis sont **plus chers que** les autres.	*These skis are dearer than the others.*
Ces chaussures sont **plus chères que** les autres.	*These shoes are dearer than the others.*

Notice these special forms:

bon	**meilleur, meilleure, meilleurs, meilleures**	*better*
mauvais	**plus mauvais, plus mauvaise, plus mauvaises** *or* **pire, pires**	*worse*

Ce café est **meilleur** que l'autre.	*This café is better than the other one.*
Ce vin est mauvais, mais l'autre est encore **pire**.	*This wine is bad, but the other is even worse.*

Êtes-vous fort en géographie?

Écrivez ces phrases correctement:

1 Tokyo est (**plus**, **aussi**, **moins**) grand que Paris.
2 Le Québec est (**plus**, **aussi**, **moins**) grand que la France.
3 Le Ben Nevis est (**plus**, **aussi**, **moins**) haute que le Mont-Blanc.
4 La Loire est (**plus**, **aussi**, **moins**) longue que l'Amazone.
5 Le port de Marseille est (**plus**, **aussi**, **moins**) important que le port de Calais.
6 A Lyon, les industries du textile sont (**plus**, **aussi**, **moins**) importantes que les industries de la métallurgie et de la construction.
7 Le lac Supérieur (au Canada) est (**plus**, **aussi**, **moins**) que le lac d'Annecy (en France).
8 Le tunnel du Mont-Blanc est (**plus**, **aussi**, **moins**) long que le tunnel de Dartford sous la Tamise.

Calendrier des grands événements sportifs

janvier

Le Tournoi des Cinq Nations

C'est au début de janvier que commencent les premiers matchs de rugby à quinze du Tournoi des Cinq Nations. L'équipe de France joue contre les équipes d'Angleterre, d'Écosse, du pays de Galles et d'Irlande. Tous les matchs du tournoi sont télévisés et attentivement suivis par des milliers de téléspectateurs.

janvier

Le Rallye de Monte-Carlo

Le Rallye de Monte-Carlo qui a lieu fin janvier est une course automobile très difficile. Il comprend d'habitude trois parties: un grand itinéraire avec départ d'une ville d'Europe et arrivée à Monaco; un itinéraire de classement sur les routes des Alpes d'environ 1 627 km; et enfin l'itinéraire final de 670 km.

La Finale de la Coupe de France

avril/mai

Au mois d'avril ou de mai a lieu un des plus grands événements sportifs de l'année: la Finale de la Coupe de France de Football. Ce match a lieu à Paris au Parc des Princes devant 50 000 spectateurs. Pendant la mi-temps, les spectateurs peuvent voir au ralenti sur des écrans géants certaines actions importantes du match. Le président de la République qui assiste au match présente la coupe à l'équipe victorieuse à la fin du match.

mai

Le Championnat International de Tennis

Au mois de mai, les grands joueurs internationaux de tennis se réunissent au stade Roland Garros à Paris pour ce championnat important.

Les 24 Heures du Mans

juin

Cette course automobile qui a lieu généralement en juin, est une des plus célèbres et une des plus dures. Les pilotes (il y en a deux par voiture) n'essaient pas de couvrir une distance donnée le plus vite possible. Ils doivent couvrir, pendant 24 heures exactement, la plus grande distance possible. La course commence un samedi à quatre heures de l'après-midi. C'est une épreuve d'endurance autant pour les voitures que pour les hommes. Les voitures doivent s'arrêter toutes les cinquante minutes pour un changement de pneus, pour faire le plein d'essence et d'huile et pour qu'on vérifie l'état du véhicule. Toutes les grandes marques automobiles et tous les grands pilotes participent à cette course. Mais d'après un concurrent, ce n'est pas une course agréable à faire, elle peut même être assez dangereuse.

juin/juillet

Le Tour de France

Vers la fin juin, début juillet commence une course cycliste très célèbre: le Tour de France. Cette course par étapes (il y a environ 22 étapes qui durent chacune une journée) est la plus longue et la plus difficile de France. Créée en 1903, c'est aussi la plus ancienne. Le Tour commence chaque année dans une ville différente, mais il se termine toujours à Paris. Il y a des étapes dans les pays voisins, en Belgique, en Suisse, en Italie et en Espagne, par exemple. Mais les étapes les plus difficiles sont les étapes contre la montre et les étapes de montagne. Le coureur qui est en tête du classement général (celui qui a le meilleur temps global) porte un maillot jaune. Le coureur qui, à la fin du Tour, a le meilleur temps est le vainqueur du Tour de France et gagne une grosse somme d'argent.

octobre

Le Prix de l'Arc de Triomphe

Au mois d'octobre on peut assister à la plus grande course de chevaux au monde et celle où il y a le plus d'argent à gagner. Environ vingt champions participent à cette course célèbre qui a lieu à l'hippodrome de Longchamp.

décembre

Le Critérium International de la Première Neige

La coupe du monde de ski commence au mois de décembre avec le Critérium International de la Première Neige. Des skieurs de réputation mondiale participent à cette grande épreuve sportive qui a souvent lieu à Val d'Isère dans les Alpes.

décembre

Le Cross du Figaro

Créé par le journal «Le Figaro» en 1961, ce cross est la plus grande course de jogging d'Europe. Il a lieu un week-end de décembre au Bois de Boulogne à Paris. En 1982, il y avait environ 34 000 participants. Parmi les 37 catégories différentes, il y a le challenge des trois générations (grand-parent, parent et enfant), le challenge des familles nombreuses (père, mère et trois enfants) et la coupe des ménages (mari et femme). En 1982 les trois coureurs les plus âgés avaient quatre-vingt-dix ans, quatre-vingt-sept ans et quatre-vingt-six ans.

1 Comment s'appelle la course cycliste la plus célèbre de France?

2 Quelles nations participent au Tournoi des Cinq Nations?

3 Si vous alliez au stade Roland Garros au mois de mai, quel championnat verriez-vous?

4 De quelle ville de France part une course automobile très célèbre, mais parfois dangereuse?

5 Qu'est-ce que les pilotes de course doivent faire: couvrir une distance précise le plus vite possible ou couvrir la plus grande distance dans un temps précis?

6 En quel mois peut-on voir le Prix de l'Arc de Triomphe, la plus célèbre course de chevaux de France?

7 La plus grande course de jogging d'Europe est organisée par quel journal français?

8 En 1982, quel âge avait le plus vieux participant?

Grammaire

The superlative

To say that something is 'the best', 'the greatest', 'the fastest, 'the biggest', 'the most expensive' etc. you use a superlative. This is formed like the comparative but with **le**, **la** or **les** in front:

Voilà le participant **le plus âgé**.	*Here's the oldest participant.*
Il a couru dans **la plus grande** course de jogging d'Europe.	*He ran in Europe's largest jogging event.*
Les coureurs **les plus rapides** ont fini le marathon en moins de trois heures.	*The fastest runners completed the marathon in under three hours.*

Notice that:

– you use **le, la, les** and the correct form of the adjective, depending on whether you are describing something which is masculine, feminine, singular or plural.

– if the adjective normally goes *after* the noun, then the superlative also follows the noun:

C'est le monument **le plus moderne** de Paris.	*It's the most modern monument in Paris.*

– if the adjective normally goes *before* the noun, then the superlative also goes before the noun:

C'est **le plus haut** monument de Paris.	*It's the highest monument in Paris.*

– you usually use **plus** (meaning 'most') but you can also use **moins** (meaning 'least'):

– you use **de** (**du**, **de la**, **de l'**) after the superlative, to mean 'in or 'of':

J'ai choisi cet hôtel, parce que c'était **le moins cher de** tous.	*I chose this hotel, because it was the least expensive (cheapest) of them all.*

Useful expressions:

le moins cher	*the least expensive*
le plus cher	*the most expensive*
le plus petit	*the smallest*
le plus grand	*the biggest*
le meilleur	*the best*
le pire	*the worst*

LE FILM AUX 7 "CÉSARS"

MEILLEUR film français
MEILLEUR réalisateur
MEILLEUR scénario
MEILLEURE musique
MEILLEUR son
MEILLEUR montage
MEILLEUR décor

PROVIDENCE

Réalisation de Alain RESNAIS

C'est un record!

1 Le mot «anticonstitutionnellement» composé de 25 lettres est le mot . . . . de la langue française. (**long**)

2 Le village d'Y dans la Somme a le nom . . . . de France. (**court**)

3 Le lac du Bourget dans les Alpes est le lac naturel . . . . de France. (**profond**)

4 La peinture . . . . et . . . . de France, et peut-être du monde, est la Joconde de Léonard de Vinci. On peut la voir au Louvre, à Paris. (**célèbre**, **cher**)

5 Vous savez sans doute que la Tour Eiffel est le monument . . . . de Paris. (**haut**)

6 Mais, de tous les touristes qui sont montés à la tour Eiffel, savez-vous quel a été . . . . et . . . .? En effet, c'était Simba, un jeune éléphant qui pesait 1000 kilos et qui est monté avec beaucoup de difficulté au premier étage. (**extraordinaire**, **lourd**)

7 A propos du temps et de la pluie, savez-vous quand il a plu le plus en une minute? Eh bien, c'était en Guadeloupe, le 26 novembre 1970, 38,1 mm d'eau sont tombés en une minute. C'était l'averse . . . . enregistrée. (**violent**)

8 Parlons maintenant de la nourriture. Qui a mangé . . . . nombre de Camemberts en quinze minutes? C'était, évidemment, un Français, Michel Beaufils, qui a dévoré huit Camemberts (en 1983) et qui a battu son propre record mondial. (**grand**)

9 Le vin . . . ., c'est sûrement le vin du Château Laffite. En 1980, on a vendu une bouteille de ce vin pour plus de 130 000F. (**cher**)

10 Enfin quel était . . . . dîner du monde? Il a eu lieu en 1900 quand le Président de la République a invité à dîner tous les maires de France. On appelle ce dîner «Le Banquet des 100 000 Maires». (**grand**)

Le monde des animaux

1 Vous savez sans doute que le guépard est l'animal . . . . sur terre. Il peut courir à 120 km/h. (**rapide**)

2 Mais savez-vous quel est l'oiseau qui vole . . . .? Eh bien, un petit oiseau, le martinet vole très vite, à 170 km/h, mais l'oiseau qui a le record, c'est le faucon qui, quand il chasse, peut atteindre une vitesse de 300 km/h. (**vite**)

3 Et quel oiseau vole . . . .? C'est la grue qui vole à 9 000 mètres. (**haut**)

4 L'animal . . . ., qu'est-ce que c'est? C'est la giraffe qui peut avoir 5 mètres de haut. (**grand**)

5 Et l'animal . . . ., c'est la baleine qui pèse plus de 160 tonnes! (**lourd**)

Below is an article on the French game of bowls. Read it carefully, and then answer *in English* the questions which follow it. Check that you have included *all* the facts necessary for the answer.

La pétanque

Qu'est-ce qu'il faut dire? Boule ou pétanque? Ça dépend des gens et ça dépend des régions. Par exemple, on joue à la pétanque dans le Midi. En général, quand les enfants jouent à ce jeu dans leur jardin, ils jouent aux boules, et ils se servent de boules de plastique, de couleurs vives.

En France tout le monde – ou presque – a joué aux boules au moins une fois dans sa vie. On y joue sur la plage, dans la cour de l'usine à l'heure du déjeuner, sur la place du village, etc.

Le mot pétanque vient du provençal «pèd tanco» qui veut dire «pied fixé» car tout le monde doit commencer au même endroit. Il suffit d'avoir deux boules et un cochonnet. On marque un point quand sa boule est la plus près du cochonnet. Le gagnant c'est le premier qui totalise treize points.

Dans les petits villages du sud de la France, on voit les vieux du coin disputer une partie de pétanque presque à n'importe quelle heure de la journée. Mais attention! Il n'y a pas que les vieux qui jouent à la pétanque; les jeunes aussi jouent, mais il leur faut moins de temps. C'est tout!

1 Where, according to the passage, is the game of *pétanque* played?
2 In what way is the game played by children different?
3 Why is it that most French people are familiar with *pétanque*?
4 Apart from the beach, name two places where bowls can be played?
5 Which rule in the game gives *pétanque* its name?
6 According to the rules, how is the winner decided?
7 What is the only difference between young and old when they are playing *pétanque*?

NICSE 1983

A propos du sport vocabulaire et phrases utiles

un arbitre	*referee*
l' athlétisme (f)	*athletics*
le badminton	*badminton*
une balle	*ball (for tennis, cricket etc.)*
un ballon	*football*
le basket	*basketball*
le billard	*billiards*
le bowling	*ten-pin bowling*
les boules (f.pl.)	*French-style bowls*
la boxe	*boxing*
un championnat	*championship*
un court de tennis	*tennis court*
le cyclisme	*cycling*
une équipe	*team*
l' équitation (f)	*horse-riding*
le football	*football*
le golf	*golf*
la gymnastique	*gymnastics*
le hand	*handball*
le hockey	*hockey*
le jogging	*jogging*
jouer (à)	*to play (a sport)*
un joueur	*player*
le judo	*judo*
la lutte	*wrestling*
un match	*match*
le motocyclisme	*motor-cycling*
la natation	*swimming*
le patinage	*skating*
la pelote	*pelota (played in the Basque country)*
la pétanque	*French-style bowls (played in the south of France)*
le ping-pong	*table tennis*
la planche à voile	*wind-surfing*
le rugby	*rugby*
le ski (nautique)	*(water-) skiing*
le snooker	*snooker*
le tennis	*tennis*
le tennis de table	*table tennis*
le terrain	*ground*
les tribunes (f.pl.)	*grandstand*
la voile	*sailing*
le volley-ball	*volleyball*
le yoga	*yoga*

la pelote

Now you can:
talk about sport and understand information about different sporting events.

6·3 La presse, la radio, la T.V.

La presse en France

Pouvez-vous proposer un journal ou un magazine à chaque personne?

Exemple:
– Je cherche un quotidien régional.
– Voilà l'Ouest-France.

1 Je cherche un journal sportif.

2 Avez-vous un magazine sur l'informatique?

3 Je voudrais un magazine d'actualités.

4 Je cherche un magazine féminin.

5 Avez-vous un magazine pour les jeunes, avec des articles sur la musique pop?

6 Je voudrais un magazine de jeux ou de puzzles.

7 Je voudrais un magazine qui donne les programmes de la télévision pour la semaine.

8 Avez-vous un magazine sur le football?

9 Je voudrais un magazine pour les étudiants.

10 Je voudrais un quotidien parisien.

SONDAGE EXCLUSIF

Les jeunes et la lecture

Est-ce que les adolescents français lisent beaucoup?

Non. En règle générale, ils ne lisent pas beaucoup et ceux qui lisent le moins sont les 14 à 15 ans. Cependant, les filles lisent plus que les garçons. D'après notre sondage 31% des adolescents sont toujours en train de lire un livre, 42% lisent de temps en temps et 27% lisent très rarement ou jamais. Pour quelles raisons? C'est plutôt par manque d'intérêt que par manque de temps ou manque d'argent pour acheter des livres.

Quels sont les livres qu'ils apprécient le plus?

A part les bandes dessinées (des B.D.*) ce sont les livres d'aventures que les adolescents aiment le plus. Chez les garçons on aime beaucoup aussi le sport, ensuite viennent la science-fiction, les techniques modernes (par exemple l'espace) et les livres de sciences (biologie, vie des animaux etc.). Quant aux filles, elles préfèrent les romans policiers, la science-fiction, les sciences, les sports, puis les livres d'histoire et les livres d'art (peinture, musique, cinéma). Au dernier rang viennent les biographies et les romans d'amour.

Comment choisissent-ils un livre?

D'abord c'est pour l'histoire racontée qu'ils choisissent un livre. Mais les professeurs aussi ont beaucoup d'influence. Un adolescent sur deux choisit un livre sur l'avis de ses professeurs, qui recommandent surtout des auteurs littéraires, par exemple Molière, Alain Fournier, Stendhal, Zola et Balzac.

Plus de la moitié des jeunes ont avoué qu'un livre les a vraiment touchés. Ils ont cité, entre autres: *Le Journal d'Anne Frank*, *L'Herbe bleue* (histoire d'une adolescente qui se drogue), *Hélène Keller*, *Sans famille* et *Le Petit Prince*.

Est-ce que les adolescents lisent régulièrement un journal ou un magazine?

Seulement 23% des adolescents lisent régulièrement un magazine et ça peut être un magazine très spécialisé, un magazine de sport ou d'information générale. Pour s'informer sur la politique et les événements du monde la plupart des jeunes regardent les informations à la télévision. Cependant la lecture des journaux croît avec l'âge et elle est très importante chez des jeunes qui s'intéressent à la politique. Parmi les lycéens de 16 à 19 ans les préférences sont les suivantes:

1. un quotidien régional
2. Le Monde
3. une B.D.
4. L'Express
5. Le Nouvel Observateur
6. Le Point
7. Rock et Folk
8. Le Canard Enchaîné

**Presque tout le monde en France lit des bandes dessinées (des B.D.) pour se distraire. Les plus appréciées sont les aventures d'Astérix, de Tintin et de Lucky Luke.*

Connaissez-vous ces livres?

Des livres qui ont beaucoup de succès sont traduits en plusieurs langues. Reconnaissez-vous ces livres célèbres?

La lecture et vous

1 Lisez-vous . . .
- a) beaucoup?
- b) de temps en temps?
- c) très rarement?

2 Empruntez-vous des livres d'une bibliothèque . . .
- a) souvent?
- b) de temps en temps?
- c) jamais?

3 Quel genre de livres vous intéresse le plus?
- a) les livres d'aventures
- b) les livres de sport
- c) les livres de science (la biologie, la vie des animaux etc.)
- d) les livres sur les techniques modernes (l'espace, l'informatique etc.)
- e) les livres d'histoire
- f) les livres de science-fiction
- g) les livres d'art (peinture, musique, cinéma)
- h) les romans policiers
- i) les romans d'amour
- j) les biographies

4 D'une manière générale, est-ce que vous choisissez un livre . . .
- a) parce que quelqu'un vous l'a recommandé?
- b) parce que vous en avez entendu parler à la radio ou à la télévision?
- c) parce que vous connaissez l'auteur?

5 Êtes-vous en train de lire un livre en ce moment? Si oui, lequel?

6 Quel est le dernier livre que vous avez lu?

7 Quel est votre auteur préféré?

8 Lisez-vous de temps en temps un journal?

9 Quels articles vous intéressent le plus?
- a) les informations politiques
- b) les informations générales
- c) le sport
- d) la mode
- e) les articles sur le cinéma, le théâtre, les concerts etc.
- f) les programmes de télévision
- g) les recettes de cuisine

10 Est-ce que vous lisez régulièrement un magazine? Si oui, lequel?

A propos de la radio

CLAUDETTE BLANCHARD interviewe deux jeunes Parisiens.

Paul, est-ce que vous écoutez souvent la radio?
Oui, assez souvent. Je l'écoute surtout en voiture quand je vais au travail.

Quel genre d'émission préférez-vous?
Eh bien, quand je conduis, j'écoute surtout de la musique. J'aime aussi écouter les informations pour me tenir au courant de ce qui se passe dans le monde. De temps en temps, j'écoute des variétés, des jeux etc., des émissions sportives aussi.

Quelle est la chaîne de radio que vous écoutez le plus souvent?
Er . . . je dirais France-Inter et aussi Europe 1.

Et vous, Anne, aimez-vous écouter la radio?
Oui, je l'écoute surtout pour la musique, mais je trouve que les programmes ne sont pas assez variés. On diffuse trop de musique de la Grande-Bretagne et des États-Unis et pas assez d'autres styles.

Est-ce qu'il y a autre chose que vous lui reprochez?
Oui, sur Europe 1 et Radio Luxembourg il y a trop de publicité. Dans *Challenger*, par exemple, l'idée de l'émission est d'opposer une chanson d'hier à une chanson d'aujourd'hui. Ça pourrait être bien. Mais sur 2 heures d'émission, j'ai compté 1 heure 5 minutes de musique, 10 minutes d'informations et 45 minutes de publicité!
Puis, il y a des animateurs qui sont moins bons que d' autres. Il y en a qui donnent trop leur avis et qui parlent trop à force de vouloir être sympa.

Est-ce que vous écoutez autre chose que de la musique . . . des pièces, des débats, des émissions téléphoniques, par exemple?
Très peu. Les débats, ça ne m'intéresse pas. J'écoute quelquefois l'émission *Le téléphone sonne* sur France-Inter, mais ça dépend du sujet du programme. Mais à part ça, pas grand-chose.

La radio et vous

1 Est-ce que vous écoutez souvent la radio?
2 Quand écoutez-vous la radio?
3 Quel genre d'émission préférez-vous?
4 Quelle est la chaîne de radio que vous écoutez le plus souvent?
5 Est-ce qu'il y a des émissions que vous n'écoutez jamais?

La radio et la télévision en France

La radio

Radio France regroupe les cinq chaînes de radio d'État. Ce sont France-Inter (variétés, musique légère, débats, documentaires, informations, jeux etc.), France-Culture (émissions scolaires, programmes scientifiques et culturels, pièces, poésies etc.), France-Musique (musique classique), FIP (France-Inter-Paris) et Radio France Internationale.

* * *

Il existe aussi des chaînes de radio commerciales, dont les plus importantes sont Europe 1, Radio-Télé-Luxembourg (RTL) et Radio-Monte-Carlo. Ces chaînes sont financées uniquement par la publicité. Environ toutes les quinze minutes il y a un spot publicitaire. On diffuse surtout des émissions de musique pop, ainsi que des jeux et des concours, des émissions sportives et humoristiques et des informations.

* * *

Récemment on a vu s'ouvrir beaucoup de stations de «radio libre» dans toutes les régions de France. Elles diffusent beaucoup de musique – et aussi des émissions d'intérêt local.

* * *

Si vous voulez écouter la radio en français en Grande-Bretagne, essayez d'avoir Europe 1 (1 647 m sur ondes longues) ou France-Inter (1 829 m sur ondes longues). A midi et à toutes les heures vous pouvez entendre les dernières informations.

RadioFrance

La télévision

En France, plus de neuf personnes sur dix ont la télévision chez eux. Les principales chaînes de télévision sont TF1, Antenne 2 et FR3 (qui s'occupent aussi des émissions régionales).

* * *

Les chaînes de télévision sont partiellement financées par l'état, et par la publicité, mais surtout par la redevance (somme payée par les téléspectateurs: environ 350 francs par récepteur en couleur, 250 francs par récepteur en noir et blanc).

Il y a de la publicité sur TF1 et sur Antenne 2, mais généralement la publicité vient entre deux émissions et ne coupe pas les émissions elles-mêmes.
Les émissions d'information sont les plus nombreuses, suivies par les émissions de fiction, puis les variétés et les jeux.

* * *

Une quatrième chaîne de télévision a été créeé en 1984. De caractère privé, service par abonnement, cette chaîne offre un service d'information et la diffusion de films récents.
Enfin il existe en France, comme ailleurs, plusieurs projets de télévision par câble.

tf1 A2 FR3

On regarde la télé?

Choisissez deux émissions que vous désirez voir. Puis, travaillez avec un partenaire et mettez-vous d'accord sur ce que vous allez regarder ensemble, ce soir.

– Il y a quelque chose que tu veux voir à la télé, ce soir?
– ....
– Qu'est-ce que c'est comme émission?
– ....
– Ah bon. Ça commence à quelle heure?
– ....
– Et c'est sur quelle chaîne?
– ....
– Tu n'aimerais pas mieux regarder . . .?
– ....
– Moi, j'ai envie de voir . . ., pas toi?

tf1

19.40 RFO Hebdo
20.00 Paul Hogan Show
série de sketches australiens
20.35 Histoire de la photographie
Une série de six émissions de Florence Gruère.
Cinquième émission: Un instant pour l'éternité
21.35 La patience de Maigret
Maigret enquête sur un vol de bijoux
22.50 Clip Jockey
Kid Créole: *Live Boat Party*

A2

20.10 Les animaux du monde
Première partie: Parents sauvages, demain la vie
20.35 Les canons de Navarone
Un film britannique de Jack Lee Thompson (1961)
D'après le livre d'Alistair Maclean
23.10 Sports dimanche
Actualité Cyclisme: Liège-Bastogne-Liège
Tennis: finale du Tournoi de Nice
Moto: le Grand Prix d'Italie

FR3

20.00 Capitaine Flam
Dessin animé
20.20 Presse-citron
Magazine pour les jeunes de dix à seize ans
20.50 Dernier amour
Téléfilm de Christian Alba
La lutte d'une jeune femme pour conserver un grand hôtel dont elle vient d'hériter.
21.45 Si j'ai bonne mémoire
Prix de la semaine: un voyage en Afrique

Pour ou contre la télévision?

Pour

- **Ça informe.**
  Il y a des émissions très éducatives sur la vie des gens dans d'autres pays, des documentaires etc. C'est le principal moyen de s'informer sur la vie actuelle et politique.
- **Ça stimule.**
  Il y a des émissions choquantes ou provocantes, des débats etc., qui vous forcent à remettre en question vos idées.
- **Ça divertit.**
  On n'a pas toujours envie de faire des choses actives. On a besoin de se distraire de temps en temps. C'est très bien pour les gens qui ne peuvent pas sortir et qui risquent de s'ennuyer: les malades, les personnes du troisième âge etc.

Contre

- **C'est un moyen de communication trop passif.**
  On ne retient que très peu – même des émissions passionnantes.
- **C'est trop envahissant.**
  Beaucoup de gens ne font rien que regarder la télévision tous les soirs. Ils discutent moins, ils sortent moins.

Qu'est-ce qu'il y a à la télé?

Ci-dessous, il y a une liste d'émissions de la télévision britannique. Pouvez-vous les expliquer à un(e) ami (e) français(e)? Puis, pensez à ce qu'on passe à la télévision, ce soir. Choisissez trois émissions que vous aimeriez voir et décrivez-les à votre ami(e) français(e).

1 World in Action
2 Top of the Pops
3 Tom & Jerry
4 Coronation Street
5 Sportsnight
6 News
7 The Chinese Detective
8 Blue Peter

Pour vous aider:

un programme documentaire
une émission policière
un dessin animé
un feuilleton
une émission de musique pop
une émission sportive
un jeu
le journal
une émission comique
une émission pour la jeunesse

Now you can:
discuss the media: press, radio and T.V.

6·4 Ça s'est passé comment?

En direct du «Rallye Jeunesse»

Et maintenant, voici notre reporter, Guy Lafont en direct du «Rallye Jeunesse».

– Bonjour, eh bien, le rallye vient de se terminer et c'est Didier Laval qui a gagné la course dans une voiture Renault. Nous lui parlerons tout à l'heure. Pour l'instant, à mes côtés, un des autres pilotes du rallye, Paul Delarue. Paul, vous conduisez régulièrement dans ce rallye. Comment avez-vous trouvé la course aujourd'hui?

– Eh bien, j'ai trouvé la course particulièrement difficile, et malheureusement ma voiture ne marchait pas bien au début du rallye. J'ai commencé la première étape très lentement à cause de ça.

– Oui, franchement, vous n'avez pas eu de chance. Ah, voici Didier! Félicitations, Didier. Pour vous, tout allait bien, n'est-ce pas?

– Oui, ma voiture marchait très bien, surtout au début, et j'ai pu finir le circuit assez facilement et sans prendre des risques.

– Alors, félicitations encore à vous, Didier. Et pour vous Paul, bonne chance pour votre prochain rallye.

1 Est-ce que Paul Delarue conduit souvent dans le rallye?
2 Est-ce qu'il a trouvé la course facile?
3 Est-ce qu'il a conduit dangereusement au début du rallye?
4 Est-ce que Didier a conduit lentement?
5 Est-ce que sa voiture tombait fréquemment en panne?

Grammaire Adverbs (1)

In the interview with the drivers and the questions which follow, there are many examples of adverbs. Can you spot any?

Adverbs are words which add extra meaning to the verb. They usually tell you *how*, *when* or *where* something happened, or *how often* or *how much* something is done. Many adverbs in English end in '-ly' e.g. 'regularly', 'frequently', 'dangerously'. In French they end in **-ment**.

a) **-ment** is usually added to the feminine form of the adjective:

masculine singular	*feminine singular*	*adverb*
franc	franche	**franchement** *frankly*
régulier	régulière	**régulièrement** *regularly*
malheureux	malheureuse	**malheureuse-ment** *unfortunately*
Exception: gentil	gentille	**gentiment** *kindly*

b) If the adjective ends in a vowel in the masculine singular, add **-ment** directly to this:

masculine singular	*adverb*
vrai	**vraiment** *really*
rare	**rarement** *rarely*
facile	**facilement** *easily*

c) If the adjective ends in *-ent* or *-ant* in the masculine singular, the adverb follows this pattern:

masculine singular	*adverb*
récent	**récemment** *recently*
patient	**patiemment** *patiently*
évident	**évidemment** *obviously*
fréquent	**fréquemment** *frequently*
Exception: lent	**lentement** *slowly*

d) In some cases the final *e* of the feminine form of the adjective becomes **é**:

masculine singular	*feminine singular*	*adverb*
énorme	énorme	**énormément** *hugely*
précis	précise	**précisément** *exactly*

e) Not all adverbs end in *-ment*. There are quite a lot of useful adverbs which have different endings. Here are some of the most common:

beaucoup	*a lot*
bien	*well*
loin	*far*
longtemps	*for a long time*
mal	*badly*
peu	*not much*
tard	*late*
tôt	*early*
vite	*quickly*

f) A few adjectives can be used as adverbs without changing their form:

bon	Ça sent **bon**.	*That smells nice.*
bas	Ils parlaient **bas**.	*They were speaking quietly.*
cher	Ça coûte trop **cher**.	*That costs too much.*
faux	Elle chante **faux**.	*She's singing out of tune.*
fort	Tu peux parler plus **fort?**	*Can you speak more loudly?*

Where does the adverb go?

In most cases, the adverb goes *after* the verb:

Tu comprends **parfaitement**.	*You understand perfectly.*
Elle marche très **lentement**.	*She walks very slowly.*

With the Perfect Tense, however, the adverb usually goes between the auxiliary verb and the past participle, unless the verb is a particularly long one, or you want to emphasise it:

Avez-vous **bien** dormi?	*Did you sleep well?*
Il a conduit **dangereusement**.	*He drove dangerously.*
Elle a parlé **continuellement**.	*She spoke continuously.*

Décrivez les dessins

Choisissez un adverbe pour compléter chaque phrase.

1 Elle chante . . .

2 Il marche . . .

3 Il conduit . . .

4 Ils lisent . . .

5 J'ai dit: «Parlez plus . . .»

6 Elle l'a regardé . . .

Dites le contraire

1 Vous trouverez facilement la route.
2 Elle conduit très vite.
3 Il comprend mal ce qu'il doit faire.
4 Elle l'attend impatiemment.
5 Je l'ai vu il y a longtemps.
6 Nous regardons très peu la télévision.
7 Il a mal fait son travail.
8 Elles parlent fort.

Grammaire Adverbs (2)

Comparative and superlative

As with adjectives, you can use adverbs to make comparisons by adding **plus** ('more'), **moins** ('less'), **aussi** ('as'), **si** ('as', with a negative) before the adverb.

– Elle conduit **plus vite que** son mari.
– Mais elle ne conduit pas **si vite que** sa fille.

– L'année dernière, Simone jouait très bien au tennis, mais cette année, elle joue **moins bien**.

– Marc joue bien au football, n'est-ce pas?
– Oui, il joue **aussi bien que** son frère.

Adverbs can also be used as superlatives by adding **le plus** or **le moins** in front of the adverb

Quelle est la station de radio que vous écoutez **le plus souvent?** — *Which radio station do you listen to most often?*

Notice that the following adverbs have rather special forms:

adverb		*comparative*		*superlative*	
bien	*well*	**mieux**	*better*	**le mieux**	*the best*
beaucoup	*a lot*	**plus (davantage)**	*more*	**le plus**	*the most*
peu	*not much*	**moins**	*less*	**le moins**	*the least*
mal	*badly*	**pire**	*worse*	**le pire**	*the worst*

Tout a changé depuis l'année dernière!

1 L'année dernière, il pleuvait tout le temps, mais cette année il . . .
2 L'année dernière, je ne travaillais pas bien, mais cette année je . . .
3 L'année dernière, l'équipe de football gagnait tous les matchs, mais cette année, elle joue . . .
4 L'année dernière, nous ne jouions pas souvent au tennis, mais cette année nous . . .
5 L'année dernière, il neigeait très peu, mais cette année il . . .
6 L'année dernière, tu ne conduisais pas vite, mais cette année, tu . . .
7 L'année dernière, vous faisiez de la planche à voile tous les week-ends, mais cette année, vous . . .
8 L'année dernière, je ne comprenais pas grand-chose en France, mais cette année je . . .
9 L'année dernière, elle parlait très peu, mais cette année elle . . .
10 L'année dernière, on roulait lentement entre Calais et Paris, mais cette année, avec la nouvelle autoroute, on . . .

Grammaire Ça va mieux?

Use **meilleur** with nouns:

un (le) **meilleur** chanteur	*a better (the best) singer*
une (la) **meilleure** équipe	*a better (the best) team*
de (les) **meilleurs** joueurs	*better (the best) players*
de (les) **meilleures** peintures	*better (the best) paintings*

Use **mieux** and **le mieux** with verbs:

Il joue **mieux** aujourd'hui qu'hier.	*He's playing better today than yesterday.*
C'est l'équipe de France qui a joué **le mieux**.	*The French team played the best.*

1 Quel est le . . . pays du monde?
2 D'où est-ce qu'on a la . . . vue sur Paris?
3 Quelle est la . . . équipe de football en Europe?
4 Quels sont les . . . mois pour visiter la Côte d'Azur?
5 Quelles sont les . . . raquettes de tennis?
6 Qui a joué . . . au championnat de tennis à Wimbledon, l'année dernière?
7 Quelle est la . . . saison de l'année?
8 Où est-ce qu'on peut voir les . . . peintures des Impressionnistes?
9 Pensez-vous que les . . . gymnastes viennent de l'U.R.S.S.?
10 En rugby, qui joue . . . cette année?

Mots croisés

Toutes les réponses sont des adverbes:

Horizontalement

1 Comme tu marches . . . tu ne peux pas marcher un peu plus vite! (9)
5 Le faucon est l'oiseau qui vole le plus . . . (4)
8 L'année dernière je faisais beaucoup de sport, mais cette année, j'en fais . . . (5)
9 Il n'a pas compris ce qu'il devait faire. C'était très . . . expliqué. (3)
10 Elle travaille beaucoup, alors elle va . . . avoir de bonnes notes. (8)

Verticalement

1 Ça fait . . . qu'on n'a pas eu de ses nouvelles. (9)
2 A ton avis, qui joue le . . . dans ce match? (5)
3 Il n'est jamais à l'heure. Il arrive toujours plus . . . que les autres. (4)
4 Elle joue de la trompette, mais pas très . . . (4)
6 Voici l'athlète qui a lancé le javelot le plus . . . Il a gagné le championnat. (4)
7 La grue est l'oiseau qui vole le plus . . . (4)

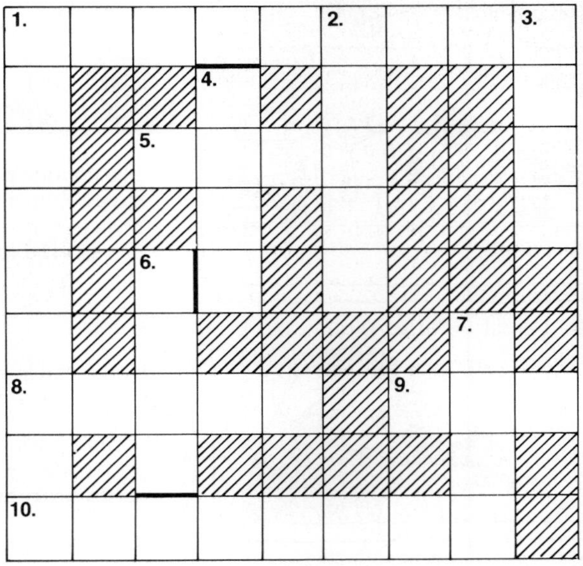

Now you can:
use adverbs to describe more fully *how*, *when* or *where* something is done.

6·5 Qu'est-ce qu'on fait?

BOBINO
Location
20 rue de la Gaité
75014 Paris. Tél. : 322.74.84

MAXIME LE FORESTIER
13 octobre/22 novembre

FRANCIS LALANNE
24 novembre/13 décembre

Horaires des spectacles :
soirée : 20 h 45 ; matinée : dim. 16 h
relâche dim. et lun.
Prix des places : 60 F - 70 F - 80 F.

Chaque semaine, vous pourrez louer vos places par correspondance pour les spectacles de votre choix, 15 jours au plus tard avant la date choisie. Pour cela écrivez à -
BOBINO, 20 rue de la Gaité, 75014 Paris, avec le chèque correspondant (à l'ordre de BOBINO) et une enveloppe timbrée à votre adresse. Vous recevrez rapidement vos places numérotées à domicile.

THÉÂTRE NATIONAL
OPERA DE PARIS
CARMEN
de Georges BIZET
au Palais des Sports

2 concerts à ST-LOUIS-en-l'ILE
Vend. 30 oct., Mardi 3 nov. - 21 h
J.S. BACH (Concertos avec hautbois)
VIVALDI LES QUATRE SAISONS
Ensemble de Chambre de Paris - Direction **Alain BOULFROY**
Haut-bois : **Reynald PARROT** - Violon solo : **Alexandre STAJIC**
Réserv. : Librairie St-Séverin - **633.61.77**
Royal Tourisme - 10, rue Royale - **260.31.84**
S.O.S. Théâtre - **225.67.07**

Une colonne Morris

PARIS SEPTEMBRE OCTOBRE
THÉATRE DES CHAMPS-ÉLYSÉES
La Ville de Paris présente le
19e FESTIVAL INTERNATIONAL DE DANSE DE PARIS
du 28 septembre au 31 octobre

du 24 Octobre au 1er Novembre
Porte de Versailles - Bat 3
10-20H Nocturnes
Mardi et Vendredi jusqu'à 22H

Au 3e SALON NEIGE ET MONTAGNE, c'est toute la montagne qui s'installe à Paris. Profitez-en pour réserver votre séjour à la neige en France ou à l'étranger, pour louer ou acheter un chalet, pour choisir votre équipement etc...

COMÉDIE-FRANÇAISE

SAISON 1985-6	SAISON 1985-6
MOLIÈRE	SHAKESPEARE
L'AVARE	RICHARD II

Avez-vous bien compris?

1 What piece of music by Vivaldi is being performed?
2 In which bookshop could you buy tickets for this concert?
3 At what time in the evening do the concerts at Bobino start?
4 Provided you write a week in advance, you can book tickets at Bobino by post. What exactly are you asked to do?
5 What sort of exhibition could you see at *Porte de Versailles*?
6 Mention *two* things you could do there, from the suggestions given.

Que feront-ils ce soir?

Exemple: 1 Elle ira voir Carmen au Palais des Sports.

1 Ma grand-mère adore l'opéra.
2 Mon frère aime la musique classique, surtout la musique de Bach.
3 Ma sœur préfère la danse. Elle va assister au festival de danse de Paris.
4 Mes parents aiment le théâtre. Ils vont voir une pièce de Molière.
5 Mes amis aiment le chanteur, Maxime le Forestier.
6 Mon correspondant veut voir une pièce de Shakespeare, en français, bien sûr!

On sort ce soir?

1 – Qu'est-ce qu'on fait ce soir?
– Si on allait au cinéma? Il y a un bon film à l'Odéon.
– Qu'est-ce que c'est?
– C'est le nouveau film de Monty Python. On dit que c'est très marrant.
– D'accord. Ça commence à quelle heure?
– Attends. Voilà: dernière séance à vingt et une heures.
– Alors rendez-vous devant le cinéma à neuf heures moins le quart.
– Entendu. A ce soir.

2 – Pierre nous a invitées chez lui ce soir. Il fait une boum avec des copains. On y va?
– Ah bon. Tu as envie d'y aller?
– Oui, pourquoi pas?
– Est-ce qu'il a invité beaucoup de gens?
– Une trentaine, je crois. Il y a Anne-Marie et Luc qui y vont, Chantal et sa correspondante anglaise, Frédéric et son frère, Claude et Michèle, Alain . . .
– Je ne le connais pas, Alain.
– C'est le frère de Nicole. Il est en seconde au lycée Colbert. Tu l'as peut-être vu au lycée. C'est un grand type brun.
– Non, je ne crois pas. Il est bien?
– Oui, pas mal!
– Bon. Allons-y. C'est pour quelle heure?
– Huit heures . . . huit heures et demie.

3 – Tiens, salut Martine. Comment ça va?
– Salut Jean. Ça va bien et toi?
– Ça va. Dis, tu ne veux pas venir chez moi ce soir? J'ai invité quelques copains à la maison. On va écouter des disques, discuter un peu.
– Non, désolée. Ce soir, je ne peux pas. J'ai rendez-vous avec Jean-Claude.
– Mais tu peux l'inviter aussi.
– Merci, c'est sympa. Je vais lui en parler. C'est à quelle heure, ton truc?
– Bof! Disons huit heures.

4 – Tu veux sortir ce soir?
– Hum! je n'sais pas. Il y a quelque chose de bon à la télé?
– Non, il n'y a rien. Ça te dit d'aller au café, prendre un verre?
– Bof! Ça m'est égal. Je suis assez fatigué, tu sais. J'aimerais autant rester à la maison.
– Ah non. Ça, c'est pas intéressant. Allons au café!

Qu'est-ce qu'on fait? vocabulaire et phrases utiles

Discussing what to do

Il y a	un concert à la M.J.C. une boum un débat un film	ce soir. samedi. demain soir. vendredi.	On y va?

Si on allait	en ville chez Jean-Pierre au cinéma	?

Si on faisait une partie	de foot de babyfoot de boules	?

Si on jouait	aux échecs aux cartes au tennis de table	?

Si on regardait	le match de rugby le film le documentaire sur les Alpes	à la télé?

On pourrait peut-être	aller à la piscine. aller dans une discothèque. faire un tour à vélo.

T'as une idée, toi?
Qu'est-ce que tu veux faire?

Reacting to the suggestion

Oui, bonne idée!
Oui, je veux bien faire ça.
Oui, allons-y!
D'accord.

Ça m'est égal.
C'est comme tu veux.
Hum! je ne sais pas.

Ça me dit pas grand-chose.
J'ai pas tellement envie.
Non, j'aimerais mieux faire autre chose.

Discussing when and where to meet

Si on se voyait Rendez-vous	à	sept heures *etc.*	devant	le cinéma l'église le stade	?
			au	café théâtre	
			à la	M.J.C. discothèque	
			chez	Robert toi	

Agreeing

Oui, d'accord. A ce soir.
Entendu. A sept heures, alors.
Oui, ça va. A bientôt.

Agreeing but with one or two changes

Oui, mais . . .	sept heures, c'est un peu tôt. Disons sept heures et demie. *etc.*		
	pas devant	le cinéma. l' église. le théâtre. *etc.*	
	. . . si on se voyait	au café. dans le foyer. à la station de metro. *etc.*	?

On se rencontre

Make up a dialogue with a partner following one of these guidelines:

1

A: Greet **B**.
B: Greet **A**.
A: Ask **B** if (s)he's free that evening.
B: You are free.
A: Suggest going somewhere.
B: Reject **A**'s suggestion and suggest going somewhere else.
A: Agree. Arrange a time and place to meet.
B: Finish the conversation.

2

A: Ask **B** for ideas of what to do at the weekend.
B: Suggest two possibilities.
A: Reject one, but accept the other.
B: Arrange when and where you're going to meet.

3

A: Greet **B**.
B: Greet **A**.
A: Ask **B** if (s)he's free on Saturday.
B: You're not free on Saturday, but you're free on Sunday.
A: Suggest going somewhere.
B: Reject **A**'s suggestion.
A: Ask **B** for a suggestion.
B: Make a suggestion.
A: Reject that and say that you're going to stick to your original idea.
B: End conversation.

A vous, maintenant

Qu'est-ce qu'on fait?

1 Watching television

– On va regarder le film à la télé ce soir, n'est-ce pas?
Say that you've already seen the film.
– Zut alors! C'est un film magnifique.
Ask what time it starts.
– A huit heures et demie.
Say that's all right and that your favourite programme ends at 8.15.
– C'est bien. Comme ça nous serons tous les deux contents.
Say that you're going to write to your parents now.
– Bonne idée! Allez! Au travail!

SEREB 1983

2 Arranging a visit to a discotheque

Vous parlez avec un(e) ami(e) français(e) de ce que vous allez faire ce soir.

– Alors, (name), qu'est-ce qu'on va faire ce soir?
Suggest that you go to the disco at the youth club.
– Ça dépend; ça commence à quelle heure?
Say you're not sure, but it's probably at nine o'clock.
– Bon, oui, on va y aller – moi, j'aime les discos.
Ask where you'll meet each other, and at what time.
– Tu peux passer chez moi ou bien je peux t'attendre devant le club. Qu'est-ce que tu préfères?

EAEB 1983

3 Arranging a visit to the cinema

You are arranging to meet your friend.

(i) Ask if he/she prefers to go to the cinema or a disco.
(ii) When told the cinema, ask what's on at the Odéon cinema.
(iii) Say you'll meet him/her in front of the cinema.
(iv) Suggest you meet at 8.30
(v) Take your leave appropriately.

SWEB 1983

Au téléphone

1 Imaginez ce que dit Sophie:

–Allô. Sophie? C'est Jean-Luc à l'appareil. Tu es libre ce soir? Tu veux venir chez moi? Je viens d'acheter le dernier album de *Téléphone*. C'est formidable. Il faut l'écouter.
– ....
–Bon ... après l'émission sur la Guadeloupe, si tu veux.
– ....
–Tu dois te laver les cheveux?
– ....
–Et demain? Tu peux venir demain?
– ....
–Ah bon. Demain tu sors avec Alain. Bon, à un de ces jours, alors.
– ....
–Au revoir, Sophie.

2 Jouez le rôle de Pierre:

–Allô. C'est toi Pierre? Ici Monique.
– ....
–Tu te souviens, on s'est rencontrés chez Alain, samedi dernier?
– ....
–Oui, c'était vraiment bien, comme soirée. Il y avait de la bonne musique et tout. Et on a beaucoup dansé, n'est-ce pas? Moi, j'aime beaucoup danser. J'adore aller dans des discothèques. Et toi?
– ....
–Ah bon. Tu as beaucoup de travail.
– ....
–Oui, les examens bien sûr. Et tu sais, Pierre, le groupe *Téléphone* vient ici en tournée. Je le trouve extra. Pas toi?
– ....
–Ah bon. Tu n'aimes pas leur musique. Allez, au revoir.
– ....
–Oui, au revoir.

Write, *in French*, a composition of about 120 words on the picture-series shown below. A suitable title might be: **Une mauvaise surprise**. *Pour vous aider voir la page 215.*

WMREB 1983

Now you can:
make suggestions about where to go and what to do, and comment on other people's ideas.

6·6 On va au cinéma?

Au cinéma, cette semaine

1

Gilbert

Je voudrais voir un film musical. J'adore la musique moderne.

2

Beatrice

Mais non! Je déteste les films musicaux. Allons voir un film d'aventures.

3

Luc

Moi, je préfère les films de science-fiction.

Recommandez un film à chaque personne:

ANNIE. 1982. 2h10. Comédie américaine en couleurs de John Huston avec Albert Finney, Carol Burnett, Bernadette Peters, Ann Reinking, Tim Curry, Aileen Quinn.
1929: à l'heure de la grande dépression américaine, une jeune orpheline est l'héroïne d'une aventure où suspense, kidnapping et quiproquos se bousculent allègrement. Un grand film musical réalisé par un des maîtres du cinéma mondial. ♦**Gaumont-Ambassade 90** v.o. ♦**Francais Pathe 125** v.f. ♦**Les 3 Secretan 253** v.f.

BLADE RUNNER. 1981. 1h55. Film de science-fiction américain en couleurs de Ridley Scott avec Harrison Ford, Rutger Hauer, Sean Young, Edward James Olmos, M Emmet Walsh.
Dans un Los Angelès futuriste des années 2000, où la technologie règne en maître absolu, une chasse à l'homme qui a pour objet d'anéantir les récalcitrants de la Société Nouvelle. L'auteur des «Duellistes» et de «Alien» retrouve l'acteur des «Aventuriers de l'arche perdue» pour cette grande aventure du cinéma américain. Int – 13 ans. ♦**Opera-Night 16** v.f.

LES DIEUX SONT TOMBES SUR LA TETE. The gods must be crazy. 1981. 1h40. Comédie Botswanaise en couleurs de Jamie Uys avec Sandra Prinsloo, Marius Weyers, Xao, Nic de Jager, Lou Vewey.
Une bouteille de coca cola vide, jetée d'un avion de tourisme, va bouleverser la vie d'un paisible village perdu en plein cœur de l'Afrique. Un exemple du jeune cinéma africain pour ce film qui a obtenu le Grand Prix du film d'humour de Chamrousse 1981. ♦**Gaumont Les Halles 3** v.o. ♦**Quintette Pathe 40** v.o. ♦**Marignan-Concorde Pathé 95** v.o. ♦**Les 7 Parnassiens 181** v.o. ♦**Francais Pathe 125** v.f. ♦**Maxeville 129** v.f. ♦**Les Nation 168** v.f.

E.T. L'Extra-terrestre. 1982. 1h55. Film fantastique américain en couleurs de Steven Spielberg avec Dee Wallace, Henry Thomas, Peter Coyote, Robert MacNaughton, Drew Barrymore.
Seul et oublié sur la terre, un extra-terrestre est sauvé grâce à l'amitié d'un enfant. Un fantastique film à la fois drôle, émouvant et captivant. Le plus gros succès populaire de tous les temps aux U.S.A. ♦**U.G.C. Danton 75** v.o. ♦**Marignan-Concorde Pathé 95** v.o. ♦**Kinopanorama 203** v.o. ♦**Gaumont-Richelieu 12** v.f. ♦**U.G.C.-Opera 21** v.f. ♦**Paramount Mercury 198 bis** v.f. ♦**U.G.C. Normandie 109** v.f. ♦**Paramount Opéra 132** v.f.

MIDNIGHT EXPRESS. 1978. 2h. Drame psychologique anglais en couleurs d'Alan Parker avec Brad David, Randy Quaid, Bo Hopkins, John Hurt, Paul Smith.
Un jeune américain est condamné pour trafic de drogue à trente ans de réclusion dans une prison turque. Un violent réquisitoire contre les conditions de vie dans l'univers carcéral. Int – 18 ans. ♦**Capri Grands Boulevards 10** v.f.

PINK FLOYD THE WALL. 1982. 1h35. Film musical américain en couleurs de Roger Waters avec Bob Geldof, Christine Hargreaves, James Laurenson, Eleanor David.
Sur la musique des Pink Floyd, les fantasmes d'une star du rock qui tente une cruelle remise en question de sa vie et de son devenir; un événement. ♦**Quintette Pathe 40** v.o.

LE RUFFIAN. 1982. 1h45. Film d'aventures français en couleurs de José Giovanni avec Lino Ventura, Bernard Giraudeau, Claudia Cardinale, Beatrix Van Til, Pierre Frag.
Responsable d'un accident, un homme veut se réhabiliter et cherche fortune en s'engageant dans l'aventure des mines d'or. Un western moderne sur fond de glacier et de forêt canadienne. En complément de programme: **Le Point d'eau**, 1982, 13mn court métrage français de Valérie Moncorgé. ♦**Gaumont-Sud 186** v.f.

4

Gabrielle

J'ai envie de voir un film psychologique.

5

Roger

Je n'aime ni les films psychologiques ni les films musicaux. Allons voir un film comique. C'est bien de rire un peu.

6

Louise

Peut-être, mais pas n'importe quel film comique. J'aimerais bien voir un film fantastique avec, peut-être, de l'humour.

On sort? vocabulaire et phrases utiles

To find out what's on

Qu'est-ce qu'	on passe, comme film il y a, comme spectacle/concert on donne comme pièce	ce soir cette semaine samedi	au cinéma au Rex au Palace au théâtre à la M.J.C. *etc.*	?

To find out details of performance etc.

La dernière séance	commence finit	à quelle heure?
Le film La pièce Le concert	dure combien de temps?	
Est-ce qu'il y a un entracte? C'est à quelle heure, l'entracte?		

To ask the price of tickets for a concert, sports match etc.

C'est combien	l'entrée les places les billets une place dans les tribunes *(a seat in the grandstand)*	s'il vous plaît?

To ask if there's a reduction for students

Est-ce qu'il y a une réduction pour étudiants?

To find out whether the film is French, Italian, American etc.

C'est un film	français italien américain *etc.*	?

To ask whether the film is with the original soundtrack, sub-titled or dubbed

Est-ce que le film est	en version originale sous-titré en français doublé	?

To find out what kind of film it is

Qu'est-ce que c'est comme film?

un film d'aventure	*adventure film*
une comédie (musicale)	*(musical) comedy*
un dessin animé	*cartoon*
un documentaire	*documentary*
un drame psychologique	*psychological drama*
un film d'espionnage	*spy film*
un film fantastique	*fantasy*
un film historique	*historical film*
un film politique	*political film*
un film de guerre	*war film*
un film d'horreur	*horror film*
un film policier	*detective film*
un film de science-fiction	*science-fiction film*
un western	*western*

To buy a ticket

Une place	au balcon *(in the circle)* à l'orchestre *(in the stalls)*	s'il vous plaît?

To choose your seat

près de l'écran	*near the screen*
loin de l'écran	*near the back*

Don't forget the usherette!

The usherette (*l'ouvreuse*) will expect a tip (*un pourboire*).

Si on allait au cinéma?

1 Qu'est-ce qu'on passe au Panthéon/au Rex?
2 Qu'est-ce que c'est comme film?
3 a) C'est un film français?
b) Si ce n'est pas un film français, est-ce que c'est en version originale?
4 La dernière séance commence à quelle heure?
5 Ça coûte combien, les places?

Travaillez avec un partenaire. Un de vous doit consulter les détails du cinéma Rex. L'autre doit consulter les détails du cinéma Panthéon. Mettez-vous d'accord sur quel film vous allez voir et à quelle heure.

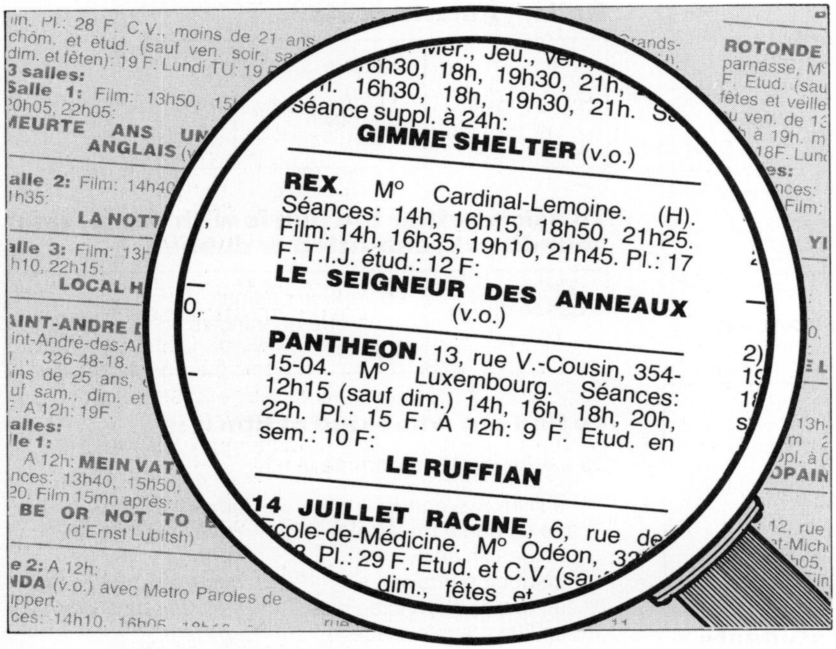
séance suppl. à 24h:

GIMME SHELTER (v.o.)

REX. M° Cardinal-Lemoine. (H). Séances: 14h, 16h15, 18h50, 21h25. Film: 14h, 16h35, 19h10, 21h45. Pl.: 17 F. T.I.J. étud.: 12 F:

LE SEIGNEUR DES ANNEAUX (v.o.)

PANTHEON. 13, rue V.-Cousin, 354-15-04. M° Luxembourg. Séances: 12h15 (sauf dim.) 14h, 16h, 18h, 20h, 22h. Pl.: 15 F. A 12h: 9 F. Etud. en sem.: 10 F:

LE RUFFIAN

14 JUILLET RACINE, 6, rue de l'École-de-Médicine. M° Odéon,

Au cinéma

Écrivez six phrases pour dire ce qu'il faut et ce qu'il ne faut pas faire au cinéma en France.

<table>
<tr><td rowspan="8">Il (ne) faut (pas)</td><td>entrer dans le cinéma sans payer.</td></tr>
<tr><td>fumer au cinéma.</td></tr>
<tr><td>traduire le film à votre voisin(e).</td></tr>
<tr><td>donner un pourboire à l'ouvreuse.</td></tr>
<tr><td>rester dans le cinéma pour voir le film une deuxième fois.</td></tr>
<tr><td>acheter son billet avant d'entrer dans le cinéma.</td></tr>
<tr><td>montrer son passeport ou sa carte d'identité si le film est interdit aux moins de 15 ans ou aux moins de 18 ans.</td></tr>
<tr><td>dormir pendant le film.</td></tr>
</table>

A vous, maintenant

Au cinéma

1 You go to the box-office of a French cinema. The cashier greets you.

– Bonjour Monsieur/Mademoiselle.
Ask for two seats.
– Très bien. Voilà, Monsieur/Mademoiselle.
Ask how much they are.
– Ça fait vingt-deux francs.
Ask if the film has started yet.
– Non, le film va commencer dans cinq minutes.
Ask at what time the film ends.
– Vers onze heures quinze, Monsieur/Mademoiselle.

LREB 1983

2 Vous êtes à la caisse d'un cinéma en France. Vous parlez à l'employé. Commencez!

Ask him/her at what time the big film starts.
– A dix heures moins vingt, Monsieur/Mademoiselle.
Ask the price of a seat in the stalls.
– Ça fait quinze francs Monsieur/Mademoiselle.
Ask for two seats near the exit.
– Voilà, Monsieur/Mademoiselle.

SREB 1983

3 Whilst in France you go to the booking office at a cinema.

(i) Ask what film is on this week.
(ii) Find out if the film has English sub-titles.
(iii) Find out who the stars of the film are.
(iv) Ask at what time the film finishes.
(v) Book two seats at 20 francs for Thursday.

ALSEB 1982

JMB 1983

Read carefully the following passage which is not to be translated. Then answer, concisely, *in English*, the questions below. Your answers need not be in the form of complete sentences, but you should take care to include all relevant details.

A risky trade

Un sur cinq des films que vous voyez comprend des acteurs *pas comme les autres*, car ils doublent les vedettes toutes les fois que la scène est dangereuse.

Leur rôle: combats, chutes, acrobaties.
On les appelle des cascadeurs; leur âge moyen est vingt-cinq ans; le métier use vite.

Les cascadeurs forment des équipes dont une des meilleures est celle d'Ivan Chifre qui a dit à notre reporter:
– Nous formons des équipes parce que dans les films nous devons travailler ensemble et ça rend notre entraînement plus facile.

En Amérique il y a des écoles de cascadeurs, mais pas en France; ici on devient cascadeur presque par hasard.

Certains des cascadeurs sont d'anciens hommes du cirque ou soldats.

On dit que ce n'est pas un métier de fille; cependant on en trouve parmi les cascadeurs. Il y a par exemple Michèle Delacroix qui à l'âge de dix-sept ans devint parachutiste avec une fausse autorisation de son père; c'était un bon début pour tourner des films plus tard. Dans le film *Le Gentleman de Cocody* elle était suspendue à un avion à mille mètres d'altitude.

Il y a aussi Odile Astié qui fut gravement blessée avec son copain, Gil Delamare, en mai dernier à la suite d'un accident routier et qui n'a pas encore pu reprendre l'activité.

La règle absolue d'un cascadeur, c'est de savoir tomber sans se faire mal. Quand ils sautent dans le vide, le matériel qu'ils utilisent doit être solide mais pas cher; ils emploient donc des boîtes en carton qui s'écrasent sous eux.

1 What proportion of films includes unusual actors?
2 What do these actors do and when do they do it?
3 What situations are they involved in?
4 What did Ivan Chifre tell the reporter?
5 What difference is there between America and France in this field of activity?
6 What occupations have some of the *cascadeurs* previously followed?
7 What are we told about Michèle Delacroix before she worked in films? What comment is made about that activity?
8 What did she do in the film *Le Gentleman de Cocody*?
9 What are we told about the incident concerning Odile Astié?
10 What is a *cascadeur*'s golden rule?
11 What are we told about the material they use?

Interview avec Michel Leneuf

Choose the best answer to each of the questions on the recorded conversation. You will hear the conversation and the questions twice.

1 Qu'est-ce que le reporter demande à Michel?
- a) S'il va tourner un film.
- b) S'il aime chanter.
- c) S'il est vraiment célèbre.
- d) S'il aime le cinéma.

2 Qu'est-ce qu'il pense des scénarios qu'il a reçus?
- a) Ils ne l'intéressent pas.
- b) Ils vont changer son image.
- c) Ils sont difficiles à chanter.
- d) Ils sont très comiques.

3 Pourquoi Michel n'a-t-il jamais chanté en Angleterre?
- a) Il refuse de quitter la France.
- b) Il n'aime pas les Anglais.
- c) Ses disques se vendent en Angleterre.
- d) Il ne sait pas chanter en anglais.

4 Qu'est-ce qu'il fait depuis six mois?
- a) Il fait une tournée aux États-Unis.
- b) Il apprend à chanter.
- c) Il apprend l'anglais.
- d) Il tourne un film.

5 Comment passe-t-il son temps libre?
- a) A rester chez lui.
- b) A chanter.
- c) A faire du sport.
- d) A sortir.

6 Qu'est-ce qu'il fera l'année prochaine?
- a) Il travaillera dur.
- b) Il gagnera plus d'argent.
- c) Il fera moins de travail.
- d) Il deviendra très important.

NEA Joint GCE O-level and CSE examination 1982

Now you can:
discuss going to the cinema, find out about films being shown and buy tickets etc.

6·7 Toi et moi

Après le film

– Moi, je ne l'ai pas aimé. Et toi?
– Moi, si. Je trouve qu'Alain Delon jouait bien.
– Oui, lui, il n'était pas mal, mais elle, l'actrice principale, ne jouait pas bien.
– Qu'est-ce qu'on fait maintenant? On va au café?
– D'accord. Les autres, qu'est-ce qu'ils font?
– Ohé, Marc et Christiane, nous, on va au café, et vous?
– Nous devons rentrer.
– D'accord. Bon, alors, eux, ils vont rentrer et nous, on va au café.

Grammaire Emphatic pronouns

In the conversation above notice how the words underlined (moi, toi, lui, elle etc.) emphasise *who* is being referred to in each case. These are sometimes known as stressed or emphatic or disjunctive pronouns. Unlike most pronouns, they can be used on their own, as well as with a verb. Here is a full list of emphatic pronouns. You will already be familiar with most of them:

moi	*me*	**nous**	*us*
toi	*you*	**vous**	*you*
lui	*him*	**eux**	*them*
elle	*her*	**elles**	*them*
soi	*oneself*		

The main uses are:

a) For emphasis:

Moi, je vais toujours en France pendant les vacances, mais **lui**, il préfère aller en Espagne.	*I always go to France during the holidays, but as for him, he prefers to go to Spain.*

b) After *c'est* or *ce sont*:

– Qui est-ce?	*– Who is it?*
– C'est **nous**.	*– It's us.*
Ce sont **eux**.	*It's them.*

c) On their own or after *pas*:

– Qui est là?	*– Who's there?*
– **Moi**.	*– Me.*
– Qui a fait ça?	*– Who did that?*
– Pas **moi**.	*– Not me.*

d) After prepositions, such as 'with', 'without', 'for', 'before', 'after', 'in front of', 'behind' etc:

. . . devant **moi**.	*. . . in front of me.*
Il est parti avant **elle**.	*He left before her.*
. . . après **vous**.	*. . . after you.*
Faites comme chez **vous**.	*Make yourself at home.*

e) In comparisons:

Je suis plus grand que **toi**.	*I'm taller than you.*
Elle joue mieux que **lui**.	*She plays better than him.*

f) After *à* to show who something belongs to:

Ce disque est à **moi**, l'autre est à **lui**.	*This record's mine, the other's his.*

g) In commands, where the pronoun comes after the verb (in place of *me* and *te*):

Attendez-**moi**!	*Wait for me!*
Rappelle-**toi** que tu dois aller en ville aujourd'hui.	*Remember that you have to go into town today.*

h) With **même** to mean 'self':

Je l'ai fait **moi-même**.	*I made it myself.*
Nous avons construit la maison **nous-mêmes**.	*We built the house ourselves.*

Note:
Soi means 'oneself' or 'himself', but should only be used with *on, chacun, personne, tout le monde* or after *chez*:

Chacun pour **soi**.	*Each for himself.*
On est bien chez **soi**.	*It's good to be in your own home.*

Complétez les captions

1 Mais chérie, je t'assure que je n'aime que . . . .

2 – Qui va faire la vaisselle?
– . . . !

3 – C'est pour qui, l'addition?
– Pour . . . !

4 Ah non. Ce n'est pas pour . . . , ce film!

5 Mais, ces vêtements ne sont pas à . . . !

6 Nous partons sans . . . !

7 Ce billet est à . . . !

8 Alors, c'est fini. Je ne sors plus avec . . . !

9 Il est plus grand que . . . , mais . . . , je suis plus fort que . . . !

Tout le monde a une idée différente

Complétez la conversation.

1 . . . , je veux aller au cinéma.
2 Mais . . . , tu préfères aller au restaurant, n'est-ce pas?
3 . . . , il veut regarder le match de football à la télé.
4 Et . . . , elle veut aller dans une discothèque.
5 Alors . . . , qu'est-ce que vous voulez faire ce soir?
6 . . . , nous serons contents de rester à la maison.
7 Et les garçons, qu'est-ce qu'ils veulent faire? . . . , ils veulent aller au stade.
8 Et les filles, elles veulent y aller aussi? Non, pas . . . , elles veulent aller à la patinoire.

Complétez les conversations

1 – Qui veut aller en ville avec . . . ?
– . . ., je veux bien.
– Alors, dépêche- . . . . Je pars tout de suite.

2 – Tu as l'addresse d'Eric sur . . . ?
– Ah zut! J'ai dû la laisser chez . . . .

3 – C'est à . . . , ce journal, Monsieur?
– Oui, c'est à . . . .

4 – C'est à Marie-Christine, ce sac?
– Oui, c'est à . . . .

5 – Tu as des nouvelles des Johnson?
– Non, depuis leur visite, je n'ai rien entendu d' . . . , mais je ne sais pas s'ils sont encore rentrés chez . . . , après les vacances.

6 – Bonjour Christine, entre. Tout le monde est là, sauf . . . et Pierre. Pierre n'est pas avec . . . ?
– Non, je ne sais pas où il est. Je ne sors plus avec . . . !

Nous faisons tout, nous-mêmes!

M. et Mme Faistout et leurs enfants aiment faire beaucoup de choses, eux-mêmes. Ils décorent leur maison. Mme Faistout fait de la couture, M. Faistout aime le bricolage. Leur fils, Jean, construit des maquettes et leur fille, Jeanne, fait des peintures. Comment Mme Faistout répondra-t-elle aux questions de sa voisine, Mme Faisrien?

Exemple:
– Ah, vous avez un nouveau pantalon. Vous l'avez fait vous-même?
– Oui, je l'ai fait moi-même.

1

– Et vous avez décoré le salon.
– Oui, nous l'avons tapissé . . . .

2

– Je vois que vous avez un nouveau placard.
– Oui, mon mari l'a fait . . . .

3

– Cette maquette de Concorde est vraiment énorme!
– Mon fils, Jean, l'a faite . . . .

4

– Il est original, ce tableau. Où l'avez-vous acheté?
– On ne l'a pas acheté. C'est ma fille, Jeanne, qui l'a peint . . . .

5

– Je vois que vous avez un nouveau pullover.
– Oui, je l'ai tricoté . . . .

6

– Vous avez peint la maison, ... aussi?
– Mais bien sûr, nous faisons tout . . . . . . !

Now you can: use pronouns to give emphasis to what you say.

6·8 Excuses, excuses

Excusez-moi

1 – Excuse-moi, Anne-Marie. Je suis en retard.
– Ça ne fait rien.
– Je suis vraiment désolé. J'ai manqué l'autobus, tu sais, et j'ai dû venir à pied. Ça fait longtemps que tu attends?
– Non, vingt minutes environ.

2 – Bonjour, Paul. Excusez-nous d'être arrivés si tard.
– Ça ne fait rien, entrez. Les autres sont déjà là.
– La voiture est tombée en panne, vous savez. Nous avons dû prendre un taxi.

3 – Te voilà enfin. Qu'est-ce qui s'est passé?
– Excuse-moi, Jean-Luc. Je me suis trompée de chemin.
– Ce n'est pas grave, mais tu dois être fatiguée. Allons au café.

4 – Allô, Chantal? C'est Suzanne à l'appareil. Excuse-moi, j'ai complètement oublié ton anniversaire.
– Ne t'en fais pas Suzanne. Ça ne fait rien.

5 – Jean-Pierre? C'est Marc à l'appareil. Je suis vraiment désolé de ne pas être venu samedi. J'ai dû aller à Tours avec l'équipe de rugby.
– Ne t'en fais pas. Ce n'est pas grave.

6 – Mais enfin André, dis-moi où tu étais? Je t'ai attendu presqu'une heure avant de rentrer. Et il faisait froid, en plus. Ce n'était pas très amusant!
– Je te prie de m'excuser Hélène. Ce n'était pas ma faute. Je suis parti de bonne heure, mais ma voiture est tombée en panne et j'ai dû attendre le mécanicien pendant une heure.

Quels étaient leurs excuses?

1 Pourquoi la fille est-elle arrivée en retard et comment est-elle venue?
2 Pourquoi les invités de Paul sont-ils arrivés en retard et comment sont-ils venus?
3 Pourquoi la petite amie de Jean-Luc est-elle arrivée en retard?
4 Qu'est-ce que Suzanne a oublié?
5 Qu'est-ce que Marc a oublié de faire?
6 Pourquoi est-ce qu'André n'est pas arrivé à l'heure?

Je vous présente mes excuses

If you want to apologise

Excuse-moi. / Excusez-moi.	*Sorry.*
Je te/vous prie de m'excuser.	*Please excuse me.*
Je suis (vraiment) désolé(e).	*I'm (really) sorry.*
Je ne l'ai pas fait exprès.	*It wasn't intentional.*
Ce n'était pas ma faute.	*It wasn't my fault.*

If you want to respond to an apology

Il n'y a pas de mal.	*No harm done.*
Je vous en prie.	*Never mind.*
Ça ne fait rien. / Ce n'est rien.	*It doesn't matter.*
Ne t'en fais pas. / Ne vous en faites pas.	*Don't worry.*
Ce n'est pas grave.	*It's not important.*
N'en parlons plus.	*Let's forget it.*

Now your turn

In case you're ever late or forget to do something, you'd better practise what to say.

1 You miss the train and arrive an hour late at your friend's house.
2 You miss the bus and decide to walk. You arrive at the swimming pool half an hour late.
3 You've been helping out with the shopping but you've forgotten to buy the bread.
4 You've forgotten to take a small birthday present round to your friend.
5 This time you've had a really bad day. You were planning to visit some friends near Paris. First of all when you went to buy your railway ticket at the station, you found that you had no French money, so had to find a bank and change some. Then you missed the train. You caught the next train but forgot to get off at Versailles. You got off at the next station and tried to walk back but you lost your way. Finally, you caught a taxi and arrived at the right place but . . . three hours late!

C'était un accident!

Qu'est-ce que vous dites?

Exemple: Je suis désolé, j'ai laissé tomber une assiette.

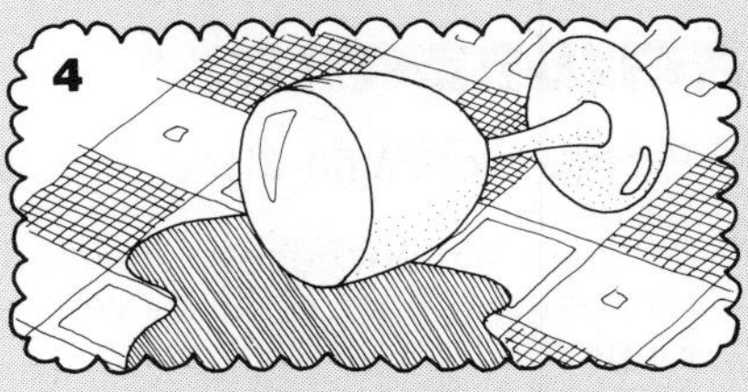

Pour vous aider:

laisser tomber	*to drop*
casser	*to break*
renverser	*to knock over, spill*
déchirer	*to tear*
tâcher	*to stain*

Now you can:
apologize and make excuses, giving simple explanations of why you're late or why you've neglected to do something.

6·9 Vous vous êtes bien amusés?

C'était un bon week-end?

Complétez les conversations en mettant les verbes entre parenthèses à l'imparfait.

1 – C'(**être**) bien la boum chez Pierre?
– Ce n'(**être**) pas terrible. Moi je n'y (**connaître**) presque personne. Jean-Pierre et Danièle (**être**) là, mais à part eux, il n'y (**avoir**) personne du collège. On (**passer**) de bons disques, mais je ne (**danser**) pas beaucoup.

2 – Tu t'es bien amusé au théâtre?
– Bof! Franchement, c'(**être**) un peu décevant. D'abord, on n'(**avoir**) pas de bonnes places et on (**être**) assez loin de la scène. On ne (**voir**) pas très bien. On (**pouvoir**) entendre, mais comme on (**parler**) très vite, je ne (**comprendre**) pas grand-chose!

3 – Comment as-tu trouvé le concert de rock?
– C'(**être**) vraiment sensas. Il y (**avoir**) une très bonne ambiance. C'(**être**) en plein air, tu sais. Alors, heureusement il (**faire**) beau. Il y (**avoir**) plusieurs groupes – ça a duré tout l'après-midi. Moi, j'(**être**) avec des amis de Marc. Nous avons trouvé une bonne place par terre, d'où nous (**pouvoir**) très bien voir et entendre.

Au match de football

– On prend des places dans les tribunes, n'est-ce pas?
– Oui d'accord. Comme ça on verra mieux.
– Ouf! Comme il fait chaud. Le match commence à quelle heure?
– A quinze heures.

....

– Allez Saint-Étienne!
– Ils jouent bien, n'est-ce pas?
– Oui, mais Nantes n'a pas de chance. Leur meilleur joueur est blessé.
– Voilà, c'est la fin du match. Saint-Étienne a gagné 4-2. Pas mal, hein?
– Hum! Je trouve que Nantes se défendait bien, quand même.

Imaginez que vous avez assisté au match de football. Maintenant répondez aux questions d'un(e) ami(e) qui n'était pas là.

1 Quel temps faisait-il?
2 Où avez-vous pris des places?
3 Qui jouaient?
4 Qui a gagné?
5 Quel était le score?
6 C'était bien comme match?

Un week-end raté

André: T'as passé un bon week-end, Jean?
Jean: Non, c'était un désastre!
André: Pourquoi?
Jean: J'avais des billets pour le match de rugby samedi après-midi, mais comme il pleuvait toute la journée, on a dû annuler le match.
André: T'es resté à la maison, alors?
Jean: Oui, je suis resté à la maison. Je voulais regarder le sport à la télé, mais les autres voulaient regarder un vieux film. C'était vraiment casse-pieds.
André: Et le soir?
Jean: Le soir, je voulais aller chez Robert mais papa ne m'a pas permis de prendre sa voiture. Alors, papa et maman sont sortis et moi, j'ai dû rester à la maison avec ma petite sœur!

A Répondez aux questions

1 Quel temps faisait-il, samedi?
2 Jean qu'est-ce qu'il voulait faire l'après-midi?
3 Qu'est-ce qu'il a fait?
4 Qu'est-ce qu'il voulait regarder à la télé?
5 Qu'est-ce qu'il a regardé?
6 Qu'est-ce qu'il voulait faire le soir?
7 Qu'est-ce qu'il a fait?

B Et vous?

1 Qu'est-ce que vous vouliez faire samedi dernier?
2 Qu'est-ce que vous avez fait?
3 Est-ce que vous avez passé un bon week-end?
4 Êtes-vous sorti(e) dimanche?
5 Avez-vous vu vos amis?
6 Est-ce que vous avez regardé la télé? Si oui, qu'est-ce que vous avez vu comme émissions?

Concert en plein air

Write a composition *in French* of at least 120 words based on the story told by the pictures.

Pour vous aider, voir la page 215.

SWEB 1983

Répondez à Jean-Luc!

Tours, le 7 mai

Cher David,

Je te remercie de ta lettre et du magazine sur le football que tu m'as envoyés. A mon tour, je t'envoie un magazine pour les jeunes, que je trouve assez intéressant.

Est-ce que tu lis beaucoup? Moi, je lis très peu.

Mes parents prennent le journal régional "La Nouvelle République" que je lis de temps en temps – surtout les informations sportives. Est-ce que tu aimes regarder la télévision? Moi, j'aime bien les dessins animés et les émissions sur le sport. Quelquefois aussi on passe un bon film à la télé, mais il y a souvent de vieux films étrangers qui sont sous-titrés et ça je trouve moins intéressant. J'aime surtout des films d'aventure et d'espionnage.

Samedi dernier, je suis allé voir un bon film au cinéma. C'était "Le Battant" avec Alain Delon. C'est l'aventure d'un homme qui sort de prison après dix ans pour un vol de diamants qu'on n'a jamais retrouvés. Quand il sort de prison, la police et un gang l'attendent. Il doit se battre seul contre eux. C'était drôlement bien. Est-ce que tu es allé au cinéma récemment? Quel genre de films aimes-tu?

Dans ta prochaine lettre, dis-moi ce que tu aimes faire pour te distraire.

A bientôt

Jean-Luc

Imaginez que vous êtes David et que vous venez de recevoir cette lettre de Jean-Luc. Répondez-lui.

Now you can:
discuss a recent event and give your opinion about a film, concert, sports match or party you've attended.

Checklist . . . Checklist . . . Checklist . . .

Now you can:

1. describe how you spend your free time and discuss general leisure interests: sport, music, hobbies etc.
2. talk about sport and understand information about different sporting events.
3. discuss books, newspapers, radio and TV and indicate your preferences.
4. use adverbs to describe more fully *how*, *when* or *where* something is done.
5. make suggestions about where to go and what to do, and comment on other people's ideas.
6. discuss going to the cinema, find out about films being shown and buy tickets etc.
7. use pronouns to give emphasis to what you say.
8. apologise and make excuses; giving simple explanations of why you're late or why you've neglected to do something.
9. discuss a recent event and give your opinion about a film, concert, sports match or party you've attended.

For your reference:

Grammar	*jouer à* and *jouer de*	page 10
	Making comparisons	page 15
	The superlative	page 18
	Adverbs	page 26
	Emphatic pronouns	page 38
Vocabulary and useful phrases	Leisure interests	pages 8-10
	Sport	page 19
	Making arrangements to go out	page 31
	Going out (cinema etc.)	page 35
	Making excuses	page 41

7 A votre santé!

Pour avoir la forme

La forme, qu'est-ce que c'est? C'est se sentir dynamique et plein d'énergie, c'est éprouver la joie de vivre. Il y a des personnes qui sont toujours en forme, mais pour la plupart des gens, il faut faire un effort pour avoir la forme: savoir bien manger, faire de l'exercice et savoir se détendre.

Faites attention à ce que vous mangez

Bien se nourrir, c'est très important. Evitez de manger des sucreries (bonbons, gâteaux etc.), qui n'ont guère de qualités nutritives et consommez avec prudence le café, le thé et les matières grasses. Essayez de suivre un régime bien équilibré. Mangez chaque jour:

- des produits laitiers: lait, yaourt, fromage
- de la viande, du poisson ou des œufs
- des fruits et des légumes – mangez-les crus ou très légèrement cuits
- un plat de pommes de terre ou de pâtes ou de riz
- du pain ou des céréales

Et buvez:

- de l'eau

Les vitamines, ça sert à quelque chose?

Les vitamines sont nécessaires pour être en bonne santé. Elles se trouvent dans des aliments différents.

La **vitamine A**, qu'on appelle la vitamine de la beauté, se trouve dans les produits d'origine animale: beurre, lait, œufs, fromage, foie d'animaux et de poissons. Elle se trouve aussi dans les carottes, les légumes verts et certains fruits.

Les **vitamines B** sont nécessaires pour le bien-être du corps. Les gens nerveux ou, ayant une mauvaise digestion, manquent généralement les vitamines B. On les trouve dans la viande, le lait, le beurre, les pommes de terre, le pain complet et, surtout, les céréales.

La **vitamine C**, c'est la vitamine de l'énergie par excellence. Elle se trouve dans les fruits, les légumes et les salades.

Si vous suivez un régime bien équilibré, vous consommerez toutes les vitamines qui vous sont nécessaires.

Trouvez votre rythme naturel

Nous ne réagissons pas de la même manière, 24 heures sur 24 et d'un bout de l'année à l'autre. Nous avons, tous, nos temps forts (les jours où nous sommes en forme) et nos temps faibles (les jours où nous sommes à plat).

En gros, les points forts de la journée se situent entre 7 heures et 10 heures du matin et entre 15 heures et 17 heures de l'après-midi. Mais, nous avons chacun notre cycle propre; certaines personnes sont nettement «du matin» alors que d'autres sont «du soir». Autant que possible, respectez votre rythme naturel. Couchez-vous tôt si vous préférez vous lever tôt. Couchez-vous plus tard si vous êtes du genre «du soir».

Quant au sommeil, là encore, nous n'avons pas tous les mêmes besoins. Certaines personnes fonctionnent très bien avec cinq heures de sommeil, d'autres ont besoin d'un minimum de huit heures. Les enfants et les adolescents en ont besoin de beaucoup plus.

Sachez vous détendre – faites du sport

Il est très important de savoir se détendre, surtout si on mène une vie active avec beaucoup de stress. Sachez faire la part des choses entre le travail et les loisirs. Le sport est un excellent moyen de se détacher un peu des soucis et des problèmes.

Choisissez bien votre sport. La natation est un sport excellent pour les gens de tout âge. Pour combattre le stress, pensez à faire de la gymnastique en musique, du yoga, de la danse, ou de l'aérobic, (ce sport-ci est pour ceux qui ont le cœur, les poumons et le dos solides).

Si vous commencez un nouveau sport, ne vous forcez pas trop au début. Faites des progrès petit à petit. Faites attention aux crampes et aux douleurs, au mal de dos surtout, et, si nécessaire, modérez vos efforts.

Alors, pour avoir la forme?

Mangez bien. Evitez l'alcool. Ne fumez pas. Respectez votre rythme naturel. Sachez vous détendre. Et faites de l'exercice, même si vous n'avez pas le temps!

7·1 Vous avez la forme?

Avez-vous bien compris?

Are you fit, full of energy, enthusiasm and zest for life? This article from a French magazine offers some suggestions about how to improve your general health.

Regarding what you eat and drink . . .

1 Name *three* things you should avoid or consume in moderation.
2 What are you advised to eat and drink every day?
3 Name *three or more* types of food which contain vitamin A.
4 If someone is short of vitamin B, what sort of food should they eat?
5 Why are fresh fruit and vegetables good for you?

Regarding your daily routine . . .

6 When, according to the article, do most people feel at their best? (Two periods of the day)
7 What is *one* advantage of taking part in sport or some form of physical exercise?
8 Apart from eating wisely, respecting your natural rhythm, knowing how to relax and taking part in some form of exercise, what *two* other things are you advised about?

Vrai ou faux?

1 Pour avoir la forme, il faut manger beaucoup de sucreries.
2 Il vaut mieux manger des légumes légèrement cuits que trop cuits.
3 On doit consommer du lait, du fromage ou un yaourt, chaque jour.
4 Il est essentiel de boire beaucoup de café ou beaucoup de thé.
5 On trouve de la vitamine A dans le chocolat.
6 On trouve de la vitamine B dans les fruits et les légumes.
7 Les adultes ont besoin de plus de sommeil que les adolescents.
8 Faire du sport est un très bon moyen de se détendre.
9 Les personnes qui ont plus de cinquante ans ne doivent pas faire de la natation.
10 Il faut faire attention si on commence un nouveau sport, et progresser petit à petit.

Des témoignages

You will hear four people speaking about how they decided to get fit. Listen to what they say, and answer the questions below.

1 What did Jean-Pierre decide to give up in order to train for the Paris marathon?
2 How often does he go jogging now?
3 Why did Marie-Christine decide to enrol for a gym class?
4 What *two* benefits has she noticed as a result of this?
5 What sport does Marc practise at the weekend?
6 Give *two* advantages, which he mentions, of this sport?
7 Mention *two* negative aspects of Evelyne's life before she decided to take up some form of regular exercise.
8 Which sports does she now practise?

FUMER–C'EST MAUVAIS POUR LA SANTÉ

Fumer rend la vie plus courte

Si on fume dix cigarettes par jour, on vit trois ans de moins qu'un non-fumeur.
Si on fume vingt cigarettes par jour, on vit six ans de moins qu'un non-fumeur.
Si on fume quarante cigarettes par jour, on vit huit ans de moins qu'un non-fumeur.

Le tabac est impliqué dans de nombreuses maladies

Il est responsable de:

90% des cancers broncho-pulmonaires,	*soit 15 000 décès par an,*
65% des cancers de la cavité buccale,	*soit 1 500 décès par an,*
75% des cancers du pharynx,	*soit 2 500 décès par an,*
85% des cancers du larynx,	*soit 3 500 décès par an,*
65% des cancers de l'œsophage,	*soit 3 500 décès par an,*
40% des cancers de la vessie,	*soit 1 500 décès par an,*
50% des infarctus du myocarde,	*soit 20 000 décès par an,*
50% des bronchites chroniques,	*soit 17 000 décès par an,*

Qui fume?

En 1985 il y avait moins de fumeurs en France qu'en 1975. Cependant, il y a toujours un grand pourcentage de jeunes qui fument.

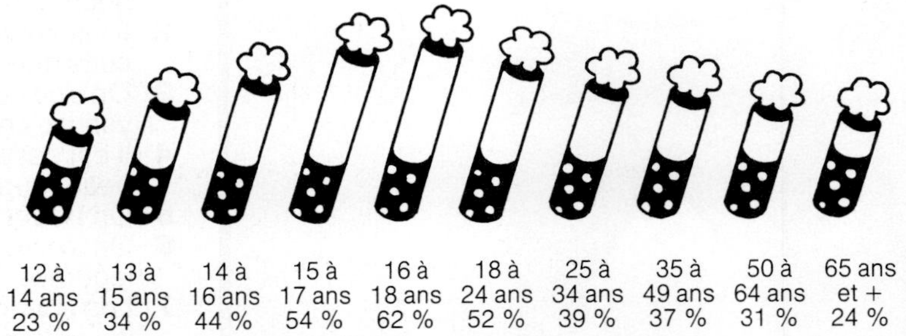

Pourcentage des fumeurs par tranche d'âge.

Mais, tous les fumeurs savent que le tabac est dangereux et beaucoup d'entre eux voudraient s'arrêter plus tard.

Pourquoi fume-t-on?

Au début:
- pour faire comme les autres
- pour mieux communiquer avec eux
- par curiosité
- pour s'affirmer

© Comité Français d'Education pour la Santé

COMMENT CESSER DE FUMER

Monsieur François Clia a arrêté de fumer il y a trois ans. Il fumait depuis l'adolescence et aujourd'hui il a quarante ans. Ça n'a pas été facile, il avait déjà essayé d'arrêter de fumer trois fois avant de s'arrêter pour de bon.

– *Monsieur Clia, racontez-nous votre premier arrêt*

– C'était il y a une dizaine d'années, quand j'avais trente ans. Je travaillais avec deux copains dans le même bureau. Nous fumions chacun deux paquets par jour. Un matin, l'un d'entre nous, Henri, a lancé un pari: qui tiendrait le plus longtemps sans cigarette? C'était en milieu de semaine. On s'est arrêté pendant deux, trois jours, puis après le week-end tout le monde refumait.

– *Alors, vous vous êtes arrêté pendant quelques jours seulement. Et la deuxième fois?*

– C'était à la suite d'une bronchite. Mon médecin m'a conseillé d'arrêter. J'ai diminué «ma dose» de dix cigarettes par jour à cinq, mais ensuite, c'est devenu plus difficile. Et après, j'ai repris comme avant.

– *Puis, la troisième fois?*

– C'était quand ma femme attendait son second enfant. Elle a arrêté de fumer et je me suis senti un peu obligé de faire comme elle. C'était dur; mais j'ai tenu pendant deux ans.

– *Enfin, vous vous êtes arrêté pour de bon. Pouvez-vous nous raconter ça?*

– Cette fois-là, je voulais vraiment en finir avec le tabac. Tous les dimanches matin, avec mon fils de douze ans, nous avions pris l'habitude de courir pendant trois quarts d'heure. Et régulièrement il me distançait, j'arrivais après lui complètement essoufflé. Je me suis décidé d'arrêter. J'ai prévenu mes collègues de bureau, la famille. Tous m'ont donné un coup de main.

– *Et comment avez-vous donc réussi, cette fois?*

– Il n'existe pas de remède miracle. Cependant il y a certains petits trucs qui m'ont aidé. Je me suis mis au chewing-gum. J'ai bu un verre d'eau ou j'ai croqué une pomme, quand j'avais envie de fumer. J'ai fait aussi des exercices de respiration. Au début, j'étais plus irritable et, à d'autres moments, fatigué et apathique. Puis, j'ai réorganisé un peu ma vie. Je me suis mis au sport: le jogging, le dimanche matin avec mon fils, et la natation, une fois par semaine. Au bout d'un an, sans tabac, je me sentais beaucoup mieux et j'ai fait le calcul de ce que j'avais économisé, c'était presque 3 500 francs – suffisant pour un beau petit voyage!

Faites un résumé

Écrivez un résumé de l'interview en répondant aux questions.

1. M. Clia fumait depuis quand?
2. Quand est-ce qu'il a essayé d'arrêter pour la première fois?
3. Combien de cigarettes fumait-il à ce moment?
4. Pendant combien de temps s'est-il arrêté?
5. Pourquoi s'est-il arrêté la deuxième fois?
6. Est-ce qu'il a recommencé à fumer?
7. Il s'est arrêté une troisième fois – pourquoi?
8. Est-ce qu'il s'est arrêté pendant plus longtemps, cette fois?
9. Finalement, il s'est arrêté pour de bon. Qu'est-ce qu'il a fait qui l'a aidé?
10. Qu'a-t-il fait quand il avait envie de fumer une cigarette?
11. Au début, comment se sentait-il?
12. Qu'est-ce qu'il a decidé de faire pour changer sa vie?
13. Comment se sentait-il au bout d'un an?
14. Quel est un autre bon résultat de sa décision d'arrêter de fumer?

© Comité Français d'Education pour la Santé

Aujourd'hui, ça va mieux!

Écrivez deux ou trois phrases au sujet de chaque personne.

Exemple:

1 Anne-Marie Lambert

Il y a trois ans, Anne-Marie mangeait beaucoup et elle était un peu grosse. Puis, elle s'est inscrite à une classe de gymnastique. Aujourd'hui, elle mange moins, elle perd des kilos et elle se sent beaucoup mieux.

nom	*il y a trois ans*	*décision*	*avantages*
 **1 Anne-Marie Lambert**	manger beaucoup être un peu grosse	s'inscrire à une classe de gym	manger moins perdre des kilos se sentir beaucoup mieux
 **2 Charles Martin**	boire trop fumer régulièrement	s'entraîner pour le marathon décider de faire du jogging trois fois par semaine cesser de fumer	boire moins se sentir en pleine forme
 **3 Roselyne Gilbert**	être fatiguée tout le temps souffrir de maux de tête	s'inscrire à un club de tennis pour jouer au tennis régulièrement	être moins fatiguée être en meilleure santé
 **4 Claude Leblanc**	faire très peu d'exercices vivre sur les nerfs	s'inscrire à une classe de yoga décider de faire du vélo le week-end	pouvoir se détendre plus facilement faire mieux son travail

Ça va ou ça va pas? vocabulaire et phrases utiles

Je suis / Je me sens] en pleine forme.	*I feel really well.*
Il/Elle a très bonne mine.	*He/She looks very well.*
Ça va bien.	*I'm fine.*
Je suis / Il/Elle est] de (très) bonne humeur	*I'm / He/She is] in a (really) good mood.*
Pas mal.	*Not bad.*
Ça va.	*I'm okay.*
Comme ci, comme ça.	*So-so.*
Ça ne va pas du tout.	*Things aren't going well.*
Ça ne va pas aujourd'hui.	*Things aren't so good today.*
Je n'ai pas la forme.	*I'm not at my best.*
Je n'ai pas de courage.	*I'm not feeling up to it.*
Je n'ai pas le moral.	*I'm fed up.*
Je suis déprimé(e).	*I'm depressed.*
Il/Elle est triste.	*He/She is sad.*
Il/Elle est de (très) mauvaise humeur.	*He/She is in a bad mood.*
Il/Elle s'est levé(e) du pied gauche.	*He/She has got out of the wrong side of the bed.*

Colloquial expressions

J'en ai marre. / J'en ai ras le bol.]	*I'm fed up.*

Now you can:

talk about health and general fitness and say how you feel.

7·2 Ça fait mal?

Le corps humain

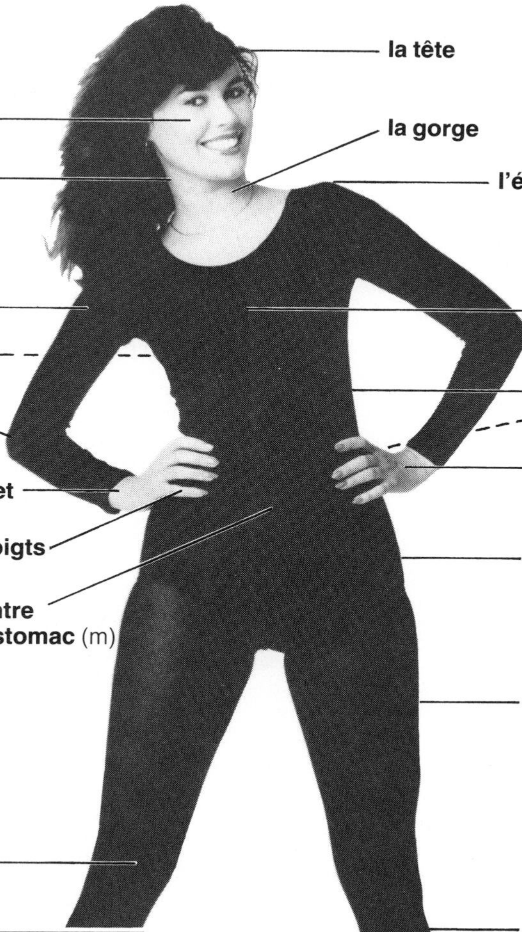

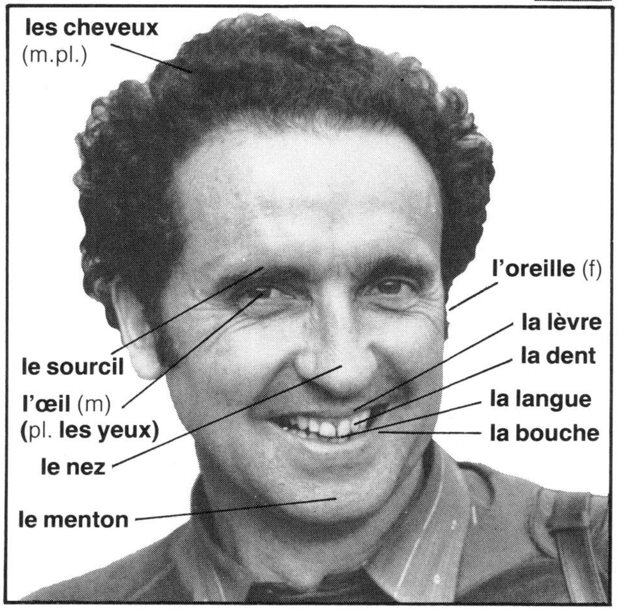

le cœur	*heart*
l'os	*bone*
la peau	*skin*
le sang	*blood*

Notice that in English we say 'soaked to the skin', but the French say 'soaked to the bone': *trempé jusqu'aux os.*

Exercices de gymnastique

Lisez chaque description – de quel exercice s'agit-il?

1
Cet exercice est pour les jambes.

Mettez les mains au sol, une jambe fléchie en avant, l'autre tendue en arrière. Le talon est décollé du sol. Pliez les genoux et redressez-vous **8** fois.

Posez maintenant le pied derrière à plat au sol, en tendant bien la jambe. Refaites le même mouvement **8** fois.

Ramenez les deux pieds l'un à côté de l'autre. Saisissez les chevilles avec les mains.

Puis accroupissez-vous, genoux joints et redressez-vous. Faites-le **8** fois.

2
Cet exercice est pour le ventre.

Allongez-vous sur le dos, les mains croisées derrière la nuque, les jambes fléchies.

Avec les coudes ouverts et le menton tourné vers le plafond, relevez les épaules. Faites ça **10** fois.

Maintenant, allongez les bras. Continuez le même mouvement **10** fois.

Enfin, faites le même mouvement, mais en frappant des mains entre les jambes. Faites-le encore **10** fois.

3
Cet exercice est pour les hanches.

Mettez-vous à genoux et asseyez-vous sur vos jambes.

Relevez-vous, les bras le long du corps. Rentrez le ventre.

Écartez les bras, puis essayez de vous asseoir d'un côté.

Puis essayez de vous asseoir de l'autre côté. Répétez ce mouvement **10** fois.

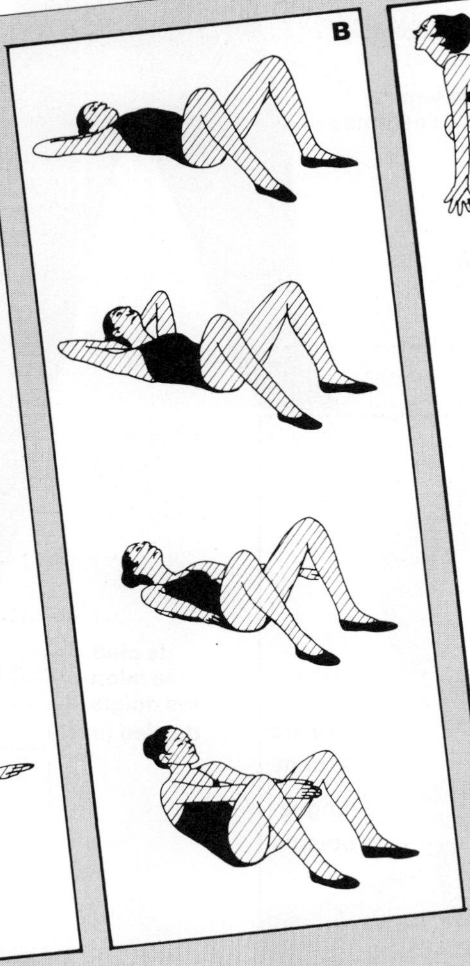

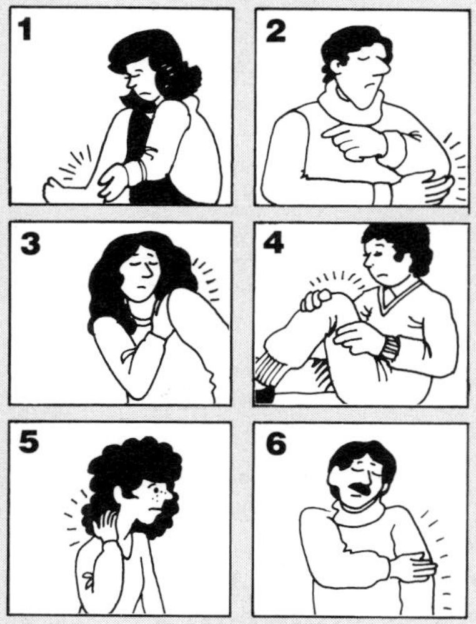

Après les exercices . . .

Ces gens ont fait des exercices de gymnastique pour la première fois, hier. Aujourd'hui, ils ont des courbatures. (N'oubliez pas que si vous voulez faire des exercices de gymnastique ou un nouveau sport, il faut commencer lentement!) Que disent-ils?

Exemple:

1 J'ai mal à la cheville.

avoir des courbatures	*to be aching all over*

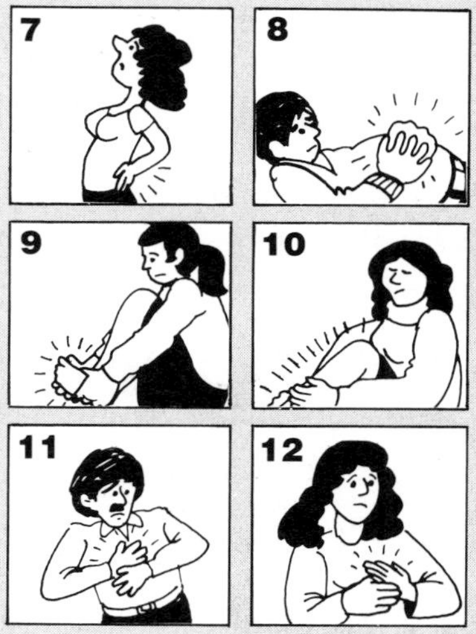

Grammaire

«Tu t'es fait mal?»

The verb **se faire mal** (*to hurt oneself*) is similar to a reflexive verb.

However, in the Perfect Tense, the past participle *does not agree* with the subject. This is because the reflexive pronoun (*me, te, se* etc.) is the indirect object and *mal* is the direct object:

Tu **t'es fait mal**?	*Have you hurt yourself?*

So, remember that there will be no agreement with **se faire mal**.

«Elle s'est coupé le doigt»

In certain circumstances, the past participle of a reflexive verb *does not* agree. This happens, when the reflexive pronoun (*me, te, se* etc.) is the indirect object, rather than the direct object. Look at these two sentences:

Elle **s'est coupée**.	*She cut herself.*
Elle **s'est coupé le doigt**.	*She cut her finger.*

In the first sentence, **s** means 'herself' and is the direct object of the verb *couper*, so the past participle agrees.

In the second sentence, **s** means 'of her'. (literally: *She cut the finger of her.*) 'The finger' is the direct object, so the past participle does not agree. Here are some more examples:

Ma sœur **s'est foulé** la cheville.	*My sister has sprained her ankle.*
Maman **s'est brûlé** la main.	*Mum has burnt her hand.*
Ma copine **s'est cassé** la jambe.	*My friend has broken her leg.*

Le sport, est-il vraiment bon pour la santé?

Décrivez ce qui s'est passé.

Exemple: 1 Il s'est cassé le pied.

Une lettre à lire ...

Cambridge, le 6 avril

Cher Jean-Luc,

Comment ça va? Chez nous, ça ne va pas tellement bien, en ce moment.

Tout a commencé quand maman a lu un article sur la santé et le sport dans une revue. Elle a décidé que nous ne mangions pas assez bien, ou plutôt, pas assez sainement. Alors, plus de frites, plus de beefburgers, plus de gâteaux, plus de pain blanc, et à leur place, des fruits et des légumes, du pain complet et des céréales, du poisson et du poulet.

Puis, elle a décidé que tout le monde devait faire des exercices de gym, moi y compris! Alors, chaque matin, avant le petit déjeuner, nous nous réunissons, papa, maman, ma soeur et moi, dans la salle à manger et nous faisons nos exercices pendant dix minutes. C'est assez fatigant, je t'assure!

Ma soeur, Sophie, avec beaucoup d'encouragements de la part de maman, s'est inscrite à un club de badminton. Mais la deuxième fois qu'elle jouait, elle est tombée maladroitement et elle s'est foulé la cheville.

Moi, tu sais, je n'ai jamais aimé le sport, mais maman est devenue une vrai fanatique. Elle fait du yoga une fois par semaine, et elle s'est acheté une bicyclette pour circuler en ville.

Maman, bien sûr, est en pleine forme, mais nous autres, nous souffrons!

Amitiés James

... et à écrire

Lisez la lettre de James, puis écrivez une lettre à un(e) ami(e) français(e) en lui décrivant comment vous passez vos loisirs, si vous faites du sport etc.

Now you can: describe parts of the body and indicate pain or injury.

7·3 En faisant du sport

Le sport, je n'en fais plus!

Jacques Malchance n'a pas eu de chance en faisant du sport.

«D'abord, je suis tombé en descendant de l'autobus quand j'allais à la piscine.

Puis, je me suis fait mal au dos en faisant des exercices de gymnastique.

J'ai attrapé la grippe en faisant du jogging quand il pleuvait.

Je me suis fait mal au genou en jouant au football.

J'ai reçu une balle dans le visage en jouant au squash.

Et, encore pire, je me suis cassé la jambe en faisant du ski.»

Répondez aux questions en suivant l'exemple.

Exemple: 1 En descendant de l'autobus.

1 Jacques, comment est-il tombé?
2 Comment s'est-il fait mal au dos?
3 Comment a-t-il attrapé la grippe?
4 Comment s'est-il fait mal au genou?
5 Comment a-t-il reçu une balle dans le visage?
6 Comment s'est-il cassé la jambe?

Grammaire

en + present participle

Notice that you can describe two actions which happened more or less at the same time by using **en** + present participle:

Je suis tombé **en descendant** de l'autobus.	*I fell while getting off the bus.*
Je me suis fait mal au genou **en jouant** au football.	*I hurt my knee playing football.*
Je me suis cassé la jambe **en faisant** du ski.	*I broke my leg skiing.*

This structure translates the English expressions 'whilst/while -ing' and 'by -ing'.
It is also used to explain *how* something can be done:

En mangeant moins, on perd des kilos.	*By eating less, you lose weight.*

How to form the present participle

The present participle is easy to form.
Take the *nous* form of the Present Tense

nous faisons	nous jouons	nous mangeons

Delete the *nous* and the *ons* ending:

fais	jou	mange

Then add *ant*:

faisant	**jouant**	**mangeant**

Three important exceptions are:

être ——→ **étant**
avoir ——→ **ayant**
savoir ——→ **sachant**

Ayant très peur, il a ouvert la porte.	*Feeling very frightened, he opened the door.*

Use of the present participle

Notice that you can only use **en** + the present participle when the subject is the same for both verbs:

En prenant un taxi, vous êtes sûr d'arriver à l'heure.	*By taking (i.e. if you take) a taxi, you are sure to arrive on time.*

The present participle couldn't be used in the following sentence because each verb relates to a different person:

Marie **s'est ennuyée** pendant que Jacques **jouait** au rugby.	*Marie got bored while Jacques played rugby.*

The following two examples show a special use of **en** + present participle:

Il est sorti de la banque **en courant**.	*He ran out of the bank.*
Elle est entrée dans le bâtiment **en courant**.	*She ran into the building.*

Have another look at the exercise *Le sport, est-il vraiment bon pour la santé?*
You could describe how the injuries occurred by using **en** + the present participle:

1 Il s'est cassé le pied en jouant au rugby.

Now re-do the exercise in this way.

Complétez les phrases

1 Il faut faire très attention en ... la rue. (**traverser**)
2 Elle s'est brûlé la main en ... la cuisine. (**faire**)
3 Mon frère a perdu sa montre en ... à la maison. (**rentrer**)
4 Je faisais mes devoirs en ... la radio. (**écouter**)
5 Le médecin lui posait des questions en l'... . (**examiner**)
6 En ... de la maison, j'ai vu le facteur. (**sortir**)
7 Le voleur a pris l'argent puis il est sorti de la banque en .... (**courir**)
8 Il a eu un accident en ... la voiture de ses parents. (**conduire**)
9 Il s'est coupé le doigt en ... son vélomoteur. (**réparer**)
10 En me ... il a traversé la rue. (**voir**)

Comment faire?

Donnez une solution à chaque fois.

Exemple: 1 En écrivant à l'office de tourisme.

1 Comment peut-on recevoir des renseignements touristiques sur Paris?
2 Comment peut-on vérifier l'heure du départ d'un train?
3 Comment peut-on mieux apprendre le français?
4 Comment peut-on savoir ce qu'on passe à la télévision ce soir?
5 Comment peut-on obtenir le numéro de téléphone d'un ami?
6 Comment peut-on aller à Paris plus vite?
7 Comment peut-on mieux jouer au tennis?
8 Comment peut-on être sûr d'avoir une chambre dans un hôtel?

Pour vous aider:

écrire à l'office de tourisme
consulter l'horaire
lire des magazines et des livres en français
consulter le programme dans le journal
regarder dans l'annuaire téléphonique
prendre l'avion
jouer régulièrement
réserver à l'avance

Ça s'est passé comment?

Répondez aux questions.

Exemple: 1 En faisant la vaisselle.

1 Comment as-tu cassé ces assiettes?
2 Comment a-t-elle perdu la balle?
3 Comment s'est-il foulé la cheville?
4 Comment s'est-elle brûlé le bras?
5 Comment a-t-il découvert la nouvelle?
6 Comment a-t-elle trouvé le bracelet?
7 Comment a-t-elle trouvé son numéro de téléphone?
8 Comment est-il tombé?

Pour vous aider:

lire la lettre
descendre l'escalier
faire la vaisselle
nettoyer la salle à manger
verser de l'eau bouillante
consulter l'annuaire
faire de l'athlétisme
jouer au tennis

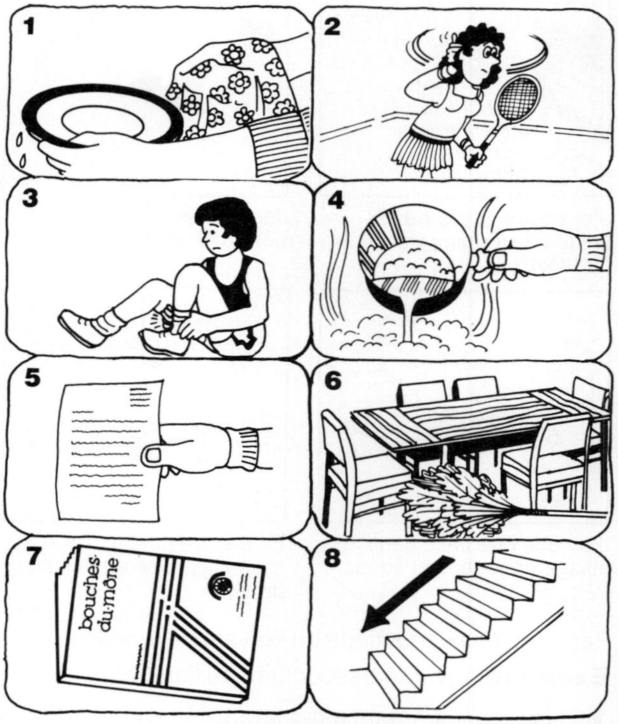

Now you can:
use the present participle to say *how* something can be done and to describe two things which happened at the same time.

7·4 Chez le médecin … et chez le dentiste

Si vous tombez malade en France…

Avant de partir

N'attendez pas de tomber malade en France pour penser à ce qu'il faut faire. Pensez-y à l'avance et vous aurez moins de problèmes.

Avant de quitter la Grande-Bretagne, contactez le bureau de la Sécurité sociale de votre quartier bien à l'avance. On vous expliquera ce qu'il faut faire pour obtenir un formulaire spécial qui s'appelle le EIII. Avec ce formulaire, vous bénéficierez de la même protection médicale en France que les Français.

L'assurance maladie en France n'est pas entièrement gratuite ni pour les Français ni pour les étrangers. Si on tombe malade, on doit payer la visite du médecin ou la consultation dans son cabinet. C'est plus cher si le médecin vient chez vous que si vous allez chez lui. Mais la Sécurité sociale rembourse 80 pour cent des frais de la consultation. Vous devez payer aussi les médicaments, et plus tard, on vous remboursera entre 70 pour cent à 90 pour cent.

Alors, si vous tombez malade en France et si vous avez le formulaire EIII, la Sécurité sociale vous remboursera entre 70 pour cent et 90 pour cent de vos frais. Il vous restera donc entre 10 pour cent et 30 pour cent à payer vous-même. Mais si vous avez un accident grave ou si vous devez faire un séjour à l'hôpital, 10 pour cent à 30 pour cent des frais peut toujours être une somme énorme.

Voilà pourquoi la plupart des Français ont une assurance privée pour payer la différence. Et pour être plus sûr, vous avez intérêt à prendre une assurance de voyage aussi. Cela ne coûte pas cher, et, souvent, cela couvre aussi les pertes d'argent, de bagages etc.

Enfin, si vous souffrez d'une maladie à long terme ou si vous avez des allergies spécifiques, sachez comment expliquer cela en français. Demandez-le à votre professeur de français, par exemple. Et si vous devez prendre des médicaments régulièrement, allez voir votre médecin en Grande-Bretagne avant de partir.

En France

Si vous ne vous sentez pas bien, mais si vous n'êtes pas vraiment malade – vous avez été piqué par une guêpe, par exemple – allez simplement à la pharmacie et demandez au pharmacien de vous donner quelque chose.

Mais si vous êtes malade et vous avez besoin d'un médecin ou d'un dentiste, vos amis français ou les responsables de l'hôtel, de l'auberge de jeunesse ou du camping où vous êtes, pourront probablement vous conseiller quelqu'un. Autrement, le commissariat ou l'office de tourisme aura une liste des médecins que vous pouvez consulter. Après la consultation avec le médecin ou le dentiste, n'oubliez pas de demander un reçu pour votre compagnie d'assurances.

Si vous avez besoin d'un médicament on vous donnera une ordonnance que vous devez porter au pharmacien. Après avoir acheté vos médicaments, n'oubliez pas de garder la vignette qui se trouve sur le paquet. Cela est nécessaire pour se faire rembourser par la Sécurité sociale.

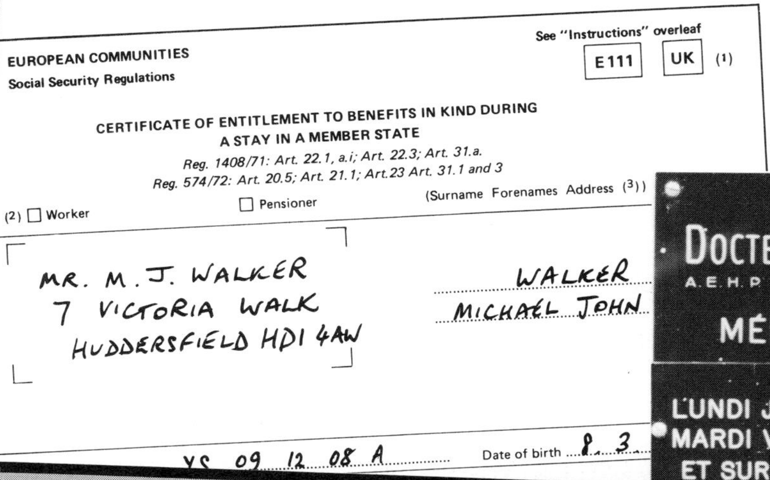

See "Instructions" overleaf

EUROPEAN COMMUNITIES

Social Security Regulations

E 111 | UK | (1)

CERTIFICATE OF ENTITLEMENT TO BENEFITS IN KIND DURING A STAY IN A MEMBER STATE

Reg. 1408/71: Art. 22.1, a.i; Art. 22.3; Art. 31.a.
Reg. 574/72: Art. 20.5; Art. 21.1; Art.23 Art. 31.1 and 3

(2) ☐ Worker ☐ Pensioner (Surname Forenames Address (3))

MR. M. J. WALKER
7 VICTORIA WALK
HUDDERSFIELD HD1 4AW

WALKER
MICHAEL JOHN

YS 09 12 08 A Date of birth 8. 3.

Que savez-vous de la médecine en France?

1 Pour avoir la même protection que les Français, en cas de maladie, il faut obtenir un formulaire spécial de la Sécurité sociale de votre pays
a) avant de partir.
b) pendant votre séjour en France.
c) après votre séjour.

2 Pour avoir une meilleure protection, il faut aussi prendre
a) un certificat médical.
b) une assurance de voyage.
c) un reçu.

3 Si vous vous sentez un peu malade, mais pas trop, vous pouvez aller
a) à l'hôpital.
b) au bureau de la Sécurité sociale.
c) à la pharmacie.

4 Si on va voir le médecin dans son cabinet
a) on ne doit rien payer.
b) on doit lui payer et la somme est entièrement remboursée après par la Sécurité sociale.
c) on doit lui payer, et seulement 80 pour cent de la somme est remboursée par la Sécurité sociale.

5 Si on fait venir le médecin à la maison
a) on doit lui payer la même somme que si on le consulte dans son cabinet.
b) on doit lui payer plus.
c) on doit lui payer moins.

6 Un médecin qui travaille dans un cabinet et non pas à l'hôpital s'appelle
a) un généraliste.
b) un chirurgien.
c) un opticien.

7 Si vous avez besoin d'un médicament, on vous donnera
a) un reçu.
b) une ordonnance.
c) un formulaire à remplir.

8 Pour vous faire rembourser les médicaments, il faut garder
a) l'ordonnance.
b) le formulaire.
c) la vignette.

A vous, maintenant

Chez le médecin

1

Vous êtes dans le cabinet d'un médecin et vous lui parlez.

Tell him/her that you have a pain in your back.
– Cela vous fait très mal?
Explain that you were unable to sleep last night.
– Ça ne m'étonne pas du tout.
Ask if he/she can give you some tablets.
– Bien sûr.

SREB 1983

2

– Bonjour Monsieur (Mademoiselle).
Tell the doctor you do not feel well.
– Qu'est-ce que vous avez? Avez-vous peut-être mal à la tête?
Tell him you have stomach ache.
– Ah oui. Voici une ordonnance pour des pilules.
Ask him how many pills you must take.
– Une pilule, quatre fois par jour.
Ask him if you need to come back and see him again.
– Si vous allez mieux dans trois jours, vous n'avez pas besoin de revenir me voir. Au revoir Monsieur (Mademoiselle).

LREB 1983

3 At the hospital

Au cours d'une promenade vous avez eu un petit accident et maintenant le pied gauche vous fait mal. Vous êtes donc allé(e) à l'hôpital où le médecin/la femme médecin vous examine.

– Alors, Monsieur/Mademoiselle, qu'est-ce qui ne va pas?
Tell the doctor that you have fallen and have hurt your left leg.
– Bon, laissez-moi voir ça.
Say that you cannot walk and ask if it's a serious injury.
– Ah, je pense que non, mais vous devez rester deux ou trois jours à la maison.
Explain that you are due to return to England tomorrow.
– Cela ne sera pas possible, Monsieur/Mademoiselle. Vous êtes dans une famille ici, alors?

EAEB 1982

— J'aime beaucoup docteur Martin — il est toujours de bonne humeur.

Chez le médecin vocabulaire et phrases utiles

aveugle	*blind*
avoir de la fièvre	*to have a temperature*
blesser	*to injure*
être blessé	*to be injured*
se brûler	*to get burnt*
le cabinet du médecin	*doctor's consulting room*
se casser	*to break*
le chirurgien	*surgeon*
la clinique	*private hospital*
conseiller	*to advise*
un coup de soleil	*sunstroke*
une crise cardiaque	*heart attack*
se déshabiller	*to get undressed*
le docteur	*doctor*
dormir	*to sleep*
la douleur	*pain*
enflé	*swollen*
être enrhumé	*to have a cold*
une entorse	*sprain*
examiner	*to examine*
faible	*weak*
fatigué(e)	*tired*
grave	*serious*
la grippe	*flu*
les heures de consultation (f.pl.)	*surgery hours*
l'hôpital (m)	*hospital*
une infirmière	*nurse*
inquiet	*anxious*
un lit	*bed*
le mal de l'air	*airsickness*
le mal de mer	*seasickness*
avoir mal	*to be in pain, to hurt*
être malade	*to be ill*
le malade	*patient*
une maladie	*disease*
le médecin	*doctor*
un médicament	*medication*
mort	*dead*
une ordonnance	*prescription*
l'os (m)	*bone*
un pansement	*dressing*
la peau	*skin*
une piqûre	*injection*
le plâtre	*plaster*
la radio (les rayons X, m.pl.)	*X-ray*
les règles (f.pl.)	*monthly period*
un rendez-vous	*appointment*
se reposer	*to rest*
rester	*to stay*
saigner	*to bleed*
le sang	*blood*
la santé	*health*
se sentir	*to feel*
sévère	*serious*
signer	*to sign*
soigner	*to care for*
souffrir	*to suffer*
tomber	*to fall*
tousser	*to cough*
tranquille	*calm*
trembler	*to shake, shiver*
triste	*sad*
urgent	*urgent*
vomir	*to be sick*

Qu'est-ce qui ne va pas?	*What's wrong?*
Ça vous fait mal là?	*Does it hurt there?*
Je ne me sens pas bien (du tout).	*I don't feel (at all) well.*
Je me sens un peu malade.	*I feel rather ill.*
J'ai mal au/à la/à l'/aux ...	*My ... hurt(s), ache(s).*
Je me suis fait mal au/à la/à l'/aux ...	*I've hurt my ...*
Je me suis cassé la jambe.	*I've broken my leg.*
Est-ce qu'il faut revenir vous voir?	*Do I need to come back and see you?*
Je n'ai pas pu dormir hier soir.	*I couldn't sleep last night.*
Je dors très mal.	*I'm sleeping very badly.*
Pouvez-vous me donner quelque chose contre la douleur?	*Can you give me something for the pain?*
C'est grave?	*Is it serious?*
Je vais passer à la pharmacie tout de suite.	*I'll go to the chemist's straight away.*
Avez-vous des allergies?	*Are you allergic to anything?*
J'ai une allergie à ...	*I'm allergic to ...*

— Il me disait qu'il ne pouvait pas dormir la nuit.

Dans le cabinet d'un médecin

1

a) What was the problem with the first patient?
b) What did the doctor tell her to do, if she wasn't better after three days?

2

a) What did the second patient complain of?
b) What advice was he given about keep-fit exercises and sport?

3

a) What did the third patient complain of?
b) What was the diagnosis?

4

a) How had the English boy had an accident?
b) What did the doctor do before giving a diagnosis?

Concours Dentifluor

Utilisez Dentifluor pour avoir de belles dents et gagnez en même temps un week-end de ski dans les Alpes pour deux personnes! Pour participer à notre concours Dentifluor, vous devez

- lire ces 10 conseils pour protéger vos dents et pour éviter le traitement dentaire, puis décider quels sont les trois conseils les plus importants;
- compléter la phrase suivante en moins de 10 mots: *Je me sers du Dentifluor parce que . . .*

Pour avoir de belles dents

Voilà 10 conseils pour protéger vos dents et pour éviter le traitement dentaire. Quels sont pour vous les **3** conseils les plus importants?

A Evitez de manger des sucreries, surtout le soir, avant de vous coucher.
B Apprenez à vous brosser les dents de la bonne manière, des gencives vers les dents, pendant trois minutes.
C Brossez vos dents trois fois par jour, toujours après les repas.
D Allez consulter deux fois par an votre dentiste.
E Pour maintenir vos dents en bonne santé, mangez des aliments solides (fruits et légumes crus, par exemple). Mâchez-les bien, cela durcira vos gencives ainsi que les ligaments et les os de vos machoires.
F N'hésitez jamais à faire soigner très vite une dent atteinte par la carie.
G Utilisez du fil de soie pour éliminer la plaque dentaire dans les espaces inter-dentaires.
H Changez votre brosse à dents tous les trois mois.
I Brossez-vous les dents avec un dentifrice au fluor.
J Faites vous faire un détartrage par votre dentiste au moins une fois par an.

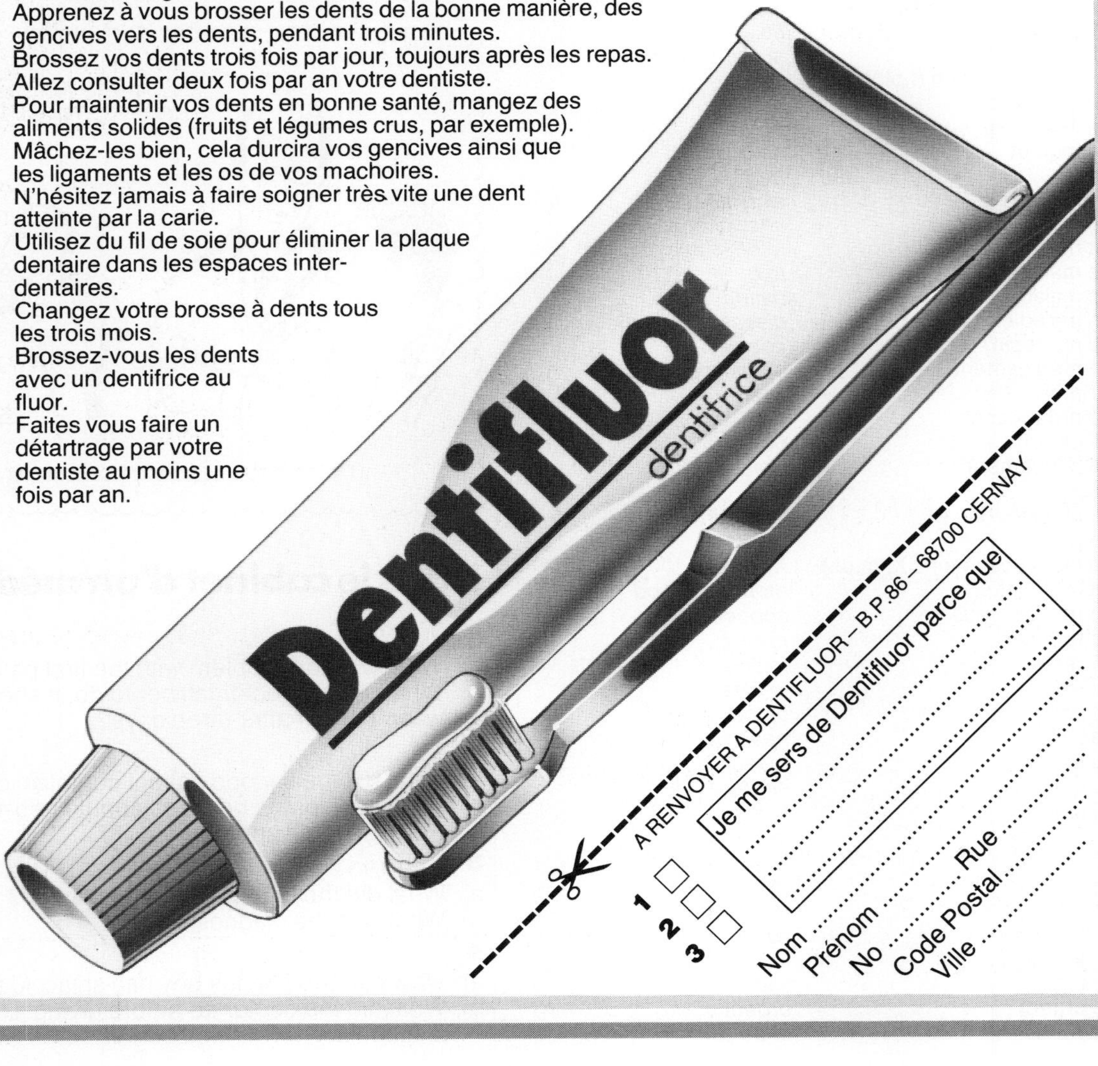

Chez le dentiste vocabulaire et phrases utiles

une brosse à dents	*toothbrush*	un plombage	*filling*
une carie	*tooth decay*	le traitement	*treatment*
une dent	*tooth*		
un(e) dentiste	*dentist*	– J'ai mal aux dents.	– *I've got toothache.*
le dentifrice	*toothpaste*	– C'est quelle dent qui vous fait mal?	– *Which tooth hurts?*
la douleur	*pain*		
le fil de soie	*dental floss*	– Celle-ci.	– *This one.*
la gencive	*gum*	– Je vais la plomber (replomber).	– *I'll do (replace) a filling.*
une piqûre	*injection*		

Mal aux dents

– Allô.
– Bonjour, Madame. Est-ce que je peux avoir un rendez-vous avec le dentiste? J'ai mal aux dents et j'aimerais voir un dentiste le plus tôt possible.
– Demain matin, ça ira?
– Ce n'est pas possible aujourd'hui?
– Voyons, si vous veniez à six heures . . .
– Entendu. Merci Madame.
– C'est à quel nom, Monsieur?
– Duhamel.

* * *

– Bonjour, Monsieur. Alors, qu'est-ce qui ne va pas?
– Bonjour, Docteur. J'ai mal aux dents.
– Depuis combien de temps?
– Depuis deux jours.
– Et c'est quelle dent qui vous fait mal?
– Celle-ci. Je crois que j'ai perdu le plombage.
– Laissez-moi voir. Oui, en effet. Je vais la replomber tout de suite.
– Vous voulez une piqûre?
– Oui, s'il vous plaît.

* * *

– Voilà, c'est fait.
– Merci, Docteur. Je vous dois combien?
– Ce sera 140 francs. Vous payerez à la réception.
– Merci, Docteur. Au revoir.

1 When did the man manage to get an appointment?
2 How long had he had toothache?
3 What did he suggest as the most likely cause of his toothache?
4 What did the dentist ask, before filling the tooth?
5 How much did the treatment cost?

A vous, maintenant Chez le dentiste

1

Make an appointment to see the dentist as soon as possible.
– Demain après-midi, ça va?
Ask if it would be possible to see the dentist today.
– Voyons, oui, la dentiste pourra vous voir à cinq heures.

– Bonjour Monsieur/Mademoiselle. Alors vous avez mal aux dents? Quelle dent vous fait mal?
Tell him which one it is.
– Ah oui, je vois. Il y a une carie là . . . Je vais la traiter. Vous voulez une piqûre?
Answer accordingly.

After the treatment, thank the dentist and ask how much it is.
– Ce sera 150 francs. Vous payerez à la réception. Au revoir.

2

You are at the dentist's.

(i) Respond to his/her greeting.
(ii) Say you have toothache.
(iii) When asked, say for three days.
(iv) When asked, say which tooth it is.
(v) At the end of the treatment, ask how much it is and say good-bye.

SWEB 1983

Now you can:
arrange to see a doctor or dentist in France and describe your symptoms.

7·5 Qu'est-ce qu'on a dit?

Chez le médecin

Dimanche dernier, Jean-Luc s'est fait mal au genou en jouant au tennis. Sa femme l'emmène chez le médecin.

Jean-Luc: Bonjour, Docteur.
Le médecin: Bonjour, Monsieur. Alors, qu'est-ce qui ne va pas?
Jean-Luc: J'ai mal au genou, docteur.
Le médecin: Laissez-moi voir ... ah oui, il est assez enflé, votre genou. Ça s'est passé comment?
Jean-Luc: En jouant au tennis; je courais après la balle et ... je suis tombé. Je croyais que ce n'était rien, mais le genou me fait toujours mal. Est-ce que c'est grave?
Le médecin: Non, ce n'est pas grave. C'est sans doute une légère entorse. On va vous mettre un pansement et un bandage sur le genou.
Jean-Luc: Est-ce que je dois rester à la maison?
Le médecin: Oui, il vous faut rester trois ou quatre jours à la maison. Vous devez marcher le moins possible, et surtout évitez de mettre votre poids sur cette jambe-là. Est-ce que le genou vous fait mal la nuit?
Jean-Luc: Oui, c'est assez douloureux la nuit.
Le médecin: Est-ce que vous dormez bien?
Jean-Luc: Non, je ne dors pas bien.
Le médecin: Bon, je vais vous donner une ordonnance pour des comprimés pour vous aider à dormir. Vous devez prendre un comprimé le soir avant de vous coucher.
Jean-Luc: Très bien, Docteur.
Le médecin: Au revoir, Monsieur.
Jean-Luc: Au revoir et merci.

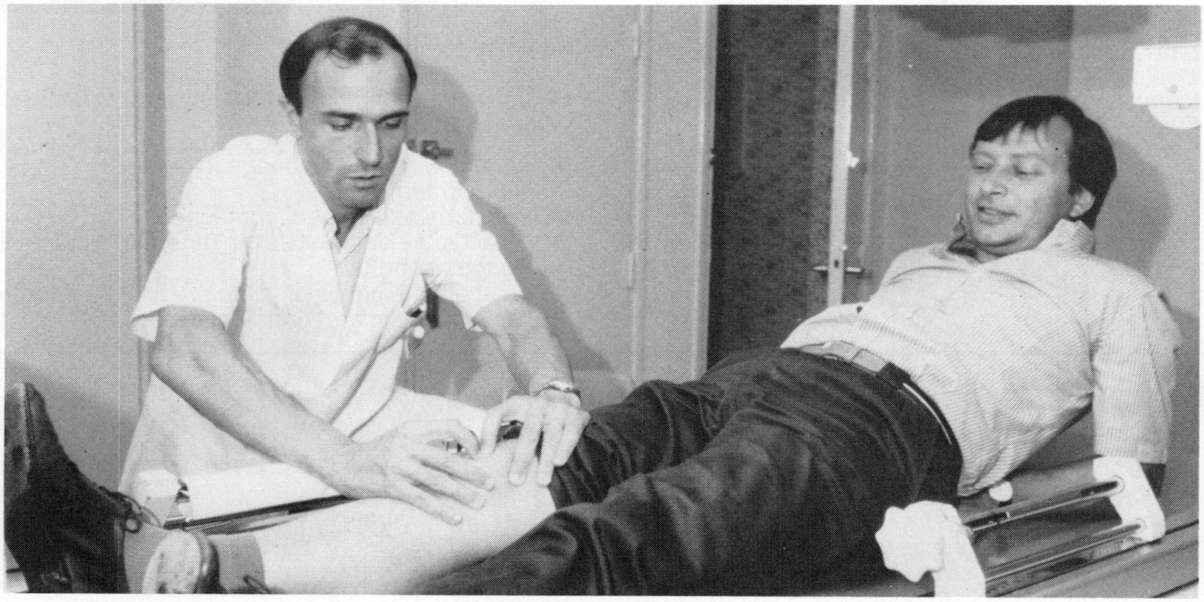

Qu'est-ce que le docteur a dit?

Quand il est sorti du cabinet, sa femme Suzanne lui a posé beaucoup de questions.

– Alors, qu'est-ce que le docteur a dit?
– Il a dit que le genou était assez enflé et que c'était probablement une légère entorse.
– Est-ce qu'il a dit que tu devais rester à la maison?
– Oui, il m'a dit qu'il me fallait rester trois ou quatre jours à la maison et que je devais marcher le moins possible.
– Qu'est-ce qu'il t'a dit ensuite?
– Il m'a demandé si le genou me faisait mal la nuit et si je dormais bien.
– Et alors?
– Il m'a donné une ordonnance pour des comprimés et il m'a dit que je devais prendre un comprimé le soir avant de me coucher.
– Bon, alors allons à la pharmacie.

Grammaire Reported or indirect speech (1)

When you want to say what someone said or asked, you have to change 'direct' speech into 'indirect' speech. This is what Jean-Luc did, when he was telling his wife what the doctor had said. Notice the changes that he had to make:

1. The tense is changed.

   In this case, the Present Tense becomes the Imperfect Tense:

Direct speech	**Indirect (reported) speech**
Il **est** assez enflé, votre genou. *Your knee is quite swollen.*	Il a dit que le genou **était** assez enflé. *He said my knee was quite swollen.*
Vous **devez** marcher le moins possible. *You must walk as little as possible.*	Il m'a dit que je **devais** marcher le moins possible. *He said I had to walk as little as possible*

   Note from the above example that if the *tu* or *vous* form of the verb is used, it changes to the *je* form.

2. With questions, other changes take place.

   a) In questions beginning with *Est-ce que*, this is changed to **si**. If *te* or *vous* is used as a pronoun, it changes to *me*.

Est-ce que le genou vous fait mal la nuit? *Does your knee trouble you at night?*	Il m'a demandé **si** le genou me faisait mal la nuit. *He asked my if my knee troubled me at night.*

   b) The person of the verb is changed:

Est-ce que **vous dormez** bien? *Are you sleeping well.*	Il m'a demandé si **je dormais** bien. *He asked me if I was sleeping well.*

   c) Questions introduced in direct speech by *Qu'est-ce que .../Que ...* become **ce que**, and those introduced by *Qu'est-ce qui ...* become **ce qui**:

Qu'est-ce qui ne va pas? *What's wrong?*	Il m'a demandé **ce qui** n'allait pas. *He asked me what was wrong*

   d) There is no inversion:

Quand **peut-il** rentrer à l'école? *When can he go back to school?*	Elle a demandé quand **il pouvait** rentrer à l'école. *She asked when he could go back to school.*

Qu'est-ce qu'ils ont dit?

Voilà deux personnes qui parlent de leur métier. Racontez ce qu'ils ont dit, comme dans l'exemple.

Exemple: 1 Il a dit qu'il travaillait dans une banque.

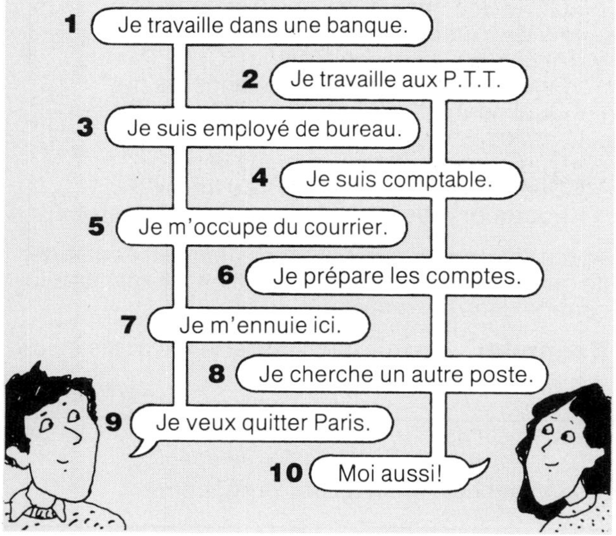

Vous êtes reporter

Vous avez interviewé quelques jeunes Français au sujet de leurs loisirs. Maintenant écrivez une phrase pour chaque personne.

Exemple:

Nicole: J'aime surtout la lecture.
Nicole a dit qu'elle aimait surtout la lecture.

1 Jean: Je joue de la guitare et du piano.
2 Suzanne: Je fais de la natation.
3 Philippe: J'écoute de la musique de Mozart surtout.
4 Françoise: Je tricote et je fais des vêtements.
5 Luc: Je m'intéresse beaucoup à la peinture.
6 Marie: Je dessine et je prends des photos.
7 Pierre: Je lis beaucoup, surtout de la science-fiction.
8 Monique: J'écris des poésies.
9 Robert: Je sors tous les week-ends à moto.
10 Sophie: Je m'occupe des animaux à la maison.

INTERVIEW AVEC UN NOUVEL AUTEUR

– Félicitations, Julien Masson. Vous venez de gagner le prix pour le meilleur roman par un nouvel auteur. Je peux vous poser quelques questions?
– Oui, bien sûr.
– Quel est votre auteur préféré?
– Mon auteur préféré est Dostoïevski.
– Est-ce que vous lisez un roman de lui en ce moment?
– Oui, je relis *Crime et Châtiment*.
– Et est-ce que vous écrivez un nouveau roman?
– Oui, je suis en train d'écrire un roman d'espionnage.
– Un roman d'espionnage? C'est intéressant. Et ça va être publié quand?
– Ça va être publié l'année prochaine.
– Qu'est-ce que vous faites, quand vous n'écrivez pas?
– Je joue au football de temps en temps, je fais du ski et j'écoute de la musique.
– Qu'est-ce que vous aimez, comme musique?
– Oh, j'écoute un peu de tout.
– Est-ce que vous voyagez beaucoup?
– Oui, je voyage beaucoup, surtout aux États-Unis.
– Bon, merci, Julien Masson.

A

Imaginez que vous racontez l'interview avec Julien Masson à un(e) ami(e) qui ne l'a pas entendue. Répondez à ses questions en commencant chaque phrase avec: *Il a dit que . . .*

Exemple: Quel est son auteur préféré?

Il a dit que son auteur préféré était Dostoïevski.

1 Est-ce qu'il lit quelque chose en ce moment?
2 Qu'est-ce qu'il est en train d'écrire en ce moment?
3 Ça va être publié quand?
4 Est-ce qu'il fait du sport?
5 Qu'est-ce qu'il écoute comme musique?
6 Est-ce qu'il voyage beaucoup?

B

Un ami de Julien lui demande quelles questions on lui a posées pendant l'interview. Complétez ses réponses.

1 D'abord on m'a demandé . . .
2 Puis on m'a demandé . . .
3 On m'a demandé . . .
4 Et on m'a demandé quand . . .
5 Ensuite, on m'a demandé ce que . . .
6 Et on m'a demandé . . .
7 Et enfin, on m'a demandé . . .

Encore des questions

Sophie Lebrun vient d'être interviewée pour une situation à la radio. Voilà les questions qui lui ont été posées:

«Est-ce que vous travaillez en ce moment?»
«Est-ce que vous aimez le travail?»
«Depuis combien de temps travaillez-vous au journal?»
«Qu'est-ce que vous faites exactement?»
«Avez-vous un permis de conduire?»
«Aimez-vous voyager?»
«Parlez-vous des langues étrangères?»
«Quel genre d'émissions écoutez-vous à la radio?»
«Que pensez-vous des radios libres?»
«Que faites-vous en dehors du travail?»
«Pourquoi vous intéressez-vous à ce poste?»

Après l'interview, son petit-ami, Jean, lui demande ce qu'on lui a posé comme questions. Expliquez-lui, comme dans l'exemple.

Exemple: On m'a demandé si je travaillais en ce moment.

Now you can:
explain to someone else what was said in a conversation, an interview or on a radio programme.

7·6 A la pharmacie

Les pharmacies en France

M. Gobert est pharmacien. Il tient sa propre pharmacie depuis cinq ans. Il va nous expliquer comment fonctionnent les pharmacies en France.

– M. Gobert, j'ai entendu dire que les Français viennent consulter le pharmacien plutôt que d'aller voir le médecin. Est-ce que c'est vrai?
– Oui, c'est vrai quand il s'agit de quelque chose qui n'est pas très grave. En France, si les gens se sentent légèrement malades – s'ils ont un peu d'indigestion, peut-être, ou un léger mal de tête, ou bien un coup de soleil ou une piqûre d'insecte – ils viennent consulter le pharmacien plutôt que d'aller voir le médecin. Car, en France, il faut payer les consultations de médecin et ça peut coûter cher. Donc, il arrive que les gens viennent d'abord nous consulter, et si on estime que c'est grave, on leur conseille d'aller voir le médecin. Souvent les gens n'ont pas grand-chose – un rhume par exemple ou une toux ou un mal de gorge – et on peut très bien leur dire comment il faut se soigner.
– Vous leur vendez des médicaments sans ordonnance?
– Oui. On peut vendre beaucoup de médicaments sans ordonnance: des pastilles et des sirops pour la gorge, des médicaments contre la diarrhée ou la constipation, des comprimés comme de l'aspirine, des crèmes et des pommades etc. Mais pour certains médicaments, il faut avoir une ordonnance signée par le docteur.
– Est-ce que vous vendez autre chose à part les médicaments?
– On vend du savon, du shampooing, du dentifrice, des brosses à dents etc. Mais on ne vend pas de matériel photographique comme on en trouve dans quelques pharmacies en Grande-Bretagne. En France, on achète des pellicules et des diapositives chez le photographe.
– Est-ce que vous vendez du parfum?
– Oui. On vend certaines marques de parfum. Mais pour avoir un plus grand choix, il faut aller à la parfumerie.
– Quelles sont les heures d'ouverture des pharmacies?
– En règle générale, les pharmacies sont ouvertes entre neuf heures et midi et demi et entre deux heures et sept heures. Mais il y a toujours des pharmacies de garde qui sont ouvertes plus longtemps (le soir et le dimanche). Pour les trouver, il faut regarder dans le journal ou se renseigner au commissariat ou à l'office de tourisme.

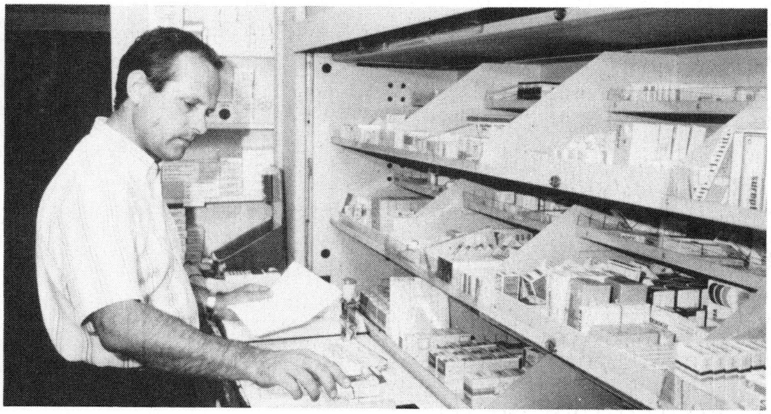

Avez-vous bien compris?

1 Give *three* instances where a French person might consult a chemist rather than a doctor.
2 What makes French people reluctant to consult a doctor about minor ailments?
3 If the chemist thinks that the problem is serious, what would he advise his customer to do?
4 What sort of medicine can be bought without a prescription?
5 What other things does M. Gobert sell in his shop?
6 What does he not sell, which you might find at a chemist's in Britain?
7 Why would you be better advised to go to a specialist shop to buy perfume?
8 How late are most chemists open?
9 How could you find out which chemist is the duty chemist (open at night and on Sunday)?

A la pharmacie vocabulaire et phrases utiles

l'aspirine (f)	*aspirin*
les comprimés (m.pl.)	*tablets*
la constipation	*constipation*
le coton hydrophile	*cotton wool*
un coup de soleil	*sunburn*
une crème (solaire)	*(sun-)cream*
du désinfectant	*disinfectant*
la diarrhée	*diarrhoea*
être enrhumé	*to have a cold*
les gouttes (f.pl.)	*drops*
la grippe	*flu*
une insolation	*sunstroke*
un médicament	*medication*
des mouchoirs en papier (m.pl.)	*paper hankies*
une ordonnance	*prescription*
un pansement	*dressing*
du papier hygiénique	*toilet paper*
des pastilles (f.pl.) pour la gorge	*throat sweets*
une pharmacie	*chemist's shop*
un(e) pharmacien(-ienne)	*chemist*
la pilule	*pill*
une piqûre d'insecte	*insect-bite, sting*
une pommade	*cream, ointment*
un rhume	*cold*
le savon	*soap*
des serviettes hygiéniques (f.pl.)	*sanitary towels*
le shampooing	*shampoo*
le sirop	*cough linctus*
du sparadrap	*elastoplast*
la vignette	*special tax label on drugs bought at chemist's*

J'ai une ordonnance. La voilà.	*I've got a prescription. Here it is.*
Avez-vous quelque chose contre la constipation/la diarrhée/le rhume?	*Have you got something for constipation/diarrhoea/a cold?*
Je voudrais des mouchoirs en papier.	*I'd like some paper hankies.*
Pouvez-vous me conseiller quelque chose?	*Can you recommend me something?.*
Pouvez-vous me conseiller une crème contre les piqûres d'insectes?	*Can you recommend an anti-insect cream?*

Vous êtes l'interprète

Your family have been struck down by various ailments. Explain the problem to the chemist and ask him to recommend something suitable.

1 Your brother's got a temperature and a headache. He was sunbathing yesterday, so you think it may be sunstroke.

2 Your sister's not feeling at all well. She's got stomach-ache and she's been sick. She ate seafood yesterday – it may be that, that's made her ill. (*la rendre malade*)

3 Your father's got a bad cold. He wants some cough linctus and throat pastilles.

4 Your mother's got a bit of indigestion. She wants some medicine or pills to relieve it.

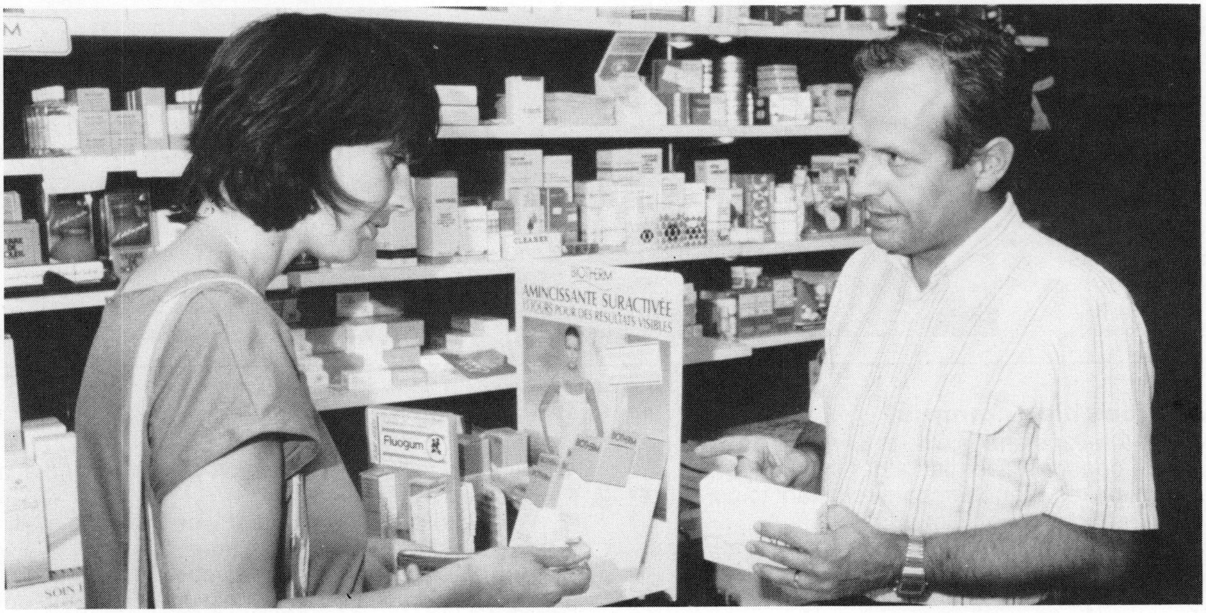

Comprenez-vous bien?

Si vous avez besoin de prendre des médicaments en France, faites très attention aux instructions. Certains médicaments peuvent être dangereux si on dépasse la dose prescrite. Comprenez-vous bien comment vous devez vous servir de ces médicaments?

30 COMPRIMÉS

aspirine
usines du rhône
500

1

pommade ophtalmique **antiseptique calmante**

CHAUVIN-BLACHE

POSOLOGIE
Se conformer exactement à la prescription médicale. Ne pas utiliser pendant plus de deux jours sans avis médical. Ne pas utiliser chez l'enfant de moins de 30 mois.

SOLUTRICINE
VITAMINE C
MAUX DE GORGE - ÉTATS GRIPPAUX - ANGINES

2 72 pastilles

LABORATOIRE ROGER BELLON

POSOLOGIE
8 à 10 pastilles par jour à sucer lentement

3 **POSOLOGIES**

Adultes : généralement 2 à 6 comprimés par jour et dans certains cas rares jusqu'à 12 comprimés par jour, en plusieurs prises.

Enfants : entre 6 et 15 ans, de 1 à 2 comprimés par jour, selon l'âge, en plusieurs prises.

4

SIROP ADULTES
codotussyl
à la pholcodine

MODE D'ADMINISTRATION ET POSOLOGIE:
VOIE ORALE une cuillerée à soupe 3 à 5 fois par jour.

5 30 comprimés dragéifiés laxatifs

pro-laxyl

POSOLOGIE
DÉPURATIF 1 dragée le soir 1 fois par semaine.
LAXATIF 2 à 4 dragées au repas du soir suivant le tempérament.

6 20 comprimés
litoxol
diarrhees aigues/diarrhees chroniques

Posologie
Enfants : 1 comprimé par 5 kg de poids par 24 heures sans dépasser 6 comprimés par jour en 2 à 3 prises.
Adultes : 8 à 10 comprimés par jour en 2 à 3 prises.

adultes / enfants

7

Mode d'emploi :
Étaler la crème fluide MOUSTIFLUID sur les parties du corps exposés aux piqûres. La protection dure de 3 à 6 heures suivant la température et la nature de la peau.
Renouveler l'application si nécessaire.

8

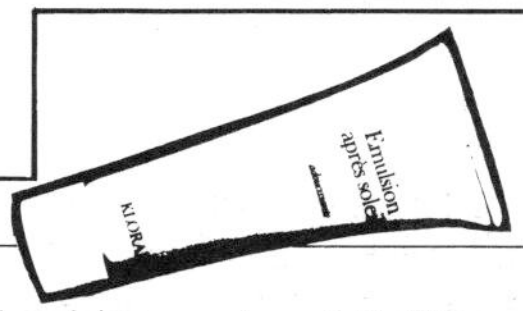

Mode d'emploi :
Après toute exposition, appliquer l'émulsion après soleil Klorane sur le visage et sur le corps, jusqu' à pénétration totale.

Read the following passage carefully and then answer the questions *in English*. Your answers should include all the details asked for, but should not be unnecessarily long.

Children find medicine

La semaine dernière deux enfants âgés de trois et de six ans ont été hospitalisés après avoir avalé des médicaments découverts dans une poubelle à Royat (Puy de Dôme).

Mardi après-midi une jeune femme avait jeté le contenu de son armoire à pharmacie dans une poubelle qu'elle avait ensuite déposée sur le trottoir. Les enfants ont pris ces pilules multicolores pour des bonbons.

Après vingt-quatre heures d'observation les enfants ont pu rentrer chez eux. La personne qui avait jeté les médicaments a été interrogée par la police.

Chaque année quinze mille enfants français sont victimes d'intoxications accidentelles qui provoquent la mort de six cents d'entre eux. Les médicaments sont responsables de la moitié de ces tristes histoires.

C'est entre un an et quatre ans que les enfants sont le plus exposés. C'est l'âge de la curiosité. Les parents ne sont pas toujours là pour surveiller leurs jeux.

WMEB 1983

1 What were the ages of the two children in this report?
2 Why were they taken to the hospital?
3 Say as precisely as you can when this incident took place?
4 In what did the children find the medicine, and where were they at the time?
5 How did the medicine come to be there?
6 Why did the children pick up the medicine?
7 What happened to the children at the hospital?
8 What action did the police take?
9 How many French children are accidentally poisoned each year?
10 Why are children of one to four years of age the most at risk?

Now you can:
consult a chemist about minor ailments and buy common medicines.

7·7 Qui, que, dont

Jeu des définitions

1 C'est la personne qui prépare des ordonnances. Les gens qui se sentent peu bien viennent souvent la consulter.
2 C'est une crème dont on se sert pour éviter les coups de soleil.
3 On en achète quand on a mal à la gorge et quand on veut sucer quelque chose.
4 C'est quelque chose que le médecin donne quelquefois aux malades et qu'on doit porter chez le pharmacien. On en a besoin pour obtenir certains médicaments.
5 On en prend quelquefois quand on a mal à la tête.
6 C'est une crème qu'on achète pour se protéger contre les piqûres d'insectes.
7 Ça se vend en tube et on l'achète à la pharmacie ou au supermarché. On le met sur une brosse à dents et on s'en sert au moins deux fois par jour.
8 On y va si on veut acheter des médicaments.
9 C'est une petite étiquette qui se trouve sur certains medicaments et dont on a besoin pour se faire rembourser par la Sécurité sociale.

Grammaire Relative pronouns (1)

Relative pronouns are words like **qui**, **que** and **dont**, which link two parts of a sentence together and refer back to a noun or phrase in the first part of the sentence.

qui

Qui means 'who', 'that' or 'which' when referring to people, things or places:

C'est la pharmacienne **qui** prépare les ordonnances. Jean, **qui** se sent peu bien, vient la consulter.	*It's the chemist who makes up prescriptions. Jean, who isn't feeling well, comes to ask her for advice.*

In each of the above sentences, **qui** has replaced a noun (*la pharmacienne, Jean*) which would otherwise stand as the subject of the verb which comes after **qui**.

Qui is also used with prepositions, when referring to people.
Notice that it is never shortened before a word beginning with a vowel (unlike **que**):

Ce sont les gens avec **qui** je travaille.	*These are the people I work with.*
Tu connais le garçon à **qui** elle parle?	*Do you know the boy she's talking to?*
C'est la famille chez **qui** j'ai passé mes vacances, l'année dernière.	*It's the family I spent my holidays with last year.*

Note:
If **qui** is used in the Perfect Tense with verbs that take *être*, the past participle must agree with the noun or phrase which **qui** has replaced:

Ma sœur, **qui** est allée aux États-Unis l'année dernière, habite maintenant à New York.	*My sister, who went to the United States last year, now lives in New York.*
Ce sont les garçons **qui** sont venus à la piscine, n'est-ce pas?	*Aren't they the boys that came to the swimming pool?*

De deux phrases, faites-en une

Exemple: **1** C'est le poisson qui m'a rendu malade.

1 C'est le poisson. Il m'a rendu malade.
2 Ce sont les moules. Elles m'ont rendu malade.
3 Voilà l'infirmière. Elle travaille à la clinique.
4 Je connais ces personnes. Ces personnes ont eu un accident de voiture.
5 C'est le docteur Laval. Il m'a soigné quand j'étais malade.
6 Je vais vous faire une petite piqûre. Elle ne vous fera pas mal.
7 Va chercher la trousse de médicaments. Elle se trouve dans le coffre de la voiture.
8 Voilà Sophie. Mon frère est sorti avec elle, hier soir.
9 Tu connais le garçon. Sophie parle avec lui.
10 Tiens, voilà le dentiste. J'étais chez lui, ce matin.

Grammaire Relative pronouns (2)

que

Que means 'that' or 'which' and is sometimes left out in an English sentence.
Que must *never* be omitted in French.

Voilà le pharmacien **que** nous sommes allés voir, ce matin.	*There's the chemist (that) we went to see this morning.*
C'est un nouveau disque **que** je viens d'acheter.	*It's a new record (that) I've just bought.*

Que can *refer back* to people or things. In the above sentences **que** has replaced *le pharmacien* and *le disque*. In both cases, these are the objects of the verb which follows **que**. (The subjects are *nous* and *je*.)

If the following word begins with a vowel, **que** is shortened to **qu'**:

C'est une crème **qu'**on met sur une blessure ou une coupure.	*It's a cream (that) you apply to a wound or a cut.*

Note:
If **que** is used in a sentence in the Perfect Tense with *avoir*, the past participle must agree with the word that **que** refers back to:

La voiture qu'il a acheté**e** est une Citroën.	*The car he bought is a Citroën.*
Les chaussures qu'elle a acheté**es** ont coûté 500 francs.	*The shoes she bought cost 500 francs.*

De quoi s'agit-il?

Écrivez une phrase au lieu de deux, et décidez chaque fois de quoi il s'agit.

Exemple:
1 C'est une boisson chaude qu'on boit souvent avec du lait mais quelquefois avec du citron. (C'est le thé.)

1 C'est une boisson chaude. On la boit souvent avec du lait et quelquefois avec du citron.
2 C'est un sport individuel. On le pratique à la montagne en hiver.
3 C'est un grand animal gris avec de grandes oreilles. On le voit souvent dans un cirque ou dans un zoo.
4 C'est un sandwich grillé au fromage et au jambon. On le vend dans les cafés.
5 C'est un appareil électrique. On l'écoute pour entendre les informations, de la musique etc.
6 C'est un fruit rouge. On le mange souvent cru et en salade avec des oignons et de la sauce vinaigrette.
7 C'est un livre. On le consulte quand on ne comprend pas quelque chose, un mot, par exemple.
8 C'est un moyen de transport. On le prend pour aller à l'étranger, quand on veut arriver vite à sa destination.

Non, ce n'est pas ça!

Complétez les phrases.

Exemple: – Tu as acheté un disque de *Téléphone*?
– Non, le disque que j'ai acheté est de Sacha Distel.

1 – C'est un livre d'art moderne que tu as acheté?
– Non, le livre ... est d'art classique.
2 – C'est un imper bleu marine que tu as acheté?
– Non, l'imper ... est blanc.
3 – C'est le vendeur au rayon des disques, que tu connais?
– Non, le vendeur ... ne travaille pas dans ce magasin.
4 – Tu prends le train de neuf heures?
– Non, le train ... part à huit heures et demie.
5 – As-tu déjà lu le journal d'aujourd'hui?
– Non, le journal ... était celui d'hier.
6 – C'est une Golf GTI que ton père va achetér?
– Non, la voiture ... est une Astra GTE.
7 – C'est une moto Yamaha que ton frère vend?
– Non, la moto ... est une Suzuki.
8 – C'est vrai que ta sœur a gagné une chaîne stéréo dans un concours?
– Non, c'est simplement un petit magnétophone ... .
9 – Tu as envoyé une carte postale du Centre Pompidou à tes parents?
– Non, celle ... était de la Tour Eiffel.
10 – Ce sont des photos que tu as prises en vacances?
– Non, les photos ... ne sont pas encore arrivées.

Qui ou que?

A vous de décider s'il faut mettre *qui* ou *que* (*qu'*) pour compléter ces phrases.

1 Voilà le garçon ... s'est cassé la jambe en faisant du ski.
2 Nous avons trouvé un bon petit hôtel ... ne coûte pas cher.
3 Le sport ... j'aime le plus c'est le cyclisme.
4 Louis Braille, le Français ... a inventé l'écriture pour les aveugles, était aveugle lui-même.
5 C'est une maladie ... on attrape dans les climats chauds.
6 Voilà le docteur ... j'ai vu ce matin.
7 As-tu lu le livre ... je t'ai prêté?
8 Tu as mal aux dents? C'est tous les bonbons ... tu as mangés!
9 J'ai déjà vu le film ... on passe à la télévision ce soir.
10 Je vais écrire à la dame ... a trouvé mon porte-monnaie pour la remercier.

— Tu aimes les lunettes que j'ai achetées à Paris?

Grammaire

Relative pronouns (3)

dont

Dont means 'whose', 'of whom', 'about whom', 'of which', 'from which', 'about which'.

Dont never changes its form and can refer to people or things which are masculine, feminine, singular or plural:

Voici le livre **dont** je te parlais.	*Here's the book I was telling you about.*
Voilà le garçon **dont** elle parlait.	*There's the boy she was talking about.*
La rage est une maladie **dont** on peut mourir.	*Rabies is a disease (which) you can die from.*

Dont, meaning 'which', is used instead of *qui* or *que* with verbs which must be followed by *de*, for instance *avoir besoin de, avoir peur de, se servir de:*

C'est une petite étiquette **dont** on a besoin pour se faire rembourser par la Sécurité sociale.	*It's a little label (which) you need in order to get your money back from Social Security.*
C'est un professeur **dont** tous les élèves ont peur.	*He's a teacher (that) all the pupils are afraid of.*
C'est une crème **dont** on se sert pour éviter les coups de soleil.	*It's a cream (which) you use to avoid getting sunburnt.*

Soyez plus précis!

Quelquefois on ne comprend pas tout de suite ce dont on parle. Alors, il faut être plus précis. Expliquez plus précisément de *quoi*, ou de *qui*, vous parlez, comme dans l'exemple.

Exemple: Quel garçon?
(Je t'ai déjà parlé de lui.)
Le garçon dont je t'ai déjà parlé.

1 Quel accident? (Je t'ai déjà parlé de cet accident.)
2 Quelle voiture? (Je me suis servi de cette voiture pour aller à Paris.)
3 Quels légumes? (J'ai besoin de ces légumes pour faire le potage.)
4 Quelle carte? (On s'est servi de cette carte pendant les vacances.)
5 Quel livre? (J'ai besoin de ce livre pour faire mes devoirs.)
6 Quel chien? (Tous les enfants ont peur de lui.)
7 Quelle maladie? (Elle souffre de cette maladie depuis longtemps.)
8 Quels gants? (Je me sers de ces gants pour faire du jardinage.)
9 Quel film? (Tout le monde parle de ce film.)
10 Quelles diapositives? (Le professeur a besoin de ces diapositives pour son cours de français.)

Pas tous pareils

Voilà ce que dit un monsieur quand il a commandé des steaks pour sa famille:

«Je voudrais quatre steaks, dont un bien cuit, un à point et deux saignants.»

Faites comme ce monsieur et expliquez exactement ce que vous voulez.

1

2

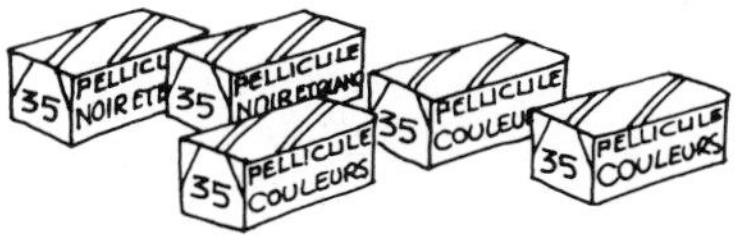

3

4

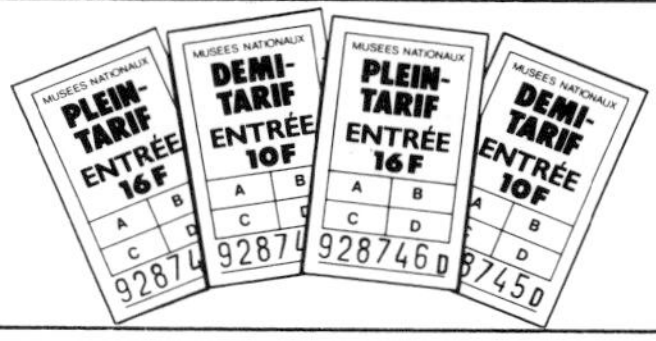

5

6

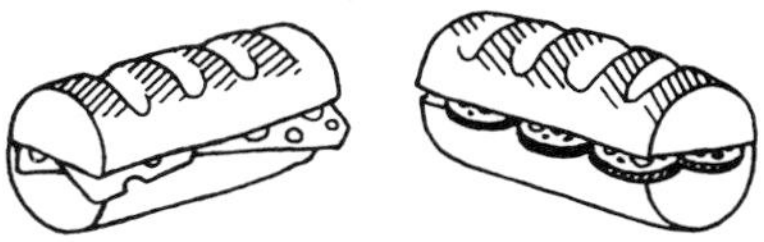

7

8

Grammaire

'On which', 'in which', 'without which'

Si le véhicule, **dans lequel** vous voyagiez, tombait en panne, sauriez-vous quoi faire? — *If the vehicle which you were travelling in broke down, would you know what to do?*

Les céréales et le pain complet contiennent des vitamines B, **sans lesquelles** on risque d'avoir une mauvaise digestion. — *Cereals and wholemeal bread contain B vitamins, without which you risk getting indigestion.*

After prepositions such as *avec, dans, pendant, sans* use **lequel** (or one of the other words in the table below) to mean 'which'.

Lequel refers to a *thing* not a person, and must agree with the noun to which it refers. In the above examples, **lequel** refers to *le véhicule,* **lesquelles** refers to *des vitamines B.*

masculine singular	*feminine singlular*	*masculine plural*	*feminine plural*
lequel	**laquelle**	**lesquels**	**lesquelles**

Complétez ces phrases

1 Où est le sac dans ... j'ai mis mes papiers?
2 Quel voyage! Le train dans ... je voyageais est tombé en panne.
3 Où est la valise dans ... j'ai mis mes chaussures de tennis?
4 Je ne trouve plus la clef avec ... on peut ouvrir cette caisse.
5 Mon grand-père m'a donné 10 000 francs, avec ... je me suis acheté une moto.
6 Regarde la raquette avec ... le champion joue. C'est la même marque que la mienne.
7 Je vais chercher mon carnet d'adresses dans ... j'ai noté son numéro de téléphone.?
8 Comment s'appelle la rue dans ... l'accident a eu lieu?
9 Voilà l'immeuble dans ... il y a eu un incendie hier soir.
10 Les vacances pendant ... je me suis le plus amusé, étaient mes vacances de ski.

Now you can:
use the relative pronouns *qui, que* and *dont* to link two sentences, and the pronoun *lequel* after prepositions.

7·8 Accident!

Est-ce qu'il y a beaucoup d'accidents de circulation en France?

Voilà les chiffres pour 1981:

nombre de blessés	nombre de tués
334 289	12 428

Où et quand arrive le plus grand nombre d'accidents?

Les accidents en ville sont presque deux fois plus nombreux que les accidents en dehors de ville. Cependant, il y a moins d'accidents mortels en ville qu'ailleurs.

Les mois les plus dangereux sont juillet, novembre et décembre. En 1982, la plupart des accidents se sont produits entre 18 heures et 19 heures.

Quelles sont les principales causes des accidents?

Parmi les causes humaines, la principale cause est la vitesse excessive, ou bien on dépasse la limite autorisée ou bien la vitesse est excessive vu les circonstances (temps, état de la route etc.) Parmi les autres causes on peut citer l'influence de l'alcool, le changement de direction sans clignoter, le dépassement dangereux, la fatigue et l'inattention du conducteur.

Que peut-on faire pour diminuer le nombre d'accidents?

- **Evitez l'alcool au volant**

L'alcool diminue les réflexes et la capacité d'évaluer la distance, la vitesse et les risques. Dès que l'on a 0,30 g d'alcool dans le sang, le risque d'avoir un accident mortel est presque doublé. Au taux légal de 0,80 g, le risque est multiplié par 5. La seule règle à suivre: ne buvez pas ou ne conduisez pas!

- **Mettez la ceinture de sécurité**

Depuis 1979 la ceinture de sécurité pour les places avant est obligatoire en toutes circonstances. Son utilité est incontestable: en cas de choc à 60 km/h, seule la ceinture peut empêcher les passagers d'être projetés à travers le pare-brise. De plus, en cas d'accident, la ceinture permet au conducteur de conserver le contrôle de son véhicule. Et on a constaté qu'il y a deux fois moins de risques d'être tué dans un accident (cinq fois moins en cas de retournement).

- **Prenez le temps de vous reposer**

La fatigue et un malaise sont des causes importantes d'accidents. Si vous faites un long voyage, faites une pause tous les 200 kilomètres.

- **Faites attention à l'état de votre véhicule**

Nettoyez souvent vos phares et vos feux arrières. Vérifiez régulièrement la pression des pneus. Maintenez votre véhicule en bon état et faites surtout attention à l'état des pneus et des freins.

Avez-vous bien compris?

1 Was the number of fatal road accidents in 1981 nearer 10,000 or 300,000?
2 Where do most road accidents occur – in cities, on motorways or on country roads?
3 Which are the most dangerous months to be on the road?
4 What is the main human cause of road accidents?
5 Give *three* other causes which might give rise to an accident.
6 Wearing seat-belts is now compulsory in most countries. Give *three* other ways in which drivers could reduce the number of road accidents.

Un accident de la route

Listen to the accident report and answer the questions below.

1 When had the weather been bad?
2 In what *two* ways were the roads dangerous?

3 Why had Monsieur Lebrun spent the evening in a restaurant?
4 Give *two* reasons why he wasn't paying much attention to the road?

5 What did Monsieur Lebrun try to do and why did he fail?
6 What did he hit?
7 How long did he remain in the car?

8 At what time was Jean Nury going down the road?
9 Who was he?
10 How did he approach the car and why?

11 What *two* things did Jean notice about Monsieur Lebrun?
12 Where did he then go?
13 Why did he telephone?

SEREB 1983

Accidents de la route

vocabulaire et phrases utiles

abîmé	*ruined*
un accident (mortel)	*(fatal) accident*
l'alcootest (m)	*breathalyser*
Attention!	*Careful!*
une attestation d'assurance	*insurance policy*
un blessé	*injured person*
la carte verte	*green card*
un casque	*crash helmet*
la ceinture de sécurité	*seat-belt*
le conducteur	*driver*
le constat	*report*
entrer en collision avec	*to collide with*
être renversé	*to be knocked down*
freiner	*to brake*
les freins (m.pl.)	*brakes*
un permis de conduire	*driving licence*
rouler	*to travel*
un témoin	*witness*
la vitesse	*speed*

Ce n'était pas ma faute.	*It wasn't my fault.*
J'avais la priorité.	*I had the right of way.*
Voulez-vous appeler la police?	*Will you call the police, please?*

constat amiable d'accident automobile

Ne constitue pas une reconnaissance de responsabilité, mais un relevé des identités et des faits, servant a l'accélération du réglement.

à signer obligatoirement par les DEUX conducteurs

1. date de l'accident	heure	2. lieu (pays, n° dept, localité)	3. blessés même légers
10.05.85	8H30	France 93 Aubervilliers	non ☒ oui ☐ *

4. dégâts matériels autres qu' aux vehicules A et B	5. témoins noms, adresses et tél. (à souligner s'il s'agit d'un passager de A ou B)
non ☐ oui ☐ *	aucun témoin

véhicule A

6. assuré souscripteur *(voir attest. d'assur)*

Nom (majusc) DUVOLANT

Prénom Jean

Adresse *(rue et n°)* 235 avenue de Toulouse

Localité *(et c.postal)* 82000 Montauban

N° tél. *(de 9 h. à 17 h.)* 11-22-33

L'Assuré peut-il récupérer la T.V.A. afférente au véhicule? non ☒ oui ☐

7. véhicule

Marque, type De Dion Bouton 16CV

N° d'immatr. (ou du moteur) 9999 AB82

8. sté d'assurance Le Phaéton

N° de contrat 2.325.601

Agence *(ou bureau ou courtier)* M' Lefris 263 Place du Commerce Montauban

N° de carte verte

(Pour les étrangers)

Attest. ou carte verte valable jusqu'au 1.7.1985

Les dégâts matériels du véhicule sont-ils assurés? non ☒ oui ☐

9. conducteur *(voir permis de conduire)*

Nom (majusc) DUVOLANT

Prénom Jean

Adresse 235 ave de Toulouse

Permis de conduire n° 703-27.64

Catégorie (A, B, ...) B Délivré par Préfecture de Toulouse le 4-4.72

permis valable du au

(Pour les catégories C, D, E et les taxis)

10. Indiquer par une flèche le point de choc initial

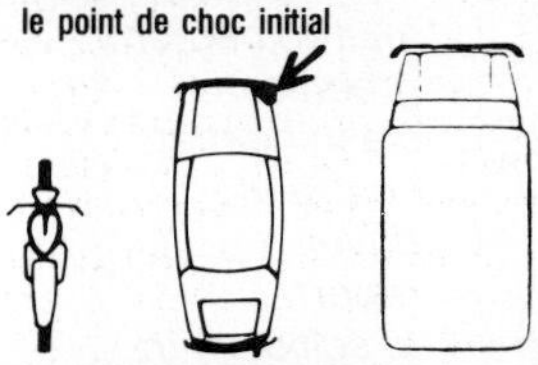

11. dégâts apparents

pare choc avant phare droit

14. observations

12. circonstances

Mettre une croix (x) dans chacune des cases utiles pour préciser le croquis

A			B
☐	1	en stationnement	1 ☐
☐	2	quittait un stationnement	2 ☐
☐	3	prenait un stationnement	3 ☐
☐	4	sortait d'un parking, d'un lieu privé, d'un chemin de terre	4 ☐
☐	5	s'engageait dans un parking, un lieu privé, un chemin de terre	5 ☐
☐	6	s'engageait sur une place à sens giratoire	6 ☐
☐	7	roulait sur une place à sens giratoire	7 ☐
☐	8	heurtait à l'arrière, en roulant dans le même sens et sur une même file	8 ☐
☐	9	roulait dans le même sens et sur une file différente	9 ☐
☐	10	changeait de file	10 ☐
☐	11	doublait	11 ☐
☐	12	virait à droite	12 ☐
☒	13	virait à gauche	13 ☐
☐	14	reculait	14 ☐
☒	15	empiétait sur la partie de chaussée réservée à la circulation en sens inverse	15 ☐
☐	16	venait de droite (dans un carrefour)	16 ☐
☐	17	n'avait pas observé le signal de priorité	17 ☐
2		← indiquer le nombre de cases marquées d'une croix →	0

véhicule B

6. assuré souscripteur *(voir attest. d'assur)*

Nom (majusc) Dufrein

Prénom Joëlle

Adresse *(rue et n°)* 331, rue Daubenton

Localité *(et c.postal)* 75005 Paris

N° tél. *(de 9 h. à 17 h.)* 161 1800

L'Assuré peut-il récupérer la T.V.A. afférente au véhicule? non ☒ oui ☐

7. véhicule

Marque, type Rochet Schneider coupé

N° d'immatr. (ou du moteur) 229 NA 75

8. sté d'assurance La gardienne.

N° de contrat 127 498

Agence *(ou bureau ou courtier)* M. Lebrun 226, rue des Arênes. 75005 Paris

N° de carte verte

(Pour les étrangers)

Attest. ou carte verte valable jusqu'au 6/9/85

Les dégâts matériels du véhicule sont-ils assurés? non ☐ oui ☒

9. conducteur *(voir permis de conduire)*

Nom (majusc) Dufrein

Prénom Joëlle

Adresse 331, rue Daubenton 75005 Paris

Permis de conduire n° 147 2653

Catégorie (A, B, ...) B Délivré par Préf. Rennes le 6/10/53

permis valable du au

(Pour les catégories C, D, E et les taxis)

10. Indiquer par une flèche le point de choc initial

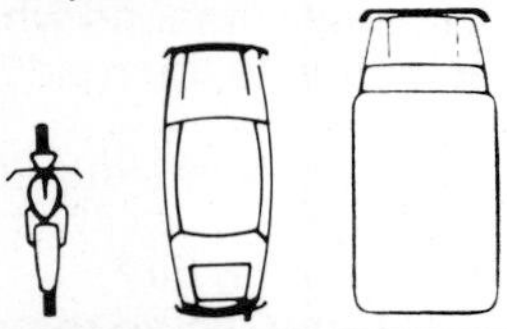

11. dégâts apparents

Pare choc avant Calandre

14. observations

13. croquis de l'accident

Préciser: 1. le tracé des voies — 2. la direction des véhicules A, B — 3. leur position au moment du choc — 4. les signaux routiers — 5. le nom des rues (ou routes)

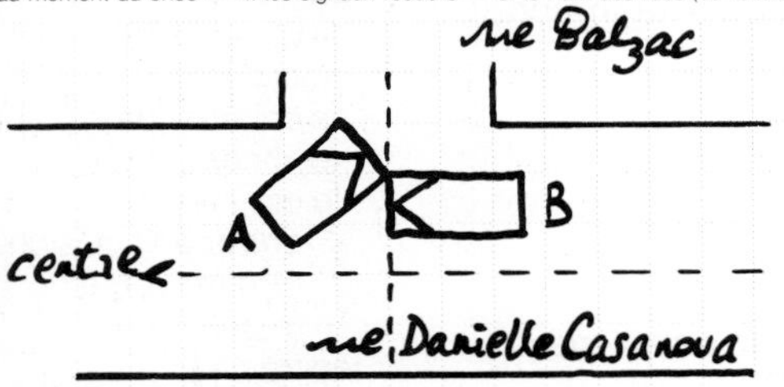

15. signature des conducteurs

A Duvolant. B Dufrein

* En cas de blessures ou en cas de dégâts matériels autres qu aux véhicules A et B, relever les indications d'identité, d'adresse, etc.

Ne rien modifier au constat après les signatures et la séparation des exemplaires des 2 conducteurs.

Voir déclaration de l'Assuré au verso ➡

Le constat d'accident automobile

Voilà un constat fait par deux conducteurs après un accident. En consultant le document, résumez les détails de l'accident.

1 Quand est-ce que l'accident a eu lieu? (date et l'heure)
2 Où a-t-il eu lieu?
3 Est-ce qu'il y avait des blessés?
4 Est-ce qu'il y avait des témoins?
5 Comment s'appellent les deux conducteurs?
6 Un conducteur habite à Montauban, où habite l'autre?
7 Les circonstances de l'accident sont décrites par un des deux conducteurs. Lequel?

«Je me dirigeais vers le centre d'Aubervilliers quand l'autre voiture m'a coupé la route pour tourner à gauche.»

Ce n'était pas ma faute!

Complétez la conversation.

L'agent de police: Alors, comment est-ce que l'accident est arrivé?
L'automobiliste: Eh bien, Monsieur l'agent. Je (**descendre**) la rue principale. Je ne (**rouler**) pas vite. J'(**aller**) en ville pour faire des commissions. Il y (**avoir**) une camionnette devant moi. Ça me (**gêner**). Je (**vouloir**) la dépasser. Alors, je (**signaler**) et je (**changer**) de direction, quand soudain je suis entré en collision avec l'autre voiture. Ce n'était vraiment pas ma faute.

Extraits de la presse

Un skieur grièvement blessé

Briançon. — Un skieur s'est grièvement blessé vendredi en début d'après-midi dans la descente du couloir Triffide.

Le skieur, âgé d'une trentaine d'années et domicilié à Colombes dans la région parisienne, a dévalé la totalité du couloir après avoir chuté lors de son premier virage, tout au sommet sur une plaque de glace.

Le couloir est courbé et le skieur a heurté à plusieurs reprises les rochers le bordant. C'est ce qui occasionna les nombreuses fractures ainsi que le traumatisme crânien dont il souffrait lorsque les C.R.S. du Secours en montagne de Briançon, ainsi qu'un médecin du S.A.M.U., sont arrivés sur les lieux, avec l'hélicoptère de la gendarmerie.

Le skieur n'avait pas totalement perdu connaissance. Avant de le transporter, le médecin lui a donné une piqûre calmante.

Il s'agit d'un skieur confirmé qui descendait le couloir en compagnie d'une amie. C'est celle-ci qui donna l'alerte aux skieurs présents à proximité. La victime fut évacuée directement en hélicoptère sur l'hôpital des Sablons à Grenoble.

1 What do you know about the skier involved in this accident?
2 How badly was he injured?
3 Where was he taken and by what means of transport?
4 Who raised the alarm?

ACCIDENT PROVOQUE CONSEQUENCES HEUREUSES A TOUL! *Reportage spécial de Michel Hibert*

Un accident de la circulation a eu des conséquences inattendues et que l'on peut qualifier de miraculeuses ...

En effet, hier matin, Monsieur X, au volant de sa Renault 12, se rendait au tribunal de Nancy où devait être prononcé son divorce. Il roulait à vive allure sur la route nationale 4, a l'entrée de Toul, lorsqu'il a percuté une Renault 4 qui débouchait d'une rue à droite et qui avait la priorité. Les deux voitures ont été fortement endommagées et Monsieur X, qui ne portait pas de ceinture de sécurité, a eu le bras gauche cassé, ainsi que quelques blessures superficielles au visage. La conductrice de la R 4 s'en est tirée avec une fracture de la jambe gauche et cette conductrice était ... vous l'avez deviné ... Madame X, qui se rendait également à Nancy pour le divorce.

Monsieur et Madame X ont été emmenés en ambulance au centre hospitalier de Toul et ils ont été placés dans la même chambre. Au bout d'une semaine d'hospitalisation et de discussions dans le calme et dans l'intimité, il n'était plus question de divorce ...

Souhaitons-leur un prompt rétablissement et une longue et heureuse vie commune!

1 Describe the circumstances of this road accident.
2 Describe Monsieur X's injuries.
3 Why was he so badly injured?
4 What did the two people involved decide whilst they were together in hospital?

Grammaire The passive

The passive form of the verb is used when the subject, instead of *doing* something, (i.e. the active form) has something *done to it*:

Active: He bit his tongue. (*He* did the biting.)
Passive: He was bitten by a snake. (He *was the person bitten.*)
Il **a été mordu** par un serpent.

The passive is formed by using any tense of **être** + the past participle. The past participle is used like an adjective and agrees with the subject:

L'alpinisme **est considéré** comme un sport dangereux.	*Rock-climbing is considered to be a dangerous sport.*
La victime **fut évacuée** directement sur l'hôpital de Grenoble.	*The victim was taken directly to the hospital at Grenoble.*
Elle **a été piquée** par une guêpe.	*She was stung by a wasp.*
Le cycliste **a été renversé** par la voiture.	*The cyclist was knocked down by the car.*
L'acteur américain **a été hospitalisé** ce matin.	*The American actor was taken to hospital this morning.*

Le château de Chenonceau

Imaginez que vous travaillez comme guide au château de Chenonceau dans le Val de Loire. Expliquez l'histoire du château aux visiteurs, comme dans l'exemple.

Exemple: **1** Le château a été construit au 16ème siècle.

1 Le château (**construire**) au 16ème siècle.
2 Il (**offrir**) en 1547 à Diane de Poitiers.
3 Le château a changé de mains plusieurs fois, puis il (**vendre**) en 1864 à Mme Pelouze.
4 Il (**restaurer**) à cette époque.
5 Pendant la première guerre mondiale, le château (**transformer**) en hôpital.
6 2 000 soldats y (**soigner**).
7 Ensuite, le château (**vendre**) à la famille Menier, famille célèbre pour la fabrication du chocolat.

A doctor is kidnapped

Listen to the news bulletin and answer *in English* the following questions. Include all relevant details. Single-word answers are permitted, where appropriate.

Part 1

1 How long ago did the kidnapping take place?
2 When is Roger Delmas' birthday?
3 How old will he be?
4 Why was Roger Delmas called out on June 1st?
5 Where did he have to go?
6 When and how did the kidnapper make known his ransom demand?

Part 2

7 What news has Madame Delmas since received of her husband?
8 What steps are the police taking to identify the kidnapper?
9 Describe the kidnapper's voice.
10 What appeal has Madame Delmas made to the kidnappers?

WMEB 1983

Accident de moto

Samedi dernier, Marc Legrand, 18 ans, descendait l'avenue Leclerc quand soudain . . .

Une passante: Mon Dieu! Un accident . . . le motocycliste . . . il a été renversé . . . vous êtes blessé?
Marc: Je ne sais pas . . . j'ai mal au bras. Quel imbécile, cet automobiliste.
La passante: On va appeler la police.

L'automobiliste a garé sa voiture et en est descendu.

L'automobiliste: Vous êtes blessé?
Marc: J'ai mal au bras. Et regardez ma moto! Elle est complètement abîmée.
L'automobiliste: Je suis vraiment désolé. Je ne sais pas ce qui s'est passé. Est-ce qu'on a téléphoné à la police?
Marc: Oui, une dame est allée téléphoner.

La police est arrivée et on a transporté Marc à l'hôpital. On soupçonnait un bras cassé. Un agent de police a interrogé l'automobiliste.

L'agent: Alors, Monsieur, votre nom, s'il vous plaît.
L'automobiliste: Laforge, André.
L'agent: Et votre adresse?
L'automobiliste: 16 rue de la Fontaine, Rennes.
L'agent: Vous avez votre attestation d'assurance sur vous?
L'automobiliste: Oui, la voilà. Et voilà mon permis de conduire.
L'agent: Alors, comment est-ce que l'accident, s'est passé?
L'automobiliste: Bon, moi, je sortais de la rue Voltaire. Je tournais à droite et je suis entré en collision avec le motocycliste.
L'agent: Vous rouliez vite ou lentement?
L'automobiliste: Oh, je ne roulais pas vite, pas plus de 10 km/h.

Ensuite l'agent a interrogé la passante.

L'agent: Madame, vous avez vu l'accident, n'est-ce pas? Qu'est-ce qui s'est passé?
La passante: L'automobiliste est sorti de la rue et il a renversé le motocycliste. Je crois qu'il ne l'a pas vu.
L'agent: Est-ce qu'il roulait vite, l'automobiliste?
La passante: Non, il ne roulait pas vite.

A Vrai ou faux?

1 Un motocycliste a été renversé.
2 Il a été blessé.
3 L'automobiliste aussi a été grièvement blessé.
4 Un piéton a été tué.
5 La moto n'a pas été abîmée.
6 La police a été alertée.
7 Le motocycliste fut transporté à l'hôpital.
8 L'automobiliste a été interrogé par la police.

B Collision Moto–Auto: Un blessé

Complétez le reportage de l'accident qui va paraître dans le journal régional:

> Rennes, Avenue Legrand, un motocycliste, Marc Legrand, 18 ans, ... par une auto conduite par . . . . . . , demeurant . . . , ... , ... Dans la collision, M. Legrand fut . . . et . . . à l'hôpital. L'automobiliste n'. . . pas . . . .

C Vous étiez témoin de l'accident

Décrivez à un(e) ami(e) ce qui s'est passé.

Décès par suite d'accident (1978)

Accidents de transport	
– en chemin de fer	169
– en voiture	10 863
– en avion	109
Autres accidents	
– empoisonnement	446
– gaz ou vapeur	275
– chutes accidentelles	13 845
– incendie ou feu	767
– morsures ou piqûres d'animaux ou d'insectes vénimeux	20
– autres animaux	22
– foudre	12
– noyade ou submersion	1 082
– suffocation	1 486
– matières explosives	48
– courant électrique	166

Répondez aux questions:

1 Combien de personnes ont été tuées en accidents d'avion?
2 Combien de personnes se sont noyées?
3 Le plus grand nombre d'accidents mortels (à part les accidents de transport) sont le résultat de quoi?
4 Combien de personnes sont mortes à cause d'incendies ou de feux?
5 Combien de personnes se sont empoisonnées?
6 Vingt personnes sont mortes parce qu'elles ont été mordues ou piquées par quoi?

PREMIERS SOINS

Sauriez-vous quoi faire en cas d'accident – si quelqu'un s'est foulé la cheville, si quelqu'un a été mordu par un chien, ou si quelqu'un s'est évanoui, par exemple, au stade ou au théâtre? Faites ce jeu-test pour savoir comment vous réagiriez et découvrez ensuite comment il faut réagir.

1 Vous êtes au stade. La personne à côté de vous vient de tomber par terre. Elle s'est probablement évanouie. Que devrait-on faire?
a) On devrait essayer de remettre la personne debout.
b) On devrait la laisser par terre et lui lever les jambes.
c) On devrait la laisser par terre et lui lever la tête.

2 Vous vous promenez à la campagne quand votre ami trébuche et tombe maladroitement. Il a mal à la cheville mais il peut marcher avec difficulté. Il s'est probablement foulé la cheville. Que faut-il faire?
a) Il faut mettre un bandage serré, si vous en avez un et faire transporter votre ami chez le pharmacien ou chez le médecin.
b) Il faut lui enlever sa chaussure et massager son pied.
c) Il faut l'encourager à rentrer à la maison le plus vite possible.

3 En faisant la cuisine votre sœur s'est brûlé le bras. Que faites-vous?
a) Je mets de la crème antiseptique sur la brûlure.
b) Je lui mets le bras dans de l'eau froide puis je lui mets un pansement sec.
c) Je ne fais rien parce que les brûlures se guérissent toutes seules.

4 Votre ami a été mordu à la main par un chien. Que faut-il faire?
a) Il faut mettre du coton hydrophile sur la blessure.
b) Il ne faut pas toucher à la blessure et donner de l'aspirine à votre ami.
c) Il faut nettoyer soigneusement la blessure, puis la protéger avec un pansement et consulter un médecin.

5 Un enfant, qui grimpait dans l'arbre, a fait une mauvaise chute. Il semble avoir la jambe cassée. Que faut-il faire?
a) Il faut rassurer l'enfant, le réchauffer, éviter tout mouvement de la jambe et appeler un médecin.
b) Il faut l'aider à se relever, puis lui donner quelque chose à boire avant d'appeler le médecin.
c) Il faut l'aider à marcher jusqu'à une voiture puis l'emmener à l'hôpital.

6 En jouant au volley sur la plage, votre ami(e) tombe et se coupe le poignet. Ça saigne beaucoup. Que faut-il faire?
a) Il faut nettoyer la plaie pour enlever le sable puis la laisser à l'air libre.
b) Il faut faire vite: protéger la plaie avec un pansement et appuyer fermement pour arrêter le saignement, puis chercher de l'aide médicale.
c) Il ne faut rien faire à cause du risque d'infection.

7 Vous faites une promenade à la campagne et votre ami marche sur un serpent qu'il n'a pas vu. Le serpent le mord. Vous pensez que c'est une vipère. Que faut-il faire?
a) Il faut mettre un bandage serré sur la morsure.
b) Il faut encourager votre ami à marcher, puis continuer votre promenade. S'il a encore mal le soir, il doit consulter un médecin.
c) Il faut faire venir de l'aide médicale et en l'attendant votre ami doit rester calmement étendu par terre, en évitant tout mouvement inutile.

8 Vous passez vos vacances dans un gîte à la campagne. Le prochain village est à 25 kilomètres. Un enfant de trois ans, qui est en vacances avec vous, avale une vingtaine de comprimés. Que fait-il faire?
a) Il faut le coucher et attendre que ça passe.
b) Il faut essayer de le faire vomir puis l'emmener chez un médecin ou à l'hôpital.
c) Il faut le gronder, puis l'interdire de manger et de boire.

9 Le soir, un petit garçon met le feu à sa robe de chambre en s'approchant trop près du feu. Quelle est la première chose à faire?
a) Appeler aux pompiers.
b) Aller chercher les voisins.
c) Essayer d'étouffer le feu, en enroulant l'enfant dans une couverture ou dans une serviette.

10 Vous êtes le seul témoin d'un accident de route. Quelle est la première chose que vous devez faire?
a) Protéger la scène de l'accident: par exemple en mettant un triangle rouge derrière la voiture.
b) Courir jusqu'à la maison la plus proche pour téléphoner à Police-Secours.
c) Essayer de faire sortir les victimes des voitures.

Solution page 197

Malade en Grande-Bretagne

Pouvez-vous aider ces touristes français?

1
«Pouvez-vous nous aider? Mon mari est tombé par terre et il a perdu connaissance.»
Say that you'll call an ambulance straightaway and tell the woman to stay with her husband.

2
«J'ai très mal aux dents. Où est-ce que je trouverai un dentiste?»
Say that you'll phone your dentist and get an appointment for him as soon as possible.

3
«Ma fille ne va pas bien. Je veux l'emmener chez un médecin. Pouvez-vous me recommander quelqu'un?»
Give her the name and telephone number of your doctor. Then offer to phone the doctor yourself, if she wishes.

4
«J'ai besoin de médicaments. Les pharmacies sont ouvertes jusqu'à quelle heure le soir?»
Reply to her question then mention that there is also an emergency service but that you don't know the details.

5
«Mon frère a mal à la tête. Avez-vous quelque chose contre ça?»
Say that you'll see if you've got some aspirin in your case.

6
«Ma sœur s'est coupé le doigt. Où est-ce qu'on peut acheter du sparadrap.»
Say that you can buy some at the chemist's and that the nearest chemist is in the village, opposite the church.

Now you can:
understand general information about accidents (often described using the passive), inform others about accidents that have occurred and offer assistance.

Checklist . . . Checklist . . . Checklist . . .

Now you can:

1 talk about health and general fitness and say how you feel.
2 describe parts of the body and indicate pain or injury.
3 use the present participle to say how something can be done and to describe two events which happened at the same time.
4 arrange to see a doctor or dentist in France and describe your symptoms.
5 explain to someone else what was said in a conversation, an interview or on a radio programme.
6 consult a chemist about minor ailments and buy common medicines.
7 use the relative pronouns *qui*, *que* and *dont* to link two sentences and the pronoun *lequel* after prepositions.
8 understand general information about accidents (often described using the passive), inform others about accidents that have occurred and offer assistance.

For your reference:

Grammar	*avoir mal* and *se faire mal*	page 53
	en + present participle	page 55
	Reported or indirect speech	page 63
	qui, que, dont	pages 68-70
	lequel, laquelle etc.	page 71
	The passive	page 76
Vocabulary and useful phrases	Describing mood or well-being	page 50
	Parts of the body	page 51
	At the doctor's	page 59
	At the dentist's	page 61
	At the chemist's	page 66
	Road accidents	page 73

8 A votre service!

Au plus grand centre commercial de France

COUR CENTRALE

STATION TAXI

PARKING

ALLÉE DU RHÔNE

INFORMATIONS

NIVEAU MÉTRO

Si vous vous trouvez un jour à Lyon, et si vous aimez regarder dans les magasins, allez passer quelques heures à la Part-Dieu – c'est le plus grand centre commercial de France.

Le centre commercial est desservi par onze lignes d'autobus et par le métro – si vous descendez à la station «La Part-Dieu» vous arriverez directement à l'intérieur du centre.

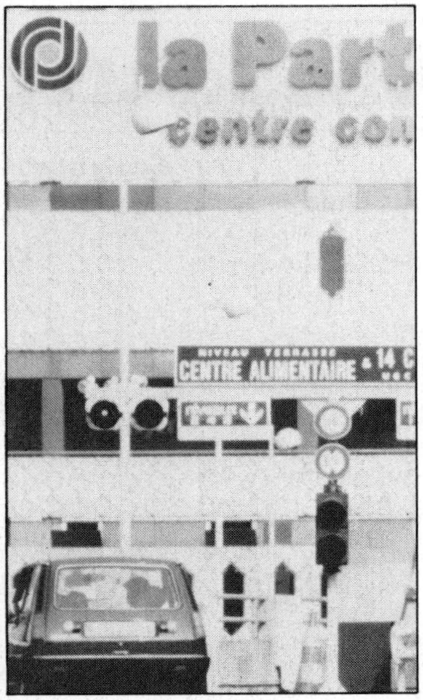

Pour les automobilistes il y a aussi un parking sur trois niveaux, avec de la place pour 4 300 voitures.

Quand vous arriverez au centre, vous trouverez environ 200 magasins ainsi que des banques, des agences de voyages, des salons de coiffure, des opticiens et, bien sûr, des cafés, des bars et des restaurants.

8·1 Le shopping

Il y a de grands magasins, comme les Galéries Lafayette et Jelmoli. Aux divers rayons de ces magasins vous pouvez acheter tout pour l'individu et la maison.

Dans le centre commercial vous verrez aussi de grands magasins que vous connaissez déjà, par exemple C & A et Marks & Spencer.

Il y a aussi de petites boutiques et des magasins spécialisés comme, par exemple, ce magasin de confiserie.

On vend naturellement toutes sortes d'alimentation. Chez le marchand de fruits et de légumes, vous pouvez acheter des produits de la région et d'ailleurs.

A la charcuterie vous trouverez du jambon, du pâté, des quiches, des pizzas et de petits plats tout préparés qui sont parfaits pour les repas vite faits.

Et si après avoir visité tous les magasins, vous avez besoin d'argent ... aucun problème. A la Part-Dieu, il y a deux banques et un bureau de change!

la Part-Dieu

..renseignements pratiques

des informations précises
Pour tout savoir sur le centre commercial, rendez-vous à la Part-Dieu Information (*niveau 2*).

heures d'ouverture
Le centre commercial est ouvert sans interruption du lundi au samedi 10 heures – 20 heures.
Le vendredi soir, nocturne jusqu'à 22 heures.

garez-vous tranquillement
4 300 places dans le parking couvert qui communique directement avec le centre.
Tarif: 4F de l'heure.

à La Part-Dieu nous avons pensé aux handicapés
A l'extérieur du centre, des plans inclinés vous permettront d'accéder facilement au centre commercial.
Pour circuler dans le centre, empruntez les ascenseurs des grands magasins.

des boîtes aux lettres
Au niveau 2, à côté de la porte de l'Esplanade, vous trouverez des boîtes aux lettres.

des toilettes publiques
- au niveau 2, près de l'entrée des parkings.
- au niveau sous-sol.
- dans les grands magasins et dans les restaurants.

pour appeler un taxi
Téléphonez ou allez directement aux stations de taxis:
- devant les Galéries Lafayette (*niveau 1*).
- rue des Cuirassiers devant Jelmoli (*niveau 1*).

question d'argent?
Vous trouverez deux banques: Crédit Lyonnais (*niveau 1*) Société Lyonnaise (*niveau 1*) et un bureau de change.

les restaurants et les bars de La Part-Dieu
Voilà une sélection des vingt restaurants et bars qui se trouvent au centre:
Baskin Robbins, glaces (*kiosque au niveau 1*)
Café de Lyon, restaurant, spécialités de Lyon (*niveau 1*)
Cafétéria Lafayette, self-service (*niveau 3*)
La Cour Centrale, crêperie, snack (*niveau 3*)
La Croissanterie (*niveau métro*)
Métro bar, bar, tabac (*niveau métro*)
Le Petit Bourg, self-service (*niveau 2*)
La Pizzeria, restaurant (*niveau 2*)

les grands magasins
BHV, bricolage, décoration, jardin (*niveau 3*)
C & A (*niveaux 1 et 2*)
Galéries Lafayette (*niveaux 1, 2, 3*)
Jelmoli (*niveaux 1, 2, 3*)
Marks & Spencer (*niveau 2*)

pour vous simplifier la vie
Environ 200 magasins: des magasins de mode, des magasins de chaussures, des librairies, des papeteries, des bijouteries, des magasins de jouets, des parfumeries, des bureaux de tabac, des épiceries, des confiseries, des boulangeries, des agences de voyages, des salons de coiffure.
En plus, deux opticiens (*niveaux 1 et 3*), une pharmacie (*niveau* 1), un poste de police (*niveau métro*).
Sans oublier les 14 salles de cinéma (*niveaux 2 et 4*), l'école de danse (*niveau métro*), l'école de musique (*niveau métro*), et le bowling (*niveau 4*).
Vous trouverez des téléphones publics sur tous les niveaux.

pour votre confort
Les trois niveaux de la Part-Dieu sont desservis par des escalators, vous y circulerez sans fatigue.
La Part-Dieu est climatisée, il y fait toujours bon, qu'il fasse trop chaud ou trop froid dehors.

A

Imagine that you are working at the information stand on level 2 at the Part-Dieu. You will need to consult your information sheet in order to help these English-speaking visitors.

1 'Do the shops close at lunch-time?'
2 'Are there any lifts for people in wheelchairs?'
3 'Is there a car-park nearby and how much does it cost approximately?'
4 'Are there any public toilets in the centre?'
5 'Is there a letter-box anywhere?'
6 'How can I get a taxi?'
7 'I need to change some money. Is there a bank or a foreign-exchange office here?'
8 'Is there anywhere to eat?'
9 'Are there any department stores in the centre?'
10 'Is there a chemist's here?'

B

This time, you're acting as interpreter for your family. This is what your family wants to know. Ask appropriate questions in French.

1 'Where can we park the car?'
2 'Until what time is the centre open?'
3 'Where is Marks & Spencer's?'
4 'Are there any self-service restaurants in the centre?'
5 'Is there a bank here and if so, on what level?'
6 'Is there a telephone anywhere?'
7 'Where can we buy stamps?'
8 'Is there a letter-box nearby?'
9 'Is there a baker's?'
10 'Is there anywhere we can buy an ice cream?'

C

Now work in pairs. One of you asks a question in French and the other person has to answer it.

If your partner asks a question that cannot be answered from the information sheet, just say *Désolé(e), je ne sais pas.*

Pour faire du shopping vocabulaire et phrases utiles

Les magasins spécialistes

une alimentation générale	*general food shop, grocer's*
une bijouterie	*jeweller's*
la boucherie	*butcher's*
la boucherie chevaline	*butcher's selling horse meat*
la boulangerie	*baker's*
le bureau de tabac	*tobacconist's*
la charcuterie	*pork butcher's*
la confiserie	*sweet shop*
la crémerie	*dairy*
la droguerie	*general household shop*
l' épicerie (f)	*grocer's*
la librairie	*bookshop*
le magasin de bijoux	*jeweller's*
le magasin de cadeaux	*gift shop*
le magasin de chaussures	*shoe shop*
le magasin de jouets	*toy shop*
le magasin de souvenirs	*souvenir shop*
le magasin de sports	*sports shop*
la maison de la presse	*newsagent's*
la papeterie	*stationer's*
la parfumerie	*perfume shop*
la pâtisserie	*cake shop*
la pharmacie	*chemist's*
la poissonnerie	*fishmonger's*
la quincaillerie	*ironmonger's*
un traiteur	*caterer, delicatessen*

chez. . .	*at. . .*
le boucher	*the butcher's*
le boulanger	*the baker's*
le charcutier	*the pork butcher's*
l' épicier	*the grocer's*
le fleuriste	*the florist's*
le bijoutier	*the jeweller's*
le marchand de fruits/légumes	*the greengrocer's*
le marchand de vin	*the off-licence*
le pâtissier	*the confectioner's*
le pharmacien	*the chemist's*
le photographe	*the photographer's*

Les grandes surfaces

un grand magasin	*department store*
un hypermarché	*hypermarket*
un supermarché	*supermarket*
le rayon d'alimentation	*food department*
le rayon des disques	*record department*
le rayon des jouets	*toy department*
l' ascenseur (m)	*lift*
l' escalier (roulant) (m)	*stairs (escalator)*
un chariot	*supermarket trolley*
confection (dames, enfants, hommes)	*clothing (for women, children, men)*

Vocabulaire général

une boutique	*small shop*
une cabine d'essayage	*changing room*
la caisse	*cash desk, check-out*
un(e) client(e)	*customer*
un(e) commerçant(e)	*shopkeeper*
l' entrée (f)	*entrance*
entrée libre	*no obligation to buy*
fermé	*closed*
les heures d'ouverture (f.pl.)	*opening hours*
un kiosque	*kiosk*
un libre-service	*self-service shop*
un magasin	*shop*
le marché	*market*
ouvert	*open*
le prix	*price*
en promotion	*on special offer*
les soldes (f.pl.)	*sale bargains*
la sortie	*exit*
le vendeur (la vendeuse)	*sales assistant*
la vente (de)	*sale (of)*
la vitrine	*shop window*

Phrases utiles

Je voudrais ...	*I'd like ...*
Donnez-moi ...	*Give me ...*
Avez-vous ...?	*Do you have ...?*
... s'il vous plaît?	*... please?*
Avez-vous d'autres ...?	*Have you any other ...?*
Avez-vous quelque chose de moins cher?	*Have you anything less expensive?*
Je cherche quelque chose pour ...	*I'm looking for something for ...*
On peut regarder?	*Can we have a look round?*
Est-ce que je peux l'essayer?	*Can I try it on?*
Est-ce que je peux l'écouter?	*Can I listen to it?*
Qu'est-ce que vous avez comme ...?	*What sort of ... do you have?*
C'est combien?	*How much is it?*
Je le/la/les prends.	*I'll take it/them.*
C'est tout.	*That's all.*
Pouvez-vous me faire un paquet-cadeau?	*Can you gift-wrap it for me?*
C'est pour offrir.	*It's for a present.*
C'est quelle taille?	*What size is it? (clothing)*
C'est quelle pointure?	*What size is it? (shoes)*
Est-ce que vous avez ce chemisier dans ma taille?	*Do you have this blouse in my size?*
Est-ce que vous avez ces chaussures en 38?	*Do you have these shoes in a 38?*

faire [les achats / les commissions / les courses / les emplettes / du shopping] *to shop*

Où faut-il aller?

Voici une liste d'articles que vous voulez acheter. Malheureusement, il n'y a ni un supermarché ni un grand magasin dans le village où vous êtes, mais il y a beaucoup de petits magasins. Où faut-il aller pour acheter chaque article?

Exemple:

1 Pour acheter des allumettes, il faut aller au bureau de tabac.

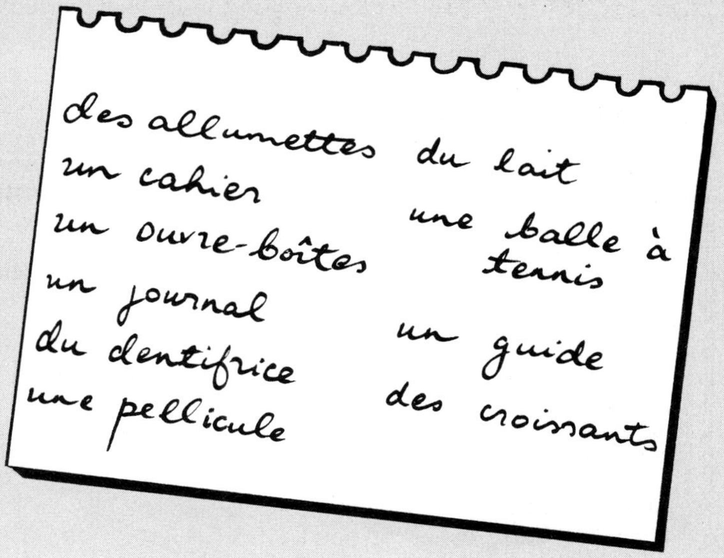

A vous, maintenant Vous faites des achats

1 Buying a souvenir

You are in a department store.

– Vous désirez, Monsieur/Mademoiselle?
Say you'd like a small souvenir of Nice.
– C'est pour un enfant?
Answer: "No." Say it's for your parents.
– Vous voulez payer combien?
When asked how much you want to pay, say: "Not more than 30 francs".
– Vous aimez ce joli cendrier?
When offered an ash-tray, say your parents don't smoke.
– Bon, alors, ce petit vase vous plaît?
Say: "It's very nice." Ask how much it is.
– C'est vingt-huit francs.

EAEB 1983

2 Buying perfume

Vous achetez un cadeau pour votre mère dans un grand magasin en France.

– Oui, Monsieur/Mademoiselle, est-ce que je peux vous aider?
Say that you'd like to buy a bottle of perfume.
– Oui, Monsieur/Mademoiselle, c'est pour qui, le parfum?
Explain that it's a present for your mother.
– Celui-ci à trente francs est très bon.
When shown a bottle, ask if they've anything cheaper.
– Oui, il y a celui-là à vingt francs: vous le prenez?

EAEB 1983

3 Buying shoes

– Qu'est-ce que vous désirez, Monsieur/Mademoiselle?
You say you want to buy a pair of shoes.
– Quelle sorte de chaussures voulez-vous?
You say you want to go walking in the mountains
– Vous aimez cette paire-ci?
You say that they're too dear, and you don't like the colour.
– Est-ce que cette paire vous convient?
You say you like that pair and ask how much they are.

NWREB 1983

4 Buying chocolates

Vous entrez dans une confiserie en France.

Ask how much the box of chocolates in the window is.
– Cinquante francs, Monsieur/Mademoiselle.
Ask if he/she has something less expensive.
– Oui, cette boîte coûte trente-cinq francs.
Say you'll take this one. It's a present for your mother.
– Certainement Monsieur/Mademoiselle.

NICSE 1983

5 Buying a sweater

You are a customer in a department store, the examiner is the shopkeeper/assistant.

(i) Say you've seen a blue sweater in the window.
(ii) Ask how much it is.
(iii) Ask if they have it in your size.
(iv) Ask if you can try it on.
(v) Thank him/her and say you'll take it.

SWEB 1983

idées cadeaux...

à moins de 30 francs

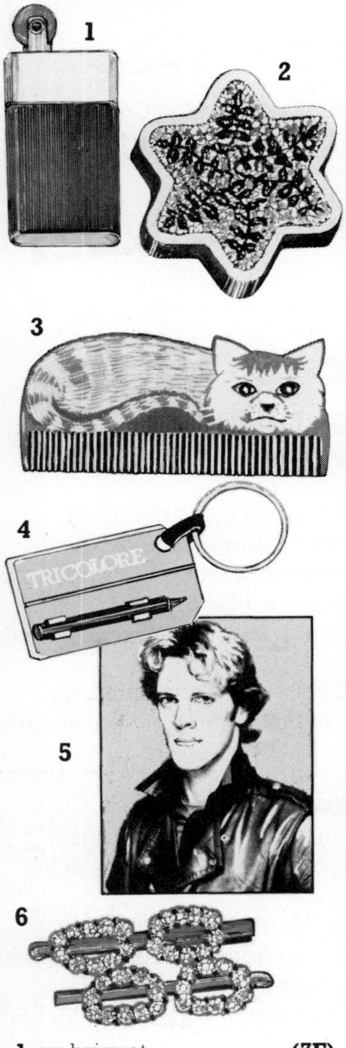

1 un briquet **(7F)**
2 une boîte en métal (en forme d'étoile) **(12F)**
3 un peigne fantaisie **(15F)**
4 un porte-clés «Tricolore» **(25F)**
5 un poster en couleurs **(16F)**
6 des barettes «lunettes» **(14F** la paire**)**

à moins de 50 francs

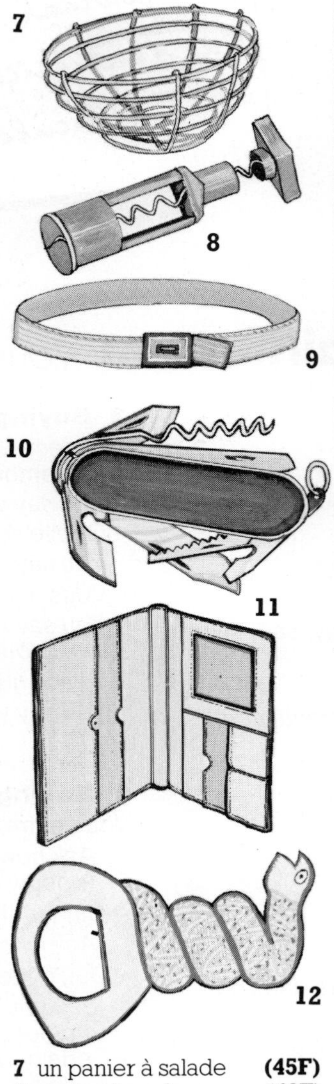

7 un panier à salade **(45F)**
8 un tire-bouchon **(48F)**
9 une ceinture en cuir **(49F)**
10 un canif **(39F)**
11 un portefeuille en plastique **(38F)**
12 un ouvre-bouteille fantaisie **(45F)**

à moins de 100 francs

13 un miroir de poche **(68F)**
14 un verre de cocktail «Memphis» **(57F)**
15 un flacon de parfum **(76F)**
16 un bracelet en spirale **(84F)**
17 une brosse à dents musicale **(80F** avec trois brosses interchangeables**)**
18 une trousse à crayons «chewing gum» (Ne se mange pas!) **(52F)**
19 une poupée en costume régional **(63F)**

Des cadeaux pour tout le monde

Henri et Marie Bonneval passent des vacances à Londres. Aujourd'hui, ils sont allés à Oxford Street pour acheter des cadeaux et des souvenirs pour leur famille et pour leurs amis. De retour à l'hôtel, ils parlent de leurs achats.

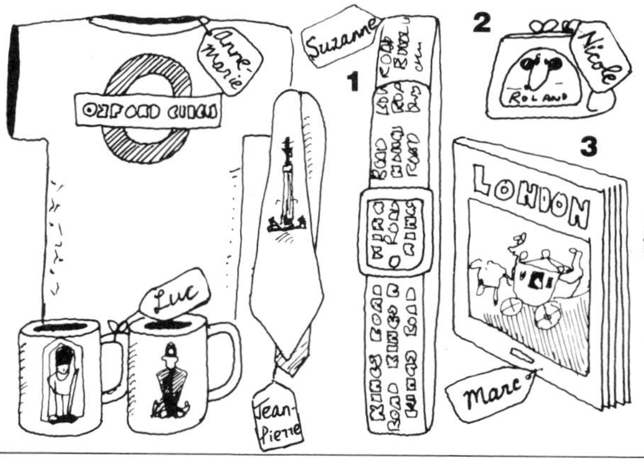

Henri: Bon, qu'est-ce qu'on va offrir à Anne-Marie?
Marie: On va lui offrir ce T-shirt du métro de Londres.
Henri: Et à Jean-Pierre?
Marie: On va lui offrir cette cravate.
Henri: Et à Luc?
Marie: Pour Luc, il y a ces grosses tasses à café.

Continuez leur conversation.

Grammaire 'This' and 'that'

Ce, cet, cette, ces

Ce, cet, cette and **ces** are used when you want to point out a particular thing or person:

masculine singular		*feminine singular*		*plural*
	before a vowel and a silent h		*before a vowel*	
ce chapeau	**cet** anorak **cet** hôtel	**cette** jupe	**cette** écharpe	**ces** chaussures

Ce, cet, cette can mean either 'this' or 'that'. **Ces** can mean either 'these' or 'those'. If you want to be more precise, you can add **-ci** to the noun for 'this' and **-là** for 'that':

Est-ce que tu préfères **ce** pull-**ci** ou **ce** pull-**là?**	*Do you prefer this pullover or that pullover?*
Je vais acheter **cette** robe**-là.**	*I'm going to buy that dress.*

Ceci *and* cela

If there is no noun, or if you want to refer to a general idea, the pronouns **ceci** meaning 'this' and **cela** (or **ça**) meaning 'that' can be used:

Ça, c'est une bonne idée.	*That's a good idea.*
Cela n'a pas d'importance.	*That's not important.*
Aïe! **Ça** me fait mal!	*Ouch! That hurts.*
Ce qui nous concerne est **ceci**: ...	*The thing that concerns us is this: ...*

Faites une liste

Maintenant, c'est à vous d'acheter des cadeaux. Choisissez cinq choses parmi les cadeaux illustrés à la page 86 et décidez à qui vous allez les offrir.

Exemple:

1 Je vais offrir ce panier à salade à ma mère.
2 Je vais offrir cette trousse à crayons à mon ami(e).

Now you can:
find your way around a department store and sort out all your shopping requirements.

8·2 A propos de l'argent

Attention à votre argent!

Que savez-vous?

1
Où est-ce qu'on donne le meilleur cours de change, normalement?
a) à la banque
b) au bureau de change
c) à l'hôtel

2
D'habitude les banques en France sont fermées
a) le dimanche et le mardi.
b) le samedi et le dimanche.
c) le vendredi et le samedi.

3
Le Crédit Lyonnais, le Crédit Agricole, la Société Générale sont tous
a) des sociétés d'assurances.
b) des associations agricoles.
c) des banques.

4
Pour une livre sterling on reçoit environ combien de francs?
a) 20 francs
b) 100 francs
c) 10 francs

5
Si vous voulez encaisser un chèque de voyage, on demande souvent à voir
a) votre portefeuille.
b) votre passeport.
c) votre argent français.

6
Quel franc vaut le plus?
a) le franc français
b) le franc suisse
c) le franc belge

7
Comment s'appellent les pièces qui ont une valeur inférieure à un franc?
a) des cents
b) des centimes
c) des ronds

8
Si on vous demande si vous avez de la monnaie, on veut savoir
a si vous avez des pièces.
b) si vous avez de l'argent français.
c) si vous avez des billets de banque.

9
Comment s'appelle la personne qu'on voit sur toutes les pièces françaises?
a) Jeanne d'Arc
b) Marianne
c) Marie-Antoinette

10
Si vous perdez vos chèques de voyage, vous devez avertir immédiatement
a) la police et votre banque en leur donnant les numéros des chèques perdus.
b) le consulat britannique en lui donnant les numéros des chèques perdus.
c) les services de garde en leur donnant les numéros des chèques perdus.

Read the passage carefully then choose, from the four suggested answers to each statement, the one that makes the best sense *according to the passage.*

Deux Touristes

Depuis quinze jours, les commerçants de la Charente-Maritime examinent très attentivement les billets de 100 francs, car on a passé beaucoup de faux billets dans les magasins de la région. Jeudi matin, les gendarmes ont arrêté un couple de singuliers «touristes» dont la principale occupation consistait à mettre en circulation de faux billets de 100 francs.

Pierre Durand, 26 ans, et sa femme, Nicole, se présentaient chez les commerçants, achetaient un article à bas prix (son coût n'excédait jamais 12 francs) et payaient avec un faux billet de 100 francs. Naturellement, le commerçant abusé leur remettait de la monnaie véritable. En un seul jour, ils ont visité soixante magasins.

Grâce à la vigilance de plusieurs commerçants de Saujon, et à leur coopération avec la gendarmerie, on a établi que le couple conduisait une Renault 14 rouge, immatriculée dans la Loire. Un message a été diffusé dans toutes les brigades du département et c'est ainsi qu'on a appréhendé le couple. Le véhicule en question a été remarqué près d'un camping de l'île de Ré, où les Durand s'étaient installés dans l'intention de se faire passer pour des vacanciers.

Mais l'affaire n'est pas terminée. Les gendarmes croient que les Durand font partie d'une bande de faussaires, car on passe de faux billets de 100 francs à Marseille. On a mis les commerçants de ces villes en garde contre les couples comme les Durand.

1

Les commerçants sont inquiets parce qu'ils

a) n'ont pas la monnaie de 100 francs.
b) reçoivent de faux billets.
c) n'ont pas beaucoup de billets.
d) doivent passer un examen.

2

Les gendarmes ont arrêté un couple qui

a) cherchait du travail.
b) arrêtait la circulation.
c) s'occupait des touristes.
d) fraudait les commerçants.

3

Les commerçants de Saujon ont aidé les gendarmes

a) en arrêtant le couple.
b) en coopérant avec les Durand.
c) en décrivant la voiture des Durand.
d) en diffusant un message.

4

Les gendarmes croient que les Durand

a) ont été arrêtés.
b) sont les chefs de la bande.
c) ont des complices.
d) habitent Lyon ou Marseille.

5

Les commerçants de Lyon et de Marseille doivent

a) être très vigilants.
b) garder la boutique.
c) accepter de faux billets.
d) reconnaître les Durand.

NEA Joint GCE O-level and CSE examination 1983

A propos de l'argent vocabulaire et phrases utiles

l' argent (m)	*money*
une banque	*bank*
un billet	*banknote*
un bureau de change	*foreign-exchange office*
la caisse	*cash desk*
changer	*to change*
un chèque	*cheque*
un chèque de voyage	*traveller's cheque*
le cours de change	*exchange rate*
la devise	*currency*
le franc (français, belge, suisse)	*(French, Belgian, Swiss) franc*
le guichet	*counter*
la livre sterling	*pound sterling*
la monnaie	*change*
une pièce	*coin*
une pièce d'identité	*form of identification*
signer	*to sign*
toucher un chèque	*to cash a cheque*

The following slang expressions are frequently used by young people when talking about money, or the lack of it!

Je suis fauché(e).	*I'm broke.*
Je n'ai pas d'sou.	*I haven't a penny.*
Je n'ai plus de fric.	*I haven't any more cash.*
T'as du fric, toi?	*Have you any cash?*
T'as pas cent balles?	*You haven't got 100 francs, have you?*

Pour changer de l'argent

Un touriste veut changer de l'argent. Il cherche une banque.

– Pardon, Madame, est-ce qu'il y a une banque près d'ici?
– Oui, Monsieur. Il y a le Crédit Agricole, rue de l'église. Allez tout droit jusqu'aux feux, puis prenez la rue à droite.
– Merci, Madame.
– Les banques ferment à quelle heure, s'il vous plaît?
– Oh! ... seize heures, seize heures trente.
– Bon, merci.

* * *

Le touriste entre dans la banque.
– Pour changer de l'argent, c'est à quel guichet, s'il vous plaît?
– Allez là-bas, Monsieur, au «Change».

* * *

– Je voudrais changer des chèques de voyage, s'il vous plaît.
– Oui. Vous avez votre passeport?
– Merci. Vous voulez signer vos chèques, s'il vous plaît.
– Bon. Voilà votre passeport. Cinquante livres sterling, ça fait 573,60 francs.
– Est-ce que vous pouvez me donner des pièces de 10 francs, s'il vous plaît?
– Oui, si vous voulez. Voilà.
– Merci, Madame.

1 The tourist asks for directions to a bank. At what point must he take the road on the right?
2 What question does he ask next?
3 How much money does he want to change?
4 What is he asked to do?
5 What does he ask the cashier to give him?

A vous, maintenant Vous changez de l'argent

1 At the bank

Vous êtes à la banque en France.

– Oui, Monsieur/Mademoiselle, vous voulez?
Check that you're at the right counter for changing money.
– Oui, Monsieur/Mademoiselle, c'est bien ici,
Say that you'd like to change a £25 traveller's cheque.
– Certainement, Monsieur/Mademoiselle. Votre passeport, s'il vous plaît. Voulez-vous signer ici. Merci, Monsieur/Mademoiselle.
Ask if they'll give you some small change in your money.
– Oui, Monsieur/Mademoiselle, il faut demander à la caisse. Vous voulez des pièces de dix francs, c'est ça?

EAEB 1983

2 Changing money

(i) Ask politely where you can change some money.
(ii) When told you can change it at that counter, say you want to change £20.
(iii) Say you have travellers' cheques.
(iv) Ask if you can have some 10 franc coins.
(v) Thank him/her and say good-bye.

SWEB 1983

3 Asking for change

You want some change for the telephone.
(i) Ask a passer-by if they have any 1 franc coins.
(ii) Ask another person if they have any 20 centime coins.
(iii) Ask someone else if they have a 5 franc coin for 5 × 1 franc coins.

Extraits de la presse

Lyon 3^e^

Une sacoche contenant 30 000 francs arrachée en pleine rue à un employé de banque

Pour la deuxième fois en une semaine la banque Morin-Pons a été victime de malfaiteurs. Hier après-midi, un coursier de cette banque a été victime d'un vol à l'arraché. Une opération qui s'est passée en quelques secondes.
Il était 16 h 35 quand l'employé qui effectuait un transfert de fonds était bousculé par un individu à la hauteur du nº 177 de la rue Garibaldi.
Agissant à visage découvert et sans arme, le gangster âgé d'environ 18 ans qui portait un blouson marron lui arrachait sa sacoche contenant 30 000 francs en espèces et quelques devises étrangères avant de sauter sur un vélomoteur conduit par un complice.

A

1. When did this robbery take place?
2. Where was the bank employee when he was robbed?
3. How much French money was stolen?
4. Was the thief armed?
5. What description is given of him?
6. How did he get away?

Bruxelles

Il a perdu sa montre et ... son temps!

Les auteurs d'un hold-up commis à Bruxelles ont été trahis par la montre-bracelet que l'un d'eux avait perdue au moment de l'attaque. Les deux hommes avaient attaqué une camionnette des chèques postaux en plein centre de Bruxelles lundi après-midi. Ils s'étaient emparés d'une mallette contenant 3 187 000 FB (480 000FF) et ils s'étaient enfuits. Mais l'un des agresseurs avait perdu sa montre en frappant le conducteur de la camionette. L'objet avait été acheté chez un bijoutier de Bruxelles, qui y avait mis son signe distinctif. La police a pris contact avec le bijoutier et, grâce au bon de garantie, ils ont pu retrouver le malfaiteur.
La police, selon des sources informées, ont également arrêté les complices et retrouvé le butin.

B

1. Where did this robbery take place?
2. What else happened at the time of the attack?
3. How were the police able to trace one of the men?
4. Did they arrest the other people involved?
5. Was the money recovered?

Sur la plage. – Alors qu'il se trouvait sur la plage, un touriste anglais, M. Robert Dockelay, policier, de passage à Nice, à été la victime du vol d'un poste transistor, de son passeport et d'une somme de 1.300 F.

Dans la voiture. – Dans sa voiture en stationnement, M. Gérard Huffin, de Paris, de passage à Nice, a été victime du vol de deux valises renfermant des vêtements et objets personnels.

A la tire. – Alors qu'elle se promenait, avenue Jean-Médecin, Mme Jeanne Brun, retraitée, demeurant 6, boulevard Dubouchage, a été délestée de son portefeuille contenant 1.200 F et divers papiers.

La même mésaventure est survenue à un touriste allemand M. Ekkebart Shott, avocat, de passage à Nice qui a constaté la disparition d'une sacoche renfermant divers papiers et une somme de 5.000 F.

C

What was stolen from each person?

1. M. Robert Dockelay
2. M. Gérard Huffin
3. Mme Jeanne Brun
4. M. Ekkebart Shott

Write a composition of 115-125 words telling the story represented in the series of pictures above. You may, if you wish, imagine that you are either the husband or his wife.

YHREB 1983

Now you can:
change money and ask for change, and understand newspaper reports about a theft or a robbery.

8·3 Lequel voulez-vous?

Chez le charcutier

Mlle Dupont: Bonjour, Monsieur.
Le charcutier: Bonjour, Mademoiselle Dupont. Vous allez bien?
Mlle Dupont: Pas mal, Monsieur, pas mal.
Le charcutier: Qu'y a-t-il pour votre service, ce matin?
Mlle Dupont: Du pâté, d'abord, 250 grammes de pâté, ce pâté que...
Le charcutier: Voyons 250 grammes de pâté maison, c'est ça, non?
Mlle Dupont: Non, pas de pâté maison ...
Le charcutier: Lequel alors?
Mlle Dupont: Avez-vous ce pâté Bonnefoie que j'ai vu à la télé?
Le charcutier: A la télé, à la télé! Vous n'allez pas me dire que vous croyez tout ce que vous voyez à la télé! Auguste, tu connais Mademoiselle Dupont, non? Tu peux deviner ce qu'elle m'a demandé comme pâté?
Auguste: Lequel alors?
Le charcutier: Le pâté Bonnefoie qu'elle a vu à la télé!
Auguste: (*Il rit aux éclats*) Mon Dieu, elle ne va pas nous dire qu'elle croit tout ce qu'elle voit à la télé? Du pâté Bonnefoie...
Mlle Dupont: Bon, bon. Ça va! Donnez-moi du pâté maison alors.
Le charcutier: Voilà, Mademoiselle. Du pâté maison. Et avec ça?
Mlle Dupont: De l'huile d'olive, s'il vous plaît. Une grosse bouteille.
Le charcutier: Laquelle, Mademoiselle? Vous n'avez pas vu ça à la télé, je suppose! (*Il rit encore*)
Mlle Dupont: Non. Mais j'ai une amie qui me recommande une marque d'huile d'olive qui s'appelle Lasieuse. Elle s'en sert tout le temps.
Le charcutier: Elle est très riche, votre amie?
Mlle Dupont: Non, pas tellement, elle est...
Le charcutier: Vous savez le prix de l'huile d'olive Lasieuse, Mademoiselle?
Mlle Dupont: Non, je...
Le charcutier: Auguste, tu sais toi le prix de l'huile d'olive Lasieuse?
Auguste: (*De nouveau, il rit aux éclats*) L'huile Lasieuse? Elle a gagné à la loterie Nationale, Mademoiselle Dupont? L'huile Lasieuse, l'huile La...!
Mlle Dupont: Ça va, ça va! Ne recommencez pas. Donnez-moi n'importe quelle marque d'huile d'olive... mais qui ne coûte pas trop cher.
Le charcutier: Voilà, Mademoiselle. De l'huile d'olive, une grosse bouteille. Et avec ça, qu'est-ce que je vous donne?
Mlle Dupont: De la charcuterie, maintenant. Donnez-moi quatre ou cinq rondelles de deux ou trois saucissons différents.
Le charcutier: Très bien, Mademoiselle. Lesquels?
Mlle Dupont: Et bien, celui-là, peut-être et...
Le charcutier: Alors celui-là, Mademoiselle, est très fort, très assaisonné... très, très fort. Eh bien, si vous aimez le saucisson fort, très fort...
Mlle Dupont: Non, non pas trop fort. Celui-ci peut-être. Il est moins fort, celui-ci?
Le charcutier: En effet Mademoiselle. Celui-ci est beaucoup, beaucoup, moins fort. A vrai dire, il est plutôt fade. Ce saucisson n'a presque pas de goût.
Mlle Dupont: Pas celui-ci, alors. Dites-moi, lesquels me recommandez-vous finalement? Je voudrais deux ou trois saucissons différents.
Le charcutier: Alors, prenez celui-ci, et ces deux là-bas. Je vous coupe combien de rondelles de chacun?
Mlle Dupont: Mais ceux-là sont les plus chers!
Le charcutier: Mais de la meilleure qualité Mademoiselle. De la meilleure qualité? Auguste! Viens-ici! Mademoiselle Dupont veut des saucissons de la meilleure qualité. Lesquels choisis-tu pour elle?
Auguste: Mais celui-ci et ceux-là, Monsieur. Ils sont de la meilleure qualité.
Mlle Dupont: Oui, oui. je comprends. Alors quatre rondelles de chacun. Et puis c'est tout!
Le charcutier: Voilà, Mademoiselle. Et c'est vraiment tout? Vous ne voulez pas goûter à nos spécialités?
Mlle Dupont: Vos spécialités, mais lesquelles?
Le charcutier: Eh bien les tomates farcies aux herbes, la salade provençale, les pizzas à la mode de...
Mlle Dupont: Non, non, merci. Je suis sûre que tout est délicieux, mais pour aujourd'hui, merci, j'en ai eu assez. Voilà votre argent, Monsieur. Et ... adieu!

Grammaire Lequel?

Notice how it is often necessary to ask someone to be more specific, when there is more than one variety of a particular item. In order to ask 'which one?' you use one of the following, depending on whether the item is masculine, feminine, singular or plural:

masculine singular	*feminine singular*	*masculine plural*	*feminine plural*
lequel	**laquelle**	**lesquels**	**lesquelles**

Notice that the different forms of **lequel** are very similar to **quel** (meaning 'which' or 'what'):

quel	**quelle**	**quels**	**quelles**

Vous aidez au magasin

Ces clients veulent essayer, voir ou acheter des articles, mais lesquels?

Exemple: 1 Lesquelles?

1 «Je voudrais essayer ces chaussures.»
2 «Est-ce que je peux voir ce sac en cuir?»
3 «Je voudrais acheter ce livre-là.»
4 «Est-ce que je peux voir la jupe dans la vitrine?»
5 «C'est combien le canif, s'il vous plaît?»
6 «Je voudrais essayer un manteau.»
7 «Avez-vous le nouveau disque de *Téléphone*?»
8 «Est-ce que je peux essayer les gants là-bas?»
9 «Est-ce que je peux voir le vase, s'il vous plaît?»
10 «C'est combien la poupée, s'il vous plaît?»

Lequel prennent-ils?

Écoutez les conversations. Chaque fois, les clients doivent faire un choix entre deux articles. Lesquels choisissent-ils?

Exemple: 1 Il prend celuï en noir et blanc.

1

a) **b)**

2
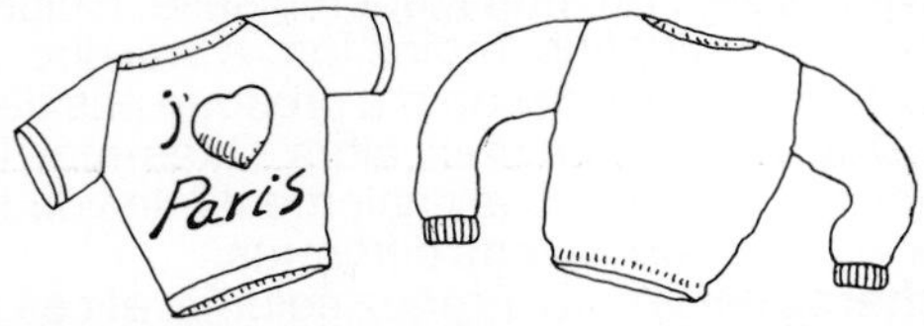

a) **b)**

3

a) **b)**

4

a) **b)**

5

a) **b)**

6

a) **b)**

7
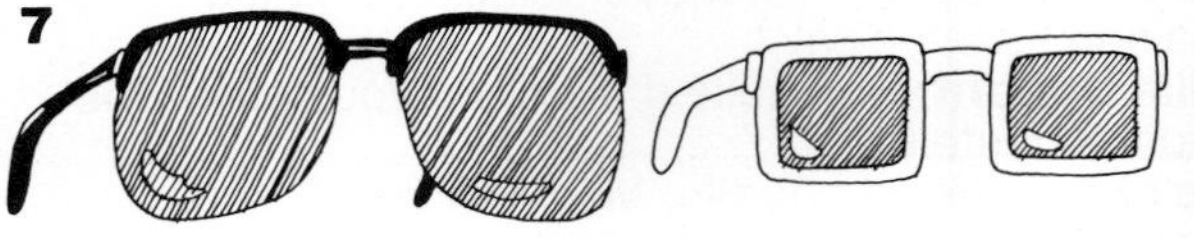
a) **b)**

8
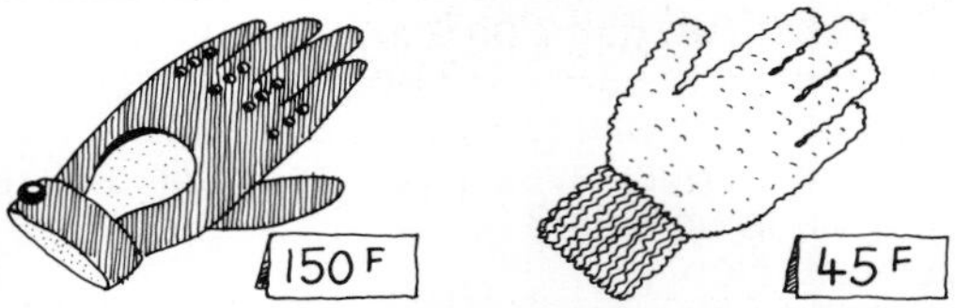

a) **b)**

9

a) **b)**

10
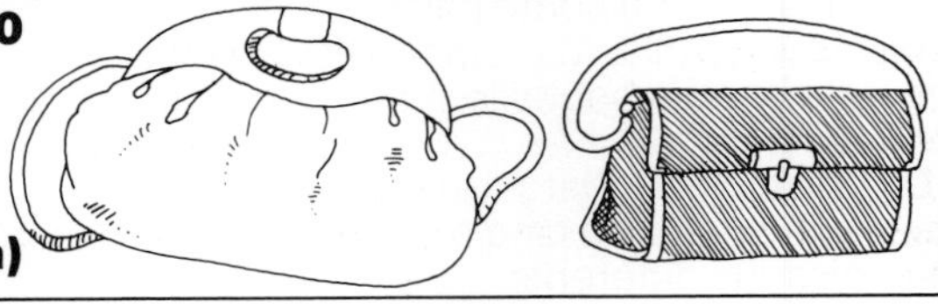
a) **b)**

On fait du lèche-vitrines

1

– Regarde Françoise, c'est cet anorak-là que j'aime. Il est très joli, tu trouves pas?
– Celui en marron? Oui, il est pas mal, Anne. Mais moi, je préfère celui-ci en bleu à 450 francs.
– Oui, il est beau aussi. Mais à 450 francs, c'est plutôt cher.
– Peut-être. Regarde la veste noire. Elle est très chic, n'est-ce pas?
– Celle au fond du magasin à 600 francs?
– Oui, celle-là, je l'aime bien.

2

– Regarde les T-shirts. Ils ne sont pas chers à 30 francs.
– Ceux-là en vert et blanc?
– Oui, ils sont pas mal, n'est-ce pas?
– Hum, je ne les aime pas tellement. Je préfère ceux-là à 60 francs.
– Oui, mais à 60 francs, je trouve que c'est cher pour un T-shirt.

3

– Tu aimes ces chaussettes rayées? Elles sont amusantes, non?
– Lesquelles?
– Celles-là en vert et orange.
– Oui, elles sont chouette. Mais, je préfère celles-là en bleu, blanc et rouge.
– Ah oui, elles sont jolies!

De quoi parle-t-on?

Exemple: 1 On parle d'un anorak.

1 «Celui en marron.»
2 «Celle au fond du magasin à 600 francs.»
3 «Ceux-là en vert et blanc.»
4 «Je préfère ceux-là à 60 francs.»
5 «Celles-là en vert et orange.»
6 «Celles-là en bleu, blanc et rouge.»

Grammaire Celui, celle, ceux, celles

When 'this' or 'that' is not followed by a noun, use **celui**, **celle**, **ceux** or **celles**. To distinguish between 'this one' and 'that one' add -**ci** or -**là**:

masculine singular	*feminine singular*	*masculine plural*	*feminine plural*
celui-ci *this one*	**celle-ci** *this one*	**ceux-ci** *these*	**celles-ci** *these*
celui-là *that one*	**celle-là** *that one*	**ceux-là** *those*	**celles-là** *those*

Nous avons deux appartements à louer.	*We've two flats to rent.*
Celui-ci se trouve au centre-ville.	*This one's in the town centre.*
Celui-là se trouve dans la banlieue.	*That one's in the suburbs.*

Celui, **celle**, **ceux** and **celles** can also be used in a sentence to save repeating a noun and to give the meaning of 'the one' or 'the ones':

– Tu connais ce disque?	– *Do you know this record?*
– Oui, c'est **celui** que nous avons écouté chez Marc, n'est-ce pas?	– *Yes, it's the one we heard at Marc's, isn't it?*
– C'est ta voiture, ça?	– *Is it your car?*
– Non, c'est **celle** de mon père.	– *No, it's my father's.*
– Ce sont tes nouvelles chaussures?	– *Are these your new shoes?*
– Oui, ce sont **celles** que j'ai achetées ce matin.	– *Yes, they're the ones I bought this morning.*

Un homme bien habillé

Robert Legrand aime les choses de bonne qualité.

Il aime les vêtements en laine ou en coton, plutôt qu'en acrylique ou en nylon.

Il aime les chaussures et les articles en cuir, plutôt qu'en vinyle.

Et il aime les couleurs sombres, plutôt que les couleurs vives.

Décidez chaque fois, lequel des deux articles il va choisir.

Exemple: **1** Il va choisir celui en laine.

1 «Voilà deux pulls, Monsieur. Celui-ci est en pure laine et de très bonne qualité et celui-là est en acrylique et un peu moins cher.»
2 «Vous cherchez un maillot de bain. En bien, dans ce modèle-là, nous avons celui-ci en rouge ou celui-là en bleu marine.»
3 «Comme chaussettes, il y a celles-ci en nylon et celles-là en laine.»
4 «Vous cherchez une chemise? Eh bien, en votre taille, nous avons celle-ci en nylon ou celle-là en coton.»
5 «Pour les pantalons, il y a ce modèle-là qui est de très bonne qualité et qui coûte 600 francs ou celui-ci à 450 francs.»
6 «Vous voulez une ceinture? Eh bien, nous avons celle-ci en vinyle ou celle-là en cuir.»
7 «Pour les cravates, Monsieur, nous avons celles-ci en soie ou celles-là en polyester.»
8 «Et comme chaussures, il y a celles-ci en cuir ou celles-là en vinyle.»

Celui ou celle, ceux ou celles?

Remplacez les mots entre parenthèses par des pronoms.

1
Vous cherchez une carte de la région?
Eh bien nous avons (**cette carte-ci**) de la région ou (**cette carte-là**) du département seulement.

2
Est-ce que tu préfères ce livre-ci sur le rugby ou (**ce livre-là**)?

3
J'aime bien ces cartes postales. (**Cette carte postale-ci**) est très amusante, et (**cette carte postale-là**) est très jolie.

4
– Je cherche un poster de Paris.
– Eh bien, il y a un grand choix. Il y a, par exemple, (**ce poster-ci**) de la Tour Eiffel, (**ce poster-là**) de Notre-Dame, ou bien (**ce poster-ci**) de Montmartre. Lequel préférez-vous?

5
– Tu aimes les chaussures là-bas?
– Lesquelles? (**Les chaussures**) avec des lacets ou (**les chaussures**) avec de hauts talons.

6
– Quelle robe vas-tu porter ce soir?
– Je ne sais pas encore. Ou bien (**cette robe-ci**) ou bien (**cette robe-là**).

7
– J'ai mal au ventre. Avez-vous des comprimés contre ça?
– Oui, il y a (**ces comprimés-ci**) qui sont très efficaces ou (**ces comprimés-là**).

8
– Quel jean préfères-tu? (**Le jean**) en velours ou (**le jean**) en coton?
– Moi, je préfère (**le jean**) en coton. C'est mieux pour l'été.

GALERIES LAFAYETTE

recherchent
POUR SAISON ÉTÉ
VENDEURS
VENDEUSES
HORAIRES DE TRAVAIL
9h45 – 14h15 repos lundi
Se présenter 25, r.de
la Chaussée-d'Antin,
Paris-9e

Vendeur/vendeuse – un métier pour vous?

Vous avez vu cette petite annonce dans le journal et vous voulez vous présenter pour l'emploi. Mais saurez-vous quoi dire, si vous devenez vendeur/vendeuse?

1
– Bonjour, je cherche un livre sur la Dordogne.
You've got one book in colour and one in black and white.
– C'est combien, celui en couleurs?
It costs 85 francs, the one in black and white is cheaper at 48 francs.
– Avez-vous quelque chose d'autre?
Say you're sorry, that's all you've got.

2

– Est-ce que je peux essayer ces lunettes de soleil?
Say yes, of course.
– Non, elles sont trop grandes.
Suggest she tries these which are smaller.
– Oui, ça va mieux.
Tell her they suit her.
– Elles sont à combien?
Those are 10 francs.
– Bon, je les prends.

3

– Je cherche une cravate pour mon père. Qu'est-ce que vous avez?
You've got some very nice ties in silk. Point out that they're of good quality.
– Oui, elles sont à combien?
They cost 150 francs each.
– Ah non. Ça c'est trop cher. Qu'est-ce que vous avez d'autre?
Show the customer some other ties which are cheaper at 100 francs.
– Non, c'est toujours trop cher. Vous n'avez rien à 60, 70 francs?
Say you're sorry, you haven't anything in that price range.

4

Greet the customer and ask her what she wants.
– Je voudrais un porte-monnaie.
Ask her if she wants to see purses in leather or in plastic.
– Les deux, s'il vous plaît.
Show her two purses in leather and one in plastic, explaining that the one in plastic is the cheapest. Ask her which she prefers.
– Je préfère ces deux en cuir. Ils sont à combien?
Explain that the black one is 180 francs and the other 200 francs.
– J'aime le modèle de celui-là. Est-ce que vous l'avez en d'autres couleurs?
You've got that one in brown and navy blue as well.
– Bon, alors je prends celui-là en marron, s'il vous plaît.
Say that'll be 180 francs. Say goodbye and thank you.

5

– Avez-vous des sweat-shirts, s'il vous plaît.
Say that you have none left, but that you've got a good selection of T-shirts.
– Oui, mais je voulais plutôt un sweat-shirt.
Persuade your customer to look at the T-shirts. Say that they're of very good quality.
– Vous en avez en rouge?
Say you've got some in every colour.
– Bon, je voudrais voir un T-shirt rouge en taille moyenne, s'il vous plaît.
Show him one, then ask if he wants to try it on.
– Oui, d'accord.
He tries it on, tell him that it fits very well.
– C'est combien?
Say that that one is 150 francs.
– C'est un peu cher ça.
Explain that it's the best quality.
– Hum ... bon, je le prends.

Une interview

Choose the best answer to each of the questions on the recorded conversation. You will hear the conversation and the questions twice.

1
Qu'est-ce que Mademoiselle Leblanc cherche?

a) Un employé
b) La secrétaire.
c) Un emploi.
d) Le magasin.

2
Qu'est-ce qu'elle faisait à Paris?

a) Elle allait en classe.
b) Elle travaillait.
c) Elle était touriste.
d) Elle voyageait.

3
Pourquoi est-elle revenue chez ses parents?

a) Visiter sa mère à l'hôpital.
b) Chercher du travail intéressant.
c) Rester auprès de sa mère.
d) Chercher du travail bien payé.

4
Pourquoi veut-elle être vendeuse?
a) Elle a de l'expérience du travail.
b) Elle apprendra à taper.
c) Elle aime faire des achats.
d) Elle s'occupera des clients.

5
Pourquoi Mademoiselle Leblanc veut-elle travailler au rayon des vêtements?

a) Elle a déjà travaillé comme mannequin.
b) Elle trouve la mode intéressante.
c) Elle aime être bien habillée.
d) Elle a acheté beaucoup de vêtements.

6
Quand est-ce qu'elle va savoir si elle a réussi?

a) Dans quelques jours.
b) En fin de matinée.
c) Tout de suite après l'interview.
d) Le lendemain matin.

NEA Joint GCE O-level and CSE examination 1983

Now you can:
say which item you want when offered a choice and ask someone else to make their choices clearer.

L'histoire de Marks & Spencer

Les magasins de Marks & Spencer sont bien connus en Grande-Bretagne. Chaque semaine plus de quatorze millions de personnes achètent quelque chose chez Marks & Spencer. Mais le nom de Marks & Spencer est, bien sûr, connu en France aussi. On trouve des magasins à Paris, Lyon, Reims, Strasbourg et Lille. En effet, le magasin à Paris, qui se trouve Boulevard Haussman, vend plus par mètre carré que n'importe quel autre magasin en France.

Si vous regardez bien les étiquettes des marchandises, vous verrez que tout est marqué en anglais et en français et que tout porte le nom «St Michael». D'où vient ce nom et quelle est l'origine de cette société qui a tant de succès?

Tout commença il y a plus de cent ans à Leeds, dans le nord de l'Angleterre. Michael Marks, un Polonais, dût quitter son pays d'origine et il vint s'installer à Leeds. Pour gagner sa vie, il vendit de petites choses de tous les jours: du coton, des rubans, des jouets etc. dans les villages autour de Leeds. Son slogan: «Don't ask the price – it's a penny» fut une bonne solution pour quelqu'un qui parlait très peu d'anglais!

Bientôt, il avait gagné suffisamment d'argent pour ouvrir un étal au marché de Leeds. C'était en 1884. Deux ans plus tard, il se maria avec Hannah Cohen. Ils eurent cinq enfants, dont l'aîné, Simon, allait jouer un rôle important dans le développement de la société.

Les affaires marchaient bien et en 1894, Michael Marks avait ouvert d'autres étals dans le nord de l'Angleterre. Cette année-là, il décida de prendre comme partenaire Thomas Spencer, et d'ouvrir son premier magasin à Manchester.

En 1900, ils avaient ouvert douze magasins, y compris cinq à Londres.

Le «Penny Bazaar» à Leeds

En 1905, Tom Spencer mourut. Deux ans plus tard, Michael Marks mourut aussi. Son fils, Simon, avait déjà commencé à travailler dans l'entreprise.

En 1916, il devint PDG (Président-directeur général) et, avec son ami (et beau-frère), Israel Sieff, il établit la société telle qu'elle existe aujourd'hui. En 1926, on avait changé la gamme de marchandises. On avait éliminé quelques petits articles et on avait élargi la gamme de vêtements. Bien sûr, on ne pouvait plus tout acheter pour «a penny», mais rien ne coûtait plus de «five shillings».

Et, à cette époque, on avait décidé de demander aux fabricants de produire des marchandises qui seraient uniques à Marks & Spencer et qui porteraient le nom «St Michael». (Michael après le nom de Michael Marks).

La société s'agrandit. De plus en plus de magasins furent ouverts en Grande-Bretagne et, en 1972, le premier magasin à l'étranger fut ouvert. C'était à Brampton au Canada.

En 1930 on avait décidé de vendre de l'alimentation dans plusieurs magasins. Ce fut un grand succès. Aujourd'hui, on vend beaucoup de provisions: du fromage, des fruits et des légumes, du pain et de la pâtisserie, des plats cuisinés, des boissons et du vin, de la viande, de la volaille, et du poisson. En effet, Marks & Spencer est la plus grande poissonnerie en Grande-Bretagne et on vend un million de poulets chaque semaine.

Mais c'est toujours la vente des vêtements qui est la plus importante chez Marks & Spencer – vêtements qui sont vendus dans 264 magasins au Royaume-Uni, 61 magasins au Canada et 9 magasins en Europe (dont 5 ici en France).

Avez-vous bien compris?

1. How many branches of Marks & Spencer's are there in France?
2. What is said about the Paris store?
3. What nationality was Michael Marks?
4. What kind of things did Michael Marks first sell?
5. Where did he open his first market stall?
6. Why was it an especially good idea to sell everything at one price?
7. When did he go into partnership with Thomas Spencer?
8. What else did he decide to do that year?
9. What had he achieved by 1900?
10. Who became chairman of the company in 1916?
11. Are all Marks & Spencer's products actually made by their company?
12. Which was the first Marks & Spencer's store abroad?
13. What important new development took place in 1930?
14. How many stores are there today in the U.K. and overseas?

— Il m'a dit qu'il avait habité en Islande, mais je ne le croyais pas.

Grammaire The Pluperfect Tense

When is it used?

When you want to describe something that happened in the past, you could use the Perfect Tense or the Past Historic Tense. But if you want to describe something that had already happened *before* then, or *before* a fixed time, i.e. further back in the past, then you need to use the Pluperfect Tense.

In English, it is translated as '*had* earned', '*had* opened', '*had* started' etc.:

Bientôt, il **avait gagné** suffisamment d'argent pour ouvrir un étal au marché.	*Soon he had earned enough money to open a stall in the market.*
En 1900, ils **avaient ouvert** douze magasins.	*In 1900 they had opened twelve shops.*
Son fils, Simon, **avait** déjà **commencé** à travailler dans l'entreprise.	*His son, Simon, had already begun working for the business.*

Here are some more examples:

Il **était** déjà **parti** quand je suis arrivé.	*He had already left when I arrived.*
Elle m'**avait téléphoné** avant son arrivée à Paris.	*She had phoned me before she arrived in Paris.*
Je lui **avais dit** que ce n'était pas un bon film, mais elle est allée le voir quand même.	*I had told her that it wasn't a good film, but she went to see it all the same.*

How to form the Pluperfect Tense

This tense is formed in a similar way to the Perfect Tense. The only difference is that the auxiliary verb (*avoir* or *être*) is in the Imperfect Tense. The same rules about agreement of the past participle apply to both tenses:

dire		
j'	**avais**	**dit**
tu	**avais**	
il / elle / on	**avait**	
nous	**avions**	
vous	**aviez**	
ils / elles	**avaient**	

arriver		
j'	**étais**	**arrivé(e)**
tu	**étais**	**arrivé(e)**
il / elle / on	**était**	**arrivé(e)**
nous	**étions**	**arrivé(e)s**
vous	**étiez**	**arrivé(e)(s)**
ils / elles	**étaient**	**arrivé(e)s**

Une semaine dans la vie de Jacques Malchance

1

Dimanche, il est rentré à la maison à pied, parce que sa voiture était tombée en panne.

2

Lundi, il est arrivé en retard au bureau parce qu'il n'avait pas entendu son réveil.

3

Mardi, il a dû descendre de l'autobus parce qu'il avait oublié son argent à la maison.

4

Mercredi, il n'a pas mangé au restaurant comme prévu parce qu'il était arrivé trop tard.

5

Jeudi, il a attrapé un rhume parce qu'il était sorti sans manteau.

6

Vendredi, il est tombé en sortant d'un magasin, parce qu'il n'avait pas vu la marche.

7

Samedi, il a dû entrer dans son appartement par la fenêtre parce qu'il avait perdu sa clef.

Une semaine de Marie Malchance

Maintenant imaginez comment Marie Malchance a passé la semaine dernière. Elle, non plus, n'avait pas de chance!

1 Dimanche, elle (**tomber**) dans la rue parce qu'elle (**glisser**) sur une peau de banane.

2 Lundi, elle (**être trempée**) jusqu'aux os parce qu'elle (**oublier**) son parapluie.

3 Mardi, elle (**manquer**) le train parce qu'elle (**dormir**) trop tard.

4 Mercredi, elle (**ne pas pouvoir**) trouver son porte-monnaie parce qu'elle (**perdre**) ses lunettes.

5 Jeudi, elle (**ne pas pouvoir**) faire ses achats au supermarché parce qu'elle (**arriver**) trop tard.

6 Vendredi, elle (**ne pas voir**) le film à la télévision parce que la télévision (**tomber**) en panne.

7 Samedi, elle (**ne pas pouvoir**) finir son match de tennis parce qu'elle (**casser**) sa raquette.

Un séjour à Paris peu réussi

Pierre a voulu faire beaucoup de choses à Paris, mais malheureusement il n'a pas eu beaucoup de succès. Qu'est-ce qui est arrivé?

Exemple: 1 Il a téléphoné à sa cousine, mais elle était déjà sortie.

1 Il a téléphoné à sa cousine, mais elle ... déjà ... . (**sortir**)

2 Il n'a pas pu visiter le Louvre, parce qu'il y ... ... un mardi, alors que le musée était fermé. (**aller**)

3 Il n'a pas envoyé de cartes postales, parce qu'il ... ... d'acheter des timbres. (**oublier**)

4 Il n'est pas allé au cinéma, parce qu'il ... ... trop tard et le film ... déjà ... . (**arriver**, **commencer**)

5 Il n'est pas monté à la Tour Montparnasse parce qu'il n' ... pas ... assez d'argent avec lui. (**prendre**)

6 Son oncle ne lui a pas téléphoné parce qu'il n' ... pas ... sa lettre et il ne savait pas que Pierre était à Paris. (**recevoir**)

7 Il n'a pas pu sortir le dernier soir de son séjour parce qu'il ... ... malade pendant toute la journée. (**être**)

8 Enfin quand il est allé à la gare pour prendre le train pour rentrer chez lui, il a appris que tous les trains ... ... retardés à cause du mauvais temps. (**être**)

Les clients ont toujours raison

1

Une cliente veut changer un vêtement

– Bonjour, Madame. Vous désirez?
– Bonjour, Mademoiselle. J'ai acheté ce pull ce matin, mais j'ai changé d'avis au sujet de la couleur. Je préfère celui-ci en noir. Est-ce que je peux l'échanger?
– Attendez un moment, s'il vous plaît.

La vendeuse va parler au gérant du magasin.

– Monsieur Lefèvre, il y a une cliente dans le magasin qui veut échanger un pull pour le même dans une autre couleur.
– Quand est-ce qu'elle a acheté le pull?
– Elle a dit qu'elle l'avait acheté ce matin et qu'elle avait changé d'avis au sujet de la couleur.
– Est-ce qu'elle a gardé le reçu?
– Je ne sais pas.
– Eh bien, si elle a le reçu elle peut changer le pull, si non, elle ne peut pas.

2

Un client pas content

– Bonjour, Mademoiselle. J'ai acheté cette chemise la semaine dernière, mais quand je l'ai mise dans la machine à laver, elle s'est rétrécie. Pourtant j'ai bien suivi les instructions pour le lavage.
– Attendez un moment, s'il vous plaît, Monsieur.

– Monsieur Lefèvre. J'ai un client qui a dit qu'il avait mis cette chemise dans la machine à laver et qu'elle s'était rétrécie.
– Faites voir la chemise.
– Hum...oui, l'étiquette indique qu'on peut la laver à la machine. Bon, on va rendre la chemise au fabricant et rembourser le client.

3

Deux gants pas pareils

– Bonjour, Mademoiselle. J'ai acheté ces gants hier, mais quand je suis rentré à la maison, je me suis aperçu que les deux gants n'étaient pas de la même grandeur. Il y a un gant qui est plus grand que l'autre.
– Oui, en effet, les deux gants ne sont pas pareils. Attendez un moment, s'il vous plaît.

– Monsieur Lefèvre, un client a rendu ces gants parce qu'ils ne sont pas de la même grandeur.
– Faites voir. Oui, il a raison. Quand est-ce qu'il les a achetés?
– Il a dit qu'il les avait achetés hier, et que c'est en rentrant à la maison qu'il s'était aperçu que les deux gants n'étaient pas pareils.
– Bon. Demandez-lui s'il veut une nouvelle paire de gants ou s'il veut être remboursé.

Grammaire

Reported or indirect speech

Notice that the Pluperfect Tense is used to report what someone said when, in the original speech, the Perfect Tense is used. This is the same as in English.

«J'**ai acheté** ce pull ce matin...»
(*Perfect Tense*)

«La cliente a dit qu'elle **avait acheté** (*had bought*) le pull ce matin...»
(*Pluperfect Tense*)

«...mais j'**ai changé** d'avis au sujet de la couleur.»
(*Perfect Tense*)

«...mais qu'elle **avait changé** (*had changed*) d'avis au sujet de la couleur.»
(*Pluperfect Tense*)

«J'**ai acheté** cette chemise la semaine dernière.»
(*Perfect Tense*)

«Le client a dit qu'il **avait acheté** (*had bought*) cette chemise, la semaine dernière.»
(*Pluperfect Tense*)

«J'**ai mis** la chemise dans la machine à laver...»
(*Perfect Tense*)

«Il a dit qu'il **avait mis** (*had put*) la chemise dans la machine à laver...»
(*Pluperfect Tense*)

«...et la chemise s'**est rétrécie.**»
(*Perfect Tense*)

«...et que la chemise s'**était rétrécie** (*had shrunk*).»
(*Pluperfect Tense*)

– Mais... il m'a dit qu'il l'avait gagné dans une loterie.

Meurtre à l'auberge Roussel

L'auberge Roussel se trouve en pleine campagne. Ce n'est pas une grande auberge, il y a seulement quatre chambres, mais il y a un bon petit restaurant qui attire beaucoup de clients, surtout en été.

Vendredi dernier pourtant, il se passa des choses bizarres à l'auberge, tragiques même. Il y avait trois personnes qui logeaient à l'auberge: Madame de Fournier, Monsieur Delapaix et Mademoiselle Coulon. Or, cette nuit-là il faisait un temps affreux, il pleuvait sans cesse, le vent soufflait et il faisait très noir.

Vers onze heures, quelqu'un frappa à la porte. L'aubergiste ouvrit la porte et se trouva face à face avec un jeune homme d'une vingtaine d'années.
– Bonsoir, Monsieur. Avez-vous une chambre libre s'il vous plaît? Je me suis égaré et ma voiture ne marche pas bien.
– Oui, Monsieur. Il y a encore une chambre libre. Entrez.

Le jeune homme entra dans l'auberge et s'installa dans la chambre. Une demi-heure plus tard, il descendit au bar pour prendre un verre. Après avoir bu un whisky, il se coucha.

L'aubergiste rangea le bar et le restaurant, puis il se coucha, lui aussi.

Le lendemain matin, il se leva, comme d'habitude, à sept heures du matin. Mais quand il entra dans le couloir près des chambres, il poussa un cri effroyable. Madame de Fournier était là, morte, un couteau dans le dos.

Plus tard, l'inspecteur de police arriva à l'auberge et interrogea les trois clients. Voilà leurs témoignages:

Monsieur Delapaix

«Je me suis couché vers onze heures, comme d'habitude, mais je ne pouvais pas dormir. J'ai lu un peu, puis j'ai entendu quelqu 'un arriver à l'auberge. Plus tard, j'ai entendu des voix dans le couloir, celles d'un homme et d'une femme; puis je me suis endormi.»

Mlle Coulon

«J'avais passé une journée fatigante. J'avais fait une longue promenade à la campagne, alors je suis remontée à ma chambre, tout de suite après avoir dîné. Je me suis couchée à dix heures et demie. Avant, j'avais lu un peu. J'ai très bien dormi et je n'ai rien entendu pendant la nuit.»

Jacques Lenôtre
(le nouvel arrivé)

«J'avais passé une soirée épouvantable. J'étais en route pour Saint-Benoît-les-Deux-Églises mais j'ai dû me tromper de chemin. Vers onze heures, je me trouvais en pleine campagne et je n'avais aucune idée par où je devais passer. En plus, je n'avais plus beaucoup d'essence. Alors, quand j'ai vu l'auberge Roussel, j'ai décidé d'y passer la nuit. Heureusement, il y avait une chambre de libre. Je suis monté m'installer dans ma chambre, puis je suis redescendu prendre un verre au bar. J'ai vu Mlle Coulon dans le couloir, je lui ai dit «Bonsoir» et je l'ai invitée à boire quelque chose. Elle ne voulait pas, elle avait l'air inquiète. Alors, moi, j'ai pris un whisky avec l'aubergiste, puis je me suis couché»

En répondant à ces questions, faites un résumé des événements de la nuit pour l'inspecteur de police.

A Monsieur Delapaix

Exemple: 1 Il a dit qu'il s'était couché à onze heures.

1 À quelle heure s'est-il couché?
2 Qu'est-ce qu'il a fait ensuite?
3 Est-ce qu'il a entendu quelque chose dans le couloir?

B Mlle Coulon

Exemple: 1 Elle a dit qu'elle était remontée dans sa chambre.

1 Qu'est-ce qu'elle a fait après avoir dîné?
2 Est-ce qu'elle a donné une raison?
3 Quand s'est-elle couchée?
4 Est-ce qu'elle s'est endormie tout de suite?
5 Est-ce qu'elle a entendu quelque chose dans le couloir?

C Jacques Lenôtre

Exemple: 1 Il a dit qu'il était en route pour Saint-Benoît-les-Deux-Églises.

1 Où allait-il hier soir?
2 Pourquoi a-t-il décidé de descendre à l'auberge Roussel?
3 Qu'est-ce qu'il a fait après s'être installé dans sa chambre?
4 Est-ce qu'il a vu quelqu'un dans le couloir?
5 Combien de verres a-t-il bu?

D Qui est le principal suspect, à votre avis?

Now you can:
understand the Pluperfect Tense and use it to describe what *had been* done or said.

8·5 Objets perdus, objets trouvés

Le Bureau des Objets Trouvés, rue des Morillons, à Paris, s'occupe de tous les objets trouvés à Paris, sauf de ceux qui sont trouvés dans les trains et les gares de la SNCF. (La SNCF organise son propre service.) Alors si à Paris, quelqu'un trouve un objet perdu par exemple, dans la rue, dans un magasin, dans le métro ou dans un taxi, et qu'il le porte au commissariat de police le plus proche, l'objet sera envoyé au bureau des objets trouvés dans les 24 heures.

Les gens laissent énormément de choses dans le métro et dans les autobus, surtout des clés, des parapluies et des gants. (En 1981, on avait apporté presque 15 000 parapluies au bureau des objets trouvés!) Il y a aussi des objets bizarres, des fausses dents par exemple, et de grosses choses comme des vélos et des landaus.

Les objets importants et les vêtements ne sont pas gardés très longtemps, il n'y a pas assez de place. Ils sont gardés trois mois, au maximum. Les objets qui ont une valeur au-dessus de 50 francs, par exemple de l'argent, des montres, des bijoux etc. sont gardés le plus longtemps. On les garde trois ans, au maximum. Pendant un an, le propriétaire de l'objet perdu peut venir le réclamer. Mais, si personne ne vient au bout d'un an, celui qui a trouvé l'objet perdu peut venir le réclamer. Au bout de trois ans, les objets de valeur sont vendus.

Alors, si vous perdez quelque chose à Paris, il faut vous adresser directement au bureau des objets trouvés. Le bureau est ouvert du lundi au vendredi, à partir de 8h30 jusqu'à 17h ou plus tard. On vous demandera de remplir une fiche rose, en déclaration de perte, et de la remettre à l'un des guichets désignés. Si vous n'êtes plus à Paris, vous pouvez écrire au bureau en décrivant l'objet perdu (forme, couleur, contenu, détails caractéristiques et valeur approximative) et en expliquant quand et où vous l'avez perdu, si vous le savez. Si on a votre objet, on vous demandera une taxe de 12 francs avant de vous le rendre. (La taxe est plus élevée si l'objet a une valeur de plus de 500 francs).

Sur cent objets trouvés, trente sont rendus à leur propriétaire et trois seulement sont rendus à celui qui a trouvé l'objet. Les soixante-sept objets qui restent sont vendus, souvent à la vente aux enchères. L'argent des objets vendus va au gouvernement et ceux qui achètent ces objets sont souvent les marchands des marchés aux puces!

Avez-vous bien compris?

1 What *three* things are mentioned in the article as being frequently left behind in the *métro* or on a bus?
2 For how long are large items, such as bicycles or prams, kept at the lost property office in Paris?
3 What sort of items are kept for up to three years?
4 If you were to write to the lost property office, what details should you give about the missing item?
5 How much do you have to pay in order to reclaim something (if it's worth less than 500F)?
6 If the owner doesn't reclaim his property, can the person who found it claim it?
7 Out of 100 articles, how many are returned to their owners?
8 What happens to most of the articles handed in?

Pour décrire quelque chose vocabulaire et phrases utiles

Describing size and age

Comment est-il? Comment est-elle?	*What is it like?*
Il est gros/petit/étroit. Elle est grosse/petite/étroite.	*It's big/small/narrow.*
C'est long comme ça.	*It's that long.*
C'est haut comme ça.	*It's that high.*
L'objet est long de trois mètres.	*The object is three metres long.*
C'est tout neuf?	*Is it new?*
Il est (assez) neuf/vieux. Elle est (assez) neuve/vieille.	*It's (quite) new/old.*

Describing shape

C'est de quelle forme?	*What shape is it?*
carré(e)	*square*
rond(e)	*round*
en forme de carreau	*diamond-shaped*
en forme de tube	*tube-shaped*

Describing material

C'est en quelle matière?	*What's it made of?*
en argent	*silver*
en bois	*wood*
en coton	*cotton*
en cuir	*leather*
en laine	*wool*
en métal	*metal*
en nylon	*nylon*
en or	*gold*
en plastique	*plastic*
en soie	*silk*
en vinyle	*vinyl*

Describing colour

C'est de quelle couleur?	*What colour is it?*
blanc	*white*
bleu (marine)	*(navy) blue*
bleu (claire)	*(light) blue*
jaune	*yellow*
noir	*black*
orange	*orange*
rose	*pink*
rouge	*red*
vert (foncé)	*(dark) green*
de couleur argent	*silver-coloured*
doré	*golden*

Jeu des définitions

Identifiez les choses décrites, puis écrivez d'autres définitions pour les objets non pas décrits.

1 Il est petit et il est carré. Il est en cuir et il y a souvent de l'argent dedans.
2 Il n'est ni grand ni petit. Il est carré et il est en coton. Il est blanc.
3 Elle est longue et étroite et elle est en cuir.
4 Ça peut avoir plusieurs formes, mais celui-ci est en forme de tube. Il est assez grand et il est en nylon.
5 Ils peuvent être en cuir, en vinyle ou en laine, mais ceux-ci sont en laine. Ils sont noirs.
6 Elle est en or avec des perles. C'est un objet de grande valeur.

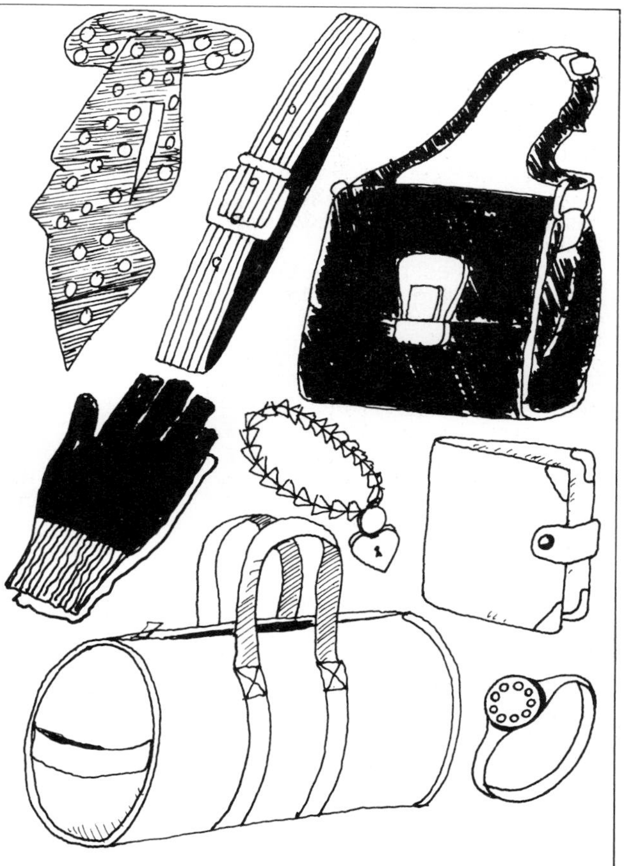

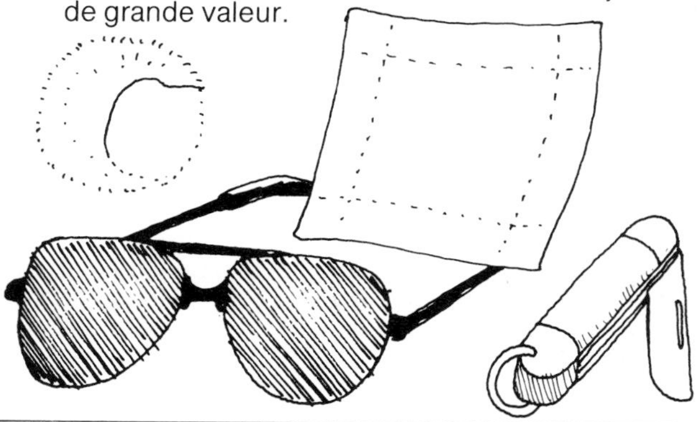

Perdu ou volé?

Dans un grand magasin

Anne White, une touriste anglaise, fait des achats avec une amie française, Jeanne Nicolau.

Anne: Oh ... où est mon sac à main?
Jeanne: Mais tu l'avais, il y a un moment.
Anne: Oui, je l'ai posé par terre et il n'y est plus.
Jeanne: Tu as bien regardé? Où l'as-tu mis exactement?
Anne: Près de la glace, mais il n'y est plus. Mon Dieu, qu'est-ce qu'on va faire? Il y avait tout dedans: mon passeport, mon argent, toutes mes affaires personnelles.
Jeanne: Ne t'en fais pas. On va demander d'abord aux «Renseignements» puis on ira au commissariat de police.

Aux «Renseignements»

Employée: Oui, Mademoiselle.
Anne: J'ai perdu un sac à main dans le magasin.
Employée: Où ça?
Anne: Au rayon des vêtements. Je l'avais posé par terre pendant que j'essayais un manteau, et il a disparu.
Employée: Je suis désolée. Personne ne nous a rendu de sac, ce matin. Ça s'est passé quand?
Anne: Il y a dix minutes.
Employée: Et il est comment votre sac?
Anne: C'est un grand sac bleu marine en vinyle.
Employée: Et il y avait beaucoup d'argent dedans?
Anne: Environ 200 francs. Mais il y avait toutes mes affaires dedans, mon passeport, mes chèques de voyage ...
Employée: Il a probablement été volé. Il faut faire très attention. De toute façon, il faut aller au commissariat de police pour faire une déclaration de perte. Il se trouve à dix minutes d'ici. En sortant du magasin, prenez à gauche et continuez jusqu'aux feux. Le commissariat de police se trouve au coin de la rue.
Anne: Merci, Madame.

Au commissariat de police

Jeanne et Anne ont expliqué ce qui s'est passé à un agent de police.

Agent: Bon, il faut remplir cette déclaration de perte. Comme ça, nous aurons tous les détails nécessaires.
Anne: Pensez-vous qu'on retrouvera mon sac à main?
Agent: C'est possible. Quelquefois quand quelqu'un a volé un sac, il sort l'argent et tout ce qu'il y a de valeur, puis il rejette le sac dans la rue.
Anne: Voilà, j'ai rempli la fiche.
Agent: Bon, merci. Maintenant il faut contacter le consulat britannique pour le passeport et la banque pour les chèques de voyage.
Anne: Oui, d'accord. Où se trouve le consulat britannique, s'il vous plaît?
Agent: C'est au 19, rue Gambetta. Vous pouvez y aller en autobus. Le numéro 7 y va.
Anne: Bon, merci Monsieur et au revoir.
Agent: Au revoir, Mesdemoiselles.

Find the French

1 ... a moment ago.
2 It's no longer there.
3 Don't worry.
4 It's probably been stolen.
5 When did it happen?
6 You have to be very careful.
7 You must go to the police station to report the loss.
8 Do you think that someone will find my handbag?

Le sac à main perdu

WMEB 1982

Write *in French* a composition of about 120 words on the series of pictures above.

Vous avez perdu quelque chose?
vocabulaire et phrases utiles

Est-ce que je peux vous aider?	*Can I help you?*
Est-ce qu'il y a un bureau des objets trouvés à la gare?	*Is there a lost property office at the station?*
Est-ce qu'il y a un commissariat de police près d'ici?	*Is there a police station near here?*
J'ai perdu ...	*I've lost ...*
J'ai laissé ...	*I've left ...*
J'ai oublié ...	*I've forgotten ...*
J'ai dû le (la, les) laisser tomber ...	*I must have dropped ...*
Que faut-il faire? / Qu'est-ce que je dois faire?	*What should I do?*

Quand?

Quand est-ce que vous l'avez perdu(e)?	*When did you lose it?*
Ce matin.	*This morning.*
Cet après-midi.	*This afternoon.*
Hier matin / Hier après-midi] entre ... heures et ... heures.	*Yesterday morning / Yesterday afternoon] between ... and ... o'clock*
Hier.	*Yesterday.*
Hier soir.	*Yesterday evening.*
Je ne sais pas, mais (je me rappelle que) je l'avais hier matin.	*I don't know, but (I remember that) I had it yesterday morning.*

Où?

Où l'avez-vous perdu?	*Where did you lose it?*
Dans l'autobus/le train.	*In the bus/train.*
C'était quel autobus/quel train?	*Which bus/train?*
C'était le train de ... de ...	*The ... train from ...*
C'était l'autobus numéro ... qui va ...	*Bus number ... going to ...*
Sur le quai/Dans le métro.	*On the platform/In the 'métro'.*
Au restaurant/Au café/À l'hôtel.	*In the restaurant/café/hotel.*

Contenu et valeur

J'ai perdu un sac/une valise.	*I've lost a bag/suitcase.*
Qu'est-ce qu'il y avait dedans?	*What was in it?*
Il y avait ... dedans.	*There was ... inside.*
Est-ce que c'était marqué à votre nom?	*Was it marked with your name?*
Il (Elle) était marqué(e) à mon nom.	*It was marked with my name.*
Il (Elle) est comment?	*What's it like?*
Il (Elle) est de quelle marque?	*What make is it?*
Quelle est la valeur de l'objet?	*What's its value?*
C'est un objet de grande valeur.	*It's very valuable.*
C'est de valeur sentimentale.	*It's of sentimental value.*
Je suis désolé(e), mais nous ne l'avons pas.	*I'm sorry, but we haven't got it.*
Vous pouvez revenir un autre jour, si vous voulez.	*You can call in again another day, if you want.*
Il faut remplir une fiche.	*You must complete a form.*
Vous devez faire une déclaration de perte.	*You must fill in a report form.*
Il a probablement (peut-être) été volé.	*It's probably (possibly) been stolen.*

7 CONSEILS POUR NE PLUS VOUS FAIRE PICKPOCKETER

1. Ne tentez pas le pickpocket. Ayez peu d'argent sur vous.
2. Ne laissez rien dépasser de vos poches.
3. Évitez de mettre de l'argent ou des objets de valeur dans vos poches extérieures de veste ou manteau.
4. Équipez vos poches intérieures de fermetures et boutonnez vos vestes.
5. Fermez d'un bouton vos poches revolver.
6. Vos sacs à main en bandoulière, serrez-les sous votre bras.
7. Quand vous êtes assis, ne le tentez pas, gardez votre sac sur vos genoux.

A vous, maintenant Vous avez perdu quelque chose

1 A lost suitcase

Vous êtes au bureau des objets trouvés dans une gare à Paris. Vous parlez à l'employé.

Say that you have lost a large blue suitcase.

– Une valise bleue ... Bien, continuez!

Say that you left it on Platform 14.

– Je vais noter cela.

Say that you left it near a seat half an hour ago.

– Attendez, je vais vérifier.

SREB 1983

2 A lost raincoat

Vous ne pouvez pas trouver votre imperméable, donc vous êtes allé(e) à la gare routière voir si vous l'avez oublié dans un autobus.

– Oui, Monsieur/Mademoiselle, est-ce que je peux vous aider?

Tell the official that you left your raincoat on the bus this morning.

– Ah, oui. C'était quel autobus, s'il vous plaît?

Tell him/her that it was a number 12 bus going to the hypermarket.

– Je suis désolé(e), mais personne n'a trouvé d'imperméable aujourd'hui.

Ask what you should do now.

– Vous pouvez revenir demain, peut-être?

EAEB 1983

3 A lost bag

You have lost a bag whilst staying in a French hotel. You tell the receptionist the following.

(i) Say that you have lost your bag.
(ii) Tell the receptionist the size and colour of the bag.
(iii) Say that it contains some papers and your key.
(iv) Say that your name is on a paper in the bag.
(v) Say that you left it in the dining-room at breakfast.

ALSEB 1982

Vous êtes l'interprète

Maintenant vous devez faire l'interprète pour ces personnes qui ne parlent pas français. Répondez aux questions de l'employé.

A

A lady has lost a green and white umbrella. She left it in the *métro* yesterday morning.

1 Comment est le parapluie?
2 Où l'a-t-elle perdu?
3 Quand l'a-t-elle perdu?

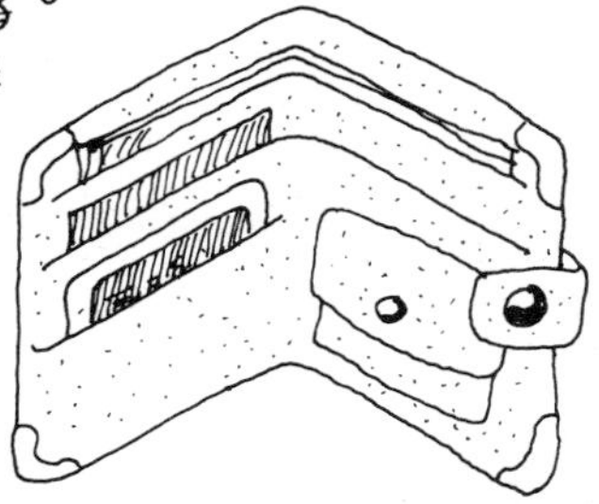

B

A man has lost a new leather wallet. He left it in the bank yesterday afternoon. It contained 500 francs.

1 Le portefeuille, comment est-il?
2 Où l'a-t-il perdu, et quand?
3 Est-ce qu'il y avait de l'argent dedans?

C

A boy has left his Kodak camera on the 10.30 (a.m.) coach from Strasbourg to Saverne. The camera is labelled with his name.

1 C'était dans quel car?
2 L'appareil est de quelle marque?
3 Est-ce que son nom est écrit dessus?

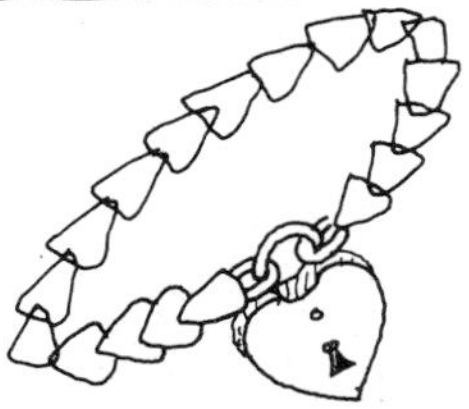

D

A girl has lost a silver bracelet at the swimming pool. She was there this afternoon between 3.00 and 4.30.

1 Le bracelet, comment est-il?
2 Où l'a-t-elle perdu?
3 Quand l'a-t-elle perdu?

Une lettre à écrire

Bureau des Objets Trouvés
36, rue des Morillons,
PARIS 15è

198 Court Road
Eltham
LONDON SE9 2AX

Monsieur,

le 10 septembre

J'ai perdu une montre vendredi dernier, le 8 septembre, dans le métro à Paris. Je crois que je l'ai perdue sur la ligne numéro 4 (Orléans-Clignancourt) mais je n'en suis pas sûr.

C'est une montre à quartz pour homme, assez neuve et marque suisse, Raymond Weil. La valeur en est de 400 francs environ. Si quelqu'un l'a retrouvée, puis-je vous demander de me le faire savoir. Comme j'habite en Angleterre, je ne pourrai pas venir la chercher moi-même, mais j'ai un ami à Paris qui viendra la chercher de ma part.

Je vous remercie d'avance et je vous prie d'agréer, Monsieur, l'expression de mes sentiments les plus distingués.

John Robertson

1

Write a similar letter to the *Bureau des Objets Trouvés* explaining that you lost a wallet in the *métro*. It was navy blue leather and contained 300 francs. It was labelled inside with your name and address. Explain when and where you lost it and ask the office to let you know if it has been found. Explain that you won't be able to collect it yourself, but that you will ask a friend in Paris to collect it for you.

2

Write a letter (be as brief as possible) to the *Bureau des Objets Trouvés* in Paris. Explain:

(i) That you left a suitcase behind in an underground station at the end of your holiday.
(ii) Give a brief description of the contents of the case.
(iii) Ask the *Bureau* to write to you if they already have the case.
(iv) Explain that you are not able to collect it as you live in Wales.
(v) Explain further that you will ask a French friend living in Paris to collect it for you. Close the letter in a suitable manner.

WJEC GCE Mode 3 1983

3

Write a letter to your pen-friend to explain that you have lost your watch during your stay in France. Say which day you lost it, what you did on that day, where you went, and explain that you have already looked for it at home.

SEREB 1982

PERDU TROUVÉ

• Perdu Moûtiers caniche noir, moyen, rasé. Tél. Brigitte au 08.64.16.

SERAIS heureuse de trouver bracelet souvenir en bois d'olivier perdu entre garage SIMCA et la Trompette – S'adr. 24 rue Treuil des Noyers. Tél. 34.66.52.

• Perdu le 21/02 proximité Prisunic Albertville lunettes de vue, récompense. Tél. 32.31.65.

• Trouvé (route d'Aiton à St Hélène sur Isère) chien marron, longs poils, sans collier. Renseignements M. Bellet E., Mercury. Tél. 32.30.52.

• Samedi soir 14, perdu sur Mail, jeune chien genre Setter Anglais, noir et blanc, répondant au nom Petit-Chien. S'adresser AUTIER, 12, allées du Mail, La Rochelle. Téléph. 34.12.35 (le matin).

Now you can: report a loss or theft to the police or a lost property office.

8·6 C'est à qui?

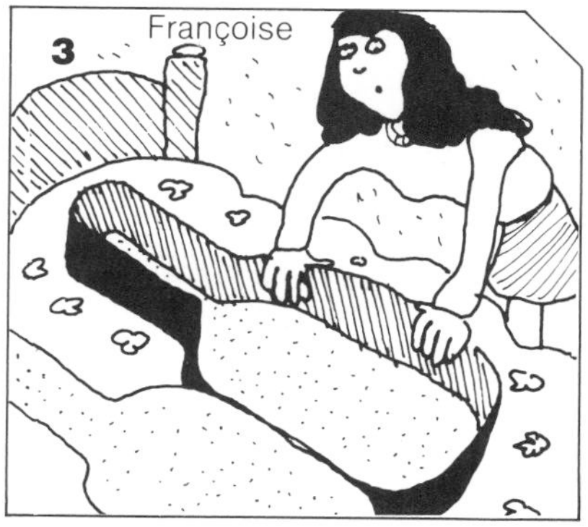

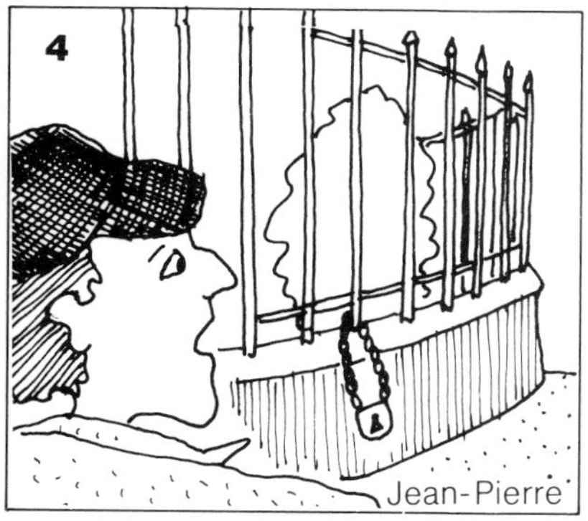

Qu'est-ce qu'ils ont perdu?

Il y a des gens qui perdent tout! Dites ce que ces personnes ont perdu.

Exemple:

1 Marie a perdu sa clé.

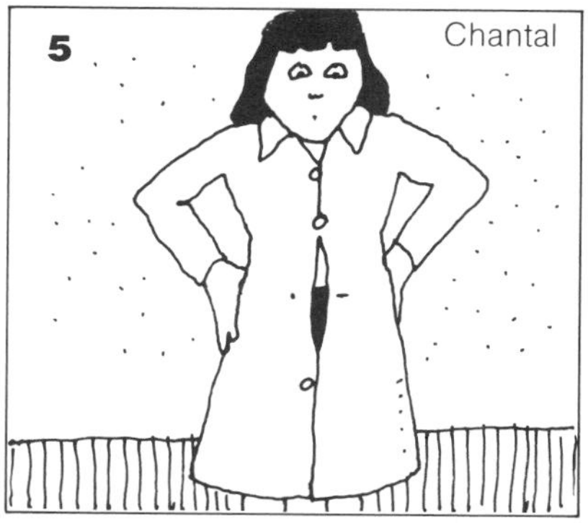

C'est à qui, ces objets?

A vous de décider à qui appartiennent tous ces objets trouvés.

Exemple: **1** C'est l'argent de Marc.

1
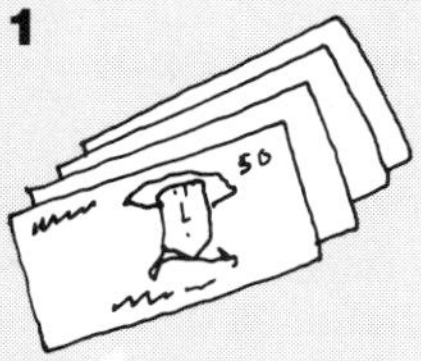

2

3

4
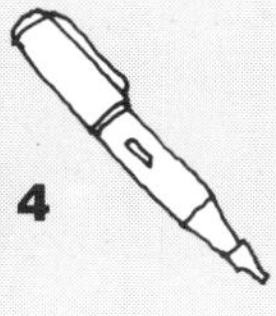

5

6
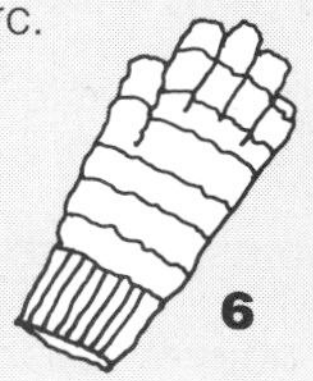

7

8

Grammaire Expressing possession (1)

mon, ma, mes *etc.*

These possessive adjectives go with nouns to show who something or someone belongs to. They agree with the noun which follows (*not* with the person who owns the thing).

	masculine singular	*feminine singular*	*before a vowel*	*plural*
my *your*	**mon** **ton**	**ma** **ta**	**mon** **ton**	**mes** **tes**
his *her,* *its*	**son**	**sa**	**son**	**ses**
our *your* *their*	**notre** **votre** **leur**	**notre** **votre** **leur**	**notre** **votre** **leur**	**nos** **vos** **leurs**

Notice that **son, sa, ses** can mean 'his', 'her' or 'its'. The meaning is usually clear from the context:

Paul mange **sa** viande. — *Paul eats his meat.*
Marie mange **sa** viande. — *Marie eats her meat.*
Le chien mange **sa** viande. — *The dog eats its meat.*

Before a feminine noun beginning with a vowel, you use **mon, ton** or **son:**

Mon écharpe est en soie jaune. — *My scarf is made of yellow silk.*
Où habite **ton** amie, Françoise? — *Where does your friend live, Françoise?*
Son école est fermée aujourd'hui. — *His(her) school is closed today.*

Note:

– When using more than one noun, you must repeat the possessive adjective:

Ses frères et **ses** sœurs. — *His brothers and sisters.*

– You should not use possessive adjectives with parts of the body. In French, the definite article (*le, la, les*) is normally used:

Elle s'est lavé **les** mains. — *She washed her hands.*
Il s'est coupé **le** doigt. — *He cut his finger.*

On regarde des photos

Choisissez les mots corrects!

– Voilà une photo de (**mon, ma, mes**) famille et de moi. Regarde, (**mon, ma, mes**) sœur porte (**son, sa, ses**) nouveau jean.
– Oui, et Robert porte (**son, sa, ses**) nouvelles chaussures, n'est-ce pas?
Et ce bâtiment, c'est (**votre, vos**) maison?
– Oui, ça c'est (**notre, nos**) maison.
Et toi, tu as apporté (**ton, ta, tes**) photos de vacances, aussi?
– Oui, voilà (**mon, ma, mes**) correspondant avec (**son, sa, ses**) parents.
Et ça c'est (**leur, leurs**) chien, Jasper.
Voilà une autre photo de Jasper avec (**son, sa, ses**) ballon.
– C'est dans le jardin de (**ton, ta, tes**) correspondant?
– Oui, (**leur, leurs**) jardin était très grand.
Tiens, voilà (**leur, leurs**) maison. Elle était grande. Il y avait six chambres.
– Tu as pris tous ces photos avec (**ton, ta, tes**) nouvel appareil-photo?
– Oui, (**mon, ma, mes**) nouvel appareil marche beaucoup mieux que celui que j'avais avant.

Objets trouvés

1 Martine avait oublié son sac à main dans le métro, mais elle a eu de la chance: quelqu'un l'avait rendu au bureau des objets trouvés. Complétez ce qu'elle dit.

«C'est formidable. Voilà ... sac à main et ... porte-monnaie, ... carte d'identité, ... carnet de chèques et ... cartes de crédit, ... permis de conduire, ... peigne et ... stylos.»

2 Claude a trouvé une serviette au lycée. Il pense que c'est celui de son frère. Complétez ce qu'il dit.

«C'est peut-être la serviette de mon frère. Ah oui, ça c'est ... stylo, ... crayons et ... règle; voilà ... cahiers et ... livres scolaires. Voilà aussi ... peigne, ... mouchoir, ... portefeuille avec ... argent et ... clefs.»

Grammaire Expressing possession (2)

Saying 'Marie-Claire's house' etc.
In French, there is no use of apostrophe 's', so to say, for instance, 'Marie-Claire's house' or 'Olivier's records', you have to use **de** followed by the name of the owner:

C'est la maison **de** Marie-Claire.
Ce sont les disques **d'**Olivier.

If you don't actually name the person, you have to use the appropriate form of **de (du, de la, de l'** or **des):**

C'est la tente **de la** famille anglaise.	*It's the English family's tent.*
– C'est votre livre?	*– Is it your book?*
– Non, c'est celui **du** professeur.	*– No, it's the teacher's.*

On se déguise

Sophie et Luc Leblanc ont été invités à un bal travesti. Comme ni l'un ni l'autre n'avait de costume, ils ont décidé de porter les vêtements de l'autre. Voilà comment ils sont allés au bal.

A Sophie

1 Est-ce que Sophie a porté sa propre chemise?
2 Est-ce qu'elle a porté son propre pantalon?
3 Est-ce qu'elle a porté ses propres chaussettes?
4 Est-ce qu'elle a porté son propre chapeau?
5 Est-ce qu'elle a porté ses propres chaussures?

B Luc

Et Luc, qu'est-ce qu'il a porté pour le bal travesti?

Grammaire

Expressing possession (3)

'Mine', 'yours', 'theirs'
When you want to say to whom something belongs, without mentioning the object itself, you can use the following expressions:

mine	**à moi**	*ours*	**à nous**
yours	**à toi**	*yours*	**à vous**
his	**à lui**	*theirs*	**à eux**
hers	**à elle**	*theirs*	**à elles**

– C'est à qui, ce stylo?	*– Whose is this pen?*
– C'est **à moi.**	*– It's mine.*
– Les cartes postales sont **à toi,** aussi?	*– Are the postcards yours as well?*

Note:
See page 193 for another way of saying 'mine', 'yours', 'theirs' etc., using possessive pronouns.

Au café

You've ordered the following drinks for your family: for your dad, a beer; for your mum, a glass of white wine; for your older sister, a lemon tea; for your older brother, a hot chocolate; for your twin brothers, Coca-Cola; and for yourself, fruit juice.

When the waiter returns, explain who the drinks are for.

Exemple: 1 Le thé-citron, c'est pour elle.

1 Le thé-citron, ...
2 La bière, ...
3 Le jus de fruit, ...
4 Le chocolat, ...
5 Les colas, ...
6 Le vin blanc, ...

Now you can:
say who something belongs to.

8·7 Au bureau de poste

Les PTT: une réponse à toutes vos questions

1. Quels sont les principaux services des PTT?

Dans les bureaux de poste, vous pouvez:

- expédier des lettres, des paquets, des télégrammes;
- acheter des timbres-poste (série courante ou de collection);
- recevoir ou envoyer de l'argent;
- demander des communications téléphoniques.

2. Quelles sont les heures d'ouverture des bureaux de poste?

En règle générale, les bureaux de poste sont ouverts du lundi au vendredi de 8 heures à 19 heures, et le samedi matin de 8 heures à midi.

Toutefois, certains sont ouverts le dimanche matin et plus tard le soir, mais ils n'assurent qu'un service réduit: télégraphe, téléphone, vente de timbres, remise du courrier adressé «Poste Restante». A Paris, par exemple, le bureau de poste principal, au 52 rue du Louvre, Paris 1er, est ouvert la nuit.

3. Que peut-on faire pour réduire le temps d'attente au bureau de poste?

Dans un bureau de poste, chaque guichet effectue des opérations bien déterminées. Pour éviter d'attendre, inutilement, consultez les panneaux indicateurs ou adressez-vous au guichet des renseignements. Evitez aussi, si possible, les heures d'affluence (fin de matinée et fin d'après-midi). Vous n'attendrez pas et vous serez mieux servis.

4. Le code postal, qu'est-ce que c'est?

Le code postal, mis en application depuis 1972, comporte 5 chiffres. Les 2 premiers chiffres représentent le numéro du département, les 3 autres le bureau distributeur. Pour les chefs-lieux de département, les 3 derniers chiffres sont triple zéro. (Le code postal pour La Rochelle, chef-lieu du département de la Charente-Maritime, est 17 000).

Pour les lettres aux particuliers de Paris, Lyon et Marseille, les 2 derniers chiffres indiquent le numéro de l'arrondissement. Donc, 75008 indique une adresse privée dans le huitième arrondissement de Paris.

Le code postal constitue la dernière ligne de l'adresse. Il ne faut pas oublier de le mettre, sinon votre courrier risque d'être retardé.

5. Tarif normal et tarif réduit – quelle est la différence?

Le tarif normal pour les lettres en France est de 2,10 francs (depuis le ler juillet 1984).

Le tarif réduit, pour les lettres non urgentes, est de 1,70F (depuis le ler juillet 1984).

6. Est-ce qu'on peut acheter des timbres en dehors des bureaux de poste?

Vous pouvez acheter des timbres-poste dans des distributeurs automatiques, dans les bureaux de tabac qui portent l'enseigne rouge (la «carotte») et quelquefois dans les papeteries et les librairies qui vendent des cartes postales.

7. La «Poste Restante», qu'est-ce que c'est?

Dans les principaux bureaux de poste, il y a un service de «Poste Restante». Si vous n'avez pas d'adresse fixe en France, vous pouvez demander à vos amis de vous écrire «Poste Restante» au bureau de poste de la ville où vous allez. Là, vous pouvez retirer votre courrier pendant 15 jours. On vous demandera de payer une petite taxe (généralement 2,10F) et de justifier de votre identité – alors n'oubliez pas votre passeport.

8. Est-ce que toutes les lettres envoyées au tarif normal en France arrivent à leur destination, le lendemain?

En 1982, 79,3% des lettres et des cartes étaient distribués le lendemain et 17,1% le surlendemain. Pour être plus sûr que votre courrier arrive à temps, mettez-le à la poste le plus tôt possible et, de toute façon, avant la dernière levée du jour. Vous éviterez ainsi les heures les plus chargées.

What do you know about the French postal service?

1. When are most post offices open?
2. When is the main post office in Paris also open?
3. When are the busy periods in a post office?
4. What do the first two figures of the postal code represent?
5. If you want to post a letter which isn't urgent and you'd like to save money, what could you do?
6. Where could you buy stamps, when the post office is closed?
7. What would you have to show in order to claim a letter from the *Poste Restante* desk?
8. What would it be advisable to do if you wanted to be more sure that your letter would be delivered the following day in France?

A la poste vocabulaire et phrases utiles

l'adresse (f)	*address*
allô	*hello (when answering phone)*
l'annuaire téléphonique (m)	*telephone directory*
l'appareil (m)	*machine, phone*
un appel téléphonique	*telephone call*
l'argent (m)	*money*
arriver	*to arrive*
attendre	*to wait*
une boîte aux lettres	*letter-box*
un bureau de poste	*post office*
une cabine (téléphonique)	*(telephone) kiosk, booth*
un colis	*parcel*
la communication	*connection*
couper	*to cut*
Nous avons été coupés!	*We've been cut off!*
le courrier	*post*
écouter	*to listen*
écrire	*to write*
enregistrer	*to register*
entendre	*to hear*
une enveloppe	*envelope*
envoyer	*to send*
l'expéditeur (m)	*sender*
un facteur	*postman*
un formulaire	*printed form*
le guichet	*counter*
des imprimés (m.pl.)	*printed matter*
un jeton	*token (for use with older-style automatic telephones)*
une lettre	*letter*
la levée	*collection*
la ligne	*line*
un mandat-postal	*postal order, money order*
un message	*message*
un mot	*word*
le numéro de téléphone	*phone number*
Ne quittez pas!	*Hold the line*
occupé	*engaged*
par avion	*by air mail*
un paquet	*parcel*
un passeport	*passport*
en P.C.V.	*reverse charges*
une pièce	*coin*
une pièce d'identité	*form of identification*
la poste	*post office*
le poste	*extension number*
poste restante	*department in main post office where letters are kept until called for*
raccrocher	*to replace the receiver, hang up*
rappeler	*to call back*
un reçu	*receipt*
remplir	*to fill in*
des renseignements (m.pl.)	*information*
répondre	*to reply*
sonner	*to ring*
signer	*to sign*
un(e) standardiste	*(switchboard) operator*
le tarif normal/réduit	*ordinary/reduced rate*
un télégramme	*telegram*
le téléphone	*telephone*
un timbre	*stamp*
C'est urgent.	*It's urgent.*

Quel mot ne va pas avec les autres?

Trouvez le mot qui ne va pas avec les autres et, si possible, expliquez ce que les trois autres ont en commun.

Exemple: **1** Un commissariat – on trouve les autres dans un bureau de poste.

1 un timbre, un mandat-postal, un télégramme, un commissariat
2 le facteur, le nom, l'adresse, le code postal
3 l'annuaire, le courrier, l'appareil, les instructions
4 le standardiste, le facteur, le guichet, l'employé du bureau de poste
5 un paquet, une carte, une lettre, une cabine
6 décrocher, signer, répondre, raccrocher
7 un bureau de tabac, un bureau de poste, une papeterie, une agence de voyages
8 un billet de banque, un chèque, un colis, un mandat-postal
9 une enveloppe, une pièce, du papier à lettres, un stylo
10 une pièce d'identité, un appel téléphonique, un télégramme, une lettre

Telephoning in France

Can you answer these questions? If not, read the information in the leaflet on the right – you should then have no problem in answering them!

1 I can't find a call-box and the post office is shut, where else can I phone from?
2 If I make a call to someone in the same town, will the cost vary according to the length of the call?
3 What is the number for directory enquiries?
4 I've got the telephone directory, but it seems to be divided up into towns and villages. How can I find the number I want?
5 Is it possible to make a phone call it you haven't any money?
6 If you make an international call, what number do you have to dial first?
7 What is the code for the U.K.?
8 How can I get an urgent message to someone who isn't on the phone?

Pour téléphoner en France

Monique Lessieur travaille comme standardiste aux PTT. Elle vous renseigne sur le système téléphonique en France.

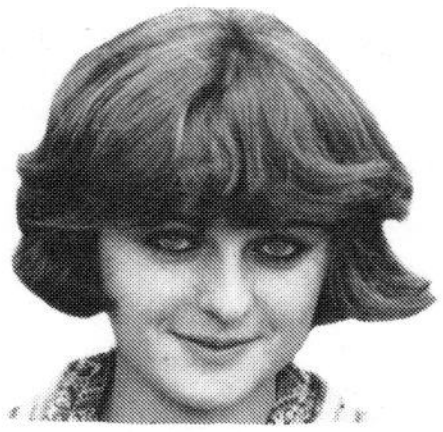

On peut téléphoner d'un bureau de poste, mais à part ça, où trouve-t-on des téléphones publiques?

Il y a des cabines téléphoniques partout en France. Il y en a plus de 160 000, et il y a des cabines spéciales pour les personnes handicapées. On peut téléphoner aussi d'un café ou d'un hôtel, mais là, ça peut être un peu plus cher, parce qu'on paie une surtaxe (maximum: 30%) en plus du prix de la communication.

Un coup de téléphone, est-ce que ça coûte cher?

Non, pas trop. La France est divisée en circonscription de taxes. Si vous téléphonez dans la même circonscription, vous ne payerez que la taxe de base (64,5 centimes en 1984) quelles que soient la durée et l'heure d'appel (1 F dans une cabine publique).

Si vous téléphonez en dehors de votre circonscription, vous payerez plus, suivant la distance et la durée de l'appel. Cependant, vous pouvez téléphoner à prix réduit en appelant le soir à partir de 18h jusqu'à 8h le lendemain matin, le week-end à partir de 14h le samedi jusqu'à 8h le lundi matin et les jours fériés (toute la journée).

Est-il possible de téléphoner à quelqu'un, si on n'a pas d'argent, en cas d'urgence par exemple?

Oui, les services d'urgence – Police-secours, pompiers etc. – sont gratuits. Vous pouvez aussi demander à faire un appel en P.C.V. Mais on demandera d'abord à la personne à qui vous voulez téléphoner, si elle accepte de payer l'appel.

Est-il compliqué de téléphoner à l'étranger?

Non. On peut téléphoner à l'étranger d'une cabine téléphonique internationale.

Il faut: décrocher, introduire les pièces, attendre la tonalité (comme toujours) puis:
— composer le 19;
— attendre la tonalité;
— composer l'indicatif du pays (par exemple, 44 pour le Royaume-Uni);
— composer l'indicatif de la zone automatique (en supprimant le premier O, par exemple, 1 pour Londres);
— composer le numéro.

Il est moins cher de téléphoner à l'étranger le dimanche, les jours fériés et le soir, à partir de 21 heures pour les pays de la CEE et à partir de 22 heures pour le Canada et les USA.

Que peut-on faire si on ne connait pas le numéro de la personne que l'on veut appeler?

On peut consulter l'annuaire. Il y a un annuaire pour chaque département (2 pour Paris). Les numéros sont donnés ordre alphabétique par commune. Donc, il faut savoir dans quelle commune la personne habite. Il y a aussi un annuaire par professions (pages jaunes).

Ou bien on peut téléphoner aux «Renseignements» en faisant le 12.

Est-il possible de transmettre un message à quelqu'un qui n'a pas le téléphone?

Aucun problème: on peut lui envoyer un télégramme. Il faut remplir un formulaire au bureau de poste ou dicter votre message par téléphone. Vous payerez suivant le nombre de mots du message et selon la destination. Il y a un minimum de 10 mots pour la France et de 7 mots pour l'étranger.

On a parlé du visiophone depuis des années – pensez-vous que ça va devenir une réalité?

Oui. A Biarritz, par exemple, on a déjà installé quelques appareils de visiophone. On peut, par exemple, téléphoner à un magasin de laine, si on veut avoir des conseils à propos d'un modèle de tricot. La propriétaire, Mme Gratessol, peut vous montrer et expliquer ce qu'il faut faire. Le visiophone ça va sûrement venir, mais pas tout de suite, dans les années 1990, peut-être.

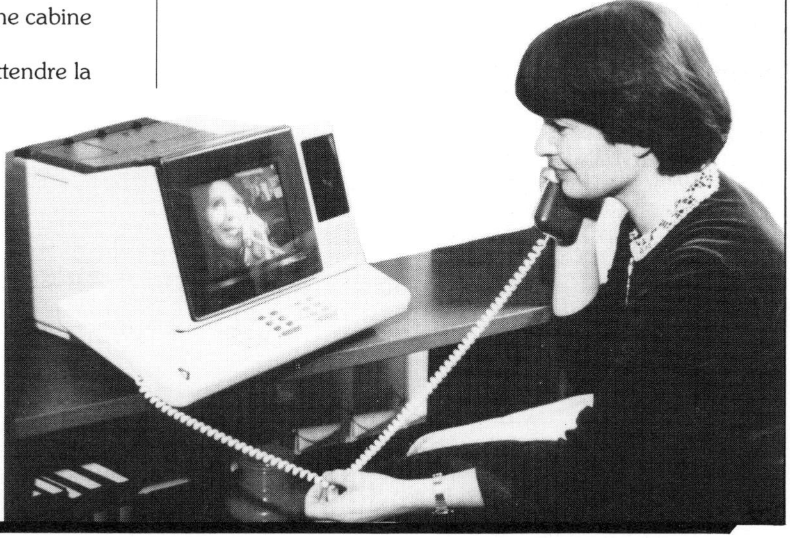

Visiophone

Au bureau de poste

Listen to the conversations and find the answers to these questions:

1 How much does it cost to send a letter to England?
2 a) What is special about the telephone call that the girl wants to make to Manchester?
b) What does she buy?
3 About how much does a three-minute call to Scotland cost?
4 a) Which counter does the woman ask for?
b) What does the employee ask her for?
5 a) What is the man asked to fill in?
b) When is the last collection?
6 a) Where does the person want to send a telegram to?
b) When should it arrive?
7 a) How does the girl decide to send the money for a subscription to a magazine?
b) What else does she ask for?
8 a) Why can't the people phone from the post office?
b) Why can't they phone from the café?
c) They eventually phone from a public call-box, but don't manage to speak to the person. Why not?

A vous, maintenant
A la poste

1 Buying stamps
Vous êtes dans un bureau de poste.
– Oui, Monsieur?
You tell him that you want to send a letter to England.
– Il vous faut un timbre à deux francs dix.
You ask for three stamps and ask when the letter will arrive.
– Dans deux jours, Monsieur.
You then ask if there is a telephone nearby.
– Oui, juste en face, Monsieur.

NEA Joint GCE O-level and CSE examination 1983

2 A telephone call to England (1)
Vous êtes au bureau de poste.
– Vous désirez, Monsieur?
You tell him that you would like to make a telephone call to England.
– Il faut attendre quelques minutes.
You tell him that is alright and ask how much it costs.
– Ça coûte un franc par minute. Il y a autre chose?
You ask for five stamps at 2 francs 50.
– Voilà, Monsieur, et merci.

YREB 1982

3 A telephone call to England (2)
Vous êtes allé(e) au bureau de poste parce que vous voulez téléphoner en Angleterre.
– Oui, Monsieur/Mademoiselle, qu'y a-t-il pour votre service?
Say that you would like to make a phone call to England.
– Oui, Monsieur/Mademoiselle, c'est quelle ville et quel numéro?
Give the following telephone number: CAMBRIDGE 38.47.94.
– Bon, allez à la cabine numéro trois.
Thank the employee and ask how much a five-minute call will cost.
– Environ 15 francs, Monsieur/Mademoiselle. Ça va?

EAEB 1983

4 Making general enquiries
You want to post a postcard.
(i) Stop the passer-by.
(ii) Say you are looking for a post-box.
(iii) Ask if you can buy stamps nearby.
(iv) Ask what time the post office/tobacconist indicated closes.
(v) Thank the passer-by politely and take your leave.

SWEB 1983

Qu'est-ce qui s'est passé?

Vous avez reçu ces télégrammes. Expliquez à quelqu'un d'autre ce qui s'est passé.

Exemple: **1** Françoise a envoyé un télégramme. Ils ne peuvent pas venir le 6 parce que sa mère est malade. Ils vont envoyer une lettre.

1

MAMAN MALADE. ON NE
VIENT PAS LE 6.
LETTRE SUIT. FRANCOISE

2

AI MANQUÉ LE TRAIN.
ARRIVERAI GARE DE
LYON 20h15.
JEAN

3

AI PERDU BILLET
D'AVION. S'IL EST CHEZ
VOUS, TELEPHONEZ
APRÈS 20h. SOPHIE

4

VOITURE EN PANNE.
ARRIVERONS À CALAIS
DEMAIN PAR LE TRAIN.
MARC

5

ARRIVERAI PLUS TÔT.
CE SOIR 17h EN
VOITURE.
SUZANNE

6

PAPA A L'HÔPITAL.
RESTERONS JUSQU'AU
19. LETTRE SUIT.
CLAUDE

7

BAGAGES PAS
ARRIVÉS. RESTERAI À
PARIS, CE SOIR.
TÉLÉPHONEZ 248.37.58
À PARIS APRÈS 19h
NICOLE

8

ACCIDENT DE MOTO.
NE VIENDRAI PAS.
LETTRE SUIT. ANDRÉ

Les services spéciaux du téléphone

Il y a plusieurs services spéciaux de la PTT qu'on peut appeler. Les détails se trouvent dans les pages bleues de l'annuaire. En voilà quelques exemples avec des numéros d'appel pour Paris:

463.84.00	l'horloge parlante
555.95.90	les informations métérologiques
858.33.33	les informations routières
296.26.26	«SOS amitié»
723.80.80	«SOS Help» (langue anglaise)
720.16.78	«Allô touristes»

Et pour ceux qui ne peuvent pas se réveiller le matin, il y a un service du réveil par téléphone.

Now you can:
use the services of a post office (buy stamps, use the *Poste Restante* service, make a telephone call and send a telegram).

8·8 Toujours à votre service

C'est pour un service

a)

Un grand choix de cadeaux à

LA MAISON DE LA LAINE

38000 GRENOBLE – 11, Place Victor-Hugo
Tél. (76) 46-39-78

- Toutes les **laines** et **textiles** à tricoter et à tisser
- **Machines à tricoter PASSAP,** sans poids à partir de **1 650 F**
- **Machines à coudre TOYOTA-VIGORELLI**
- **Métiers à tisser** toutes dimensions à partir de **65 F**
- Acessoires de tissage
- Tapis à confectionner soi-même
- Tapisseries
- Gilets de berger
- Sacs à tricots, à aiguilles, etc.

Chaussettes - Echarpes - Bonnets - Gants

b)

CLAUDE MAXIME

vous propose cet hiver

VOTRE PERSONNALITÉ par

— une coupe à volumes très étudiés agrémentée d'une subtile coloration en deux tons.
— beaucoup d'étude et de conseils pour mieux vous servir
— maquillage
— manucurie

CLAUDE MAXIME
par **ANDRÉ PÉCHANT**
Créateur CLAUDE MAXIME

SALON MIXTE

OUVERT du mardi au samedi, de 8 h 30 à 19 h sans interruption. Possibilité de déjeuner.

116, rue Jean-Jaurès **Tél. 44.38.53**

c)

Artisan de Plomberie
recherche tous travaux
de plomberie, dépannages
rapides, installations
sanitaires – 296.55.76

d)

e)

Tout par téléphone

INFO SHOP: 670.15.10 (de 10 à 18 h du lundi au vendredi et de 10 h à 13 h le samedi). Toutes les bonnes affaires, soldes, liquidations, réductions. Une mine d'informations pour faire des économies.

S.O.S. EMPLETTES: 567.13.22 (24 h sur 24) ou I.N.C. INFOS. Bulletin enregistré de conseils d'achats pour le jour. Il vous donne la fraîcheur, la qualité et le cours du jour des poireaux, du chou-fleur et autres produits de consommation courante. Les conseils durent 2,30 mn. Vous avez après le temps de savoir que les fraises ne sont pas encore le fruit de saison en apprenant son cours actuel. Ce numéro vous donne également les prix des produits manufacturés (lave-vaisselle...). On vous indique où trouver les modèles les plus intéressants aux prix les plus bas.

ALLO SURGELES: Paris nord: 037.21.00. Paris sud: 428.42.88. Pour réchauffer un repas entre copains arrivés à l'improviste, Picard, le spécialiste livre à la demande un stock de pizzas surgelées (minimum d'achat 200 F).

OPERATION VACANCES: 227.15.50. Paris déserté. Neuf boutiques sur dix sont fermées. Il vous faut remodeler vos circuits. C'est la préfecture de Paris qui vous communiquera la liste des commerçants, artisans, médecins, coiffeurs ouverts en juillet-août. De même que les activités disponibles à Paris en été.

PEPIN SERVICES: 520.36.13: Votre baignoire est bouchée, les plombs ont sauté, la serrure de la porte d'entrée ne fonctionne plus... etc. Tous les jours 24 h sur 24. 88 F le déplacement et 100 F de l'heure. La nuit appelez: 527.34.67.

S.O.S. TACHES: 657.64.00 (8 h à 12 h et 14 h à 17 h du lundi au vendredi). Service gratuit d'une entreprise de nettoyage. Vous renseigne sur vos problèmes de taches de tapis, moquettes, meubles, mais pas sur les problèmes de vêtements!

S.O.S. COIFFURE: 874.33.16 (24 h sur 24). Tous les jours et dimanche. Un coiffeur ou une esthéticienne peut, dans la demi-heure, être à votre chevet – chez vous ou dans votre chambre d'hôtel ou de clinique – muni de tout le matériel nécessaire pour vous refaire une beauté. Le Décoiffé nocturne, appelez le 280.48.01. Coupe, shampooing, brushing: 250 F journée. 350 F après 20 h.

AT HOME: 208.28.28. Coupe 100 F. Shampooing, brushing, manucure: 120 F. Maquillage: 200 F.

AVOIR «L'IMPOSSIBLE»: Ludéric 553.93.93 Ludéric se charge de votre sécurité personnelle et vous loue selon vos besoins un berger allemand, accompagné de son instructeur, 60 F à l'heure ou un «agent de sécurité»...

C'est quel numéro?

1 You've got a burst pipe. You need a plumber as soon as possible.
2 You've spilt coffee on the carpet and you want to know how to get the stain out.
3 You've tried to dye your hair and it's proved a disaster. How could you get hold of a hairdresser at 10.00 p.m.?
4 You're in Paris in August. Many of the local shops are closed. You want to find out where the nearest chemist is that's open.
5 You're cooking the lunch. You want to know which vegetables and fruit are in season and roughly how much you could expect to pay for them.
6 You weren't planning on cooking in the evening, but a group of friends have called in. Rather than go out to a restaurant, you decide to order some frozen pizzas.

— ... et autre chose! Vous ne pourriez pas apporter une bouée de sauvetage, par hasard?

En cas de problème vocabulaire et phrases utiles

l'adresse (f)	*address*
une aiguille	*needle*
les affaires (f.pl.)	*things*
l'alarme (f)	*alarm*
apercevoir	*to notice*
appeler	*to call*
l'argent (m)	*money*
Attention!	*Watch out!*
des bagages (m.pl.)	*luggage*
(est) bouché	*(is) blocked*
casser	*to break*
chercher	*to look for*
(est) coincé	*(is) caught, wedged, jammed*
le commissariat de police	*police station*
le consulat britannique	*British consulate*
déchirer	*to tear*
découvrir	*to discover*
un défaut	*fault*
une description	*description*
disparaître	*to disappear*
se disputer	*to argue*
donner l'alerte	*to sound the alarm*
échanger	*to change*
épeler	*to spell*
un épingle (de sûreté)	*(safety-) pin*
épouvantable	*dreadful*
une erreur	*mistake*
Je crois qu'il y a une erreur.	*I think there's a mistake.*
expliquer	*to explain*
la faute	*fault*
une fiche	*form, note*
du fil	*thread*
garder	*to keep*
un gendarme	*policeman*
une gendarmerie	*police station*
inutile	*pointless*
laisser	*to leave*
ne marche plus	*is no longer working*
manquer	*to miss*
marqué(e) à mon nom	*marked with my name*
mettre	*to put*
un mot	*word, note*
le nom	*name*
un notaire	*solicitor*
nouveau	*new*
nulle part	*nowhere*
où	*where*
oublier	*to forget*
un paquet	*parcel*
pas du tout satisfait(e)	*not at all satisfied*
perdre	*to lose*
se plaindre de	*to complain*
la police	*police*
un portefeuille	*wallet*
un porte-monnaie	*purse*
quand	*when*
une récompense	*reward*
(me) rembourser	*to refund (my money)*
Je voudrais être remboursé(e).	*I'd like a refund.*
remercier	*to thank*
réparer	*to repair*
répéter	*to repeat*
retrouver	*to find again*
sale	*dirty*
sembler	*to seem*
se tromper	*to make a mistake*
un trou	*hole*
trouver	*to find*
vieux	*old*
voler	*to steal*
un voleur	*thief*

Trouvez les mots!

Les bonnes réponses à chaque définition se trouvent dans la case – à vous de les trouver!

1 On s'en sert pour réparer quelque chose qui est déchiré. Il faut du fil aussi.

2 Si on a perdu son passeport à l'étranger, il faut avertir ce département du gouvernement britannique le plus tôt possible.

3 Quelquefois, mais pas souvent, on en fait quand on fait l'addition. Si vous en trouvez une, il faut le dire.

4 Si vous allez au bureau des objets trouvés pour faire une déclaration de perte, on vous demandera d'en remplir une.

5 Si vous achetez quelque chose, qui ne marche pas, ou qui a un défaut, vous pouvez demander à être ... .

6 L'eau ne coule pas dans le lavabo. Le robinet est sans doute ... .

7 Quelquefois on en offre une, quand on a perdu quelque chose de grande valeur.

8 C'est le nom qu'on donne à quelqu'un qui vole.

R	E	C	C	P	O	V	E	R	A
E	S	N	E	P	M	O	C	E	R
M	V	P	R	U	D	E	I	U	M
B	O	E	H	C	I	F	R	E	N
O	L	T	A	O	A	L	L	R	N
U	E	O	C	N	S	L	C	R	E
R	U	R	Q	S	I	A	H	E	R
S	R	P	A	U	S	U	I	U	U
E	N	I	G	L	E	T	R	R	Q
B	C	I	R	A	U	N	C	E	T
N	A	T	I	T	L	L	E	C	H

Ça ne va pas?

What would you say in the following situations?

1 You are asked for too much money at the post office. Say that is wrong. The amount should be 7 francs 60.

2 You've just got the bill for your restaurant meal, but it's wrong. Ask for the waiter and explain that there's been a mistake. you had only two bottles of wine, not three as marked on the bill.

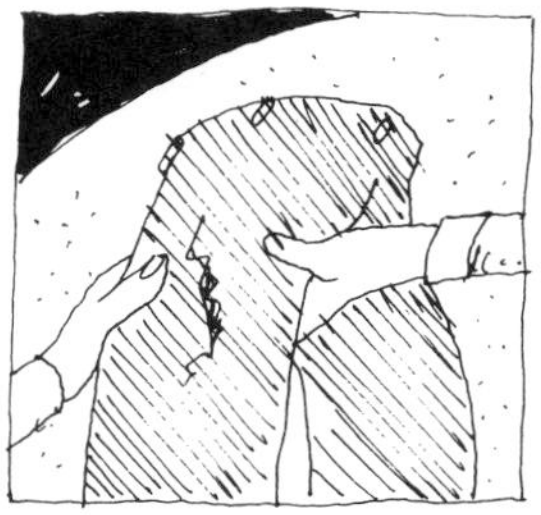

3 You've torn your jeans. Ask for a needle and thread so that you can repair them.

4 Your camera isn't working. Take it to a camera shop and ask if they can repair it for you.

5 You bought a shirt this morning, but there's a fault in it. Take it back to the shop and ask for a refund.

Now you can:
make use of other general services (dry cleaner's, hairdresser's etc) and make a complaint.

Checklist . . . Checklist . . . Checklist . . .

Now you can:

1. find your way around a department store and sort out all your shopping requirements.
2. change money and ask for change, and understand newspaper reports about a theft or a robbery.
3. indicate which item you want when offered a choice and ask someone else to make their choice clearer.
4. understand the Pluperfect Tense and use it to describe what *had been* done or said.
5. report a loss or theft to the police or a lost property office.
6. say who something belongs to.
7. use the services of a post office (buy stamps, use the *Poste Restante* service, make a telephone call and send a telegram).
8. make use of other general services (dry cleaner's, hairdresser's etc.) and make a complaint.

For your reference:

Grammar	'This' and 'that'	page 87
	Lequel? etc.	page 94
	Celui, celle etc.	page 95
	The Pluperfect Tense	pages 99,102
	Expressing possession	pages 112-3
Vocabulary and useful phrases	Shopping	page 84
	Money	page 89
	Describing something	page 105
	At the lost property office	page 108
	At the post office	page 116
	Problems	page 122

9 Projets d'avenir

L'enseignement en France

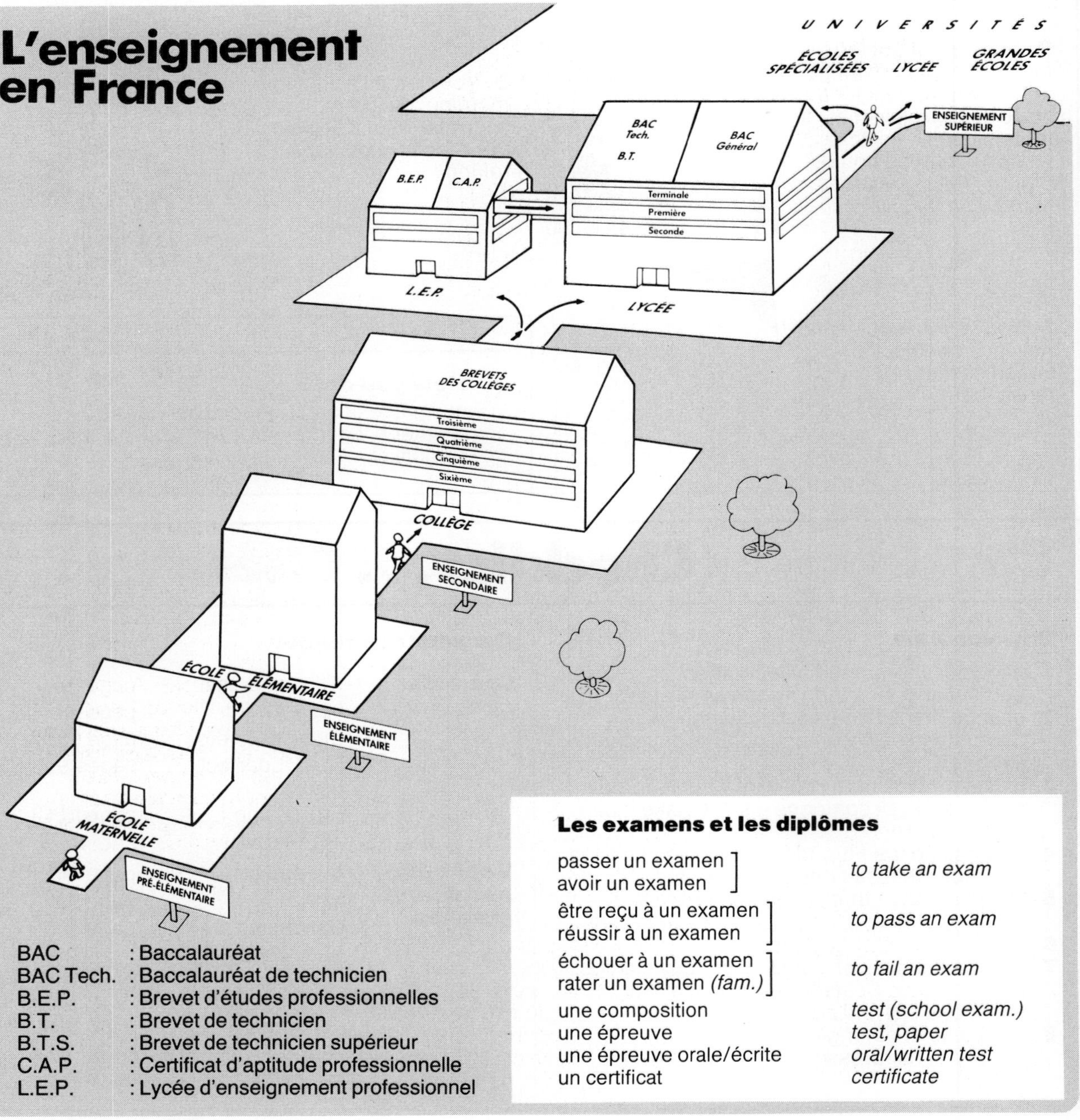

BAC	: Baccalauréat
BAC Tech.	: Baccalauréat de technicien
B.E.P.	: Brevet d'études professionnelles
B.T.	: Brevet de technicien
B.T.S.	: Brevet de technicien supérieur
C.A.P.	: Certificat d'aptitude professionnelle
L.E.P.	: Lycée d'enseignement professionnel

Les examens et les diplômes

passer un examen avoir un examen	*to take an exam*
être reçu à un examen réussir à un examen	*to pass an exam*
échouer à un examen rater un examen *(fam.)*	*to fail an exam*
une composition	*test (school exam.)*
une épreuve	*test, paper*
une épreuve orale/écrite	*oral/written test*
un certificat	*certificate*

9·1 Examens et après

Les jeunes et leurs projets d'avenir

Dès qu'on a quinze ou seize ans, on commence à penser à ce qu'on va faire plus tard dans la vie, après l'école. Voici ce qu'en pensent trois jeunes à Lyon.

Françoise est en seconde et elle suit des études dans un L.E.P. (c'est-à-dire, un lycée d'enseignement professionnel).

– Quel âge avez-vous Françoise?
– J'ai seize ans.
– Qu'est-ce que vous faites comme études?
– Je suis un enseignement général: français, anglais, maths, E.P.S. (éducation physique et sportive) ainsi qu'un enseignement professionnel dans le secteur commercial.
– Est-ce que vous êtes au lycée tout le temps?
– Non, on fait aussi des stages dans les entreprises.
– Et qu'est-ce que vous voulez faire plus tard?
– Eh bien, je voudrais travailler dans une agence de voyages, comme employée de bureau, peut-être.
– Le tourisme vous intéresse alors?
– Oui, ça m'intéresse beaucoup. J'aime les voyages et j'aime aussi les langues, alors j'espère avoir l'occasion de m'en servir.
– Et qu'est-ce que vous devez préparer comme examens?
– Je dois d'abord préparer un B.E.P. d'employée de bureau. Si j'ai de bonnes notes, j'essayerai de faire un B.T.S. en tourisme.
– Eh bien, bonne chance, Françoise.

Jean-Luc est en première. Il fait des études dans un lycée où il prépare un bac scientifique.

– Bonjour, Jean-Luc. Vous vous êtes orienté vers les sciences, n'est-ce pas?
– Oui, j'ai toujours aimé les sciences, surtout la physique.
– Et qu'est-ce que vous voulez faire plus tard dans la vie?
– Eh bien, je passerai le bac l'année prochaine et si je suis reçu, j'espère aller à l'université.
– Vous ferez une licence en physique, alors?
– Oui, c'est ce que je veux faire.
– Et ensuite, que ferez-vous?
– J'aimerais faire de la recherche dans la physique nucléaire.
– Très bien. Ça fait longtemps que vous voulez faire ça?
– Non, depuis l'année dernière seulement.

Lisez les trois interviews et écrivez deux ou trois phrases pour décrire les projets d'avenir de chaque personne.

Exemple:
Françoise voudrait travailler dans une agence de voyages. Elle va d'abord préparer un B.E.P. d'employé de bureau. Si elle a de bonnes notes, elle essayera de faire un B.T.S. en tourisme.

Marie-Christine a dix-neuf ans. Elle est en terminale et elle va passer le bac au mois de juin.

– Alors, Marie-Christine, cette année est une année importante pour vous, n'est-ce pas?
– Oui. Cette année on a beaucoup de travail. Ce n'est pas très amusant.
– Que préparez-vous comme bac?
– Je prépare un bac B, c'est-à-dire en sciences économiques et sociales.
– Et qu'est-ce que vous voulez faire ensuite? Avez-vous l'intention de continuer vos études?
– Je ne sais pas. Avant, je pensais aller en faculté, mais maintenant je ne suis pas sûre.
– Pensez-vous vous fiancer ou vous marier peut-être?
– Ah non, sûrement pas! Au moins pas avant vingt-sept, vingt-huit ans. Je voudrais voyager d'abord, voir le monde, poursuivre une carrière.
– Vous ne vous voyez pas en mère de famille?
– Si, mais pas tout de suite, dans dix ans peut-être. Je pense que c'est une erreur de se marier jeune et d'avoir des enfants tout de suite. Au moins, ça ne me plairait pas.

Les examens approchent

Quelle est la meilleure méthode pour se préparer aux examens? A partir de quand devrait-on réviser et comment devrait-on s'y prendre? Quatre jeunes Français parlent de leurs expériences de l'année passée.

Michel

«A mon avis, il ne faut pas attendre les deux ou trois dernières semaines, pour commencer à faire des révisions. Moi, l'année dernière, j'ai commencé trop tard. J'ai surtout travaillé les deux dernières semaines, mais je n'avais pas assez de temps. Et ma plus grande erreur, c'est que j'ai révisé la veille et même le matin de l'examen, et je suis arrivé à l'école dans un état de confusion totale. Donc, je ne me sentais pas prêt et j'ai échoué au bac. Je pense qu'on devrait commencer à réviser trois ou quatre mois à l'avance.»

Sylvie

«Dans mon lycée, on avait organisé un «bac blanc» avant le vrai bac. On l'a eu après la rentrée de Pâques. On a dû passer toutes les épreuves en une semaine. Dans le vrai bac on n'a que trois jours, mais déjà en une semaine, c'était difficile. Ça nous a appris qu'on ne pouvait ni apprendre ni réviser entre deux épreuves. Je pense qu'un bac blanc est utile pour tester sa capacité de concentration pendant quatre heures. On apprend aussi à répartir son temps et à ne pas tout écrire au brouillon.»

Daniel

«Moi, j'ai trouvé utile de réviser avec un ou deux copains. Bien sûr, ça ne peut pas remplacer le travail individuel, mais ça peut le compléter. A la fin de l'année, quand on avait une heure de libre, on se mettait à deux ou trois pour faire des exercices. On allait plus vite et on s'encourageait. Quand on ne savait pas les réponses, on cherchait ensemble.»

Hélène

«Moi, j'ai commencé à réviser environ trois mois avant l'examen. J'ai préparé un emploi du temps et je comptais faire quatre heures de travail chaque soir – mais c'était trop ambitieux. Après une semaine, j'ai dû réviser mon plan! Je trouve important de consacrer de larges tranches de temps à une seule matière. Dès qu'on est bien lancé, ça passe vite. Le danger est qu'on risque de travailler plus sur les matières qu'on aime, que sur les autres.»

Pour réviser aux examens

Quelle est, selon vous, la meilleure méthode pour réviser et pour vous préparer aux examens?

Pour vous aider:

Il faut Il ne faut pas Il vaut mieux Il est préférable de A mon avis, c'est efficace de On devrait	travailler avec un ou deux copains/copines. commencer trois ou quatre mois à l'avance. organiser son temps. passer trop de temps sur ce que l'on sait faire. attendre la dernière semaine pour commencer à réviser. prendre le temps de se reposer entre les épreuves. consacrer de larges tranches de temps à une même matière. sauter d'une matière à l'autre. travailler à la bibliothèque. travailler en écoutant de la musique.

Quels sont vos projets d'avenir?

A Répondez à ces questions:

1 Allez-vous passer des examens cette année? Si oui, en quelles matières?
2 Avez-vous l'intention de continuer vos études au lycée? Si oui, allez-vous faire des études plutôt littéraires, scientifiques ou socio-économiques?
3 Quand avez-vous l'intention de quitter l'école?
4 Qu'est-ce que vous allez faire quand vous aurez quitté l'école?
5 Est-ce que vous commencerez un apprentissage?
6 Est-ce que vous espérez faire des études à l'université ou dans une école spécialisée?
7 Si vous avez répondu «oui» aux questions 5 ou 6, combien de temps durera-t-il/dureront-elles?
8 Est-ce que vous continuerez à habiter chez vos parents?
9 Est-ce que vous quitterez votre ville plus tard pour aller vivre dans une autre ville ou à l'étranger?

B Maintenant interviewez votre partenaire sur ses projets d'avenir.

Exemple: **1** Vas-tu passer des examens cette année?

Grammaire

Expressing intention

Notice that there are several ways of saying what you plan to do.

a) If you feel *almost definite* about something you can use **aller** + the infinitive:

Je **vais quitter** l'école le plus tôt possible!	*I'm going to leave school as soon as I can!*

b) The Future Tense can also be used for *almost definite* plans:

L'année prochaine je **passerai** des examens importants.	*Next year I'll take some important exams.*

c) If you are *less sure* about something you can use **avoir l'intention de**:

Avez-vous l'intention de continuer vos études?	*Are you intending to carry on studying?*

d) **Penser** can also be used *to show intention*:

Pensez-vous faire un apprentissage?	*Are you thinking of doing an apprenticeship?*

e) If you *hope to do* something, use **espérer**:

J'**espère** trouver du travail dans un magasin de mode.	*I hope to find work in a clothes shop.*

f) If what you plan to do *depends on a certain condition*, use **si** + Present Tense + Future Tense:

Si je **suis** reçu à mes examens, j'**irai** à l'université.	*If I pass my exams, I'll go to university.*
Si j'**ai** mon diplôme, j'**ouvrirai** mon propre salon.	*If I get my diploma, I'll open my own salon.*

Remember that you must use the Future Tense after *quand*, when you are referring to something that will happen in the future:

Je quitterai l'école quand j'**aurai** dix-huit ans.	*I'll leave school when I'm 18.*

— Si la nourriture ici ne devient pas meilleure, je vais commander des plats à emporter.

Grammaire Two verbs in a sentence (1)

In French it is common to find two verbs in a sentence: a *main verb* followed by *an infinitive*. Sometimes the infinitive follows directly, sometimes you must use *à* or *de* before the infinitive.

Verbs followed directly by the infinitive

adorer	*to love*
aimer	*to like, love*
aller	*to go*
compter	*to count on*
désirer	*to want, wish*
détester	*to hate*
devoir	*to have to, must*
entendre	*to hear*
espérer	*to hope*
faillir	*to nearly do something*
monter	*to go upstairs*
oser	*to dare*
penser	*to think of doing something*
pouvoir	*to be able, can*
préférer	*to prefer*
savoir	*to know (how to)*
venir	*to come*
voir	*to see*
vouloir	*to want, wish*
Que **pensez**-vous **faire** l'année prochaine?	*What are you thinking of doing next year?*
Aimez-vous **étudier?**	*Do you like studying?*
Qu'est-ce que vous **devez faire** comme formation?	*What sort of training do you have to do?*
Savez-vous **taper** à la machine?	*Can you type?*
Quand **pourrez**-vous **commencer** ici?	*When can you start here?*
Elle **comptait voir** ses amis.	*She was counting on seeing her friends.*
Elle **comptait** les **voir.**	*She was counting on seeing them.*
J'**espère venir** au mois d'août.	*I'm hoping to come in August.*
Ils **ont failli manquer** le train.	*They nearly missed the train.*
Il **est monté chercher** ses affaires.	*He went upstairs to look for his things.*
On n'**a** pas **osé parler.**	*We didn't dare speak.*
Tu **penses venir** à Londres, un de ces jours?	*Are you thinking of coming to London one of these days?*
Venez voir ce que j'ai fait.	*Come and see what I've done.*
Va chercher une chaise.	*Go and fetch a chair.*

Notice how the verbs of *seeing* and *hearing* are used:

J'**ai entendu crier** quelqu'un.	*I heard someone shout.*
Puis, j'**ai vu** un homme **courir** vers le métro.	*Then I saw a man running towards the 'métro'.*
Avez-vous **entendu parler** du film «Gandhi»?	*Have you heard anything about the film 'Gandhi'?*

— Chérie, viens voir ce que j'ai construit.

Faites des phrases Écrivez dix phrases correctes.

Je (J') Il Elle Mon ami(e) Paul *etc.*	aime compte désire espère pense préfère veux veut	quitter l'école à l'âge de seize ans. commencer un apprentissage. travailler le moins possible. aller en France. voyager à l'étranger. travailler dans un bureau. faire des études à l'université/dans une école spécialisée. trouver un appartement. quitter cette ville le plus tôt possible *etc.*

Au Camping du Soleil

Que peut-on faire au Camping du Soleil?

Exemple: On peut regarder la télévision.

Qu'est-ce qu'ils espèrent faire?

Jean

Exemple: Jean espère trouver un emploi à Londres.

1 **Nicole**

2 **Marc**

3 **Suzanne**

4 **Claude**

5 **Martine**

Exemple: Pierre veut créer sa propre entreprise.

Pierre

6 **Sophie**

7 **Luc**

8 **Françoise**

9 **Guy**

10 **Jacqueline**

Pour vous aider:

travailler en plein air
devenir vedette de cinéma
trouver un emploi à Londres
voyager dans le monde entier
créer sa propre entreprise
être femme politique
travailler dans l'informatique
trouver un poste dans la télévision

Vous êtes l'interprète

Voilà ce que de jeunes Britanniques veulent faire après les examens. Pouvez-vous expliquer à un(e) Français(e) ce que chaque personne pense faire?

1 **Gary** wants to leave school – hopes to start an apprenticeship as a mechanic – will live at home – wouldn't like *(n'aimerait pas ...)* to work in another town or abroad

2 **Susan** wants to leave school – is thinking of working in an office or bank – later when 18 or 19 would like to work abroad for a while, maybe as an au pair – would like to travel, especially to go to visit Australia (sister lives there)

3 **David** prefers to stay at school – if good exam results would like to take maths, physics, chemistry in sixth form *(faire les maths, la physique, la chimie en première et en terminale)* – hopes to be an engineer – would like to study (university or polytechnic) in London

4 **Anne** wants to stay at school – plans to take English, French, German in sixth form *(faire l'anglais, le français, l'allemand en première et en terminale)* – loves to write articles – would like to work in journalism or television – probably go to university or hopes to get a job with a local newspaper

---

Grammaire

Two verbs in a sentence (2)

Verbs followed by *à* + infinitive

A small number of verbs are followed by **à** + the infinitive:

aider qqn à	*to help someone to*
apprendre à	*to learn to*
commencer à	*to begin to*
consentir à	*to agree to*
continuer à	*to continue to*
hésiter à	*to hesitate to*
s'intéresser à	*to be interested in*
inviter qqn à	*to invite someone to*
se mettre à	*to begin to*
passer (du temps) à	*to spend time in*
réussir à	*to succeed in*

Je l'**ai aidé à changer** le pneu.	*I helped him to change the tyre.*
Il **a commencé à pleuvoir.**	*It started raining.*
Est-ce que vous **continuerez à vivre** chez vos parents?	*Will you continue to live with your parents?*
Apprenez-vous **à conduire**?	*Are you learning to drive?*
J'**ai passé** tout le week-end **à faire** mes devoirs.	*I spent the whole weekend doing my homework.*
Je ne **m'intéresse** pas du tout **à faire** des études supérieures.	*I'm not at all interested in going on to higher education*

Faites des questions

Écrivez dix questions en dix minutes.

Est-ce que	tu vous	aides aidez apprends apprenez continues continuez réussis réussissez commences commencez	à	conduire faire le ménage faire les commissions faire la cuisine jouer de la guitare jouer au badminton écrire à un(e) correspondant(e) français(e) étudier l'allemand/l'espagnol faire les mots croisés faire de l'informatique lire des romans en français écouter des émissions à la radio en français *etc.*	?

Qu'est-ce qu'ils font?

Exemple:
Pierre apprend à faire du ski.

1

Sophie / apprendre / faire de la voile

2

Jean / passer la soirée / jouer avec le micro-ordinateur

3

Suzanne et Claire / s'intéresser / faire du ski cet hiver

4

Luc / apprendre / conduire

5

Françoise / aider / Philippe / faire ses devoirs

6

Les garçons / apprendre / jouer de la guitare

7

Marc / aider / Philippe / réparer sa moto

8

Hélène / apprendre / faire de l'équitation

9

André / inviter ses copains / prendre un verre

Grammaire

Two verbs in a sentence (3)

Verbs followed by *de* + infinitive

Many verbs are followed by **de** + the infinitive:

s'arrêter de	*to stop*
cesser de	*to cease, stop*
décider de	*to decide to*
se dépêcher de	*to hurry*
essayer de	*to try to*
menacer de	*to threaten to*
être obligé de	*to be obliged, to have to*
oublier de	*to forget to*
refuser de	*to refuse to*

Il **a cessé de** neiger.	*It's stopped snowing.*
Elle **a décidé de** partir plus tôt.	*She decided to leave earlier.*
Nous **étions obligés de** rester jusqu'au matin.	*We had to stay until the morning.*
Vous **avez refusé de** le voir?	*Did you refuse to see him?*

Notice that many expressions with *avoir* are followed by **de** + the infinitive:

avoir besoin de	*to need to*
avoir l'intention de	*to intend to*
avoir peur de	*to be afraid to*
avoir le droit de	*to have the right to, to be allowed to*
avoir le temps de	*to have the time to*
avoir envie de	*to wish to*

Avez-vous **besoin de** regarder la carte?	*Do you need to look at the map?*
Elle **avait peur de** dire la vérité.	*She was afraid of telling the truth.*
Je n'**ai** pas **le temps de** le voir.	*I haven't time to see him.*

De nouvelles résolutions

Dites ce que tout le monde a décidé de faire ou de ne pas faire.

Exemples:

Papa: Je ne vais plus fumer.
Maman: Je vais faire des exercices de gym régulièrement.

Papa a décidé de ne plus fumer.
Maman a décidé de faire des exercices de gym régulièrement.

1 Marianne: Je ne vais plus manger de sucreries.
2 Jean-Louis: Je vais faire des économies.
3 Chantal: Je vais travailler plus sérieusement.
4 Robert: Je vais suivre un régime.
5 Marie: Je vais apprendre à conduire.
6 Daniel: Je vais faire la cuisine une fois par semaine.
7 Hélène: Je vais suivre des cours de mécanique.
8 André: Je vais prendre des cours de guitare.
9 Anne-Marie: Je vais lire le journal tous les jours.

Donnez des ordres!

Écrivez six commandes.

Arrêtez-vous Essayez N'oubliez pas Refusez Dépêchez-vous	de d'	crier. aller en France cet été. prendre des photos. parler anglais en France. acheter du pain. téléphoner. conduire. visiter la Tour Eiffel. réserver des places pour le match.

Une nouvelle entreprise

Complétez ce petit article en mettant l'infinitif du verbe qui manque. Mais attention, décidez d'abord s'il faut mettre un **à** ou un **de** aussi.

prêter	obtenir	avoir
prendre	trouver	engager
bien marcher	créer	

1 Jean-Luc est dessinateur. L'année dernière, il a quitté l'agence de publicité où il travaillait et il a décidé ... sa propre entreprise.
2 Au début, c'était difficile. Plusieurs banques ont refusé ... lui ... de l'argent.
3 Enfin, il a réussi ... un prêt du gouvernement.
4 Il a beaucoup travaillé et il a commencé ... du succès.
5 Il a eu trop de succés même, et il a décidé ... un assistant.
6 Il voulait quelqu'un pour ... la responsabilité du bureau quand il n'est pas là.
7 Un de ses anciens collègues l'a aidé ... quelqu'un de convenable.
8 L'entreprise continue ... .

Now you can: discuss future plans, exams to be taken, hopes, ambitions etc.

9·2 A propos de l'emploi

Sté ALSTHOM ATLANTIQUE
recherche
2 TECHNICIENS
Débutants ou ayant quelques années d'expérience.
Formation BTS mécanicien ou électro-mécanicien pour son bureau d'études, voulant s'orienter vers dessin industriel et calculs mécaniques et/ou thermiques.
Connaissances en informatique et en anglais appréciées.
Déplacements en métropole possibles.
Adresser C.V. et prétentions au
Service du Personnel et des Relations Sociales
38, avenue Kléber 75016 PARIS.

Recherchons
CUISINIER
nourri logé. S'adresser
LE COQ AU VIN, 78-TRIEL. Tél. 965.99.95

PRINTEMPS NATION
recherche
CAISSIÈRES
TEMPS COMPLET et TEMPS PARTIEL
EXPÉR. GRANDS MAGASINS de PRÉFÉRENCE
Libres de suite.
Avant. socx. Restaur. d'entreprise
Se présenter avec certificats 6e étage du magasin
SERVICE DU PERSONNEL
mardi/mercredi, 10 à 12 h, 14 à 17 h
21, COURS DE VINCENNES, PARIS-20•

Offres d'emploi

1 What jobs are being advertised by the transport company at Rosny-sous-bois?
2 How quickly do they want to fill these vacancies?
3 If you wanted a job as a cook, where could you apply?
4 What is offered in addition to a salary?
5 What additional knowledge is required for the job of teacher of Greek?
6 If you chose to apply for a job as part-time cashier at *Le Printemps*, how, when and where should you apply?
7 What sort of sales assistant is the fashion house looking for? (Mention *three* things).
8 Can technicians without experience apply for the jobs at *Alsthom Atlantique*?
9 What additional skills would be useful for a job there?
10 Mention *two* things that an accountant at the *Établissement Grohe* would have to do.

MAISON HAUTE COUTURE
recherche
POUR SA BOUTIQUE
VENDEUSE
EXPÉRIMENTÉE
— Anglais courant.
— Sérieuses références exigées.
— Bonne présentation.
— 5 x 8 du mardi au samedi inclus.
Ecrire avec C.V, photo et prétentions sous réf. 14074 F à: BLEU Publicité – 17, rue Lebel 94300 VINCENNES

Organisme de formation
PARIS, recherche
PROFESSEUR DE GREC
Spécialisé en finance
Tél: 296-14-24.

Sté de TRANSPORTS
à ROSNY-SS-BOIS
recherche
CHAUFFEURS P.L.
LIBRE DE SUITE.
Tél. 854.93.73.

ETS GROHE 91, bd Exelmans, Paris 16e, recherche
pour son service crédit, comptabilité clients
COMPTABLE OU SECRÉTAIRE-COMPTABLE
- Enregistrement des règlements clients.
- Analyse des comptes sur informatique.
- Relances, recherches, rédaction, courrier, tél.
- Ordre, organisation, bons contacts avec la clientèle.

ENVOYER C.V. ET PRETENTIONS

Interview avec un conseiller d'orientation

Listen to the interview and answer the following questions:

1 a) What is the role of a *conseiller d'orientation*?
b) Can you think of an English equivalent?
2 About how much time does he spend in his office?
3 Where does he spend the rest of his time?
4 What is one of the main problems today that makes his work difficult?

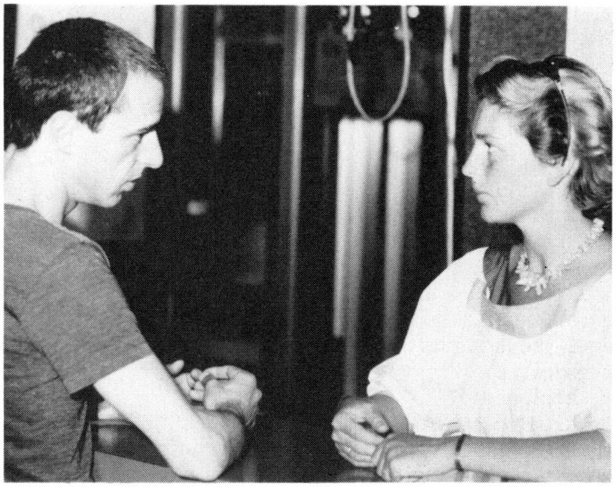

A propos de l'emploi vocabulaire et phrases utiles

Les métiers

un(e) acteur (-trice)	*actor (actress)*
un agent de police	*policeman*
un agriculteur	*agricultural worker*
un(e) assistant(e) social(e)	*social worker*
un boucher	*butcher*
un(e) boulanger(-ère)	*baker*
un cadre	*executive, manager*
un(e) chauffeur(-euse) de taxi	*taxi driver*
un(e) coiffeur(-euse)	*hair dresser*
un(e) concierge	*caretaker*
un(e) cuisinier(-ière)	*cook*
un(e) dactylo	*typist*
un dentiste	*dentist*
un(e) dessinateur (-trice)	*designer*
un(e) diététicien (-ienne)	*dietician*
un(e) directeur (-trice)	*head, director*
un douanier	*customs officer*
un électricien	*electrician*
un(e) employé(e) de banque	*bank worker*
un(e) employé(e) de bureau	*office worker*
un(e) employé(e) de la SNCF	*railway worker*
un(e) employé(e) de la PTT	*post office worker*
un(e) épicier (-iére)	*grocer*
un(e) étudiant(e)	*student*
un facteur	*postman*
un(e) fermier (-ière)	*farmer*
un(e) fonctionnaire	*government worker, civil servant*
un garçon de café	*waiter*
un gendarme	*policeman*
une hôtesse de l'air	*air hostess*
une hôtesse d'accueil	*receptionist*
un(e) infirmier (-ière)	*nurse*
un ingénieur	*engineer*
un(e) instituteur (-trice)	*primary school teacher*
un(e) journaliste	*journalist*
un maçon	*builder*
un mécanicien	*mechanic*
un médecin	*doctor*
un militaire	*soldier*
un mineur	*miner*
un notaire	*solicitor*
un(e) ouvrier (-ière)	*manual worker*
un ouvrier spécialisé	*skilled worker*
un pêcheur	*fisherman*
un(e) pharmacien (-ienne)	*chemist*
un(e) photographe	*photographer*
un pilote	*pilot*
un plombier	*plumber*
un pompier	*fireman*
un professeur	*secondary school teacher*
un(e) programmeur (-euse)	*computer programmer*
un représentant	*representative*
un routier	*lorry driver*
une secrétaire	*secretary*
une serveuse	*waitress*
un(e) sténo-dactylo	*shorthand typist*
un(e) styliste	*hairdresser*
un(e) technicien (-ienne)	*technician*
un(e) vendeur (-euse)	*shop assistant*

Vocabulaire général

le boulot	*work (slang)*
un chômeur	*unemployed person*
un débouché	*opening*
un(e) employé(e)	*employee*
l'entreprise (f)	*company*
être à la retraite	*to be retired*
être en chomage	*to be unemployed*
faire dans la vie	*to do for a living*
faire la grève	*to go on strike*
gagner sa vie	*to earn your living*
les heures fixes (f.pl.)	*fixed hours*
les heures souples (f.pl.)	*flexi-time*
des heures supplément-aires (f.pl.)	*overtime*
le licenciement	*redundancy*
un métier	*trade*
le patron	*boss, owner*
le salaire	*salary*
le syndicat	*trade union*
le travail «au noir»	*black economy*
travailler	*to work*
... dans un bureau	*... in an office*
... dans une usine	*... in a factory*
... en plein air	*... outdoors*
... à mi-temps	*... part-time*

Quoi, par exemple?

Donnez au moins un exemple de chaque genre de métier.

1 un métier dans le tourisme
2 un métier dans l'alimentation
3 un métier de l'enfance
4 un métier médical ou paramédical
5 un métier qui demande beaucoup de contact avec le public
6 un métier dans la mode
7 un métier qu'on peut exercer en plein air
8 un métier de bureau
9 un métier sportif
10 un métier artistique

Si vous étiez conseiller d'orientation …

Quel(s) métier(s) proposeriez-vous à chaque personne? Pour simplifier votre tâche, vous trouverez quelques idées sur la page.

Exemple: **1** Il pourrait être routier.

1 Marc voudrait faire un métier qui lui permettrait de voyager. Il aime aussi conduire.

2 Hélène voudrait travailler avec les enfants.

3 Jean-Pierre s'intéresse à la mécanique. Il passe beaucoup de son temps libre à réparer sa voiture.

4 Monique, qui aime la chimie, cherche une carrière paramédicale. Elle ne veut être ni médecin ni infirmière.

5 André veut faire quelque chose qui lui permettra d'aider les gens. Dans son temps libre il travaille dans un centre pour les personnes du troisième âge.

6 Sophie s'intéresse à la beauté et à la mode. Elle aussi, elle cherche un métier qui demandera du contact avec le public.

7 Luc aime réparer les télévisions et les magnétophones de ses amis. Plus tard il voudrait créer sa propre entreprise.

8 Anne cherche une carrière dans l'alimentation. Elle ne veut pas travailler dans un restaurant ou dans un magasin et elle est prête à faire des études supérieures.

9 Pierre, qui aime beaucoup les maths, s'intéresse aussi au budget familial. Il veut faire quelque chose dans la finance et, lui aussi, est prêt à continuer ses études.

10 Christine est forte en français. Elle lit beaucoup et elle aime écrire des articles pour le journal scolaire.

assistant(e) social(e)

comptable

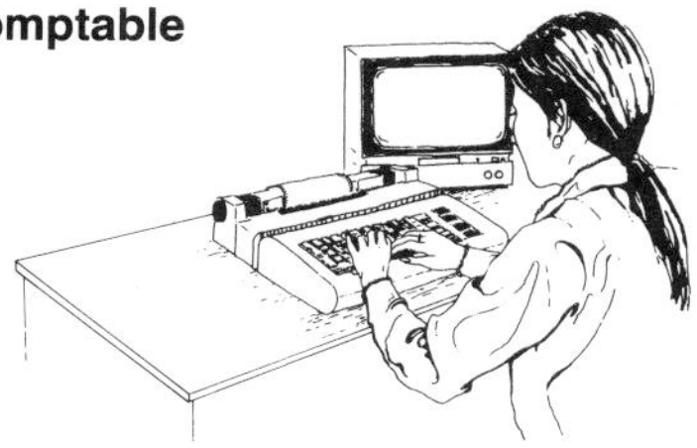

diététicien (diététicienne)

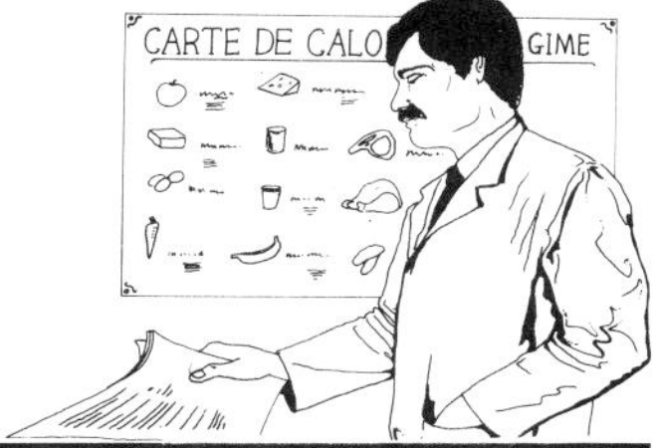

électricien (électricienne)

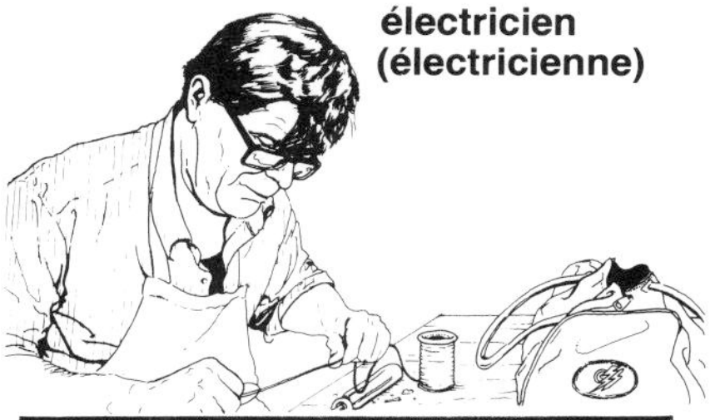

esthéticienne

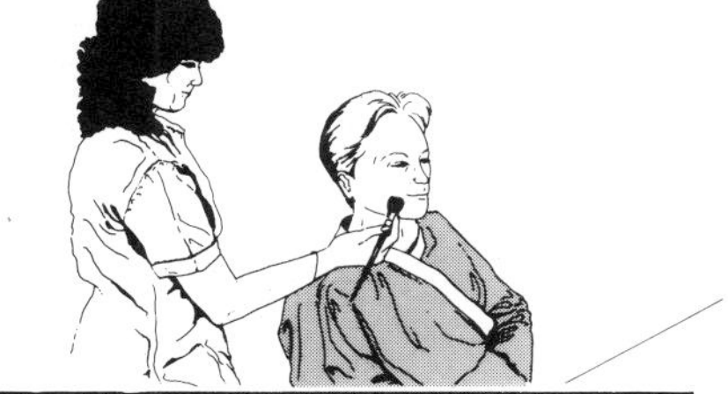

pompier

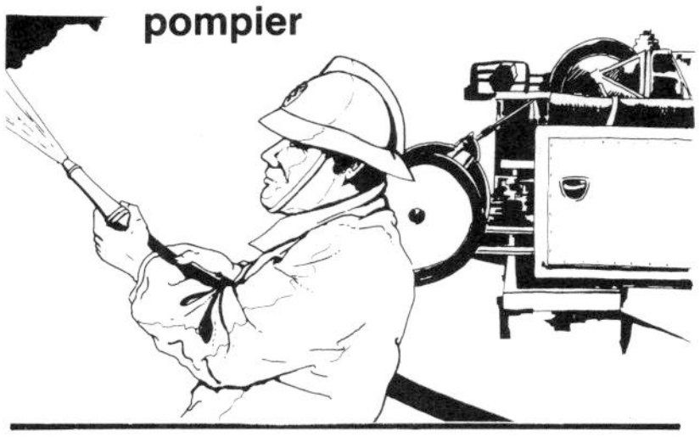

instituteur (institutrice)

journaliste

mécanicien (mécanicienne)

pharmacien (pharmacienne)

routier

pêcheur

C'est mon métier

1 Jean-Pierre, coiffeur

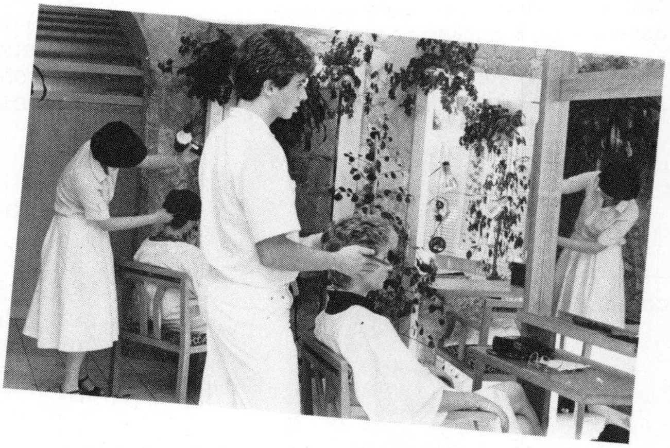

– Aimez-vous votre métier?
– Oui, je l'aime bien. Je voulais être coiffeur dès l'âge de douze ans, je crois. Je n'aimais pas beaucoup le collège, alors après la quatrième, je suis entré dans une école de coiffure.
– Qu'est-ce que vous avez fait comme formation?
– A l'âge de seize ans, j'ai passé un examen, le C.A.P. Pour l'examen on doit faire une permanente, une mise en plis, des coupes et une teinture. Maintenant, je prépare mon brevet. C'est un peu comme le C.A.P., mais plus difficile.
– Est-il difficile de trouver du travail?
– Non, ça va. Comme garçon-coiffeur on n'est pas bien payé, donc on trouve une place assez vite. Ça fait deux ans que je travaille dans ce salon.
– Comment voyez-vous votre avenir? Aimeriez-vous avoir votre propre salon?
– Oui. Quand j'aurai mon brevet, j'aurai le droit d'ouvrir mon propre salon et c'est ça que j'aimerais faire plus tard ... quand j'aurai un peu plus d'expérience.

2 Anne-Marie, infirmière

– Anne-Marie, vous êtes infirmière. C'est un métier dur n'est-ce pas, avec des horaires difficiles?
– Oui, le travail est exigeant et il vous arrive de faire des journées de dix, même quatorze heures. A l'hôpital où je suis, les infirmières travaillent par roulement. Une semaine sur quatre on travaille la nuit. Normalement on fait trente-neuf heures par semaine; cinq jours de suite, suivis de deux jours de repos.

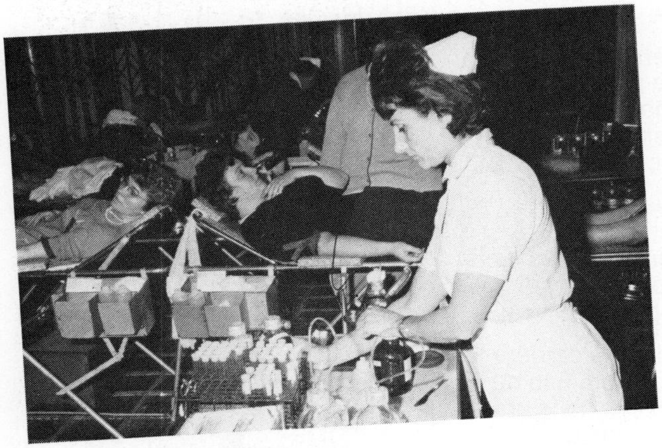

– A votre avis, quelles sont les qualités nécessaires pour exercer ce métier?
– Il faut être en bonne santé physique, être bien équilibré. Il faut être ouvert et aimer les contacts: l'aspect humain du métier est très important, le travail d'équipe aussi. Pour moi, ce qui m'a attiré vers cette profession, c'est en partie l'intérêt du travail mais aussi l'idée d'aider ceux qui souffrent.
– Quels sont les aspects les plus difficiles de votre travail?
– Quand on est de garde et que l'état d'une personne s'aggrave brusquement. Bien sûr, on appelle tout de suite le médecin, mais avant son arrivée, on est seule et responsable. En plus, on s'attache aux malades, surtout aux enfants et quand on les voit mourir, c'est affreux. Je pense qu'il faut savoir s'isoler un peu, avoir une passion: un sport, la musique, par exemple. Tout oublier, décrocher complètement, c'est indispensable.

1 Where did Jean-Pierre train to be a hairdresser?
2 Name *two* things that a trainee hairdresser would have to do for the C.A.P. exam?
3 Did Jean-Pierre have difficulty finding a job in a salon? What reason does he give for this?
4 When would he like to start his own business?
5 Does Anne-Marie work at night in her job?
6 Approximately how many hours a week does a nurse work?
7 Give *two* qualities mentioned as being important for nursing.
8 What attracted Anne-Marie to nursing?
9 What does she say is one of the most difficult aspects of her work?
10 What point does she make at the end of the interview?

une mise en plis	*shampoo and set*
une teinture	*hair colouring*
exigeant	*demanding*
par roulement	*on a rota*
le travail d'équipe	*team-work*
être de garde	*to be on duty*
décrocher	*to switch off*

Questions à poser

Qu'est-ce que vous faites dans la vie?
Ça vous plaît comme métier?
En quoi consiste votre/le travail?
Où travaillez-vous?
Quelles sont vos/les horaires?
Pourriez-vous raconter une journée typique?
Qu'est-ce que vous avez fait, comme formation?
Qu'est-ce qu'il faut faire, comme formation?
Quelles sont les qualités nécessaires pour ce métier?
Est-ce qu'il y a des débouchés? Est-il assez facile de trouver du travail?
Comment voyez-vous l'avenir?
Voudriez-vous changer de métier?

Il manque les questions

Dans ces deux interviews on n'a pas mis les questions qui ont été posées. Lisez bien les réponses et décidez quelle question a été posée à chaque fois.

A Sylvie

1 ....?
Je suis diététicienne.

2 ....?
Oui, ça m'a toujours intéressé et j'aime bien mon métier.

3 ....?
J'ai fait des études dans un lycée spécialisé.

4 ....?
Moi, je travaille dans un hôpital. Je suis responsable du service alimentation. Je propose des régimes aux malades. Je travaille avec les gens de la cuisine – je surveille les menus quotidiens etc.

5 ....?
J'aimerais travailler dans le secteur de la prévention. Si on arrivait à convaincre les gens de se nourrir correctement, on éviterait beaucoup de maladies.

l'habileté manuelle	*manual skill*
la concurrence	*competition*
doué	*gifted*

B François

1 ....?
Je suis photographe.

2 ....?
Je travaille dans un studio donc j'ai des horaires assez réguliers de neuf à douze heures et de quatorze à dix-huit heures, les jours de semaine. Je ne travaille pas le week-end.

3 ....?
J'ai préparé un B.E.P. en photographie. Ce qui est important aussi c'est de faire des photos et d'aimer ça.

4 ....?
Il faut avoir un certain sens artistique, de l'imagination. Il faut aussi avoir de l'habileté manuelle pour le développement des photos.

5 ....?
Oui, il y a des débouchés. On trouve du travail dans des agences de publicité, dans la presse, les maisons de couture, les industries, le cinéma et la télévision. Il est possible aussi de travailler en free-lance mais il faut avoir des contacts. Mais n'oubliez pas que la concurrence est très sévère et que pour trouver un poste, il faut être réellement doué.

Que ferez-vous comme métier?

1 Savez-vous déjà ce que vous voulez faire plus tard dans la vie?
   a) Si oui, qu'est-ce que vous voulez faire? A quel âge avez-vous fait votre choix?
   b) Si non, quel genre de travail voudriez-vous faire?

2 Voulez-vous travailler près de chez vous?

3 Voulez-vous travailler pour une petite société (moins de 50 personnes) ou une grande entreprise (plus de 500 employés) ou est-ce que cela n'a aucune importance?

4 Voulez-vous travailler pour vous?

5 Voulez-vous avoir des responsabilités?

6 Quel est, pour vous, le plus important: gagner beaucoup d'argent, ou avoir un travail intéressant?

7 Voulez-vous voyager?

8 Voulez-vous travailler à l'étranger?

9 Préféreriez-vous un horaire de travail régulier, par exemple, du lundi au vendredi de neuf heures à cinq heures, ou est-ce que vous seriez prêt(e) à travailler parfois le soir et le week-end? *(Je préférerais/Je serais prêt(e) ...)*

10 Préféreriez-vous travailler à l'intérieur ou en plein air?

Pour vous aider à répondre:

Oui, à tout prix.
Oui, si possible.
Oui, peut-être.
Pas forcément.
Pas spécialement.
Non.
Non, absolument pas.

— J'aimerais une situation où l'on travaille de 11 heures à 16 heures, avec un arrêt pour déjeuner de midi à 15 heures.
— Parfait. Vous pouvez débuter dès demain.

Grammaire

Asking, advising, ordering

commander	*to order*
conseiller	*to advise*
défendre	*to forbid*
demander	*to ask*
dire	*to tell*
ordonner	*to order*
permettre	*to allow*
promettre	*to promise*
proposer	*to suggest*

The above verbs follow this pattern:

verb + **à** + person + **de** + infinitive

Elle **a demandé à** sa correspondante **de** lui **envoyer** une photo.	*She asked her penfriend to send her a photo.*
J'**ai conseillé à** ma sœur **de** ne pas **aller** à Paris.	*I advised my sister not to go to Paris.*
Il **a demandé à** son père **de** lui **prêter** sa voiture.	*He asked his father to lend him the car.*

Notice that **à** + person can be replaced by an indirect pronoun (*me, te, lui, nous, vous, leur*):

Il a permis **à son fils** de prendre sa voiture.	*He allowed his son to take the car.*
Il **lui** a permis de prendre sa voiture.	*He allowed him to take the car.*
Elle a promis **à ses enfants** de les emmener à la piscine.	*She promised to take her children to the swimming pool.*
Elle **leur** a promis de les emmener à la piscine.	*She promised to take them to the swimming pool.*
Je **vous** défends de sortir.	*I forbid you to go out.*
Je **te** propose de manger au restaurant, ce soir.	*I suggest we dine at the restaurant this evening.*
Il **m**'a demandé de l'attendre au café.	*He asked me to wait for him at the café.*

Qu'est-ce qu'ils ont dit?

A
Une mère parle à son fils. Qu'est-ce qu'elle a demandé?

Exemple: 1 Elle a demandé à son fils de l'aider à faire la vaisselle.

1 «Tu peux m'aider à faire la vaisselle?»
2 «Tu peux faire des commissions en ville?»
3 «Tu peux laver la voiture?»
4 «Tu peux passer l'aspirateur?»

B
Jean-Luc parle à sa petite amie. Qu'est-ce qu'il lui a proposé?

Exemple: 1 Il lui a proposé d'aller au cinéma, samedi soir.

1 «Si on allait au cinéma samedi soir?»
2 «Ou bien, on pourrait aller dans une discothèque?»
3 «Ben alors, si on prenait un verre au café avec des copains?»
4 «Ou bien, on peut regarder le film à la télé.»

C
Un père parle à sa fille. Qu'est-ce qu'il a dit?

Exemple: 1 Il a défendu à sa fille de sortir.

1 «Je te défends de sortir ce soir.»
2 «Je te propose de passer quelques jours à Paris.»
3 «Je te permets de prendre la voiture.»
4 «Je te conseille d'éviter les heures de pointe.»

D
Un professeur parle à ses élèves pendant un voyage en France.

Exemple: 1 Il a permis à ses élèves de sortir en groupe le soir.

1 «Je vous permets de sortir en groupe le soir.»
2 «Je vous conseille d'aller à la maison des jeunes ou au cinéma.»
3 «Je vous défends d'entrer dans le casino.»
4 «Et je vous demande de rentrer à l'hôtel avant minuit.»

E
Une jeune fille parle à des amis, qui partiront bientôt en vacances en Italie.

Exemple: 1 Elle a demandé à ses amis de l'attendre.

1 «Attendez-moi!»
2 «Envoyez-moi une carte postale.»
3 «Et achetez-moi un journal italien, s'il vous plaît.»
4 «Et téléphonez-moi, dimanche prochain.»

600 000 jeunes (16 à 21 ans) sans emploi

La crise de l'emploi est ún des grands problèmes de nos jours. Même les jeunes avec des qualifications ont de la difficulté à trouver un emploi.

Prenez le cas d'Annick, qui a un C.A.P. en comptabilité. Elle a cherché pendant six mois un emploi en rapport avec son diplôme. Elle a trouvé finalement un poste comme manutentionnaire dans une imprimerie. Mais elle n'y est pas restée. «Le travail ne me plaisait pas, dit-elle, alors j'ai fait des colonies de vacances, les vendanges, j'ai touché à tout . . . des petits boulots, quoi.»

En effet, beaucoup de jeunes ont recours aux «petits boulots» ou au «travail au noir» – des travaux souvent non réglementés, mal payés et qui n'offrent aucune stabilité. Corinne, niveau bac, a fait du classement dans un bureau, puis un sondage au bord de la route, elle a travaillé au pair et maintenant elle fait du travail à la chaîne dans une usine. Claude, qui voulait être assistant social, a tout essayé: plongeur, garçon de café, vendeur de glaces etc.

Si les jeunes avec des qualifications éprouvent de la difficulté à trouver un poste, ils ont au moins plus de chances que les jeunes sans qualifications. Parmi les 600 000 jeunes sans emploi, la plupart sont sans qualifications.

Le frère d'Annick, par exemple, a quitté l'école avant de passer le C.A.P. et, depuis un an, il cherche un emploi. Il est inscrit au chômage et il attend. Sans diplômes ni formation il a peu de chance de s'en sortir.

Pour faire face à cette situation grave, le gouvernement français a demandé à Bertrand Schwatz, professeur à l'université de Paris, dc préparer un rapport, détaillant des propositions pour que les jeunes ne se trouvent pas condamné au chômage à cause d'un manque de qualifications. Ainsi, le rapport Schwatz, publié fin 1981, a proposé des solutions concrètes.

En ce qui concerne le temps de travail, il a proposé l'expérimentation: deux jeunes partageant le même poste par exemple, ou un jeune remplaçant peu à peu un travailleur de plus de 55 ans.

Il a proposé la création d'emplois et d'activités d'intérêt collectif: aide à domicile des personnes âgées, entretien des forêts, restauration des monuments etc.

Et il a proposé pour tous les jeunes, entre 16 et 21 ans, sans emploi et sans qualifications, des stages et des formations leur permettant de se réintégrer dans la vie active. Rien, écrit-il, ne se fera sans les jeunes!

1 What is this article about?
2 What did Annick spend six months looking for?
3 Why did she give up her job at the warehouse?
4 Mention *two* jobs that Corinne did and *two* jobs that Claude tried.
5 Roughly what proportion of the young people have no qualifications?
6 For how long has Annick's brother been looking for a job?
7 What was the purpose of the Schwatz report?
8 Give *one* solution put forward.

un(e) manutentionnaire	*packer in a warehouse*
une imprimerie	*printer's*
des petits boulots	*temporary jobs (slang)*
le travail au noir	*black economy*
faire du classement	*to do filing*
faire du travail à la chaîne	*to work on an assembly line*
un plongeur	*washer-up*

Now you can:
talk about work, careers and unemployment.

9·3 Avec des «si» on mettrait Paris en bouteille

Grammaire — The Conditional Tense (1)

You have already been using the Conditional Tense in certain key phrases, such as *je voudrais, je pourrais.* It is often used instead of the Present Tense because it sounds more polite.

Compare these sentences:

Je veux louer une voiture, s'il vous plaît.	*I want to hire a car please.*
Je **voudrais** louer une voiture, s'il vous plaît.	*I would like to hire a car please.*
Pouvez-vous m'expliquer ça, s'il vous plaît.	*Can you explain that to me please?*
Pourriez-vous m'expliquer ça, s'il vous plaît.	*Could you explain that to me please?*

Notice how the Conditional Tense is formed. It's a mixture of the Future Tense (which forms the stem) and the Imperfect Tense (which gives the endings).

Future Tense		**Conditional Tense**	
j'	aimerai	j'	**aimerais**
tu	aimeras	tu	**aimerais**
il / elle / on	aimera	il / elle / on	**aimerait**
nous	aimerons	nous	**aimerions**
vous	aimerez	vous	**aimeriez**
ils / elles	aimeront	ils / elles	**aimeraient**

La première journée de travail

Marie-Claire vient de trouver un emploi dans une entreprise à Paris. C'est sa première journée de travail. Comme elle veut faire bonne impression, elle est très polie avec tout le monde. Choisissez à chaque fois la phrase qu'elle emploie.

1 On lui propose de faire le tour de l'usine. Elle dit:
a) Oui, ça m'intéresserait de faire le tour de l'usine.
b) On fait le tour de l'usine? D'accord.
c) Le tour de l'usine? Oui, si vous voulez.

2 On lui a demandé de consulter un dossier pour trouver la réponse à une question. C'est compliqué, alors elle dit:
a) Je n'y comprends rien à ce dossier!
b) Pourriez-vous m'expliquer ceci, s'il vous plaît?
c) Tout ça, c'est beaucoup trop compliqué.

3 L'heure du déjeuner approche et elle a faim. Elle dit:
a) Quand est-ce que je pourrais aller déjeuner?
b) J'ai drôlement faim. Où se trouve la cantine?
c) Je vais acheter un pain au chocolat à la boulangerie d'à côté.

4 Il fait chaud dans le bureau. Elle dit:
a) Cela vous dérangerait si j'ouvrais la fenêtre?
b) Je vais ouvrir la fenêtre.
c) Qu'il fait chaud! On ne peut pas ouvrir une fenêtre?

5 Vendredi après-midi, elle doit aller chez le dentiste. Elle dit:
a) Vendredi après-midi, je ne peux pas travailler. J'ai rendez-vous chez le dentiste.
b) J'ai oublié de vous dire, vendredi je ne serai pas là – j'ai rendez-vous chez le dentiste.
c) Est-ce qu'il me serait possible de partir plus tôt, vendredi? J'ai rendez-vous chez le dentiste.

6 On lui a demandé de faire des photocopies. Elle dit:
a) Le photocopieur, c'est où?
b) Pourriez-vous me dire où se trouve le photocopieur?
c) Je dois faire des photocopies. Qu'est-ce que je fais?

Toujours de la politesse

The Conditional Tense can also be used to invite someone to do something:

Ça vous **plairait** d'aller voir Michèle?	*Would you like to go and see Michèle?*
Voudrais-tu aller au cirque?	*Would you like to go to the circus?*
Voudriez-vous venir dîner chez nous, samedi soir?	*Would you like to come and have dinner with us on Saturday evening?*

Décidez ce que chaque personne dirait dans les situations suivantes:

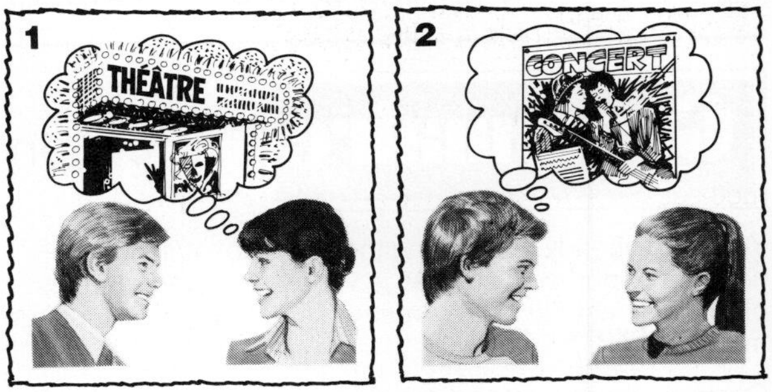

De bons conseils

The Conditional Tense is also used to give advice:

Père: Toujours pas d'emploi, Jean-Luc? Mais tu ne fais pas assez d'effort. A ta place, j'écrirais à toutes les grandes entreprises en ville, je répondrais à toutes les petites annonces dans le journal et je passerais tous les jours à l'A.N.P.E. pour voir s'il y a de nouvelles situations.

Mère: A mon avis, tu ferais mieux de continuer tes études. Comme ça, tu aurais, au moins, un diplôme.

Frère: Et moi, je pense que tu devrais penser à aller plus loin, à Paris même, pour trouver un poste.

Qu'est-ce qu'ils conseillent à Jean-Luc de faire?

1 Son père dit qu'il devrait ...
2 Selon sa mère, il ferait mieux de ...
3 Son frère lui dit qu'il devrait ...

Si j'étais le patron ...

– Tu sais, si moi, j'étais le patron ici, je donnerais une augmentation de salaire à tous les employés. Je réduirais les heures de travail. J'emploierais plus de gens. Les repas à la cantine seraient gratuits. J'abolirais les heures supplémentaires. Il y aurait une pause-café d'une demi-heure. Je fermerais l'entreprise pendant juillet et août. Comme ça, tout le monde aurait deux mois de vacances en été.
– Et la compagnie ferait faillite!

Que ferait le premier employé s'il était patron? Il y a sept changements qu'il voudrait faire.

Exemple:
1 Il donnerait une augmentation de salaire à tous les employés.

Grammaire

The Conditional Tense (2)

Look again at the conversation between the two employees. The first employee would make a lot of changes if he were the boss.

Si j'étais le patron, je **donnerais** une augmentation de salaire.	*If I were the boss, I'd give all my employees a rise.*

Notice that the Conditional Tense is often used in the second part of a sentence containing 'if'.

Here are some more examples:

Si je gagnais une grosse somme d'argent, je **ferais** le tour du monde.	*If I won a large sum of money, I'd go on a world tour.*
Si j'étais président(e) de la république, j'**abolirais** les impôts.	*If I were the President, I'd abolish taxes.*
Si votre voiture tombait en panne, **sauriez**-vous quoi faire?	*If your car broke down, would you know what to do?*

The pattern is:

Si + Imperfect Tense + Conditional Tense.

Que feriez-vous ...

Exemple: 1 J'appellerais un mécanicien.

1 ... si votre voiture tombait en panne?
2 ... si vous voyiez des voleurs?
3 ... s'il y avait un feu dans votre maison?
4 ... si quelqu'un était très malade?
5 ... si la télévision ne marchait plus?
6 ... s'il y avait une fuite d'eau dans la maison?

Où iriez-vous ...

Exemple: 1 J'irais à la pharmacie.

1 ... si vous vouliez acheter des médicaments?
2 ... si vous vouliez acheter du pâté et du jambon?
3 ... si vous vouliez acheter du pain?
4 ... si vous vouliez faire le plein d'essence?
5 ... si vous vouliez acheter des timbres?
6 ... si vous vouliez acheter un livre?

Quels changements feriez-vous?

Si vous pouviez effectuer six changements dans la ville ou le village où vous habitez, que feriez-vous?

Voilà quelques idées:

améliorer les transports publics

permettre aux magasins d'ouvrir le dimanche/le soir.

construire une piscine/un complexe sportif
un piste de ski artificielle

ouvrir un théâtre municipal/un nouveau cinéma/
une patinoire

construire des «pistes cyclables» pour favoriser les cyclistes

remplacer les grands immeubles par des maisons

créer de nouveaux centres pour les jeunes

faire plus de rues piétonnes au centre-ville

Si c'était possible ...

1 Si vous pouviez faire n'importe quel métier, lequel choisiriez-vous?
2 Si vous pouviez vivre n'importe où dans le monde, où vivriez-vous?
3 Si vous pouviez élire n'importe qui comme premier ministre, qui choisiriez-vous?
4 Si vous pouviez faire n'importe quel sport pendant les vacances, lequel feriez-vous?
5 Si vous pouviez faire la connaissance d'une personne célèbre (vedette, comédien, chanteur, écrivain, personalité de la TV, homme/femme politique), qui aimeriez-vous rencontrer?
6 Si vous pouviez partir en vacances n'importe où dans le monde, où iriez-vous?
7 Si vous pouviez acheter n'importe quelle marque de voiture, laquelle achèteriez-vous? (une Rolls-Royce, une Porsche, une BMW, une Ferrari etc.)
8 Si vous gagniez beaucoup d'argent, qu'est-ce que vous offririez comme cadeau à vos parents?

Que feraient-ils, s'ils gagnaient au Loto?

Le Loto, créé en 1976, est plus jeune que la Loterie Nationale, créée en 1933. La plus grosse somme d'argent à gagner est de 8 millions de francs. Avec une telle somme d'argent, que feraient les gens suivants?

1 Michel, 40 ans, cadre dans une agence de marketing

Il ... de construire sa maison et il ... une boutique de mode. (**finir, ouvrir**)

2 Anne, 22 ans, au chômage

Elle ... une maison et un bateau et elle ... des voyages. (**acheter, faire**)

3 Philippe, 25 ans, architecte

Il ... construire quatre ou cinq maisons de styles différents pour tester ses idées architecturales! (**faire**)

4 Claudette, 36 ans, fonctionnaire

Elle ... ses dettes! (**payer**)

5 Jean-Louis, 27 ans, électricien

Il en ... pour créer sa propre entreprise. (**profiter**)

6 Nicole, 24 ans, professeur

Elle ... bénévolement pour des organismes comme *Amnesty International* ou *Frères des Hommes.* (**travailler**)

7 Marc, 29 ans, agent de police

Il ... un appartement à Paris et un autre sur la Côte d'Azur. (**acheter**)

8 Et vous? Que feriez-vous?

LES VRAIS GAGNANTS DU LOTO

En fait, aucun gagnant d'une grosse somme d'argent ne s'est offert la Rolls-Royce blanche dont beaucoup de personnes rêvent. Ils ont plutôt choisi des voitures plus modestes, une Renault 9 par exemple ou un break. Et au lieu de partir vers des destinations exotiques, les gagnants se contentent d'habitude des pays de la Méditerranée: Tunisie, Grèce, Baléares etc. Ils ne pensent pas uniquement à eux-mêmes. La plupart des gagnants aident leur famille et font des dons à des organismes de bienfaisance. Ils ne renoncent pas non plus au travail. Même s'ils s'offrent quelques mois ou années sabbatiques, les gagnants recommencent à travailler «pour garder le contact». Après tout, ce n'est pas parce qu'on est devenu multimillionnaire qu'on doit changer de vie et cesser de travailler.

Now you can:
use the Conditional Tense to ask questions politely, to give advice and to say what you *would* do in certain situations.

9·4 L'argent de poche

LES LYCEENS ET L'ARGENT

La plupart des lycéens reçoivent entre 50 et 200 francs par mois comme argent de poche. Pour les élèves en terminale la somme est plus élevée. En effet, ce ne sont pas de grosses sommes d'argent surtout lorsqu'elles doivent financer les transports et les repas de midi. Et il ne reste pas beaucoup d'argent pour ce qui intéresse les jeunes le plus: cinéma, disques ou cassettes, journaux, sorties, moto, cyclomoteurs, vêtements à la mode, sports, boîtes de nuit, bandes dessinées ou livres.

Pour se débrouiller, les jeunes empruntent des disques et des livres plutôt que les acheter, fréquentent les ciné-clubs plutôt que les grandes salles de cinéma et vont au bal plutôt qu'en boîte.

En plus, beaucoup de lycéens complémentent l'argent donné par les parents avec de l'argent gagné en ayant une occupation d'été ou en travaillant le mercredi après-midi ou le samedi.

Valérie, élève de terminale, donne des cours d'anglais.

«Avec un cours d'anglais par semaine, je double la somme que me donnent mes parents, et je m'organise pour mes bouquins, le cinéma et les café-sandwichs du midi. C'est le seul moyen d'avoir un peu d'indépendance. Ce n'est pas une charge de travail importante: rien à voir avec ceux qui travaillent tout le samedi dans une grande surface.»

Pour Olivier, c'est le travail d'été qui lui permet d'avoir un peu plus d'argent tout au long de l'année.

«Sur les 200 francs que me donnent chaque mois mes parents, je dois déjà sortir 100 francs pour acheter ma carte orange, si bien qu'ensuite il ne me reste pas grand-chose pour mes dépenses personnelles. Heureusement, tous les étés, je travaille un mois, parfois deux. L'an passé, j'ai ainsi travaillé chez Kodak, où j'ai été payé au S.M.I.C. Avec l'argent que je gagne, je me paie mes vacances d'été et, ensuite, il m'en reste un peu pour mes dépenses de l'année.

Au lycée technique de Châteauroux, par exemple, près de 80% des élèves de terminale travaillent pendant les vacances d'été. Maryse a travaillé dans une épicerie.

«J'ai travaillé un mois et demi dans une épicerie et cela me suffit pour vivre toute l'année. Mes parents font déjà un effort pour payer les repas de midi. Moi, je paie les livres, les vêtements et il me reste un peu d'argent pour les sorties.»

Que fait-on pour trouver une petite occupation?

On lit les petites annonces dans le journal, dans les bureaux du C.I.D.J. et de l'A.N.P.E.

Cependant on trouve une occupation plus facilement si on a du «piston». C'est parce que son père est employé à la S.N.C.F. que Jean-Paul a réussi à y trouver un poste, l'été dernier.

«Je contrôlais les billets à l'arrivée des trains à la gare d'Austerlitz et je faisais la fouille des voitures pour vérifier que les passagers n'avaient rien oublié. Il n'était pas rare qu'un voyageur qui avait oublié quelque chose me glisse une pièce lorsqu'il venait le chercher au bureau. En cinq semaines, avec les pourboires, j'ai gagné plus de 4 000 francs, mais il est vrai qu'il y avait beaucoup d'heures de nuit et que je travaillais un week-end sur deux.»

Comment les jeunes dépensent-ils l'argent ainsi gagné?

Il y en a qui font des économies pour s'offrir quelque chose longtemps désirée: pour Maryse, la guitare, pour Jean-Pierre la trompette, pour Frédéric une moto, pour Suzanne une tenue à la dernière mode. Mais instruments de musique, chaîne stéréo, vêtements à la mode, tout cela n'intéresse pas Annie, élève en première. Elle veut mettre son argent à côté pour s'offrir plus tard des voyages en Grèce et en Italie.

Avez-vous bien compris?

1 Roughly how much pocket-money does the average French teenager receive?
2 What expenses does it have to cover, in some cases?
3 Mention *two* ways in which French people can economise.
4 How might they earn some extra money?
5 What sort of things might they save up for?

une carte orange	*monthly season ticket for use on public transport in Paris*
le S.M.I.C.	*minimum official salary*
le C.I.D.J.	*Centre d'Information et de Documentation Jeunesse.*
l'A.N.P.E.	*L'Agence Nationale pour l'Emploi*
avoir du «piston»	*to have connections, to know the right people*
faire la fouille	*to search*

Comment les jeunes dépensent-ils leur argent?

	14/16 ans	17/19 ans
	% de l'argent de poche dépensé	
Nourriture	2,6	24,5
Disques, cassettes	66,9	68,6
Bonbons, chewing-gum	50,1	32,4
Bijoux, bricoles	30,4	21,4 (filles 40,4)
Produits de beauté, toilette	13,7	23,9 (filles 36,5)
Petits vêtements	12	46,5
Moto, cyclomoteur, vélo	14,7	18,3 (garçons 21%)
Livres	22,2	38,4
Spectacles	32,2	56,7
Journaux, revues	39,2	48,6
Voyages, balades	5,5	14,5

1 Qu'est-ce qu'ils achètent le plus?

2 Est-ce qu'ils dépensent plus d'argent sur les spectacles (cinéma, matchs de sports *etc.*) ou sur les voyages?

3 Est-ce qu'ils dépensent plus d'argent sur les livres ou sur les journaux et les revues?

4 Est-ce que les 17 à 19 ans achètent plus de bonbons et de chewing-gum que les 14 à 16 ans?

5 Est-ce que les 17 à 19 ans dépensent moins d'argent sur la nourriture que les 14 à 16 ans?

L'argent, les économies et les petites occupations

1 Est-ce que vous recevez de l'argent de poche? Si oui, quand le recevez-vous? (Tous les samedis, tous les mois *etc.*)

2 Comment dépensez-vous votre argent? (Achetez-vous des disques, des cassettes, des livres, des magazines ou des bandes dessinées, des vêtements à la mode, des produits de beauté? Sortez-vous souvent? *etc.*)

3 Est-ce que vous faites des économies aussi? Si oui, qu'est-ce que vous voulez faire avec vos économies?

4 Si quelqu'un vous donne de l'argent à Noël, disons une somme de 200F, comment la dépenserez-vous?

5 Quel âge faut-il avoir pour avoir une petite occupation en Grande-Bretagne?

6 Avez-vous une petite occupation ou espérez-vous en avoir une plus tard?

7 Qu'est-ce qu'on peut faire pour gagner un peu d'argent?

8 Connaissez-vous quelqu'un qui a une petite occupation? Demandez-lui ce qu'il/elle fait, combien d'heures il/elle travaille et quand, et, si ce n'est pas trop indiscret, combien il/elle gagne?

L'été dernier

Décrivez ce que ces jeunes Français et Françaises ont fait comme travail, l'été dernier.

1 Chantal – au mois de juillet – travailler comme caissière dans un supermarché – de 9h à 12h et de 14h à 19h30, tous les jours, sauf le jeudi

2 Pierre – août – travailler comme pompiste dans la station-service de son oncle – de 9h à 12h30 et de 14h à 18h, tous les jours, sauf le mardi

3 Hélène – juillet et août – travailler comme vendeuse dans un grand magasin à Paris – de 9h à 12h et de 14h à 19h, tous les jours, sauf le lundi

4 Marc – fin-septembre – faire les vendanges en Provence – travail fatigant – logé et nourri, mais pas bien payé

5 Marie-Christine – août – travailler comme monitrice dans une colonie de vacances – logé, nourri et argent de poche – un jour de congé par semaine – travail intéressant, mais fatigant

6 Jean-Luc – juillet – travailler dans un hôtel – faire la plonge – de 12h à 15h et de 19h à 22h30 – logé, nourri, mais mal payé

7 Suzanne – août – travailler dans le bureau de son père – taper à la machine, répondre au téléphone, envoyer des prospectus etc.

8 François – septembre – travailler dans un restaurant – mettre la table, servir les gens, débarrasser les assiettes etc.

Now you can: talk about pocket-money and part-time work.

9·5 Vous cherchez un emploi en France?

Emploi pour les étudiants étrangers pendant les vacances

Pour chercher un emploi pendant les vacances universitaires, les étudiants pourront:

- Consulter les offres d'emploi des grands journaux quotidiens.
- Consulter sur place les offres d'emploi proposées par les Centres d'Infomation et Documentation Jeunesse.
- Proposer leurs services dans les garages, les stations services, les hôtels, les restaurants, les organismes de tourisme, les clubs de vacances, etc.

Mais il est indispensable dans tous les cas, de parler français.

D'autre part, les chances de trouver un emploi par correspondance sont très réduites. En règle générale, il est nécessaire de se déplacer pour présenter sa candidature, sauf pour les placements au pair et les postes d'animateur de centres de vacances.

Animateur de centres de vacances

Les associations organisant des centres de vacances pour enfants et adolescents peuvent faire appel à des moniteurs de nationalité étrangère.

Ceux-ci doivent être âgés de plus de 17 ans et doivent auparavant suivre un stage de formation de huit jours, organisé par une association. La rémunération journalière du moniteur est de l'ordre de 100 à 120 Frs; il est logé et nourri.

Placement au pair

Les jeunes filles de nationalité étrangère peuvent être placées comme stagiaires aides-familiales pendant la durée des vacances d'été. Elles doivent être célibataires, âgées de 18 ans au moins. 30 ans au plus. Elles sont logées, nourries et reçoivent environ 950 Frs par mois d'argent de poche.

Pour connaître les associations plaçant les jeunes filles au pair en France, consulter la fiche C.I.D.J. «Placement au pair en France».

Travaux Saisonniers Agricoles

Les agriculteurs font de moins en moins appel à des étudiants pour les différentes cueillettes (fruits, légumes . . .)

Le 1er Mai 1984, la rémunération est basée sur le SMIC (23,56 Frs/l'heure au 1.05.84). L'hébergement et la nourriture sont le plus souvent assurés. Dans ce cas une retenue de 40 Frs par jour est à prévoir.

La saison des vendanges commence vers le 15 septembre dans le sud de la France, début octobre (parfois même plus tard) dans les autres régions. Chaque camp de vendanges dure environ 3 semaines.

Les Annonces

Les Centres d'Information Jeunesse (en particulier ceux de Paris, Bordeaux, Dijon) reçoivent également des offres d'emploi pendant la période des vendanges. Elles sont à consulter uniquement sur place.

Tourisme – Hôtellerie

Les hôtels, restaurants et terrains de camping recrutent du personnel saisonnier pour la saison d'été.

Pour poser sa candidature à un emploi, il faut contacter directement le plus grand nombre d'établissements possible. Pour connaître les adresses, écrire aux **Syndicats d'Initiative** (exemple: Syndicat d'Initiative – 06000 – Nice) des stations touristiques qui vous enverront gratuitement la liste des hôtels, restaurants, terrains de camping de la localité. (N'oubliez pas de signaler votre connaissance des langues étrangères).

Extrait de fiche no. 5.543, publié par le C.I.D.J.

You are thinking of looking for work in France this summer and have obtained this information sheet from the C.I.D.J. (Centre d'Information et de Documentation Jeunesse).

1 What sort of work is available? (Mention *four* possibilities)
2 Which would appeal to you most?
3 About how much pocket-money would you receive each month as an au-pair?
4 What is the rate of pay for fruit-picking?
5 Is board and lodging usually available?
6 When does the grape harvest start and how long does each session last approximately?
7 How would you go about applying for work in a hotel?
8 What would it be worth mentioning in an application for this type of work?

Le curriculum vitæ

Si vous espérez plus tard trouver un poste en France, vous devriez savoir comment écrire un curriculum vitæ en français.

Ce n'est pas très compliqué, il s'agit d'écrire vos détails personnels, des détails sur votre éducation, de vos voyages et de vos passe-temps. Mentionnez aussi si vous avez déjà travaillé.

En voilà un exemple:

CURRICULUM VITAE

Nom:	SMITH
Prénom:	JAMES
Nationalité:	Britannique
Adresse:	7 Gledhow Road, Eltham, London Tel: 01-857-1933
Date de naissance:	2 octobre 1967
Situation de famille:	célibataire
Enseignement secondaire:	Abbey High School, Abbey Road, London
Diplômes:	GCE O-level en 7 matières (y compris le français et l'allemand)
Connaissance des langues:	6 années de français 3 années d'allemand
Voyages:	1981 3 semaines à Reims, France (en famille) 1982 1 semaine à Paris, France (voyage scolaire) 1983 10 jours à Stuttgart, Allemagne (échange)
Sports pratiqués:	natation, tennis, football
Loisirs:	lecture, photo, cinéma
Emploi:	le samedi, caissier dans un supermarché

Que savez-vous sur James Smith?

Un curriculum vitæ bien préparé donne beaucoup de renseignements sur la personne en question. En lisant son curriculum vitæ, vous pouvez répondre à toutes ces questions sur James Smith.

1 Où habite-t-il?
2 Son anniversaire, c'est quand?
3 Quel âge a-t-il?
4 Est-ce qu'il est marié?
5 Où a-t-il fait ses études secondaires?
6 Quelles langues a-t-il étudiées à l'école?
7 Est-ce qu'il a travaillé le samedi ou pendant les vacances? Si oui, qu'est-ce qu'il a fait?
8 Est-ce qu'il a voyagé à l'étranger? Si, oui, où et quand?
9 Est-ce qu'il aime le sport? Si oui, quels sports pratique-t-il?
10 Qu'est-ce qu'il a comme loisirs?

Votre curriculum vitæ

Maintenant écrivez votre curriculum vitæ suivant le modèle donné ci-dessus. Ensuite, posez des questions à votre partenaire et essayez d'écrire son curriculum vitæ.

Nom:
Prénom:
Nationalité:
Adresse:
Date de naissance:
Situation de famille:
Connaissance des langues:
Voyages:
Sports pratiqués:
Loisirs:
Emplois:

Une lettre à écrire

Cherchons jeune personne parlant anglais, juillet/août pour travail dans bureau/magasin.
S'adresser: Camping de Bellevue, Nantes

3, Park Row,
Cambridge
England.

Camping de Bellevue
Nantes

le 5 mai

Monsieur,

Suite à votre annonce parue le 4 mai dans l'Ouest-France, je vous écris pour vous offrir mes services.

Je m'intéresse beaucoup à ce poste parce que j'aime le camping et je voudrais travailler en France cet été.

J'ai dix-huit ans. Je suis Anglais et j'apprends le français depuis sept ans. Je suis allé en France plusieurs fois en vacances. Je parle aussi allemand. Comme passe-temps, je fais beaucoup de sport – surtout de la natation et du cyclisme. L'année dernière, j'ai travaillé dans un magasin de mode à Cambridge pendant les grandes vacances.

Je serai libre à partir du 2 juillet jusqu'au 5 septembre.

Pourriez-vous me préciser les conditions exactes de ce poste. Quelles sont les horaires? Est-ce que je serai logé et nourri? Qu'est-ce que j'aurai comme jours de congés?

Veuillez agréer, Monsieur, l'expression de mes sentiments distingués.

John Davison

Lisez bien cette lettre, puis écrivez une lettre au sujet de vous-même pour le même poste.

You have placed an advertisement *(une annonce)* in a French newspaper because you would like accommodation during the holidays. You receive the following reply offering you a room free of charge if you are willing to help in Madame Dupré's shop. Write a letter, *in French,* of between 90 and 100 words, giving Madame Dupré as much of the information she requires as you can.

Girls should read *Mademoiselle* instead of *Monsieur* at the beginning and at the end of the given letter.

RIBERAC
le 2 mai 1981

Monsieur,

En réponse à votre annonce que j'ai trouvée dans le journal, où vous mentionnez votre désir de passer un séjour prolongé en France, je vous fais savoir que je pourrais vous offrir une chambre.

Puisque je cherche quelqu'un pour m'aider dans mon magasin, voulez-vous bien répondre aux questions suivantes.

Avez-vous déjà travaillé dans un magasin?

Comment aimez-vous passer vos heures de loisir?

Quelles études avez-vous faites?

Je vois que vous avez déjà séjourné en France. Pourriez-vous me dire où et quand? Qu'est-ce que vous avez fait pendant votre séjour?

Je voudrais aussi savoir quand vous comptez arriver en France.

Je vous prie d'agréer, Monsieur, mes sentiments les plus sincères.

Dupré

NEA Joint GCE O-level and CSE examination 1981

Travailler dans un centre de vacances

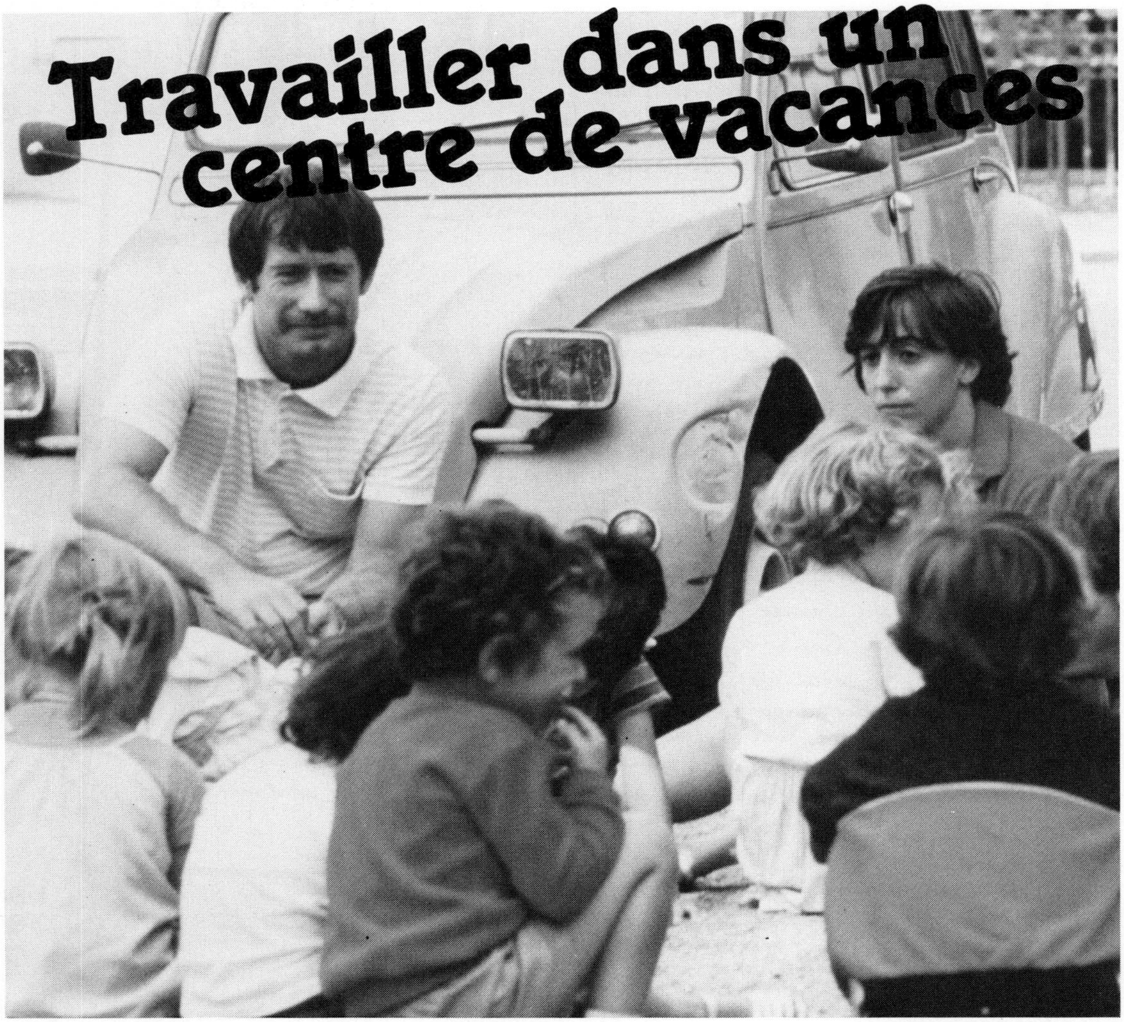

Chaque été, beaucoup de jeunes Français, entre 6 et 17 ans, partent en vacances sans leurs parents. Ils vont en colonie de vacances ou aux camps d'adolescents. Les colonies de vacances se trouvent à la campagne, au bord de la mer, ou à la montagne et durent trois semaines ou un mois. Les camps d'adolescents sont plus courts; ils ne durent que quinze jours. Et d'habitude on suit une activité spécifique – un sport, comme par exemple, la planche à voile ou le canoë, ou la découverte d'une région de France à vélo etc.

Pour organiser un centre de vacances, il y a un directeur ou une directrice, des moniteurs et des monitrices, qui organisent des activités pour les «colons»: jeux, promenades, sports etc. En plus, il y a le personnel qui s'occupe de la cuisine et de l'entretien du bâtiment (ménage, lingerie etc.)

Tous les ans, beaucoup de jeunes, entre 18 et 30 ans, sont engagés comme moniteurs ou monitrices dans un centre de vacances. Pour trouver un poste, il faut s'adresser à l'Union Française des Centres de Vacances.

Pour les étrangers, il faut avoir une bonne connaissance du français et suivre un stage de formation.

Write *in French* a composition of 140–150 words on the following subject:

You are interested in spending the summer holidays working as an assistant *(moniteur/monitrice)* in a French children's holiday camp *(une colonie de vacances).*

You are asked to write a letter in the first place saying why you are interested, why you think you would be a suitable applicant and saying what particular relevant experience or talents you have. There may also be questions you wish to ask.

Cambridge 1983

Colonie de Saint-François

Read the following passage and then select the most likely answer to each of the questions.

Nicole, une Parisienne, venait de fêter son dix-huitième anniversaire. Elle allait passer ses vacances à s'occuper d'enfants dans une colonie de vacances. Elle attendait avec impatience le jour de son départ pour Saint-François, le petit village des Alpes où se trouvait la colonie.

La veille du grand jour, elle a préparé ses bagages: elle a pris des vêtements simples, pratiques et chauds car on lui avait dit que les soirées et les nuits étaient fraîches dans les Alpes.

Elle avait rendez-vous avec le directeur et les autres moniteurs à la gare de Lyon à huit heures et demie, le jeudi matin. Les enfants, eux, arriveraient une demi-heure plus tard.

Après un quart d'heure de métro, elle est arrivée dans le hall de la gare juste à l'heure. Là, elle a vu un homme qui tenait un grand panneau: "COLONIE DE SAINT-FRANÇOIS". Nicole s'est approchée et l'homme s'est présenté:

– Alain Souchon, directeur de la colonie. Les autres moniteurs devraient arriver bientôt.

En effet, cinq autres jeunes, trois jeunes hommes et deux jeunes filles, sont arrivés. Tous avaient l'air très sympathique, mais Nicole n'a pas pu leur parler très longtemps car, déjà, enfants et parents se pressaient autour d'eux.

1 Nicole avait
- a) tout juste dix-huit ans.
- b) plus de dix-huit ans.
- c) un peu moins de dix-huit ans.
- d) beaucoup moins de dix-huit ans.

2 Le soir, en été, dans les Alpes, il fait
- a) un peu chaud.
- b) très chaud.
- c) un peu froid.
- d) très froid.

3 A quelle heure les enfants devaient-ils se présenter à la gare?
- a) A huit heures et demie.
- b) A neuf heures moins le quart.
- c) A neuf heures.
- d) A neuf heures et quart.

4 Combien de fois Nicole avait-elle rencontré le directeur?
- a) Une fois.
- b) Deux fois.
- c) Trois fois.
- d) Jamais.

5 Combien d'adultes se sont rencontrés à la gare?
- a) Deux.
- b) Trois.
- c) Sept.
- d) Six.

6 Les autres moniteurs sont arrivés
- a) avant Nicole.
- b) en retard.
- c) à l'heure.
- d) de bonne heure.

SWEB 1983

You've just received this letter from France.

1 Has your application to attend a course at Rouen been accepted?
2 When will you receive further details about the course?
3 When will the course take place?

Mademoiselle,

Paris, le 15 mars

Le Central Bureau for Educational Visits and Exchanges nous a bien transmis votre dossier et nous vous informons que nous l'avons fait suivre à notre délégation U.F.C.V., 22, rue de l'Hôpital - 76000 ROUEN - Tel: (35) 71.31.07 pour votre participation au stage de formation d'animateurs, prévu du 11 au 19 avril prochains, dans la région de Rouen.

Cette délégation vous adressera en temps utile (soit une huitaine de jours auparavant), la convocation qui vous donnera l'adresse exacte du lieu de déroulement du stage ainsi que l'heure de début de stage.

Veuillez agréer, Mademoiselle, nos salutations distinguées.

Now you can: find out about holiday work in France and write to apply for a job.

9·6 Qu'est-ce qu'on a demandé?

– Bonjour Mademoiselle Leclerc. Je m'appelle Madame Deladier. Je suis la directrice du personnel ici. Je voudrais commencer l'interview en vous posant quelques questions. Est-ce que vous travaillez en ce moment?
– Oui, je travaille chez *F- assistance* – c'est une compagnie d'assurances.
– Et qu'est-ce que vous faites exactement?
– Je travaille comme secrétaire, je tape à la machine, je fais du classement, je réponds au téléphone, je m'occupe du bureau.
– Et pourquoi voulez-vous changer d'emploi?
– Bien, c'est que ... le travail me plaît, mais ... c'est que je voudrais me servir de ma connaissance de langues, de l'anglais, surtout.
– Oui, vous parlez bien anglais?
– Oui, assez bien. Je suis des cours d'anglais, le soir à l'Institut britannique et j'écoute souvent des émissions de la BBC à la radio.
– Bon, ça peut nous être utile. Autrement, quels sont vos loisirs?
– Je fais du sport – du tennis surtout – et je lis. J'aime bien lire.
– Qu'est-ce que vous lisez en ce moment?
– Er ... je lis un livre de science-fiction ...
– Êtes-vous allée en Angleterre, Mademoiselle Leclerc?
– Oui, j'ai passé des vacances à Londres, il y a deux ans.
– Avez-vous étudié d'autres langues, à part l'anglais?
– Oui, j'ai fait quatre ans d'allemand au lycée.
– Et avez-vous visité l'Allemagne aussi?
– Oui, je suis allée à Stuttgart, l'année dernière.
– Avez-vous déjà travaillé dans le marketing?
– Non, mais j'ai étudié le marketing pour mon diplôme de secrétaire.
– Pourquoi avez-vous décidé de vous présenter pour ce poste?
– Eh bien, j'ai vu l'annonce dans le journal et ça m'a paru intéressant.
– Très bien, merci.

Après l'interview, Sophie en parle à sa copine, qui veut savoir quelles questions on lui a posées. Complétez la réponse de Sophie.

1 On m'a demandé si je ... en ce moment.
2 Puis, on m'a demandé ce que je ... exactement.
3 On m'a demandé pourquoi je ... changer d'emploi.
4 Puis, on m'a demandé si ...... bien anglais.
5 Ensuite on a demandé ce que ...... comme loisirs.
6 Et puis, ce que ...... en ce moment.

Après l'interview, Madame Deladier en parle au directeur du secteur marketing. Complétez ses réponses aux questions du directeur.

1 – Est-ce que Mademoiselle Leclerc est allée en Angleterre?
– Oui, elle a dit qu'elle ...
2 – Est-ce qu'elle a étudié l'allemand?
– Oui, elle a dit qu'elle ....
3 – A-t-elle visité l'Allemagne?
– Oui, elle a dit qu'elle ....
4 – A-t-elle déjà travaillé dans le marketing?
– Non, mais elle a dit qu'elle ....
5 – Pourquoi s'est-elle présentée pour ce poste?
– Elle a dit qu'elle ... et que ça lui ....

On m'a offert le poste

– Allô.
– C'est Mademoiselle Leclerc?
– Oui, c'est moi.
– C'est Madame Deladier de la Société Conocco à l'appareil.
– Bonjour, Madame.
– Bonjour, Mademoiselle. Je vous téléphone pour vous faire savoir que nous aimerions vous offrir le poste de secrétaire dans le secteur marketing de notre société.
– Ah, je suis ravie. Je vous remercie.
– Vous l'acceptez alors ou vous voulez y réfléchir?
– Non, non. Je l'accepte tout de suite.
– C'est parfait. Alors est-ce que vous pourrez commencer le premier mars?
– Un moment, s'il vous plaît ... le premier mars ... oui, je peux le faire.
– Très bien. Alors pour les conditions du poste, les horaires etc., je vous enverrai tous les détails par la poste.
– Très bien.
– Bon, je crois que c'est tout. Je vous verrai le premier mars alors.
– Oui, merci. Au revoir, Madame.
– Au revoir, Mademoiselle.

– Alors, Sophie, tu as l'air bien contente. Qu'est-ce qui s'est passé?
– C'était la directrice du personnel chez Conocco.
– Et?
– Elle m'a offert le poste de secrétaire.
– C'est vrai? Félicitations! Qu'est-ce qu'elle t'a dit ensuite?
– Elle m'a demandé si je pourrais commencer le premier mars.
– Et pour les conditions d'emploi et tout ça?
– Elle a dit qu'elle enverrait tous les détails par la poste.

Grammaire

The Conditional Tense (3)

In the conversation, you will notice another use of the Conditional Tense: it is used *to report what someone said,* when, in the actual conversation, the Future Tense was used:

Future Tense	**Conditional Tense**
«Est-ce que vous pourrez commencer le premier mars?» *'Will you be able to start on the first of March?'*	«Elle m'a demandé si je **pourrais** commencer le premier mars.» *'She asked if I could start on the first of March.'*
«On vous enverra tous les détails par la poste.» *'We'll send you all the details in the post.'*	«Elle a dit qu'elle **enverrait** tous les détails par la poste.» *'She said she'd send all the details in the post.'*

Here are some more examples:

«Votre voiture sera prête à quatre heures, Monsieur, je vous l'assure.» *'Your car will be ready at 4 o'clock, sir, I assure you.'*	(Plus tard) «Vous m'avez dit que ma voiture **serait** prête à quatre heures, et il est déjà cinq heures – ce n'est pas raisonnable!» *'You said that my car would be ready at four o'clock and it's already five – it's not good enough.'*
«Allô chérie, je serai en retard ce soir, je rentrerai vers huit heures.» *'Hello, darling. I'll be late tonight. I'll be home at about eight.'*	(Plus tard) «Tu sais l'heure qu'il est? Dix heures! Et tu m'as dit que tu **rentrerais** à huit heures!» *'Do you know what time it is? Ten o'clock. And you said you'd be home at eight!'*

On ne peut pas compter sur eux!

Exemple:

1

2

3

4

5

6

7

8

Qu'est-ce qu'on a dit à la météo?

Exemple: 1 On a dit qu'il ferait beau.

1 «Demain il fera beau dans toute la France.»
2 «Le matin, il y aura un peu de brouillard à Paris.»
3 «Il neigera dans les Alpes.»
4 «Il féra chaud pour la saison.»
5 «Il fera plus froid dans le nord de la France.»
6 «Il y aura des risques de verglas.»
7 «Il y aura des averses.»
8 «Il sera nuageux, mais il y aura des éclaircies.»
9 «Il pleuvra toute la journée.»
10 «Le temps sera ensoleillé.»

Now you can:
report what someone has said or what you have heard, for instance, a phone message or a radio programme.

9·7 Qu'en pensez-vous?

Comment voyez-vous l'avenir?

Pensez à votre vie quotidienne et à celle de vos grands-parents quand ils avaient votre âge il y a quarante ou cinquante ans. Quelles sont les principales différences: la télévision en couleurs, les micro-ordinateurs, les voyages en avion à l'étranger? Pensez-vous à d'autres choses? Puis, essayez d'imaginer comment la vie quotidienne aura changée dans dix, vingt, ou cinquante années. Personne ne sait exactement comment sera le monde de l'avenir, mais tout le monde peut en avoir une idée. Voilà l'avis de quelques personnes. Dites chaque fois si vous partagez l'avis exprimé et essayez d'imaginer d'autres possibilités.

1 Le mariage n'existera plus et il y aura moins d'enfants.
2 La plupart des personnes ne travailleront que trois jours par semaine. On devra s'adapter à une vie où tout le monde aura plus de loisirs.
3 L'âge de la retraite sera réduit à cinquante même quarante ans.
4 L'éducation aussi sera prolongée. Tout le monde devra aller à l'école jusqu'à dix-huit ans.

Voici des notes sur les avis d'autres personnes. Pouvez-vous en faire des phrases complètes?

5 plus besoin d'aller aux magasins – pouvoir tout commander par ordinateur
6 les cinémas/videos – tout le monde regarder les films en magnétoscope
7 moins de contact entre les gens – plus de suicides et de maladies nerveuses
8 plus de différences entre les gens riches et les gens pauvres – plus de crimes
9 avances médicales – vivre à l'âge de 100 ans
10 problème de logement – construction de villes souterraines: maisons, appartements, complexes sportifs etc.
11 recherche spatiale – voyages de vacances dans l'espace
12 guerre nucléaire – destruction totale

Pour donner votre avis vocabulaire et phrases utiles

un avis	*opinion*
à mon avis	*in my opinion*
Quel est ton/votre avis?	*What is your opinion?*
On devrait ...	*One/We/They should ...*
On ferait mieux de ...	*It would be better to ...*
Moi, je crois que ... Moi, je pense que ... Moi, je trouve que ...	*I think that ...*
En ce qui me concerne ...	*As far as I'm concerned ...*
Je suis convaincu(e) que/de ...	*I'm convinced that/of ...*
C'est possible.	*It's possible.*
Je n'ai vraiment pas d'opinion.	*I've no strong feelings about it.*
Je n'en sais rien.	*I've no idea.*
On dit que ...	*They say that ...*
Il paraît que ...	*It seems that ...*
Ça, c'est très important.	*That's very important.*
Pour moi, ça n'a pas beaucoup d'importance.	*For me, that's not very important.*
En revanche ... Par contre ...	*On the other hand ...*
Il y a du pour et du contre.	*There are points for and against.*
En somme ...	*All in all ...*

If you agree

Je suis de votre avis.	*I'm of the same opinion.*
C'est exactement ce que je pense.	*That's exactly what I think.*
Je suis absolument/tout à fait d'accord.	*I quite agree.*
C'est bien mon avis.	*That's certainly my opinion.*
C'est ça.	*That's right.*
Voilà.	*That's it.*
Vous avez raison.	*You're right.*
Moi aussi, je pense ...	*I also think ...*

If you agree to some extent

Je ne suis pas tout à fait d'accord.	*I don't entirely agree.*
Oui, mais ...	*Yes, but ...*
Ça dépend.	*It depends.*
C'est possible.	*It's possible.*
peut-être	*perhaps*
Je n'en suis pas sûr(e)/certain(e).	*I'm not sure.*

If you disagree

Alors là, je ne suis pas d'accord.	*There I disagree.*
Je ne suis absolument pas d'accord. Je ne suis pas du tout d'accord.	*I disagree entirely.*
Il ne faut quand même pas exagérer.	*Don't go to extremes.*
Vous exagérez.	*You're exaggerating.*

Une invitation au mariage!

AVEZ-VOUS assisté à un mariage en France? Non, alors je vais vous raconter le mariage de ma sœur, Marie-Christine. Elle s'est mariée au mois de juin dernier. Juin, c'est le mois le plus populaire pour les mariages, paraît-il!

En France, on a le droit de se marier à partir de quinze ans, (si on est fille) ou dix-huit ans (si on est garçon). Toutefois, si on a moins de vingt et un ans, il faut avoir le consentement de ses parents. Marie-Christine avait vingt-deux ans et son mari, Jean, avait vingt-cinq ans.

Selon la tradition, il y a les fiançailles avant le mariage – les fiançailles avec une bague, une fête, parfois des cadeaux et même une annonce dans le journal. Marie-Christine et Jean se sont fiancés un an avant leur mariage.

Avant le mariage, il y avait beaucoup de choses à préparer – la robe de mariage, le repas pour une cinquantaine d'invités, les cartes d'invitation, le photographe, les fleurs etc.

Pour les cadeaux de noces, Marie-Christine et Jean ont fait une liste de mariage, qu'ils ont déposée dans un grand magasin en ville. On leur a offert beaucoup de choses, des choses utiles surtout, casseroles, vaisselle, service à fondue, verres, de la literie etc.

Le jour du mariage, il faisait beau, heureusement. En France, on va d'abord à la mairie pour le mariage civil. Le mariage civil est obligatoire et c'est cette cérémonie, et non pas le mariage religieux, qui est reconnue par la loi.

A la mairie, le maire, ou un de ses responsables, conduit une courte cérémonie. Ensuite, il fait signer le contrat du mariage par le marié, la mariée et deux témoins.

Après le mariage civil on prend des photos. Vous voyez ici les nouveaux mariés avec mes parents et les parents de Jean. Mon frère et moi prenons des photos.

Puis on va à l'église pour le mariage religieux. L'office dure une heure environ. Il y a le service du mariage et ensuite la messe.

Et après le mariage religieux, tous les invités vont à un restaurant ou à un hôtel pour le repas du mariage. On félicite les nouveaux mariés et on boit à leur santé.

Que savez-vous du mariage en France?

1 A quel âge peut-on se marier en France? Et chez vous?
2 Si on se marie avant 21 ans en France, que faut-il avoir?
3 Selon la tradition, qu'est-ce qui a lieu avant le mariage?
4 Où est-ce qu'on se rend pour le mariage civil?
5 Selon la loi, quel est le plus important – le mariage civil ou le mariage religieux?

Madame Marthe COLAS — Madame Georgette FRANZOI

ont la joie de vous annoncer le mariage de leurs enfants

Michelle et Patrice

et vous invitent
à demander avec eux la bénédiction de Dieu sur leur foyer

le samedi 13 avril 1985 à 14 h 30

au Temple du Change, place du Change Lyon 5ème

Qu'en pensez-vous?

1 A quel âge les jeunes devraient-ils se marier?
2 Croyez-vous qu'on puisse aimer la même personne toute une vie?
3 Pour qu'un couple marche bien, pensez-vous que la femme doit être plus jeune que l'homme?
4 Est-il nécessaire que les deux personnes partagent les mêmes opinions? (Sur la politique, le travail, les enfants *etc.*)
5 Pensez-vous que chaque personne devrait garder ses propres copains/copines et sortir seul(e) de temps en temps?
6 Est-il important que chaque personne garde ses propres centres d'intérêt, même si l'autre personne ne les partage pas?
7 Croyez-vous au coup de foudre?
8 Si on vit à deux, comment devrait-on partager les tâches ménagères?
   a) L'homme devrait en faire autant que la femme.
   b) L'homme devrait au moins aider un peu.
   c) L'homme ne devrait rien faire.
   d) L'homme devrait tout faire.
9 Avez-vous envie de vous marier plus tard?
10 Aimeriez-vous avoir des enfants? Si oui, combien?

le coup de foudre — *love at first sight*

Now you can:
talk about the future, marriage and work and give your opinions on different subjects.

Checklist . . . Checklist . . . Checklist . . .

Now you can:

1 discuss future plans, exams to be taken, hopes, ambitions etc.
2 talk about work, careers and unemployment.
3 use the Conditional Tense to ask questions politely, to give advice and to say what you *would* do in certain situations.
4 talk about pocket-money and part-time work.
5 find out about holiday work in France and write to apply for a job.
6 report what someone has said or what you have heard, for instance, a phone message or a radio programme.
7 talk about the future, marriage and work and give your opinions on different subjects.

For your reference:

Grammar	Expressing intention	page 127
	Verb + infinitive	page 128
	Verb + *à* + infinitive	page 130
	Verb + *de* + infinitive	page 131
	Verb + *à* + person + *de* + infinitive	page 138
	The Conditional Tense: formation	page 141
	main uses	page 143
	The Conditional Tense: Reported speech	page 153
Vocabulary and useful phrases	Exams	page 124
	Work and careers	page 134
	Expressing opinions	page 155

10 Vive les vacances!

La France – pays de vacances

Chaque année, plus de trente millions de touristes étrangers passent leurs vacances, ou une partie de leurs vacances, en France. Et plus de quatre millions de ces touristes viennent de la Grande-Bretagne et de l'Irlande.

Renseignements touristiques

Agence Nationale pour l'Information Touristique
(8 avenue de l'Opera, 75001 Paris).
Comparable à un «office de tourisme France», l'A.N.I.T. offre des conseils, des adresses et des idées de vacances pour toute la France, y compris les DOM/TOM.* Mais ce n'est pas une agence de voyages et ne vend ni billets ni séjours et ne fait pas de réservations.

Comités régionaux et départementaux de tourisme
La France, c'est 22 régions et 95 départements. Les comités peuvent vous renseigner sur tous les aspects touristiques de la région ou du département: hébergement, loisirs, fêtes, manifestations, etc. *(Pour les adresses voir la page en face.)*

Offices de tourisme/ syndicats d'initiative
Il en existe plus de 2 000, et ils se chargent de l'accueil et de l'information touristique dans la localité. Les adresses se trouvent dans les guides touristiques, par exemple le guide Michelin «France». Il existe trente-cinq offices de tourisme qui effectuent des réservations hôtelières sous le nom d'*Accueil de France.*

* Les DOM = Les Départements d'outre-mer: Martinique, Guyane, Guadeloupe, Réunion, St-Pierre-et-Miquelon
Les TOM = Les Territoires d'outre-mer: Nouvelle Calédonie, Wallis et Futuna, Polynésie française, Terres australes et antarctiques françaises, Mayotte

10·1 La France – pays de vacances

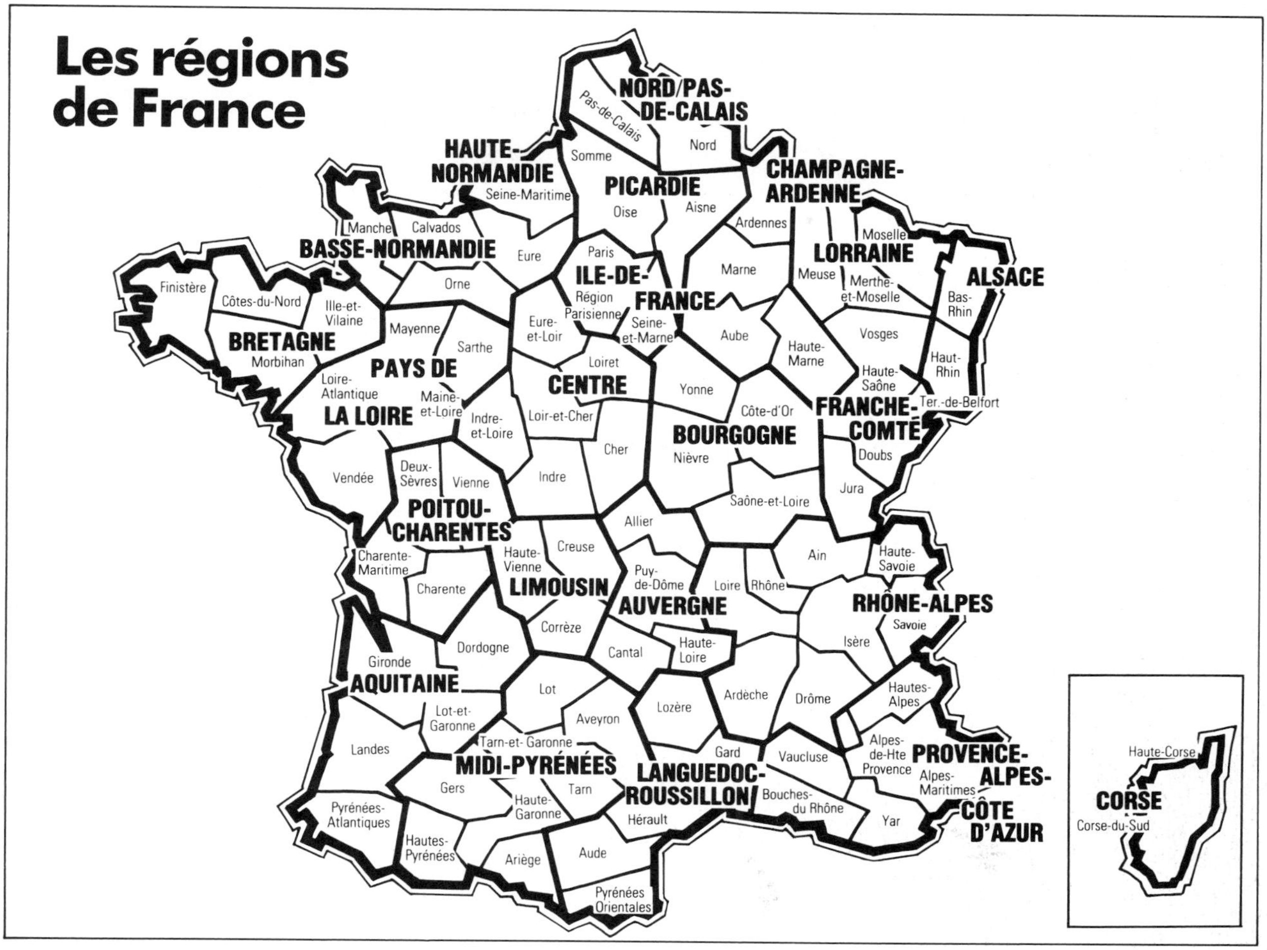

Paris: Office de Tourisme, 127 avenue des Champs-Elysées, F-75008—Paris, France.

Ile de France: Comité Régional de Tourisme, 101 rue de Vaugirard, F-75006—Paris, France.

Alsace: Comité Régional de Tourisme, 5 place de la République, F-67073—Strasbourg, France.

Aquitaine: Comité Régional de Tourisme, 24 Allées de Tourny, F-33000—Bordeaux, France.

Auvergne: Comité de Tourisme, B.P.395, F-63000—Clermont-Ferrand, France.

Bretagne: Comité Régional de Tourisme, B.P.2275, F-31000—Rennes, France.

Bourgogne: Comité Régional de Tourisme, Préfecture, F-21034—Dijon, France.

Champagne—Ardenne: Comité Régional de Tourisme, 2 bis Boulevard Vaubécourt, F-51000—Châlons-sur-Marne, France.

Corse: Comité Régional de Tourisme, B.P.162, F-20178—Ajaccio, France.

Franche-Comté: Comité Régional de Tourisme, Place de la 1ère Armée Française, F-25041—Besançon, France.

Languedoc-Roussillon: Comité Régional de Tourisme, 12 rue Foch, F-34000—Montpellier, France.

Limousin: Comité Régional de Tourisme, 8, Cours Bugeaud, F-87000—Limoges, France.

Loire: Comité Départemental de Tourisme, Préfecture, 37032—Tours, France.

Lorraine: Comité Régional de Tourisme, Préfecture, 5 place de la République, 67073—Strasbourg, France.

Midi-Pyrénées: Comité Régional de Tourisme, 3 rue de L'Esquile, F-31000—Toulouse, France.

Nord Pas-de-Calais: Comité Régional de Tourisme, 157 Boulevard de la Liberté, F-59800—Lille, France.

Normandie: Comité Interrégional de Tourisme, 35, rue Joséphine, F-35000 Evreux, France.

Picardie: Comité Régional de Tourisme, B.P.0342, F-80003—Amiens, France.

Poitou-Charentes: Comité Régional de Tourisme, B.P.56, F-86002—Poitiers, France.

Provence: Comité Régional de Tourisme, 22a rue Louis-Maurel, F-13006—Marseille, France.

Rhône-Alpes: Comité de Tourisme, 11ter, avenue de Lyon, F-73000—Chambéry, France.
Comité Régional de Tourisme, B.P.227, F-38019—Grenoble, France.
Comité Régional de Tourisme, 5 Place de la Baleine, F-69005—Lyon, France.

Connaissez-vous bien la France?

A Choisissez la bonne réponse:

1 Où se trouve Saint-Malo?
a) en Alsace c) en Normandie
b) en Bretagne d) au Pays Basque

2 Comment s'appelle l'île où Napoléon est né?
a) la Corse c) l'île de Ré
b) la Guadeloupe d) la Martinique

3 Qu'est-ce qu'on produit près de Bordeaux?
a) de la bière c) du parfum
b) du charbon d) du vin

4 Le Sacré-Cœur, qu'est-ce que c'est?
a) C'est un château. c) C'est un musée.
b) C'est une église. d) C'est une ruine romaine.

5 Dans quelle ville, Jeanne d'Arc, est-elle morte?
a) Orléans c) Rouen
b) Paris d) Strasbourg

6 Laquelle de ces villes est un port important?
a) Angers c) Le Havre
b) Carcassonne d) Limoges

7 Dans quelle ville y a-t-il une course d'automobiles très célèbre?
a) Bordeaux c) Nantes
b) Le Mans d) Reims

8 Dans quelle région est-ce qu'on joue à la pelote?
a) l'Auvergne c) le Pays Basque
b) la Champagne d) le Poitou-Charente

9 Comment s'appelle la chaîne de montagnes qui sépare la France de l'Espagne?
a) les Alpes c) les Pyrénées
b) le Jura d) les Vosges

10 Le château de Versailles a été construit pour qui?
a) Charles de Gaulle c) Napoléon
b) Louis XIV d) Robespierre

B Comment s'appelle ...

1 la montagne la plus haute des Alpes?
2 l'aéroport le plus important de France?
3 le fleuve le plus long de France?
4 le monument le plus populaire de France?
5 l'avenue la plus célèbre de Paris?
6 la course cycliste la plus longue et la plus célèbre de France?
7 le monument qui, en 1889, était le plus haut monument du monde?
8 le musée le plus célèbre de Paris?

C Le jeu des régions
Pouvez-vous identifier chaque région?

1 C'est une région qui se trouve dans l'ouest de la France. On y trouve de belles plages de sable et de petits ports de pêche. C'est une région riche en traditions. Aux fêtes régionales, on voit souvent des gens en costume traditionnel – les femmes sont habillées en noir et portent des coiffes blanches. Deux spécialités de la région sont les crêpes et le cidre.

2 Cette région se trouve au centre de la France. C'est une région très pittoresque avec des lacs, des gorges et d'anciens volcans. Il y a plus de 60 anciens volcans dans la région, dont le plus célèbre est le Puy-de-Dôme. C'est une région qui est très bonne pour la pêche. Dans ses rivières on trouve des saumons, des truites et des poissons blancs. La capitale de la région est une ville qui est célèbre pour la fabrication des pneus.

3 Cette région, dans le nord de la France, est une région agricole importante pour ses produits laitiers. C'est ici que l'on fabrique le fromage français le plus célèbre: le Camembert. C'est une région riche en histoire. Vous avez sûrement entendu parler d'un de ses ducs qui a envahi l'Angleterre en 1066. Et la région a été la première région libérée par les Alliés en 1944.

4 C'est une région qui se trouve entre les Pyrénées et l'Atlantique dans le sud-ouest de la France. C'est une région de fortes traditions avec sa propre langue et son propre drapeau, et il existe de nombreux mouvements séparatistes. Les touristes qui visitent cette région peuvent assister à des courses de vaches ou à des matchs de pelote. Ce sont deux sports typiques de la région.

Office de Tourisme,
Place Bellecour,
69000 Lyon
France

Miss S. Hughes
33 Park Avenue,
Worthing
BN 12 5TL

le 12 novembre

Monsieur,

Je vous serais très reconnaissante de bien vouloir m'envoyer des renseignements sur la ville de Lyon.

Veuillez m'envoyer un plan de la ville, une liste des hôtels et des brochures sur Lyon et la région.

Vous trouverez ci-inclus un coupon réponse international.

Je vous remercie d'avance et je vous prie d'agréer, Monsieur, l'expression de mes sentiments distingués.

S. Hughes

Task 1

Write a letter to the *Office de Tourisme* at Saint-Malo (Port des Yachts, 35400 Saint-Malo) asking for information about the town and the region. In particular you would like them to send you a list of campsites in the area and details about excursions.

Task 2

Write a letter to the *Office de Tourisme* at Tours (Place de la Gare, 37000 Tours) asking for leaflets and brochures etc. You particularly want a list of hotels and a list of *châteaux* in the area which are open to the public.

Task 3

Write a letter to the *Office de Tourisme* at Montpellier (Place de la Comédie, 34000 Montpellier) asking for information about the town etc. and, in particular, for a street map and a list of restaurants. You also want to know about sports facilities in the area.

Task 4

Choose a French town which you would like to know more about. Write a letter to the tourist office in this town, requesting information on what there is to see and do in the town and surrounding area. Ask for a list of hotels or campsites. If you have any special interests, you may make enquiries about them also.

NICSE 1983

On écrit à l'office de tourisme phrases utiles

Je vous serais très reconnaissant(e) de bien vouloir m'envoyer ...

Voulez-vous m'envoyer Veuillez m'envoyer Voulez-vous être assez aimable pour m'envoyer	des brochures sur la région. un plan de la ville. une liste des hôtels/ restaurants/ terrains de camping. une liste des musées/ des principaux monuments/des excursions en car.

Je voudrais savoir Voulez-vous me dire Voulez-vous me faire savoir	s'il y a des activités sportives dans la région. si on organise des fêtes régionales au mois d'août. si on organise des excursions en car. si on organise des circuits à vélo.

Vous trouverez ci-inclus ...

Je vous remercie d'avance et je vous prie d'agréer, Monsieur (Madame), l'expression de mes sentiments distingués.

I should be very grateful if you would send me ...

Would you be kind enough to send me	*some brochures on the area.* *a town plan.* *a list of hotels/ restaurants/ campsites.* *a list of museums/ main sights/ coach trips.*

I would like to know	*if there are any sporting events in the area.* *if there are any regional festivals in August.* *if there are any organised coach trips.* *if there are any organised cycle tours.*

You will find enclosed ...

Thanking you in advance, yours faithfully ...

FRANCE VAL DE LOIRE

TOURAINE

Jardin de la France

Amboise

37400 INDRE-ET-LOIRE

Office de Tourisme Syndicat d'Initiative
37400 AMBOISE Tél. (47) 57.09.28

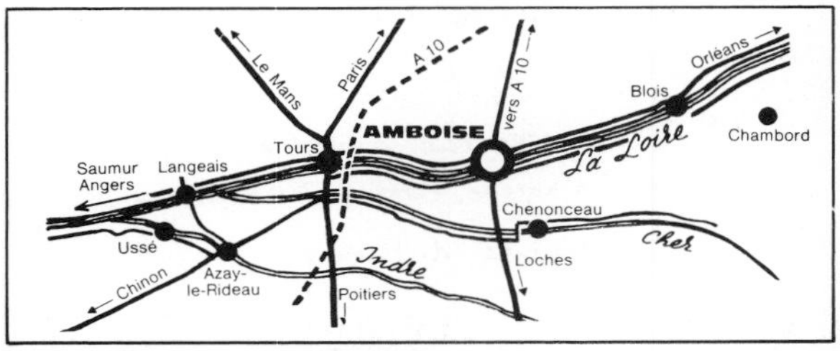

CAMPINGS :

Camping de l'île d'Or★★★ – Tél. : 57-23-37 : Bord de Loire (1.200 campeurs).
Camping de Charge★ – 4 km est d'Amboise – R.N. 751, à 100 m bord de Loire (100 campeurs).
Camping de Lussault-sur-Loire★ – 5 km ouest d'Amboise – Bord de Loire Camp « Amitié et Nature » – R.N. 751 (125 campeurs).
Camping de Mosnes★ – 10 km est d'Amboise – R.N. 751 – Bord de Loire – Ombrage (100 campeurs).
Camping de Nazelles★ – Tél. : 57-17-15 : (mairie) Bord de Cisse (100 campeurs).
V.V.F. « Les Violettes » – Tél. : 57-19-79
Meublés Touristiques : – Demander la liste à l'O.T.-S.I.
Renseignements – Office de Tourisme – Syndicat d'Initiative – B.P. 233 37402 Amboise – Tél: (47) 57-09-28.

DISTRACTIONS :

Equitation – Tennis – Boules – Golf miniature – Piscine – Pêche en rivière, en étang et en Loire – Promenades en forêt, en campagne (fléchées) – Pique-nique (La Moutonnerie) – Visites : monuments, musées, curiosités (Amboise et alentours) – Spectacles – Concerts. Promenades aériennes.

Excursions-Promenades

La ville est située au centre de la région des châteaux. Des excursions sont organisées en autocar vers Chambord, Cheverny, Blois, Chenonceaux, Villandry, Loches, Azay-le-Rideau, Langeais, Chinon, etc.

D'autres circuits en autocar permettent, par ailleurs, l'assistance aux spectacles son et lumière.

Des services réguliers d'autobus relient tous les jours pendant toute l'année Amboise à Tours, ainsi qu'à Montrichard, Chenonceaux, Blois, Chaumont.

Tous les renseignements touristiques peuvent être demandés à l'Office de Tourisme concernant l'accueil et l'animation, etc.

Différents circuits de promenades ont été établis dans les environs, promenades pédestres fléchées, randonnées cyclistes et équestres : les itinéraires sont à votre disposition.

Pour aller à Amboise

Autoroute « Aquitaine » - A 10
De PARIS, 210 km — ou de TOURS, 28 km. Sortie bretelle AMBOISE – CHATEAU-RENAULT, suivre D. 31 par Saint-Ouen-les-Vignes et Pocé-sur-Cisse.

Routes Nationales : Orléans, 105 km – Blois, 33 km – Tours, 25 km. Par N. 152 ou N. 751, levée de la Loire.

S.N.C.F. : Gare d'Amboise, ligne Paris-Austerlitz – Sud-Ouest.
Cars : Services réguliers de Tours, de Blois.

Lignes Aériennes : Aéroport de TOURS Parçay-Meslay. Liaisons : lignes intérieures (T.A.T.) et Londres.

A voir à Amboise

Le château d'Amboise

Le Clos Lucé –célèbre demeure du XVe siècle où Léonard de Vinci vécut les dernières années de sa vie.

Le beffroi – édifice construit au XVe siècle sur les anciens remparts.

Le musée de la poste – l'histoire de la poste à travers les âges.

L'Eglise Saint-Denis – édifice remarquable de l'époque romane, construit au XIIe siècle.

Que savez-vous d'Amboise?

Consultez le dépliant touristique pour répondre aux questions.

1 Où se trouve Amboise?
2 Qu'est-ce qu'on peut visiter à Amboise même?
3 Qu'est-ce qu'on peut voir dans la région?
4 Est-ce qu'on organise des circuits en autocar?
5 Est-il possible de faire des promenades à bicyclette?
6 Qu'est-ce qu'il y a comme distractions?
7 Est-ce qu'il y a une piscine?
8 Combien de terrains de camping y a-t-il?

A l'office de tourisme de Lyon

1

– Mademoiselle.
– Bonjour, Madame. Pourriez-vous me donner une petite documentation sur la ville s'il vous plaît?
– Voilà, Mademoiselle. Là, vous avez un plan de la ville avec tous les renseignements nécessaires.
– Merci Madame.

2

– Bonjour Madame, est-ce que vous faites des visites guidées de la ville?
– Oui, on en fait, mais pas en cette période. Cependant on peut vous louer une visite audio-guidée du centre-ville si ça vous intéresse.
– Oui, ça m'intéresse. Ça coûte combien?
– C'est 25 francs plus 200 francs remboursables contre l'appareil.
– Bon. Je peux la louer tout de suite?
– Oui, attendez un moment ... Voilà.

3

– Monsieur.
– Bonjour, Madame. Je ne passe qu'une journée à Lyon, qu'est-ce qu'il faut voir?
– Bon, alors pour commencer, je vous conseille de prendre le téléphérique jusqu'à Fourvière, d'où vous aurez un beau panorama sur toute la ville. Vous vous intéressez aux ruines romaines?
– Non, pas spécialement.
– Alors, après vous pouvez descendre au quartier «Vieux Lyon». Là, il y a de vieilles maisons et l'église Saint-Jean. C'est un quartier pittoresque. Ensuite ... ça vous intéresse les musées?
– Ça dépend.
– C'est qu'il y a vingt-six musées ici à Lyon – le musée des Beaux Arts, le musée de l'automobile, le musée historique de Lyon etc. Voilà la liste complète.
– Merci.
– Et il y a la Part-Dieu. C'est un nouveau quartier de Lyon très moderne. Ça vaut la peine d'y aller.
– Merci. Avez vous un plan de la ville, s'il vous plaît?
– Voilà et bonne journée à Lyon.

A l'office de tourisme vocabulaire et phrases utiles

Je voudrais une petite documentation sur la ville et les environs, s'il vous plaît.	*I'd like some (printed) information about the town and surrounding area, please.*
Qu'est-ce qu'il y a à voir à ...?	*What is there to see in ...?*
Qu'est-ce qu'on peut faire le soir à ...?	*What can you do in the evenings in ...?*
Pouvez-vous me recommander un bon restaurant près d'ici?	*Can you recommend a good restaurant near here?*
Pouvez-vous me recommander un bon hôtel?	*Can you recommend a good hotel?*
Quels sont les meilleurs hôtels en ville?	*Which are the best hotels in town?*
Est-ce qu'il est dangereux de se baigner dans le lac/dans la mer/dans la rivière?	*Is it dangerous to swim in the lake/in the sea/in the river?*
Est-ce qu'on peut faire des excursions dans la région/à la montagne?	*Can you go for excursions in the area/to the mountains?*
Où est-ce qu'on peut louer des vélos/une voiture?	*Where can you hire bicycles/ a car?*
Est-ce que vous faites des visites guidées/des réservations?	*Do you do guided tours/ hotel reservations?*

Je voudrais ...	*I would like ...*
Avez-vous? ...?	*Do you have ...?*
un dépliant sur ...	*a leaflet about ...*
un horaire des autobus/ des trains	*a bus/train timetable*
une liste des excursions en car	*a list of coach excursions*
une liste des hôtels	*a list of hotels*
une liste des monuments principaux	*a list of the main sights*
une liste des restaurants	*a list of restaurants*
un liste des terrains de camping	*a list of campsites*
un plan des autobus	*a bus map*
un plan du métro	*a 'métro' map*
un plan de la ville	*a town plan*
Où se trouvent les magasins principaux?	*Where are the main shops?*
Où se trouve ...?	*Where is ...?*
le centre commercial	*the shopping centre*
la gare SNCF	*the railway station*
la gare routière	*the bus station*
l'hôtel ...	*the hotel ...*
Je passe uniquement une demi-journée/une journée/deux jours ici à ..., qu'est-ce qu'il faut voir?	*I'm only spending half a day/one day/two days here/in ..., what should I see?*

C'est à vous

You've arrived at the tourist office with a list of questions and requests.

1 Ask for a plan of the town and a list of the main sights.
2 Ask if the tourist office do hotel bookings.
3 (They don't), so ask for a list of hotels.
4 Ask if the assistant can recommend a good hotel.
5 Ask if the tourist office do organised tours.
6 Ask if it's possible to take excursions into the mountains.
7 Ask where you can hire bicycles.
8 Find out if it's dangerous to swim in the river.
9 Ask if there is a good restaurant nearby.
10 Find out what there is to do in the evenings.
11 Find out where the bus station is.
12 Say you're only spending a day there and ask what you should see.

Now you can:
understand general information about France and obtain advice and information from a tourist office.

10·2 On fait du camping

AIMEZ-VOUS FAIRE DU CAMPING?

Hôtels, gîtes ruraux, chambres d'hôte, villages de vacances, auberges de jeunesse, locations meublées, campings ... la France compte un riche éventail de formules d'hébergement. Parmi celles-ci le camping a toujours attiré un grand nombre de vacanciers. Et la France, avec 9 000 terrains de camping, est le pays d'Europe avec le plus grand nombre de campings.

Quels sont les avantages et les inconvénients du camping? Pour les découvrir, notre reporter, Pierre Lefèvre, est allé interroger, d'abord les Français qui aiment le camping, et ensuite ceux qui préfèrent une autre formule d'hébergement.

Paul Martin, 19 ans:
Moi, j'aime beaucoup faire du camping. On est libre, on est près de la nature et puis on s'amuse bien. Aux terrains de camping où j'ai été, il y a toujours eu beaucoup de choses à faire – natation, pêche, cyclisme, tennis etc. On rencontre beaucoup de gens, souvent des étrangers, et on se fait facilement des amis.

Marie Ferry, 17ans:
J'aime faire du camping, mais je préfère aller dans une ferme plutôt que d'aller dans un de ces grands terrains de camping, qui ressemblent à un hôtel et où il y a beaucoup de gens. Si on fait du camping à la ferme, il n'y a jamais plus de quatre ou cinq tentes. Souvent on peut visiter la ferme et faire la connaissance du fermier et de sa famille, voir les animaux de la ferme etc. Pour moi, ça c'est plus intéressant.

Yves Lambert, 29 ans:
A mon avis, le camping est un excellent moyen de passer des vacances sans dépenser beaucoup d'argent. J'ai voyagé dans plusieurs pays et j'ai fait du camping un peu partout en Europe. On trouve des terrains qui sont très confortables avec douches, piscine, restaurant, terrain de jeux etc. ou des terrains de camping plus simples, mais il y a toujours un minimum de confort.

Carole Duverger, 22 ans:
Le camping, ça va quand il fait beau, mais quand il pleut – ou quand il y a trop de vent – non, ça ne me plaît pas.

Pascal Rondin, 45 ans:
Je n'ai jamais fait du camping, et je n'ai pas du tout envie d'en faire. Ah non ... dormir mal par terre, puis essayer de préparer des repas sans l'équipment nécessaire! Non, je n'aimerais pas ça.

Sylvie Lazaret, 37ans:
Le camping – ça va peut-être, si l'on passe une ou deux semaines dans le même endroit. Sinon, on est tout le temps en train de monter et démonter sa tente.

Alain Corut, 18 ans:
Pour moi, le plus grand inconvénient c'est qu'il faut apporter beaucoup de choses avec soi: tente, sac de couchage etc. Alors, ça va si on a une voiture mais, si on voyage par le train ou à vélo, ce n'est pas très pratique. Il vaut mieux aller à l'auberge de jeunesse.

Madeleine Morand, 51 ans:
Moi, je préfère aller à l'hôtel. On est plus confortable et on dort beaucoup mieux.

Maintenant, c'est à vous

1. Avez-vous jamais fait du camping?
   Si oui, donnez des détails – où, quand etc.
   Si non, aimeriez-vous faire du camping?
2. A votre avis, quels sont les avantages?
3. Et quels sont les inconvénients?

Pour choisir un terrain de camping

Tous les terrains de camping sont classés de une à quatre étoiles selon l'équipment et les services offerts. Les terrains de camping une étoile sont plus simples et plus calmes que les campings quatre étoiles, qui offrent de nombreux services, restaurant, piscine, douches chaudes, machines à laver, activités sportives etc.

Évidemment un camping une étoile est moins cher qu'un camping quatre étoiles. Pour quatre personnes avec une tente et un véhicule, on payera environ 55F la nuit dans un camping une étoile, et environ 95F la nuit dans un camping quatre étoiles.

Une autre possibilité est de faire du camping à la ferme. On limite le nombre d'installations à six (ou à vingt personnes), et on met à la disposition des campeurs un robinet, un W.-C. et un lavabo. Il est souvent possible d'acheter des produits de la ferme.

A Quel camping choisiriez-vous?

Exemple: **1** Le Ranolien

1 Si vous vouliez aller dans un camping où il y a une piscine chauffée.
2 Si vous cherchiez un camping simple et pas cher.
3 Si vous vouliez faire du camping à Noël.
4 Si vous vouliez être près d'une rivière.
5 Si vous vouliez louer une caravane sur place.
6 Si vous vouliez faire de la planche à voile.
7 Si vous vouliez faire de l'équitation.
8 Si vous vouliez acheter des plats cuisinés.

B Some friends are going to stay at *Le Ranolien*. Describe the campsite to them in as much detail as possible.

a)

La Rafale ★

Tél. 58.01.42. Ouvert du 1/5 au 30/10. 1 ha. 33 E.
Plat et en pente, herbeux, sablonneux. A 100 m :
– Tarifs 82 : – 2,80/pers. – 2/empl. – 1,40/véh

b)

ETEL 56410 (Morbihan)
2 ha – 600 c

CAMP MUNICIPAL DE LA FALAISE
★ ★

Tél. (97) 55.33.79. Ouv. Pâques – Pentecôte – 13/6 – 15/9

Omb. moyen, Branch. élect. carav. Douches ch. Mer. Pêche.
Port de plaisance à 400 m. Planche à voile, tennis et jeux enfants à 100 m.

c)

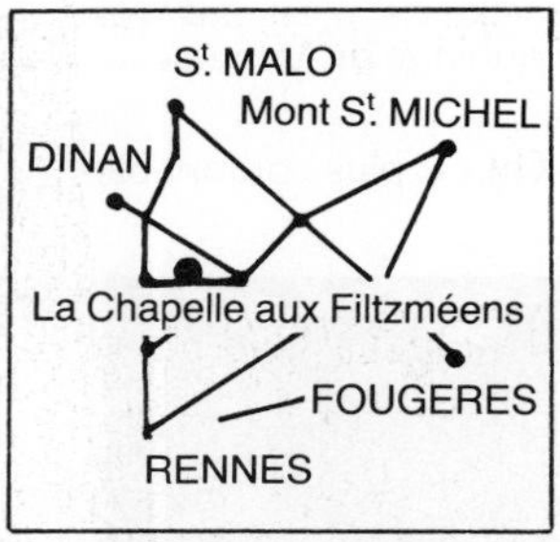

VOS VACANCES en Bretagne, à 35 km de la mer, dans 10 ha de verdure et de calme, au centre d'une région touristique.

CAMPING CARAVANING
"LE CHATEAU" ★★★
DE LA CHAPELLE AUX FILTZMEENS

35190 TINTENIAC
Tél. (99) 45.21.55 – MONUMENT HISTORIQUE
Location de caravanes. Sanitaires tout confort, machines à laver, alimentation, glace, bar, TV, équitation, ping pong, rivière à truites et canal de navigation, Disco. Ouvert de Pâques à fin Septembre.

d)

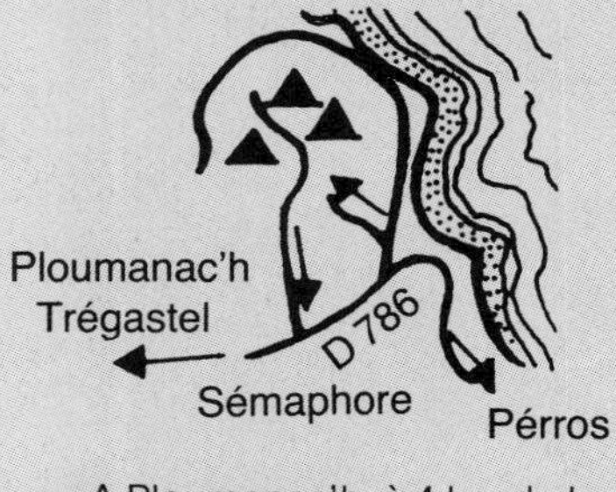

— A Ploumanac'h, à 4 km de la commune et 500 m de la plage. – Tarifs 82 : forfait 15,50/pers.

dans les rochers de Ploumanac'h

LE RANOLIEN

camp de tourisme ★★★★

Tél. 23.21.13 – 10 ha de landes boisées près de la mer – blocs sanitaires – douches chaudes – laverie – repassage – élec. 220 V – bar – épicerie – plats cuisinés – restaurant – baignade – pêche – camping-gaz – piscine chauffée – mini-golf – **ouvert toute l'année.**
Réd. 10 % fam. nomb. + de 5 pers. et + de 3 semaines.

Une lettre de réservation

Aux mois de juillet et d'aout, il est fortement conseillé de réserver un emplacement à l'avance si possible, surtout pour les campings qui se trouvent au bord de la mer dans les régions touristiques les plus fréquentées. Cependant il n'est pas toujours possible de réserver à l'avance. Certains terrains de camping n'acceptent pas de réservations et dans ce cas, il faut arriver de bonne heure (avant 11 heures) pour être sûr d'avoir un emplacement.

Choose one of the campsites on page 166 and write a letter to reserve a site. Include the following information:

One caravan and car from August 2nd – 22nd.
Two adults and two children, aged 16 and 12.
Ask how much it will be.
Ask for details about the campsite.
Say when you expect to arrive.

Camping Municipal
Saint-Briac
35800 Dinard
France

14 John Wilson St.
Birmingham
BH2 1LP

le 12 mars

Monsieur,

Je voudrais réserver un emplacement pour une tente et une voiture pour les nuits du 29 juillet au 5 août. Nous sommes quatre personnes: deux adultes et deux enfants de 15 et 7 ans.

Pouvez-vous m'indiquer le tarif? Nous arriverons le 29 juillet, en fin d'après-midi – vers 17 heures.

Veuillez me confirmer la réservation. Pourriez-vous aussi m'envoyer des renseignements sur le terrain de camping et sur la région? Je vous envoie une enveloppe avec mon adresse et un coupon réponse international.

Je vous prie d'agréer, Monsieur l'expression de mes sentiments distingués.

T. Mitchell

Au terrain de camping vocabulaire et phrases utiles

Finding a campsite and booking in

Est-ce qu'il y a un (terrain de) camping près d'ici?	*Is there a campsite near here?*
Avez-vous de la place pour une tente/une caravane?	*Have you any room for a tent/a caravan?*
C'est combien par personne et par nuit?	*How much is it per person per night?*
C'est pour ... nuits.	*It's for ... nights.*
C'est pour ... adultes et ... enfants.	*It's for ... adults and ... children.*
J'ai réservé un emplacement pour ...	*I've reserved a site for ...*
A quel nom? / Au nom de?	*What name is it?*
ouvert du ... au ...	*open from ... to ...*
permanent	*open all the year round*
à l'ombre	*in the shade*
au soleil	*in the sun*
Est-ce qu'il y a une piscine/un terrain de jeux?	*Is there a swimming pool/a games area?*
La plage/le village, c'est loin?	*Is it far to the beach/the village?*

Finding out where things (or people) are

Où est ...?	*Where is/are ...?*
le bac à vaisselle	*the washing-up sink*
le bloc sanitaire	*the washing facilities*
le bureau d'accueil	*the reception*
l'eau potable	*the drinking water*
le gardien	*the warden*
la laverie	*the laundry*
le magasin	*the shop*
la piscine	*the swimming pool*
le restaurant	*the restaurant*
le robinet	*the tap*
la salle de repassage	*the ironing room*
Où sont ...?	*Where is/are ...?*
les douches	*the showers*
les jeux d'enfants	*the children's play area (swings, slide etc.)*
les poubelles	*the dustbins*
les toilettes	*the toilets*

Useful equipment

des allumettes (f.pl.)	*matches*
un bidon	*water container*
une cartouche de camping gaz	*camping gaz cartridge*
une lampe de poche	*torch*
des piles (f.pl)	*batteries*
une prise de courant	*electric point*
un ouvre-boîtes	*tin opener*
un sac à dos	*rucksack*
un sac de couchage	*sleeping bag*
une tente	*tent*

A vous, maintenant Au terrain de camping

1 You and your friend have just arrived at a campsite without booking.

– Bonjour, vous voulez louer une tente?
Say no, thank you and say you have a tent.
– Vous avez une réservation?
Answer no, and ask if there's room.
– Oui, je vous donne un emplacement là-bas, à droite.
Ask if there is a swimming pool.
– Non, mais vous pouvez vous baigner dans la mer.
Ask if the beach is far.
– Non, c'est à deux kilomètres.
Thank the camp warden very much.
– De rien, Monsieur/Mademoiselle.

EAEB 1983

2 Vous arrivez à un terrain de camping.

– Qu'y a-t-il pour votre service, Monsieur?
You ask if he has any room.
– Mais oui, Monsieur. Quelle sorte d'emplacement?
You tell him that there are five of you with a caravan and a tent.
– C'est pour combien de temps?
You tell him for at least three nights.
– Très bien, Monsieur. Bon séjour.

YHREB 1983

3

(i) Greet the campsite owner politely.
(ii) Ask if he has a free pitch.
(iii) When asked, say it is for a caravan, for 3 nights.
(iv) Say there are 5 people in your party: your parents, grandparents and yourself.
(v) Thank him and say that is all right.

SWEB 1983

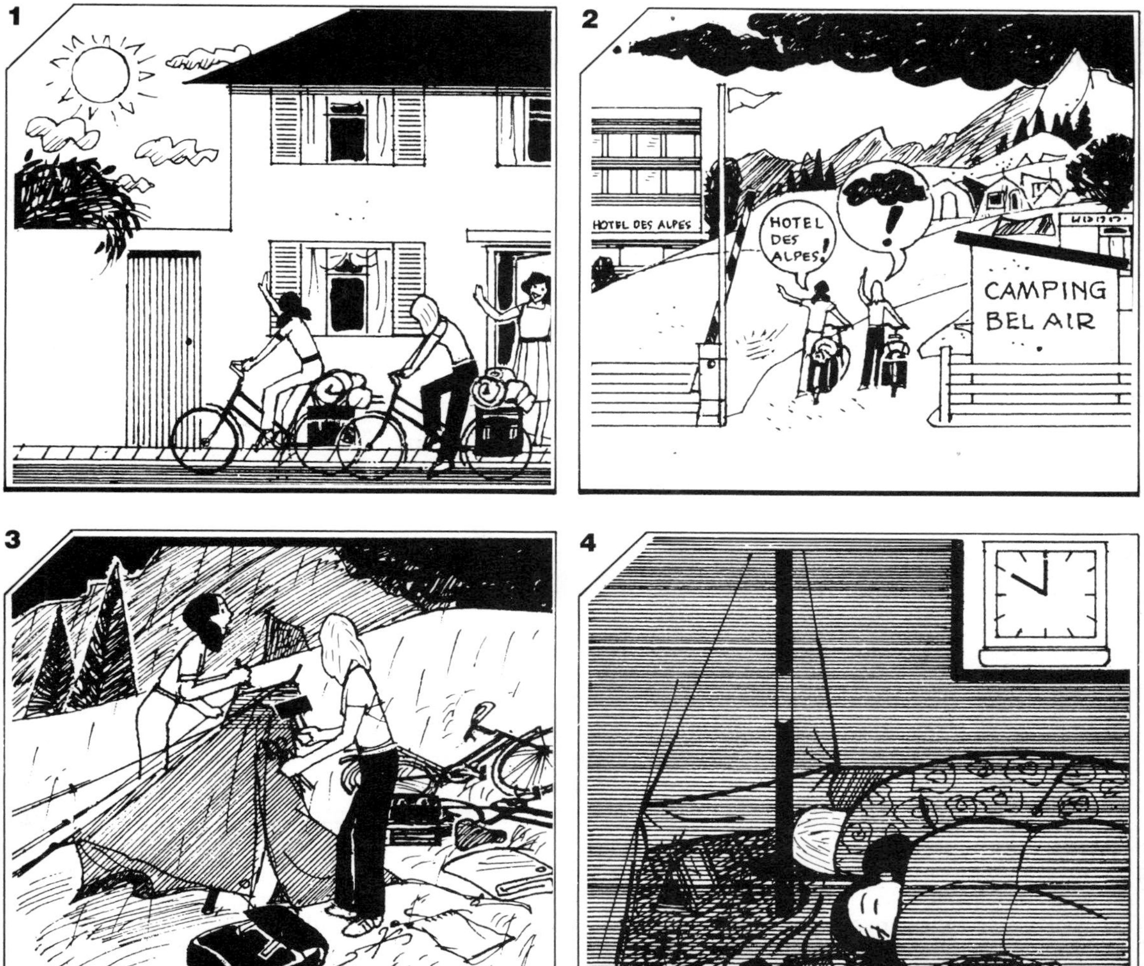

Now you can:
discuss the advantages and disadvantages of camping and organise a camping holiday.

NEA Joint GCE O-level and CSE examination 1984

10·3 A l'hôtel

Un hôtel pour vous

Si vous cherchez un hôtel, demandez à l'office de tourisme de vous envoyer une liste des hôtels qui se trouvent dans la ville ou la région que vous voulez visiter, ou consultez un guide comme le Guide Michelin ou le Guide des Logis et Auberges de France.

Vous verrez que les hôtels sont classés par catégories. Il y a des Auberges de France et de petits hôtels une étoile qui sont simples et qui ne coûtent pas chers. D'habitude, ces hôtels ne sont ni grands ni très modernes et ils n'ont pas d'ascenseur.

Puis, il y a des hôtels deux étoiles qui sont plus confortables et qui offrent des chambres, avec ou sans salle de bains, à des prix très raisonnables. L'ascenseur est obligatoire à partir du quatrième étage. Si vous cherchez un hôtel dans cette catégorie, consultez le guide des Logis de France. Ces hôtels, qui se situent, d'habitude, en dehors des centres urbains (il n'y en a pas à Paris), sont presque toujours à gestion familiale et offrent un accueil personalisé.

Puis, il y a des hôtels trois étoiles où les chambres ont une salle de bains ou douche privée et où le personnel parlent au moins deux langues étrangères. Et pour ceux qui veulent un hôtel très confortable ou de grand luxe, il y a des hôtels quatre étoiles et des hôtels quatre étoiles luxe, par exemple, le Ritz à Paris.

Tous les hôtels sont obligés, par la loi, d'afficher leurs prix (chambre, petit déjeuner, demi-pension et pension) au lieu de réception et dans les chambres. Comme ça, vous pouvez toujours vérifier si le prix de la chambre vous semble trop cher.

Comme vous voyez, on trouve des hôtels à tous les prix, alors pour trouver un hôtel qui vous convient, n'oubliez pas de consulter les listes de l'office de tourisme ou les guides d'hôtel.

Choisissez un hôtel (1)

Travaillez avec un partenaire. L'un de vous regarde cette page, l'autre personne regarde la page 183. Imaginez que vous travaillez à l'office de tourisme à Paris. Voilà les détails de quatre hôtels:

A

Votre partenaire veut réserver une chambre d'hôtel pour un client anglais. Seulement un de ces hôtels lui conviendra. A vous de répondre à ses questions et de lui proposer un hôtel convenable.

B

Votre partenaire veut réserver une chambre d'hôtel pour lui-même. Répondez à ses questions.

Hôtel	**Arrondissement**	**Métro**	**Nombre de chambres**	**Informations générales**	**Prix tout compris Chambre** 1 pers.	2 pers.	**Petit déjeuner**
Hôtel Central*	18e	Lamarck Coulaincourt	43	Chiens admis. 6 chambres avec salle de bains	56F	90F	12F
Hôtel des Marronniers**	6e	St. Germain-des-Près	37	Toutes les chambres sont avec salle de bains. Ascenseur, bar. Les chiens ne sont pas admis.	180F	240F	18F
Hôtel Montpensier**	1er	Richelieu-Drouot	43	Vieille demeure. Chiens admis. Ascenseur. Toutes les chambres sont avec salle de bains ou cabinet de toilette.	160F	230F	15F
Hôtel du Cygne**	1er	Etienne Marcel	20	Chiens admis. restaurant, TV dans quelques chambres. Toutes les chambres sont avec salle de bains ou cabinet de toilette.	170F	250F	16F

Listen to the conversation on tape and answer *in English* the following questions. Include all relevant details. Single word answers are permitted, where appropriate.

Problems at the hotel

Part 1

1. Did Jacques and Christine arrive at the hotel at midday or in the evening?
2. What *two* means of transport did they use to reach the hotel?
3. Describe their luggage.
4. What kind of room have they reserved?
5. What problem did the receptionist have with the reservation?
6. What did she say she would do?

Part 2

7. When did Jacques say that the reservation had been made?
8. Why does the hotel's owner offer to phone other hotels?
9. Where did Jacques and Christine go to wait?
10. What does Jacques find strange?
11. What mistake had the owner made?

WMEB 1983

— Ne vous inquiétez pas — j'ai pu résoudre le problème des lits.

A l'hôtel vocabulaire et phrases utiles

à partir de	*from*
s'adresser à	*to refer to, to report to*
annuler	*cancel*
les arrhes (f.pl.)	*deposit*
un ascenseur	*lift*
un balcon	*balcony*
un bidet	*bidet*
un cabinet de toilette	*washing facilities*
casser	*to break*
une chambre	*room*
le chauffage central	*central heating*
un cintre	*coat hanger*
une clé (clef)	*key*
complet	*full*
le confort	*comfort*
une couverture	*blanket*
la demi-pension	*half-board*
descendre (à un hôtel)	*to stay (at a hotel)*
une douche	*shower*
les draps (m.pl.)	*sheets*
l'eau chaude (f)	*hot water*
l'eau froide (f)	*cold water*
une erreur	*mistake*
un escalier	*staircase*
un étage	*storey*
un hôtel	*hotel*
s'installer	*to settle in*
un lavabo	*washbasin*
un lit	*bed*
marcher	*to work (of a machine)*
le nom	*name*
la note	*bill*
la nuit	*night*
le numéro	*number*
un oreiller	*pillow*
un passeport	*passport*
la pension complète	*full board*
une personne	*person*
une pièce d'identité	*form of identification*
la réception	*reception area*
un reçu	*receipt*
un repas	*meal*
réserver	*to reserve*
rester	*to stay*
le rez-de-chaussée	*ground floor*
le robinet	*tap*
la salle de bains	*bathroom*
le salon	*lounge*
le savon	*soap*
un séjour	*stay*
une semaine	*week*
le service	*service*
une serviette	*towel*
signer	*to sign*
sonner	*to ring*
une table	*table*
le tarif	*price*
les toilettes (f.pl.) les W.C. (m.pl.)	*W.-C.*

Pour demander une chambre

une chambre ...	*a room ...*
pour une personne	*for one person*
pour deux personnes	*for two people*
avec un grand lit	*with a double bed*
avec deux lits	*with two beds*
Avez-vous deux chambres, dont une pour deux personnes et une pour une personne?	*Do you have two rooms: a double and a single?*
(une chambre) avec ...	*(a room) with ...*
balcon	*balcony*
cabinet de toilette	*washing facilities*
douche et W.-C.	*a shower and W.C.*
salle de bains et W.-C.	*a bathroom and W.C.*
vue sur mer	*a sea view*

C'est combien?

C'est à quel prix?	*What is the price?*
Une chambre avec salle de bains, c'est combien?	*How much is a room with a bath?*
Est-ce que le petit déjeuner est compris?	*Is breakfast included?*
C'est combien avec demi-pension?	*How much is it for half board?*
Avez-vous quelque chose de moins cher?	*Do you have anything cheaper?*

C'est pour combien de nuits?

C'est pour une nuit seulement.	*It's just for one night.*
C'est pour deux/trois/quatre nuits *etc.*	*It's for two/three/four nights* etc.

A propos de l'hôtel

Est-ce qu'il y a ... à l'hôtel?	*Does the hotel have ...?*
un restaurant	*a restaurant*
une piscine	*a swimming pool*
un salon de télévision	*a TV room*
un bar	*a bar*
un parking	*a car park*
Où est/se trouve ..., s'il vous plaît?	*Where is (are) ..., please?*
l'escalier	*the stairs*
l'ascenseur	*the lift*
la salle de bains	*the bathroom*
Où sont/se trouvent ..., s'il vous plaît?	*Where are ..., please?*
les douches	*the showers*
les toilettes	*the toilets*
L'hôtel ferme à quelle heure, le soir?	*When does the hotel close in the evening?*
Le petit déjeuner est à quelle heure?	*When is breakfast?*
Le dîner est servi à partir de quelle heure?	*From what time is dinner served?*

Il y a un problème?

... ne marche pas.	*The ... isn't (aren't) working.*
la télévision	*television*
la radio	*radio*
l'éclairage	*lights*
la douche	*shower*
Il n'y a pas de serviettes/savon dans la chambre.	*There are no towels/is no soap in the room.*
Est-ce que je peux avoir un cintre/un verre s'il vous plaît?	*Can I have a coat-hanger/glass please?*

Il y a autre chose?

Donnez-moi la clef de la chambre numéro 27, s'il vous plaît?	*Can I have the key to room number 27 please?*
Est-ce qu'il y a un message/du courrier pour moi?	*Is there a message/any post for me?*
Est-ce que quelqu'un peut monter mes bagages?	*Can somebody bring up my cases?*
Est-ce que vous avez préparé ma note?	*Have you written out my bill?*
Est-ce que vous acceptez les chèques de voyage/les cartes de crédit/Access?	*Do you take traveller's cheques/credit cards/Access?*

— ... et pour couronner le tout: je n'ai plus de papier pour écrire!

A vous, maintenant

A l'hôtel

1 Vous êtes à la réception d'un hôtel en France.
Tell the receptionist your name and say that you have reserved a room.
– Oui Monsieur/Mademoiselle. Voilà votre clef, numéro 408.
Ask which floor your room is on.
– Au quatrième étage.
Find out what time breakfast is served.
– De huit heures à neuf heures et demie.

NICSE 1983

2 Vous êtes à un hôtel.
– Bonsoir, Monsieur. Vous désirez?
You would like a single room.
– Avec salle de bains, Monsieur?
You would like a quiet room with a shower.
– Mais oui, Monsieur. C'est pour combien de nuits?
You will be staying for three nights. Ask if you can have dinner this evening.
– Ça va. On sert le dîner à partir de sept heures.

YREB 1982

3 Vous venez d'arriver à la réception d'un hôtel en France. Vous parlez à l'employé.
Ask if they have a double room with shower.
– Vous allez rester combien de nuits?
Say that you wish to stay for five nights.
– Bien, c'est possible.
Ask if there is a view of the sea.
– Ah non, Monsieur/Mademoiselle.

SREB 1983

Il y a un problème

– Monsieur?
– Madame, nous avons un problème avec notre chambre. Le robinet dans la salle de bains ne marche pas.
– On va s'en occuper. C'est quelle chambre, Monsieur?
– Chambre numéro 14. Vous pouvez le réparer?
– J'espère bien que oui. Il y a autre chose?
– Oui, il n'y a pas de savon non plus.
– Bon, on va voir ça.

Avec un partenaire, faites des conversations semblables pour les situations suivantes:

1 You're staying in room number 5. The shower isn't working and there aren't any towels.
2 You're staying in room number 34. The radiator isn't working and the room is cold. Ask if the radiator can be repaired and ask for an extra blanket.
3 You're staying in room number 12. You've lost your key. You think you've left it in your room. Ask if someone can open the room for you.
4 Ask for your hotel bill.
(The receptionist hands it over.)
When you check it through, you find that you've been mistakenly charged for two coffees served in your room. Explain the error to the receptionst.
(The receptionist accepts that it's their mistake and apologises.)

Hostellerie de la Loire

Bar – Rôtisserie

~ 8, Rue du M^{al} de Lattre de Tassigny ~

Près du Pont BLOIS Tél. 74.26.60

photo regards

fermeture annuelle
du 15 Janvier au 15 Février
et la deuxième semaine de Juin
fermeture hebdomadaire du
restaurant
le dimanche

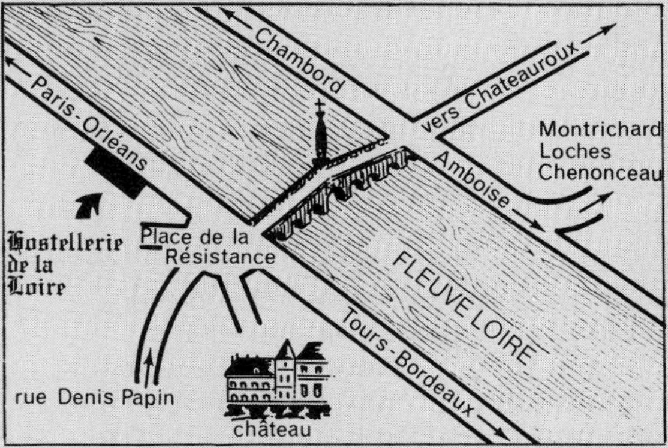

L'hostellerie de la Loire, hôtel 2 étoiles NN situé à proximité du château et du centre ville.

Chambres avec vue sur la Loire et le magnifique pont en dos d'âne construit en 1724, œuvre de l'architecte Jacques Gabriel.

Un restaurant de qualité vous propose de nombreuses spécialitiés régionales et des vins de grand cru.

Au nombre de ses spécialités : saumon de Loire et gibiers de Sologne en saison.

Des vins d'entre Loire et Cher notamment le Gamay rouge et le Sauvignon de Oisly.

Débrouillez-vous!

A Vous voulez passer trois jours pendant la semaine du 9 au 16 août à l'Hostellerie de la Loire. Téléphonez à l'hôtel pour réserver des chambres pour vous et votre famille. N'oubliez pas de vérifier le prix des chambres.

Allô, Hostellerie de la Loire.

.....................................?

Le 9 et le 10 août c'est difficile, mais à partir du 12, ça va.

.....................................?

C'est 200 francs la chambre et 18 francs pour le petit déjeuner.

....

Alors, c'est pour trois nuits du 12 au 15 août. C'est à quel nom?

....

Bon, vous pouvez m'envoyer une lettre de confirmation et 200 francs d'arrhes.

....

C'est ça. Alors j'attendrai votre lettre de confirmation. Au revoir.

B Maintenant écrivez une lettre de confirmation.

C Vous avez reçu cette réponse de l'hôtel. De quoi vous remercient-ils?

> **Hostellerie de la Loire**
> 8, rue du Maréchal de Lattre-de-Tassigny
> 41000 BLOIS
>
> Blois, le 30 juillet 85.
>
> Monsieur,
>
> Nous avons bien reçu votre lettre de confirmation ainsi qu'un versement d'arrhes en espèces de 200 frs et nous vous en remercions.
>
> Recevez, Monsieur, nos sincères salutations.

D

1 Vous arrivez à l'hôtel. Que dîtes-vous?

2 Vous voulez savoir en plus:

s'il y a un parking à l'hôtel;
à partir de quelle heure le restaurant est ouvert;
à quelle heure on sert le petit déjeuner.

Que dîtes-vous?

Now you can:
book accommodation at a hotel, sort out the arrangements and deal with any problems which might arise.

10·4 La France des jeunes

Chaque année, plus de 350 000 jeunes passent une partie de leurs vacances à Paris. L'Accueil des Jeunes en France (A.J.F.) peut vous aider à trouver un hébergement à Paris dans des hôtels de jeunes, des auberges de jeunesse ou des centres pour étudiants.
Pour tout renseignement sur le logement, les repas, les transports, les spectacles, les excursions, les stages et les voyages, adressez-vous à l'un des bureaux d'accueil et d'information.

Paris accueille les jeunes!

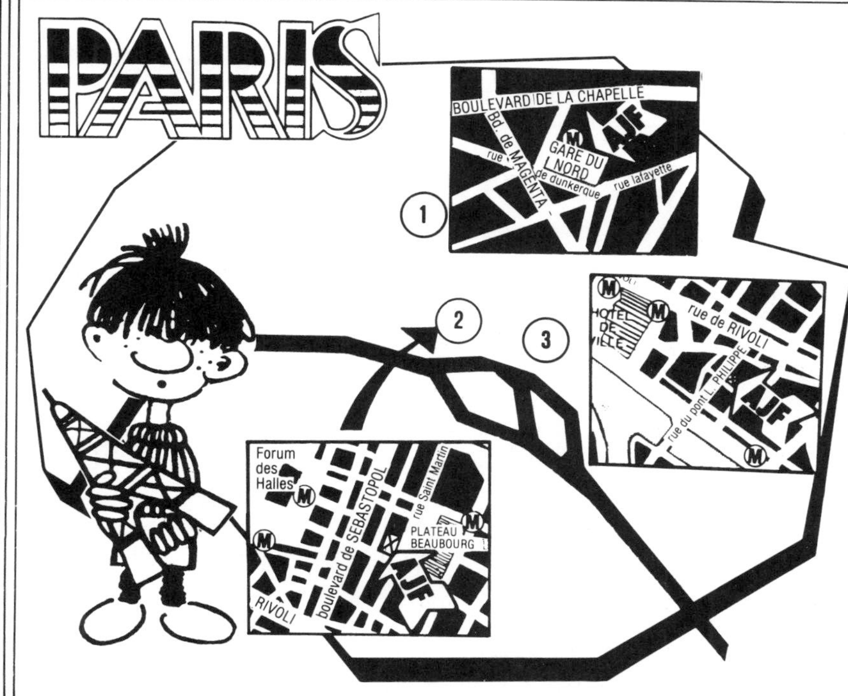

UN HEBERGEMENT GARANTI PAR 3 BUREAUX D'ACCUEIL (dès l'arrivée à Paris)

1. GARE DU NORD
(hébergement seulement)
A l'intérieur de la gare dans le hall des arrivées
Paris 10e

2. BEAUBOURG
119 rue Saint-Martin
Paris 4e
face au Centre Pompidou

3. HÔTEL DE VILLE
16 rue du pont Louis Philippe
Paris 4e
près de l'hôtel de ville
face à l'île de la cité/Saint Louis

LE FOURCY

hôtel de jeunes

- 6 rue de Fourcy PARIS 4e
- ancienne résidence du XVIIe siècle édifiée par un membre du Parlement du roi, près de l'Hôtel d'Aumont et de l'Hôtel de Beauvais
- dans le quartier historique du Marais, à proximité de l'Hôtel de Ville, de Notre-Dame, du Quartier Latin
- téléphone : 274.23.45
- métro : «Saint-Paul» ou «Pont-Marie»

CONDITIONS DE SEJOUR

- 150 places en chambres à 2 et 4 lits
- douches et lavabos dans chaque chambre – ascenseur
- petit déjeuner sur place. Des repas peuvent être pris à «la Table d'Hôte»
- ameublement ancien dans les salles communes et les chambres. Murs habillés de tissu
- l'hôtel est ouvert toute l'année. Il n'y a pas de fermeture de nuit

LES MAISONS INTERNATIONALES DE LA JEUNESSE ET DES ÉTUDIANTS

Avez-vous bien compris?

1. Whereabouts in Paris is this hotel?
2. Which is the nearest *métro*?
3. How many people can be accommodated there?
4. What are the rooms like?
5. When is the hotel open?
6. Does it close at night?

Que savez-vous des auberges de jeunesse?

Il y a environ 300 auberges de jeunesse en France. Ce sont des centres où peuvent être logés des jeunes de tous les pays. En savez-vous plus?

1. Est-ce que ça coûte cher de loger dans une auberge de jeunesse?
2. Est-ce qu'il faut une carte d'adhérant?
3. Est-ce qu'on a une chambre individuelle, d'habitude?
4. Est-ce qu'on peut prendre des repas sur place?
5. Ou si on le préfère, est-ce qu'on peut faire sa propre cuisine?
6. Est-ce que les auberges de jeunesse sont ouvertes toute la journée?

A l'auberge de jeunesse

Que se disent-ils?

1 Ces deux filles veulent passer deux nuits à l'auberge de jeunesse. Elles veulent savoir en plus:

A quelle heure l'auberge ferme la nuit?
Si on peut prendre les repas sur place?

2 Ce garçon veut passer une nuit à l'auberge de jeunesse et il veut louer des draps. Il veut savoir en plus:

Combien ça coûte pour la location des draps?
A quelle heure on sert le petit déjeuner le matin?

AUBERGE DE JEUNESSE DE PARIS

Jules Ferry

8, Boulevard Jules Ferry 75011 PARIS 357.55.60 Métro: REPUBLIQUE

L'AUBERGE JULES FERRY, ouverte depuis le 1er juillet 1981, située dans le centre de Paris, peut accueillir jusqu'à 100 personnes dans des chambres de 2, 4 ou 6 lits.

L'installation, dont le nombre de lits est relativement modéré, permet un hébergement de qualité.

Heures d'ouverture: 6H-2H du matin

Réservations individuelles: paiement d'avance obligatoire

Pas de groupes

L'A.J. Jules Ferry étant affiliée à la Fédération Internationale des Auberges de Jeunesse (International Youth Hostel Federation, 5 000 A.J. dans le monde), la carte d'Auberge de Jeunesse est indispensable.

Association régie par la Loi de 1901
Agréée par le Commissariat général au Tourisme sous le nº 67.005
Agréée par le Ministère de l'Éducation Nationale, le Secrétariat d'Etat auprès du Premier Ministre chargé de la Jeunesse, des Sports et des Loisirs.

On fait de l'auto-stop

L'auto-stop n'est pas interdit en France (sauf sur les autoroutes), mais il n'est pas vraiment recommandé. Il y a toujours un risque et pour l'auto-stoppeur et pour l'automobiliste. Cependant, à l'approche de l'été on voit de plus en plus d'auto-stoppeurs le long de la route. Françoise Legrand est allée interviewer plusieurs personnes à propos de l'auto-stop.

F.L.: Je viens d'arriver à la Porte d'Orleans où il y a cinq groupes d'auto-stoppeurs. Je vais parler d'abord à deux Français. Bonjour, vous allez où?
Garçon: A Lyon.
F.L.: Ça fait longtemps que vous attendez?
Garçon: Ça fait deux heures environ.
F.L.: Et vous êtes venus d'où, ce matin?
Garçon: De Paris. On est venus par le métro. Si on a de la chance, on sera à Lyon, ce soir.
F.L.: Est-ce qu'il y a des auto-stoppeurs qui ont déjà été pris, ce matin?
Garçon: Oui, il y avait trois groupes de filles qui sont déjà partis.
F.L.: Vous faites souvent du stop?
Garçon: Oui, tous les week-ends. C'est le seul moyen de voyager quand on n'a pas d'argent. Et puis, c'est intéressant – on rencontre des gens différents, on discute un peu de ce qu'on fait.
F.L.: Bon merci.

Je vois qu'un automobiliste vient de s'arrêter. Je vais vite lui parler.
Bonjour, Monsieur. Je fais un reportage pour radio France. Voulez-vous me dire ce que vous pensez de l'auto-stop?
Homme (1): Ah bon. Alors, moi, je faisais de l'auto-stop moi-même quand j'étais plus jeune, et je suis toujours prêt à emmener quelqu'un quand j'ai de la place dans la voiture. Je trouve que c'est un excellent moyen pour les jeunes de voyager et j'aime bien discuter avec eux.
F.L.: Merci, Monsieur.

Maintenant, je vais parler à une fille qui fait de l'auto-stop.
Vous ne croyez pas que c'est dangereux de faire de l'auto-stop, toute seule?
Fille: Il y a des risques, bien sûr. Mais dans la vie, il y a des risques. Il faut faire attention, c'est tout. Je demande toujours à l'automobiliste qui s'arrête, où il va. S'il a l'air louche ou s'il est ivre ou s'il n'inspire pas confiance, je dis que je n'y vais pas et je le remercie, mais je ne monte pas dans sa voiture. Quelquefois, ils n'aiment pas ça, ils insistent un peu . . . alors ça réaffirme ma première impression.
F.L.: Maintenant, je suis dans une aire de service sur l'autoroute A6. Je vais parler à quelques automobilistes à propos de l'auto-stop. Madame, est-ce que vous prenez des auto-stoppeurs?
Femme: Moi, très rarement. J'estime que pour une femme seule, il y a vraiment trop de risques. Pourtant, je prendrai peut-être des gens dans les régions où il est difficile de se déplacer en transport public.
F.L.: Et vous, Monsieur. Est-ce que vous êtes pour l'auto-stop?
Homme (2): Non. Moi, je suis catégoriquement contre. Il y a trop de risques et puis on ne sait pas à qui on a à faire. Beaucoup d'auto-stoppeurs ont les cheveux longs et sales. Non, je pense qu'on devrait interdire l'auto-stop.
F.L.: Et vous, Monsieur?
Homme (3): Je ne suis pas vraiment pour l'auto-stop, mais je m'arrête quelquefois. J'ai pris un jour un jeune homme qui marchait sous une pluie torrentielle. Et puis, je prends les gens quand il y a la grève des transports publics.
F.L.: Et quel est votre avis, Monsieur?
Homme (4): Moi, je ne prends que des militaires. Tout le monde sait qu'ils n'ont pas beaucoup d'argent et qu'ils n'ont pas toujours un train ou un car qui les déposent directement chez eux.
F.L.: Et finalement à vous, Monsieur.
Homme (5): Moi, j'emmène volontiers des auto-stoppeurs. Comme routier, je voyage beaucoup et je n'aime pas tellement voyager seul – alors je prends quelqu'un pour me tenir compagnie.

Pour ou contre l'auto-stop?
Écoutez les avis sur l'auto-stop – quels sont les arguments pour et contre?

UNE JEUNE AUTO-STOPPEUSE ASSASSINÉE DANS L'AVEYRON

C'était la première fois qu'elle utilisait ce moyen de transport

Martine Solignac (19 ans) a été retrouvée à 6 km de chez elle

De notre corr. particulier
François DURGEL
TOULOUSE

Encore une nouvelle victime de l'auto-stop. Ces dernières semaines, les agressions – et parfois les assassinats – d'auto-stoppeurs se multiplient. Chaque fois, le scénario se déroule de la même façon : un adolescent – très souvent une jeune fille – fait imprudemment du stop, isolé sur le bord d'une route de campagne. On le retrouve, quelques heures plus tard, blessé ou tué.

Une fois de plus, donc, vendredi dernier, sur une petite départementale, près de Toulouse, un tueur rôdait.

Martine Solignac, dix-neuf ans, en effet, est morte, probablement tuée par l'automobiliste qui l'avait prise en charge.

L'émotion est vive dans la région et plus particulièrement à Pomayrols, village situé au bord du Lot, au pied des monts de l'Aubrac, où Martine demeurait chez ses parents, dans leur propriété, «Aux Creusets». **Son père, Raymond Solignac,** est le maire de Pomayrols.

La jeune fille qui, durant l'année universitaire, étudiait à Toulouse, était connue pour son sérieux et sa gentillesse. **Il semble. disent les parents, que c'était la première fois qu'elle faisait du stop.** D'ailleurs, les gens du pays pratiquent peu ce moyen de transport.

Martine Solignac, après quelques jours passés chez d'autres membres de sa famille, à Villeneuve-d'Aveyron, une localité située non loin de Villeneuve-de-Rouergue, à l'autre extrémité du département, annonce vendredi, au déjeuner, qu'elle souhaite regagner Pomayrols et retrouver les siens.

Ne disposant, dans l'heure, d'aucun moyen de transport, Martine décide alors de se risquer à faire du stop.

C'est le milieu de l'après-midi. La jeune fille téléphone à ses parents, les avertit de sa décision de rentrer et du moyen qu'elle a choisi pour le faire. Elle leur annonce qu'elle sera à Pomayrols dans la soirée, pour diner. Martine, qui porte seulement un petit sac de voyage, prend la route de Villefranche.

Cabine téléphonique

On peut imaginer qu'elle n'a pas à attendre longtemps qu'un automobiliste s'arrête pour la prendre, puisque, **environ une heure plus tard, à la sortie de Rodez, au carrefour de La Roquette, un témoin qui connaît la jeune fille l'aperçoit. Elle vient de descendre d'une Renault 5 blanche,** qui, moteur tournant, paraît attendre la jeune fille pendant que celle-ci se dirige vers une cabine téléphonique.

Effectivement, aux Creusets, chez les Solignac, le téléphone sonne. «**Tout va bien,** dit Martine à sa mère, **soyez tranquilles. Je vous téléphone d'une cabine sur la route ; dans moins d'une heure, je serai à la maison.**»

Ce sera la dernière fois que Mme Solignac entendra la voix toujours enjouée de sa fille. Martine n'étant pas rentrée à 22 heures, on pense d'abord qu'elle a pu s'arrêter sur la route, à Laissac, un gros bourg, où l'automobiliste qui la convoyait a fait quelques courses. Mais, passé minuit, l'inquiétude fait place à l'angoisse. On avise les gendarmes.

Avec les parents, des voisins, plusieurs brigades de gendarmes, on cherchera jusqu'au petit matin entre La Roquette et Pomayrols, soit sur près de cinquante kilomètres. **On retrouve le témoin qui a vu la jeune fille dans la Renault 5. Mais il ne peut donner qu'un signalement très vague du conducteur du véhicule et il n'a pas songé à relever le numéro d'immatriculation.**

Mais le lendemain, en début d'après-midi, un promeneur qui s'est engagé dans un petit bois, après avoir quitté la route le long de laquelle on avait cherché Martine toute la nuit, découvre, à moins de six kilomètres de la propriété des Solignac, le corps sans vie de la malheureuse jeune fille.

Martine a été frappée violemment en plein front, avec une pierre sans doute. Elle est en partie dévêtue. Les gendarmes, dans l'attente de l'autopsie qui aura lieu aujourd'hui, peuvent seulement indiquer que Martine Solignac n'a pas subi d'actes de sadisme et que son meurtrier ne s'est pas acharné sur elle. Il semble que le coup à la tête ait suffi à provoquer la mort. On remarque également que le sac de voyage de Martine n'a pas été retrouvé.

On pense que l'homme qui a tué la jeune fille n'était pas connu d'elle. Sinon, il est probable que Martine, en téléphonant à ses parents, aurait precisé de qui il s'agissait, ne serait-ce que pour les rassurer. **Pourtant, celui qui allait être son meurtrier a su mettre Martine en confiance. Elle a, en effet, accepté que l'homme, prétextant sans doute de la ramener plus directement chez elle, quitte la grande route et s'engage dans le petit chemin près duquel on l'a trouvée morte.**

France Soir – 20 Aug. 1984

Avez-vous bien compris?

1. Did Martine regularly hitch-hike home?
2. Where did she live?
3. Why was her father well-known in the village?
4. When did Martine decide to leave Villeneuve d'Aveyron and return home?
5. Why did she decide to hitch-hike?
6. A witness saw Martine get out of a car and go to a telephone kiosk. What did he say about the car?
7. What did Martine tell her parents about her expected time of arrival home?
8. When did her parents contact the police?
9. Where was Martine's body found?
10. According to the article, was it likely that Martine knew the driver or that she was suspicious of him?

La carte Inter-Rail

Il y a d'autres moyens de voyager si l'on n'a pas beaucoup d'argent. On peut, par exemple, profiter de la carte Inter-Rail, qui permet aux jeunes de voyager dans vingt pays d'Europe, sans limitation de kilomètres. Lisez bien le dépliant de la SNCF pour trouver les réponses aux questions suivantes.

1 Qui peut acheter une carte Inter-Rail?
2 Pour combien de temps est-elle valable?
3 Dans quels pays peut-on voyager gratuitement?
4 Est-ce qu'on peut voyager gratuitement dans son propre pays?
5 Combien ça coûte, environ?

Sachez que les jeunes de moins de 26 ans peuvent aussi bénéficier des billets BIGE qui donnent entre 20–40% réduction sur le tarif normal.

INTER-RAIL

UN MOIS DE VOYAGES EN TRAIN-STOP DANS 20 PAYS POUR LES MOINS DE 26 ANS

PROFITEZ D'UN SERVICE INTERNATIONAL

La Carte INTER-RAIL est valable pendant un mois à une période de votre choix. Elle vous permet de voyager en seconde classe sans achat de billet dans vingt pays étrangers et à demi-tarif dans le pays où vous résidez habituellement.

PARTEZ UNE FOIS ET DÉCOUVREZ PLUSIEURS PAYS

Achetez votre carte en France et voyagez gratuitement et librement pendant 1 mois sur les réseaux ferroviaires de vingt pays d'Europe.

- Vous aimez le soleil, vous avez la possibilité de connaître la Grèce en passant par la Suisse, l'Autriche et la Yougoslavie.
- Vous préférez aller admirer le soleil de minuit, il vous est possible de traverser la Belgique, l'Allemagne Fédérale, le Danemark et en route vers le cercle arctique via Oslo et la Norvège ou via Stockholm et la Suède ou la Finlande.
- Vous êtes attiré par les climats insulaires, allez en Irlande à travers la Grande-Bretagne et puis filez vers la Sicile, en traversant la Hollande, l'Allemagne Fédérale, l'Autriche et l'Italie. En un mois, c'est une belle balade!
- Vous êtes amateur d'exotisme et de dépaysement dans un climat chaud, gagnez le Maroc à travers l'Espagne et pourquoi pas le Portugal. Vous n'avez que l'embarras du choix!

BENEFICIEZ D'AUTRES AVANTAGES

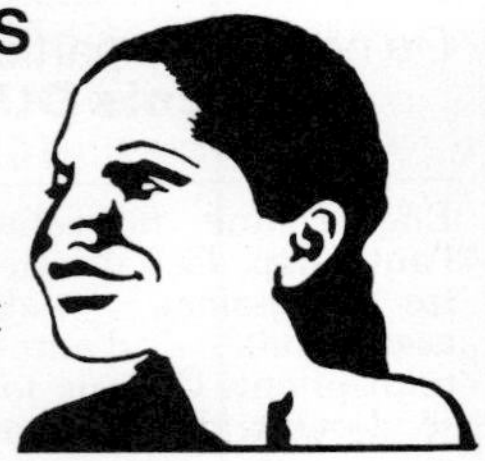

- Des réductions sont accordées sur les services maritimes Sealink reliant les îles britanniques entre elles et au continent ainsi que sur les lignes de certains autres transporteurs dont les chemins de fer corses, la Transmediterránea et la Limadet-Ferry desservant le Maroc, de nombreux chemins de fer privés à caractère touristique et aussi Europabus.

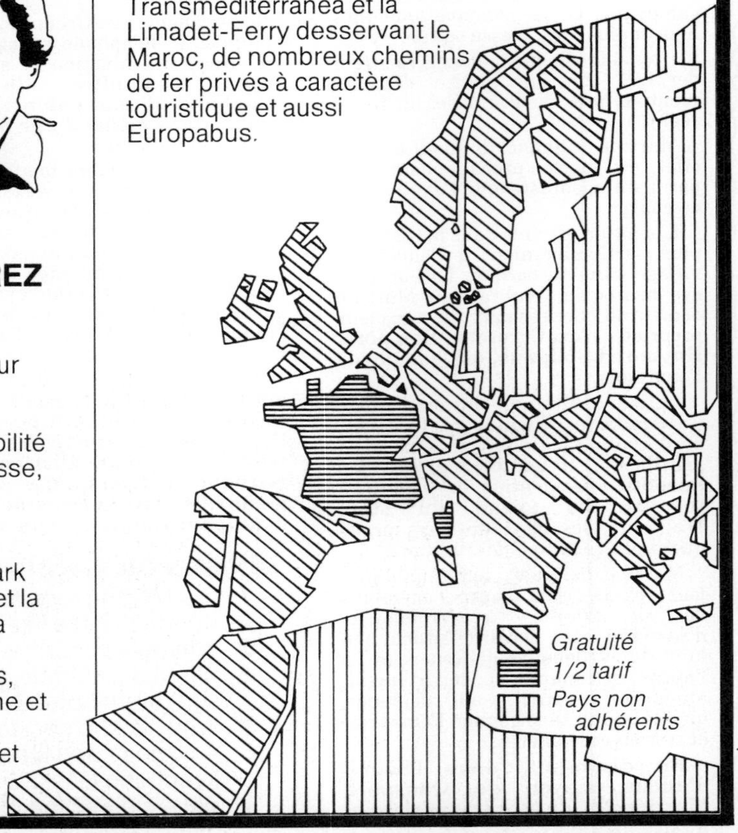

Now you can:
find out about cheap accommodation in youth hotels and youth hostels, discuss the pros and cons of hitch-hiking and find out about an *Inter-Rail* card.

10·5 Le temps des vacances

Les vacances en France

La France est un des pays qui a le plus grand nombre de jours de congé. C'est un pays de tradition catholique et la plupart des jours de congé sont des fêtes religieuses. Regardez le calendrier des fêtes. Quelles sont les fêtes religieuses? Et quelles sont les fêtes civiles?

On «fait le pont»

Les jours de congé permettent aux Français de prolonger les week-ends, surtout si on peut «faire le pont». En effet, si le jour férié est un jeudi ou un mardi, presque personne ne travaille le vendredi ou le lundi. Comme ça, on a quatre jours de congé de suite.

La fermeture annuelle

Les Français ont droit à cinq semaines de vacances, chaque année. La plupart prennent trois semaines ou un mois de vacances en juillet ou en août. A Paris et dans les grandes villes, beaucoup de restaurants et de magasins spécialisés ferment pendant cette période parce que les propriétaires prennent leurs congés annuels.

Calendrier des fêtes

1er janvier	le Jour de l'An
mars ou avril	Pâques* le lundi de Pâques
1er mai	la Fête du Travail
8 mai	la Fête de la Liberté et de la Paix (commémorant la victoire de 1945)
mai (un jeudi)	l'Ascension
mai ou juin	la Pentecôte le lundi de Pentecôte
14 juillet	la Fête Nationale (commémorant la prise de la Bastille)
15 août	l'Assomption
1er novembre	la Toussaint
11 novembre	la Fête de la Victoire (commémorant l'armistice de 1918)
25 décembre	Noël

*le vendredi saint n'est pas un jour de congé en France, sauf en Alsace où il y a une tradition protestante.

Quel temps fait-il aujourd'hui?

Exemple: A Paris, il pleut.

1 Dans le Midi?
2 En Bretagne?
3 Dans les Alpes?
4 A Lyon?
5 En Alsace?
6 A Toulouse?
7 Dans les Pyrénées?
8 A Biarritz?

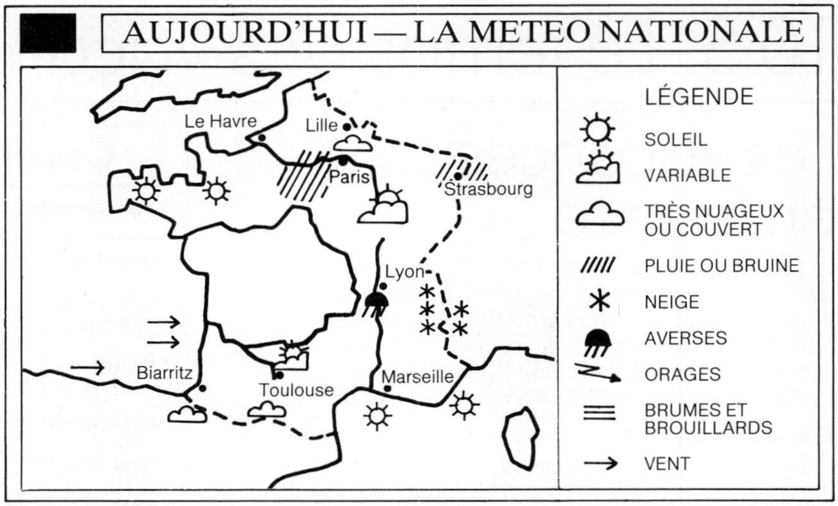

METEO

Demain

Bassin parisien – Le temps sera dans l'ensemble ensoleillé bien que brumeux. Le vent sera faible à modéré de nord-est et les températures resteront voisines des normales saisonnières, de l'ordre de 24 degrés.

Nord – Brumeux et nuageux le matin. Belles éclaircies l'après-midi.

Nord-Est – Assez beau en Champagne, très nuageux sur l'est de la région. Averses sur les Vosges.

Bourgogne, Franche-Comté – Temps variable, généralement bien nuageux.

Alpes, Corse – nuageux à couvert. Averses prenant localement un caractère orageux.

Sud-ouest, Charente-Poitou – Brumeux le matin. Belles éclaircies dès la mi-journée.

Bretagne-Nord, Normandie – Brumeux, assez ensoleillé. Plus nuageux près des côtes.

Centre, Massif Central – Brumeux et nuageux le matin. Assez bien ensoleillé dès la fin de matinée.

Tell these holidaymakers what sort of weather to expect tomorrow.

1 Martine Legros in Paris
2 James White in La Rochelle (Charente-Maritime)
3 Hilde Schmidt in Gérardmer (Vosges)
4 Johan Skopje in Saint-Malo (Bretagne)
5 Angela Stephens in Le Puy (Massif Central)

A propos du temps

vocabulaire et phrases utiles

une averse	*shower*
beau	*fine*
le brouillard	*fog*
la brume	*mist*
cesser de (pleuvoir)	*to stop (raining)*
chaud	*hot*
le ciel	*sky*
commencer à (neiger)	*to start (snowing)*
couvert	*overcast*
un degré	*degree*
un éclair	*flash of lightning*
une éclaircie	*sunny period*
frais	*cool*
froid	*cold*
geler	*to freeze*
gris	*grey*
mauvais	*bad*
un nuage	*cloud*
nuageux	*cloudy*
à l'ombre	*in the shade*
un orage	*storm*
la pluie	*rain*
la température	*temperature*
le temps	*weather*
le tonnerre	*thunder*
variable	*changeable*
le vent	*wind*
Il fait froid, n'est-ce pas?	*It's cold isn't it?*
Il fait un temps magnifique.	*The weather's glorious.*
Il a neigé tous les jours.	*It's snowed every day.*
Il a commencé à pleuvoir.	*It's started to rain.*
Est-ce qu'il pleut toujours?	*Is it still raining?*
Il ne pleut plus.	*It's no longer/its stopped raining.*
Quel temps faisait-il pendant vos vacances?	*What was the weather like during your holidays?*
Ce matin, il y avait de la brume.	*It was misty this morning.*
Il faisait beau, quand nous avons quitté Paris.	*The weather was fine when we left Paris.*

Choisissez un hôtel (2)

Travaillez avec un partenaire. L'un de vous regarde cette page, l'autre regarde la page 171.

A

Imaginez que vous travaillez pour une agence de voyages en Grande-Bretagne. Un client vous demande de lui réserver une chambre d'hôtel à Paris. Consultez votre partenaire qui travaille à l'office de tourisme à Paris.

1 Votre client veut être dans le centre de Paris, près de la Seine (dans le 1er, 4e, 5e ou 6e arrondissements).
2 Il veut emmener son chien avec lui.
3 Il veut une chambre pour une personne avec salle de bains ou cabinet de toilette.
4 Il préférerait un hôtel où il y a un bar ou un restaurant.
5 Il ne veut pas payer plus de 175 francs la nuit.

B

Maintenant, réservez une chambre d'hôtel pour vous-même. Décidez combien vous voulez payer, si vous voulez être dans le centre de Paris etc.

A la plage vocabulaire utile

à l'ombre	*in the shade*
au soleil	*in the sun*
un appareil-photo	*camera*
baignade interdite	*bathing forbidden*
se baigner	*to bathe*
un ballon	*large ball*
un bateau	*boat*
un bateau à voile/à rames	*sailing/rowing boat*
un bikini	*bikini*
bronzer	*to go brown*
se bronzer	*to sunbathe*
une chaise longue	*sunlounger*
une chaise pliante	*deckchair*
un château de sable	*sand-castle*
un coquillage	*shell*
l'eau potable (f)	*drinking water*
la falaise	*cliff*
une glace	*ice cream*
des lunettes de soleil (f.pl.)	*sunglasses*
un maillot de bain	*swimsuit*
un matelas pneumatique	*lilo*
la marée basse/haute	*low/high tide*
la mer	*sea*
nager	*to swim*
un parasol	*sunshade*
un pédalo	*pedal boat*
une pelle	*spade*
la plage	*beach*
une planche à voile	*windsurf board*
un rocher	*rock*
le sable	*sand*
une serviette	*towel*
le ski nautique	*water-skiing*
une vague	*wave*
un vendeur de glaces/de boissons	*ice cream/drinks seller*

Vacances sportives et culturelles

Lisez le programme de vacances d'été organisées par l'Accueil des Jeunes en France.

1 Choisissez un stage qui vous intéresse et écrivez-en un petit résumé en anglais pour vos parents. Ils voudront savoir le lieu, l'activité, les détails d'hébergement etc.

2 Malheureusement il n'y avait plus de place au stage de votre premier choix. Alors choisissez-en un autre et imaginez que vous y avez participé. Écrivez une lettre à un(e) ami(e) français(e) en lui décrivant ce que vous avez fait.

Football

SOULAC-SUR-MER
Gironde

En bordure de l'Océan, ce centre de football accueille les jeunes de 8 à 18 ans pour des stages d'initiation et de perfectionnement dans un cadre idéal: la mer, le soleil, l'immense plage de sable fin et la forêt de pins maritimes.
Programme journalier: Le matin: après échauffement et footing, 2 heures de pratique par groupes: exercices techniques, tactiques, préparation physique. En fin de matinée: baignade surveillée. L'après-midi: 1h 30 à 2h de pratique: exercices, matches à 7 ou 11. Baignade surveillée. En soirée: tournoi inter-groupes, foot à 7, projection de films football.
Hébergement: Au centre de football: logement en chambres de 8 à 10 lits. Sanitaires complets sur base. Les repas – copieux et de qualité – sont pris à la base.

Equitation

LA PESSE
Jura

Découverte ou pratique de l'équitation à la Pesse petit village de 200 habitants situé sur la haute chaîne du Jura, à 1160 m d'altitude, dans une région aux nombreuses forêts.
Stage d'initiation:
Ce stage s'adresse essentiellement à des débutants ou à des jeunes cavaliers qui désirent découvrir les plaisirs de le promenade à cheval. 3 à 4 heures de monte par jour, notions de soins aux chevaux, et données générales sur la connaissance du cheval. Bombe et cravache fournies.
Hébergement:
A l'Embossieux, hameau situé à 1,5 km de La Pesse, dans un petit bâtiment récemment rénové. Chambres de 4/5 lits, sanitaires complets à l'étage. Les repas sont pris dans le chalet voisin.

Tenni

SERRE CHEVALIER
Hautes Alpes

A 1450 m d'altitude, en bordure du Parc National des Ecrins, et à 8 km de Briançon, la station de Serre Chevalier met à votre disposition ses installations sportives.
Stage d'initiation: Ce stage s'adresse à ceux qui ont pe jamais pratiqué le tennis. Son but est de donner les ba nécessaires à la poursuite de ce sport. 12 heures de cours réparties sur 6 jours du lundi au samedi. Encadrement par groupes de 5. Travail et correction vidéo. Raquettes et balles fournies.
En dehors des heures de cours, possibilité de promena et piscine.
Hébergement: En pension complète à l'Auberge de Jeunesse, située dans 3 maisons traditionnelles au cœu vieux village du Bez. Logement en chambres de 4, 8 li ou dortoirs, draps fournis.

Adresses utiles

En Grande-Bretagne

French Government Tourist Office,
178 Piccadilly,
LONDON W1V 0AL.

French Railways,
179 Piccadilly,
LONDON W1V 0BA.

French Embassy (Cultural Department),
22 Wilton Crescent,
LONDON SW1X 8SB.

Central Bureau for Educational Visits and Exchanges,
Seymour Mews House,
Seymour Mews,
LONDON W1H 9PE.

En France

C.I.D.J. (Centre d'Information et Documentation Française),
101 Quai Branly,
75740 PARIS.

Fédération Unie des Auberges de Jeunesse,
6 rue Mesnil,
75116 PARIS.

Canoë-Kayak

GORGES DU TARN

e Causse de Sauveterre et le Causse Méjean, le
rpente pendant 60 km dans de splendides gorges.
2 jours d'initiation au canoë sur la base école de
Enimie, départ pour la descente du Tarn (environ
en 3½ jours).
e matériel technique – canoë-kayak, pagaies, gilet –
amping – est fourni. Le matériel personnel est
orté à bord dans des conteneurs étanches. Un
eur diplômé pour 8 à 15 personnes.
gement: Lundi et mardi, hébergement à Sainte-
e sous tente. Repas pris à la base. Du mercredi au
i: camping sauvage au bord du Tarn. Nourriture
e et préparée en commun. Prévoir un duvet.

Ioto-trial

MORZINE
Haute-Savoie

stage d'initiation aux jeunes de 14 à 30 ans, qui ont
pratiqué la moto de route ou de tout terrain, et qui
ent découvrir le trial. Les stagiaires travailleront, à
de rôle sur Yamaha 125 TY.
ériel fourni ainsi que casque et bottes, essence, pièces,
etien.
ergement: En pension complète à l'Auberge de
nesse. L'auberge, située dans le centre ville, est une
allation de caractère traditionel. Hébergement en
mbres de 4 à 6 lits avec lavabos. Douches communes. 3
es de réunion: bar discothèque, bibliothèque, télé et
o-photo.

Informatique

VENCE
Alpes-Maritimes

Qu'est-ce qu'un ordinateur? A quoi peut-il servir? Comment l'utiliser? Comment créer ses propres programmes? Voilà des questions auxquelles vous pourrez répondre à l'issue de ce stage.
Chaque matin: une heure de théorie (algorithme, organigramme, Basic, Applesoft . . .) Les deux heures suivantes: pratique sur des ordinateurs «APPLE», 2 stagiaires par machine. En fin de stage: création de programmes de calculs, de jeux, de fichiers. Tous les après-midi: pour les courageux: libre pratique sur les «micros».
Hébergement: Au Centre d'Activités Manuelles, Artistiques et Culturelles, qui se trouve au cœur même de Vence. Logement en chambres de 2 à 5 lits avec lavabo. Douches et sanitaires à l'étage. Draps non fournis. Repas pris au centre.
Autres activités: Volley-ball, ping-pong, piscine, excursions dans la région avec le minibus du centre.

Sondage Vacances

Découverte, évasion, repos – quel est pour vous le principal but des vacances? En répondant aux questions de ce sondage, pensez à ce que les vacances signifient pour vous.

A Les vacances passées

1. Où avez-vous passé vos dernières vacances?
2. Où logiez-vous? (En famille/chez des amis/ au camping/à l'hôtel/à l'auberge de jeunesse etc.)
3. Avec qui êtes-vous allé?
4. Par quel(s) moyen(s) de transport vous êtes-vous rendu à votre destination?
5. Quelles étaient vos principales activités? (Le sport/le bronzage/la lecture/les excursions/les visites etc.)
6. Étiez-vous content(e) de vos vacances?

B Les vacances à venir

1. Partirez-vous en vacances, cette année?
2. Où irez-vous?
3. Où logerez-vous?
4. Quand partirez-vous et combien de temps passerez-vous en vacances?
5. Quels moyen(s) de transport utiliserez-vous pour vous rendre à votre destination?
6. Qu'est-ce que vous espérez faire pendant les vacances?

C Les vacances idéales

1. Où préférez-vous passer vos vacances?
   a) au bord de la mer
   b) à la campagne
   c) à la montagne
   d) à l'étranger
   e) dans les grandes villes
2. Quel genre de vacances préférez-vous?
   a) des circuits touristiques
   b) des vacances à la plage
   c) des vacances sportives
   d) des vacances culturelles
3. Quel genre de logement préférez-vous?
   a) l'hôtel
   b) l'auberge de jeunesse
   c) une tente ou une caravanne
   d) un gîte rural
   e) un appartement, une villa ou une maison louée
   f) une chambre d'hôte ou un séjour en famille
   g) dans la famille ou chez des amis
4. Quel est pour vous la meilleure saison pour les vacances?
   a) le printemps
   b) l'été
   c) l'automne
   d) l'hiver
5. Préférez-vous des voyages organisés ou des voyages indépendants?
6. Comment préférez-vous vous déplacer?
   a) en avion
   b) par le train
   c) en bâteau
   d) en voiture
   e) en autocar
   f) à vélo

Now you can:
find out about public holidays in France, understand the weather forecast, talk about different types of holidays and describe your own holidays and preferences.

Checklist . . . Checklist . . . Checklist . . .

Now you can:

1. understand general information about France and obtain advice and information from a tourist office.
2. discuss the advantages and disadvantages of camping and organise a camping holiday.
3. book accommodation at a hotel, sort out the arrangements and deal with any problems which might arise.
4. find out about cheap accommodation in youth hotels and youth hostels, discuss the pros and cons of hitch-hiking, and find out about an *Inter-Rail* card.
5. find out about public holidays in France, understand the weather forecast, talk about different types of holidays and describe your own holidays and preferences.

For your reference:

Vocabulary and useful phrases

Writing to a tourist office	page 161
At the tourist office	page 164
Staying on a campsite	page 168
Staying at a hotel	page 172
Describing the weather	page 182
Beach holidays	page 183

The Past Historic Tense (le passé simple)

De faux employés des eaux dérobent 50 000 francs de bijoux à une vieille dame

Deux hommes, très polis, se présentèrent un matin de la semaine dernière chez Mme B. en disant qu'ils étaient venus pour le contrôle des eaux.

Sans méfiance, Mme B. leur ouvrit la porte de sa villa. Une fois à l'intérieur, un des deux hommes pria la vieille dame de l'accompagner à la cave pour examiner l'installation. Mais, ce n'était qu'un prétexte pour permettre à son complice de fouiller la villa.

L'autre homme monta dans la chambre de Mme B., ouvrit l'armoire, et y découvrit un coffret dans lequel elle rangeait ses bijoux. Il vida le coffret sur le lit et mit les bijoux dans ses poches.

Dix minutes après leur arrivée, les deux hommes repartirent, après avoir serré la main de la vieille dame.

Ce ne fut que le jeudi que Mme B. découvrit le vol. Elle voulait changer les draps de son lit quand elle trouva avec stupeur une de ses bagues accrochée dans une couverture.

Elle se dépêcha d'aller à son armoire pour chercher son coffret qui, hélas, était vide.

Mme B. a ainsi été dépouillée de tous ses bijoux, dont une bague de diamants, un collier en or et en argent et deux magnifiques bracelets anciens. Le montant total du vol est estimé à 50 000 francs.

Avez-vous bien compris?

1 How did the two men get in to Mme B's house?
2 Why did one of the men ask Mme B. to accompany him to the cellar? (Give *two* reasons.)
3 Where did the second man find the jewellery box?
4 What did he do with it?
5 How long were the men in the house?
6 Did Mme B. suspect anything when they left?
7 When and how did Mme B. discover the theft?
8 Name *three* items of jewellery taken .

Look at some of the verbs from the newspaper article which you have just read:

> Deux hommes **se présentèrent** un matin chez Mme B.
>
> Mme B. leur **ouvrit** la porte de sa villa.
>
> L'autre homme **monta** dans la chambre de Mme B., **ouvrit** l'armoire et y **découvrit** un coffret de bijoux.

All these verbs describe what happened in the past, but they are written in the Past Historic Tense, not the Perfect Tense.

The Past Historic Tense is another past tense and, like the Perfect Tense, it is used to describe an action which is *completed*, which *happened once only* or for a *defined period of time.*

The only difference is that the Past Historic Tense is used only in formal, written French, like newspaper articles or stories. It is never used in conversation or in letters.

You're unlikely to need to use it much yourselves in real life, but you do need to be able to recognise and understand it. To help you do this, look at how it is formed. Then see if you can find six more verbs in the Past Historic in the newspaper article.

The endings follow one of three main patterns:

all **-er** verbs have these endings	
aller	
j'	all**ai**
tu	all**as**
il / elle / on	all**a**
nous	all**âmes**
vous	all**âtes**
ils / elles	all**èrent**

most regular **-ir** and **-re** verbs have these endings		a few regular **-oir** verbs and many irregular verbs have these endings	
sortir		vouloir	
je	sort**is**	je	voul**us**
tu	sort**is**	tu	voul**us**
il / elle / on	sort**it**	il / elle / on	voul**ut**
nous	sort**îmes**	nous	voul**ûmes**
vous	sort**îtes**	vous	voul**ûtes**
ils / elles	sort**irent**	ils / elles	voul**urent**

The following verbs have the same endings as the second group of verbs, listed above. They are listed here because the first part of the verb differs from the infinitive. Notice, however, that in many cases there is a similarity with the past participle (*not* in the case of **faire**, **voir** and **naître**).

Infinitive	*Past Historic*	*Perfect Tense*
comprendre	il **comprit**	il a compris
conduire	il **conduisit**	il a conduit
construire	il **construisit**	il a construit
dire	il **dit**	il a dit
écrire	il **écrivit**	il a écrit
faire	il **fit**	il a fait
mettre	il **mit**	il a mis
naître	il **naquit**	il est né
prendre	il **prit**	il a pris
rire	il **rit**	il a ri
voir	il **vit**	il a vu

The following verbs have the same endings as the third group of verbs, listed above. Again, there is often a similarity with the past participle, but not in the case of *être* and *mourir*.

Infinitive	*Past Historic*	*Perfect Tense*
avoir	il **eut**	il a eu
boire	il **but**	il a bu
connaître	il **connut**	il a connu
croire	il **crut**	il a cru
devoir	il **dut**	il a dû
être	il **fut**	il a été
lire	il **lut**	il a lu
mourir	il **mourut**	il est mort
pouvoir	il **put**	il a pu
recevoir	il **reçut**	il a reçu
savoir	il **sut**	il a su
vivre	il **vécut**	il a veçu
vouloir	il **voulut**	il a voulu

Finally, the verbs **venir** (**revenir**, **devenir**) and **tenir** form the Past Historic in a completely different way.

venir		tenir	
je	**vins**	je	**tins**
tu	**vins**	tu	**tins**
il / elle / on	**vint**	il / elle / on	**tint**
nous	**vînmes**	nous	**tînmes**
vous	**vîntes**	vous	**tîntes**
ils / elles	**vinrent**	ils / elles	**tinrent**

Notice that the Past Historic Tense is used in the article on the right about famous people in French history. Pick out the verbs in the Past Historic and write down what they mean in English.

Example: **1** naquit – was born
2 il devint – he became

Les noms des rues – un cours d'histoire

Si vous visitez une ville en France, faites attention aux noms des rues. Souvent ils commémorent des Français et des Françaises célèbres ou des événements historiques importants.

Voilà des noms de rues parisiennes. Savez-vous qui étaient les personnes commémorées? Lisez bien les descriptions et décidez à chaque fois de qui il s'agit.

1 Ce soldat célèbre naquit en 1769 à Ajaccio, en Corse. A l'âge de 35 ans, en 1804, et à la suite de nombreuses batailles en Europe, il devint empereur de France. Il continua à gagner de nombreuses batailles mais, enfin, il perdit sa dernière bataille à Waterloo, en Belgique, en 1815. Il fut exilé par les Anglais et les Prussiens à l'île Sainte-Hélène, où il mourut en 1821. Ses initiales étaient N. B., et c'est son nom de famille, et pas son prénom, qui figure comme nom de la rue.

2 Cette héroïne française naquit à Domrémy en Lorraine. C'est là, qu'elle crut entendre des voix qui l'engageaient à délivrer la France des Anglais. Elle devint soldat et elle attaqua et délivra la ville d'Orléans. On la surnomma «la pucelle d'Orléans». Plus tard, elle fut accusée de sorcellerie et condamnée à mort. Elle devint sainte en 1920.

3 Cet homme vécut au 8e siècle. Il fut roi des Francs. (A l'époque, la France n'existait pas telle qu'elle est aujourd'hui.) Il devint empereur d'une grande partie de Europe. Il s'intéressa aux arts et il veilla au développement du christianisme en Europe.

4 Ce chimiste et biologiste célèbre inventa un processus par lequel on pouvait détruire, par le chauffage, les microbes qui se trouvent dans un liquide. On emploie toujours cette méthode pour stériliser le lait. Il fit aussi des recherches sur la vaccination et il prépara des vaccins contre la rage et certaines maladies contagieuses.

5 Cet homme, né en 1809, eut un accident à l'âge de trois ans, dans l'atelier de son père, qui lui coûta la vue. Ses parents l'envoyèrent à une école pour de jeunes aveugles à Paris, où il fut un très bon élève. Plus tard, il devint professeur lui-même et enseigna, à son tour, de jeunes aveugles. Passionné par son travail, il chercha à améliorer les méthodes de l'enseignement et il inventa l'alphabet des aveugles, qui porte son nom.

6 Né à Lille, en 1890, ce général de l'armée française et ancien président de la République, est connu de tous les Français. Pendant la deuxième guerre mondiale, quand la France fut occupée, il partit pour Londres, où il fit un discours célèbre à la BBC. Par ce message important, il redonna du courage aux Français et, peu après organisa la Résistance en France. Plus tard, il devint chef du gouvernement et créa la cinquième république, dont il fut président jusqu'en 1969. Il mourut en 1970 et fut enterré à Colombey-les-Deux-Eglises. A sa mort, presque tous les pays du monde rendirent hommage à ce grand homme d'état.

7 Cette femme naquit en Pologne en 1867, mais elle vint à Paris pour faire des études scientifiques. Plus tard, elle épousa un autre savant qui, lui, était français. Avec son époux, elle fit d'importantes recherches sur les substances radio-actives, à la suite desquelles ils découvrirent le radium. Ils reçurent le Prix Nobel pour leur travail en 1903 et 1911.

8 Ce nom n'est pas le nom d'une personne, mais d'une forteresse parisienne construite au 14e siècle. Elle devint une prison d'état et le symbôle du pouvoir royal. Au début de la Révolution française, la prison fut prise par le peuple de Paris, le 14 juillet, 1789. Elle fut détruite peu après. On se souvient de cet événement chaque année, le 14 juillet, qui est l'anniversaire de la révolution et la fête nationale.

Complétez les phrases

1 Napoléon ... de nombreuses batailles en Europe, mais il ... la bataille de Waterloo. (**gagner, perdre**)

2 Jeanne d'Arc ... à Domrémy en Lorraine et ... à Rouen en Normandie. (**naître, mourir**)

3 Charlemagne ... un grand empereur en Europe au 8e siècle. (**être**)

4 Louis Pasteur ... un processus pour stériliser le lait. (**inventer**)

5 Louis Braille ... un accident à l'âge de trois ans, qui le ... aveugle. (**avoir, rendre**)

6 Charles de Gaulle ... président de la République, après la deuxième guerre mondiale. (**devenir**)

7 Marie Curie ... la plupart de sa vie à Paris. Avec son mari, elle ... d'importantes recherches scientifiques et ... le radium. (**passer, faire, découvrir**)

8 La Bastille, une forteresse et une prison ... détruite au début de la Révolution française. (**être**)

In this story, you will notice that the Imperfect Tense is used for description and the Past Historic Tense to describe actions which took place.

Sur l'eau

Un vieux canoéiste raconte une anecdote de sa vie nautique.

Un soir, comme je revenais tout seul dans mon bateau, j'étais assez fatigué, alors je m'arrêtai quelques secondes à deux cent mètres environ avant le pont du chemin de fer. Il faisait un temps magnifique; la lune resplendissait, le fleuve brillait, l'air était calme et doux. Cette tranquillité me tenta; je me dis qu'il ferait bon fumer une pipe en cet endroit. L'action suivit la pensée; je saisis mon ancre et la jetai dans la rivière.

Le canot, qui redescendait avec le courant, s'arrêta; et je m'assis à l'arrière sur ma peau de mouton, aussi commodément que possible. On n'entendait rien, absolument rien.

Le fleuve était parfaitement tranquille, mais je me sentis ému par le silence extraordinaire qui m'entourait. Toutes les bêtes, grenouilles et crapauds, ces chanteurs nocturnes des marécages, se taisaient. Soudain, à ma droite, contre moi, une grenouille coassa. Je tressaillis: elle se tut; je n'entendis plus rien, et je résolus de fumer un peu pour me distraire. Cependant, je ne pus pas; dès la seconde bouffée, le cœur me tourna et je cessai. Je me mis à chantonner, le son de ma voix m'était pénible; alors, je m'étendis au fond du bateau et je regardai le ciel. Pendant quelque temps, je demeurai tranquille, mais bientôt les légers mouvements du bateau m'inquiétèrent. Il me sembla qu'un être ou qu'une force invisible l'attirait doucement au fond de l'eau et le soulevait ensuite pour le laisser retomber. J'étais ballotté comme au milieu d'une tempête; j'entendis des bruits autour de moi; je me levai d'un bond; l'eau brillait, tout était calme.

Je compris que j'avais les nerfs un peu ébranlés et je résolus de m'en aller. Je tirai sur ma chaîne; le canot se mit en mouvement, puis je sentis une résistance; je tirai plus fort, l'ancre ne vint pas; elle avait accroché quelque chose au fond de l'eau et je ne pouvais pas la soulever; je recommençai à tirer, mais inutilement.

Alors, avec mes avirons, je fis tourner mon bateau pour changer la position de l'ancre. Ce fut en vain, elle tenait toujours; je fus pris de colère et je secouai la chaîne rageusement. Rien ne remua. Je m'assis découragé et je me mis à réfléchir sur ma position. Je ne pouvais songer à casser cette chaîne ni à la séparer de l'embarcation, car elle était énorme; mais comme le temps demeurait fort beau, je pensai que je ne tarderais point, sans doute, à rencontrer quelque pêcheur qui viendrait à mon secours. Ma mésaventure m'avait calmé; je m'assis et je pus enfin fumer ma pipe. Je possédais une bouteille de rhum, j'en bus deux ou trois verres, et ma situation me fit rire. Il faisait très chaud, de sorte qu'à la rigueur, je pouvais, sans grand mal, passer la nuit à la belle étoile.

Soudain, un petit coup sonna contre le bateau. Je fis un soubresaut, et une sueur froide me glaça des pieds à la tête. Ce bruit venait sans doute de quelque bout de bois entrainé par le courant, mais cela avait suffi et je me sentis envahi de nouveau par une étrange agitation nerveuse. Je saisis ma chaîne et je me raidis dans un effort désespéré. L'ancre tint bon. Je me rassis épuisé.

Cependant, la rivière s'était peu à peu couverte d'un brouillard blanc très épais, de sorte que je ne voyais plus le fleuve, ni mes pieds, ni mon bateau, mais j'apercevais seulement les pointes des roseaux, puis, plus loin, la plaine toute pâle de la lumière de la lune, avec de grandes taches noires qui montaient dans le ciel, formées par des peupliers.

l'ancre	*anchor*
ému	*moved, affected (by emotion)*
une grenuoille	*frog*
un crapaud	*toad*
le marécage	*marsh*
se taire	*to be silent*
tressaillir	*to shudder, tremble*
s'étendre	*to stretch out*
demeurer	*to remain*
accrocher	*to hook on to*
un aviron	*oar*
passer la nuit à la belle étoile	*to sleep outdoors*
faire un soubresaut	*to jump, start*
une sueur froide	*cold sweat*

Il me venait des imaginations fantastiques. Je me figurais que la rivière, cachée par ce brouillard opaque, devait être pleine d'êtres étranges qui nageaient autour de moi, J'éprouvais un malaise horrible, j'avais les tempes serrées, mon cœur battait à m'étouffer, et, perdant la tête, je pensai à me sauver à la nage; puis aussitôt cette idée me fit frissonner d'épouvante.

L'effroi bête et inexplicable que j'éprouvais devenait de la terreur. Je demeurais immobile, les yeux ouverts, l'oreille tendue et attendant. Quoi? Je n'en savais rien, mais ce devait être terrible.

Cependant, par un effort violent, je finis par ressaisir à peu près ma raison qui m'échappait. Je pris à nouveau ma bouteille de rhum et je bus à grands traits. Alors une idée me vint et je me mis à crier de toutes mes forces en me tournant successivement vers les quatre points de l'horizon.

Puis, j'écoutai. – Un chien hurlait, très loin.

Je bus encore et je m'étendis tout de mon long au fond du bateau. Je restai ainsi peut-être une heure, peut-être deux, sans dormir, les yeux ouverts. Je n'osais pas me lever et pourtant je le désirais violemment; je remettais de minute en minute. Je me disais: – "Allons, debout!" et j'avais peur de faire un mouvement. A la fin, je me soulevai avec des précautions infinies, et je regardai par-dessus le bord.

Je fus ébloui par le plus merveilleux, le plus étonnant spectacle qu'il soit possible de voir. C'était une de ces fantasmagories du pays des fées, une de ces visions racontées par les voyageurs qui reviennent de très loin et que nous écoutons sans les croire.

Le brouillard qui, deux heures auparavant, flottait sur l'eau, s'était peu à peu retiré et ramassé sur les rives. Laissant le fleuve absolument libre, il avait formé sur chaque rive une colline haute de six ou sept mètres, qui brillait sous la lune avec l'éclat superbe des neiges. De sorte qu'on ne voyait rien d'autre que la rivière entre ces deux montagnes blanches; et là-haut, sur ma tête, une grande lune illuminante au milieu d'un ciel bleuâtre et laiteux.

Toutes les bêtes de l'eau s'étaient réveillées; les grenouilles coassaient furieusement, tandis que, d'instant en instant, tantôt à droite, tantôt à gauche, j'entendais cette note courte, monotone et lente des crapauds. Chose étrange, j'étais au milieu d'un paysage tellement extraordinaire que je n'avais plus peur.

Combien de temps cela dura-t-il, je n'en sais rien, car j'avais fini par m'endormir. Quand je rouvris les yeux, la lune était couchée, le ciel plein de nuages. L'eau clapotait lugubrement, le vent soufflait, il faisait froid, l'obscurité était profonde.

Je bus ce qui me restait de rhum, puis j'écoutai en grelottant ce froissement des roseaux et le bruit sinistre de la rivière.

Peu à peu, cependant, l'épaisseur du noir diminua. Soudain, je crus sentir qu'une ombre glissait tout près de moi; je poussai un cri, une voix répondit; c'était un pêcheur. Je l'appelai, il s'approcha et je lui racontai ma mésaventure. Il mit alors son bateau bord à bord avec le mien, et tous les deux nous tirâmes sur la chaîne. L'ancre ne remua pas. Le jour venait, sombre, gris, pluvieux, glacial, une de ces journées qui vous apportent des tristesses et des malheurs. J'aperçus un autre bateau, nous le hélâmes. L'homme vint nous aider; alors, peu à peu, l'ancre céda. Elle montait, mais doucement, doucement, et chargée d'un poids considérable. Enfin, nous aperçûmes une masse noire, et nous la tirâmes à mon bord: C'était le cadavre d'une vieille femme qui avait une grosse pierre au cou.

Guy de Maupassant

des roseaux	*reeds*
se sauver à la nage	*to swim to safety*
l'effroi	*fear, terror*
être ébloui	*to be dazzled*
le pays des fées	*fairyland*
la rive	*river bank*
grelotter	*to shiver, tremble*
l'épaisseur	*thickness*
une ombre	*shadow*
la tristesse	*sadness*
un malheur	*misfortune*
un poids	*weight*
apercevoir	*to notice*
le cadavre	*dead body, corpse*

Past Historic → Perfect Tense

If you were describing the story about the theft of the old lady's jewellery on page 187 to a friend, you would use the Perfect Tense rather than the Past Historic to describe what happened.

Practise what you would say by changing the verb in each of the following sentences from the Past Historic to the Perfect Tense.

1 Deux hommes *se présentèrent* la semaine dernière chez Mme B.
2 Mme B. leur *ouvrit* la porte de sa villa.
3 Un des deux hommes *pria* la vieille dame de l'accompagner à la cave.
4 L'autre homme *monta* dans la chambre de Mme B.
5 Il ouvrit l'armoire et y *découvrit* un coffret de bijoux.
6 Il *vida* le coffret sur le lit et *mit* les bijoux dans ses poches.
7 Puis, les deux hommes *repartirent*, après avoir serré la main de la vieille dame.
8 Ce ne *fut* que le jeudi que Mme B. *découvrit* le vol.
9 Elle *trouva* une de ses bagues accrochée dans une couverture.
10 Elle *se dépêcha* d'aller à son armoire pour chercher son coffret, qui, hélas, était vide.

Ce qui, ce que, ce dont

These expressions are used to refer to something in cases where no clear noun is mentioned. They are often used for emphasis. They mean 'what', 'which' or 'that which':

Ce qui est important, c'est de trouver un terrain de camping.	*What's important is to find a campsite.*
Ce qui me plaît en France, c'est que les cafés sont ouverts toute la journée.	*What appeals to me in France is that the cafés are open all day.*
Dites-moi **ce que** vous avez fait à Paris.	*Tell me what you did in Paris.*
C'est exactement **ce dont** j'ai besoin.	*It's exactly what I need.*

Ce qui and **ce que** are often used after *tout* to mean 'everything that', 'all that':

Tout ce qui brille n'est pas or.	*All that glitters is not gold.*
Mangez **tout ce que** vous voulez.	*Eat as much as you want.*
C'est **tout ce qu**'il y a.	*That's all there is.*
Ce livre vous expliquera **tout ce qu**'il faut savoir.	*This book will explain (to you) all you need to know.*

Des conseils de vacances

Complétez les phrases avec **ce qui**, **ce que** ou **ce dont**.

1 Je vais à Paris en juillet. Dites-moi tout ...... je dois faire.
2 ...... est important, c'est de réserver une chambre d'hôtel à l'avance.
3 ...... il ne faut pas oublier, c'est votre passeport et vos chèques de voyage.
4 ...... les Britanniques apprécient bien en France, c'est le paysage, le soleil et la cuisine.
5 ...... me plaît le mieux à Paris, c'est de me promener près de la Seine.
6 ...... ne me plaît pas, c'est que les Français fument au milieu d'un repas au restaurant, ... je trouve désagréable.
7 ...... il faut savoir en plus, c'est qu'on roule à droite.
8 ...... est difficile à Paris, c'est de trouver une place pour se garer.
9 Mais ...... est bien, c'est que le métro n'est pas cher.
10 ...... est dommage, c'est que je ne peux pas vous accompagner!
11 Si vous oubliez ...... je vous ai dit, consultez ce guide.
12 Merci, c'est exactement ...... j'ai besoin!

Auquel *and* duquel

After the prepositions *à* and *de*, the following forms of *lequel* are used:

masculine singular	**auquel** **duquel**	*to which* *of which*
feminine singular	**à laquelle** **de laquelle**	*to which* *of which*
masculine plural	**auxquels** **desquels**	*to which* *of which*
feminine plural	**auxquelles** **desquelles**	*to which* *of which*

Le bureau des objets trouvés est un bureau **auquel** on peut s'adresser si on a perdu quelque chose.	*The lost property office is an office to which you can apply if you've lost something.*
C'est une machine grâce **à laquelle** on peut parcourir le monde en moins de quatre-vingt heures.	*It's a machine thanks to which you can go round the world in less than 80 hours.*
C'est le cinéma près **duquel** il y a un grand parking.	*It's the cinema next to which there's a large car park.*
C'est la place au milieu **de laquelle** se trouve la colonne de Nelson.	*It's the square in the middle of which stands Nelson's column.*

De quoi s'agit-il?

1 C'est un magasin auquel on doit aller pour acheter des médicaments.
2 C'est un bureau auquel on peut s'adresser, si on veut savoir l'heure de départ d'un train etc.
3 C'est une petite machine grâce à laquelle on peut faire des calculs très rapidement.
4 C'est un musée auquel il faut aller pour voir le tableau célèbre de La Joconde.
5 C'est un grand boulevard à Paris au bout duquel se trouve la place de l'Étoile-Général de Gaulle.
6 C'est une place à Paris au milieu de laquelle se trouve l'Obélisque.
7 C'est un train grâce auquel on peut faire Paris–Lyon (512 km) en moins de trois heures.
8 C'est un avion grâce auquel on peut faire Paris–New York en moins de quatre heures.
9 Ce sont des montagnes au milieu desquelles se trouve le petit pays d'Andorre.
10 Ce sont des objets grâce auxquels beaucoup de gens voient mieux.

Jeu des définitions

Maintenant à vous d'écrire un jeu des définitions pour un quiz. Voici quelques idées.

1 *un passeport*
C'est quelque chose sans ... on ne peut pas voyager à l'étranger.
2 *un clef*
.... avec ... on ouvre ....
3 *un ouvre-boîtes*
.... sans ... on n'arrive pas à ....

Maintenant, inventez deux autres définitions.

Expressing possession: possessive pronouns

When you want to say 'mine, yours, theirs' etc. without mentioning the object itself, you use these possessive pronouns:

	masculine singular	*feminine singular*	*masculine plural*	*feminine plural*
mine	**le mien**	**la mienne**	**les miens**	**les miennes**
yours	**le tien**	**la tienne**	**les tiens**	**les tiennes**
his *hers* *its*	**le sien**	**la sienne**	**les siens**	**les siennes**
ours	**le nôtre**	**la nôtre**	**les nôtres**	**les nôtres**
yours	**le vôtre**	**la vôtre**	**les vôtres**	**les vôtres**
theirs	**le leur**	**la leur**	**les leurs**	**les leurs**

– Leur appartement est plus grand que **le nôtre**.
– Mais notre jardin est plus grand que **le leur**.

– *Their flat is bigger than ours.*
– *But our garden is larger than theirs.*

A qui sont ces objets trouvés?

– C'est à qui, ce portefeuille? C'est à toi* Robert?
– Non, voilà le mien. C'est peut-être celui de Jean-Luc. Ça ressemble au sien.

– Regarde, il y a une bague par terre, c'est à toi, Suzanne?
– Non, ce n'est pas à moi. Je n'ai pas de bague comme ça, en argent? C'est peut-ètre à Chantal. Demande-lui si c'est la sienne.

– Ils sont à qui, ces gants? Tu as les tiens, Suzanne?
– Oui, ce sont peut-être ceux de Nicole?
– Non, je ne crois pas. Les siens sont en laine et ceux-là sont en nylon.

– Quelqu'un a oublié ses lunettes de soleil. Ce ne sont pas les tiennes, par hasard?
– Si, ce sont les miennes. Merci.

From the conversations

1 find two different ways of saying 'mine'
2 find two different ways of saying 'yours'
3 find two ways of saying 'hers'
4 find one way of saying 'his'

*After the verb *être*, it is more common to use *à moi*, *à toi* etc.

Remplacez les mots

Remplacez les mots entre parenthèses par des pronoms.

1
– C'est ton bracelet?
– Non, (**mon bracelet**) est en or et celui-ci est en argent.

2
– Il y a une montre sur la table. C'est (**ta montre**) Jean-Luc?
– Non, mais demande à Pierre, c'est peut-être (**sa montre**).

3
– Ils sont à qui tous ces timbres, ils sont à toi, Chantal?
– Non, ce ne sont pas (**mes timbres**).

4
– Alors ils sont à Philippe? Ce sont peut-être (**ses timbres**).
– Oui, ce sont (**ses timbres**).

5
– Elle est grande comme ça, la piscine chez vous?
– Ah non, (**notre piscine**) est assez petite.

6
– C'est à toi, ce sac, Marie?
– Non, (**mon sac**) est là-bas.

7
– Ils ont un grand appartement?
– Oui, plus grand que (**notre appartement**).

8
– C'est comme ça leur bateau?
– Non, (**leur bateau**) est plus petit.

9
– C'est notre chambre, celle-là?
– Non, (**votre chambre**) est en face.

10
– Ce sont vos bagages là?
– Non, (**nos bagages**) sont déjà dans la chambre.

11
– Elles sont à qui ces cartes postales?
– Ce sont (**tes cartes postales**), Nicole?
– Oui, ce sont (**mes cartes postales**). Merci.

12
– Tu as nos billets de train, Paul?
– J'ai (**mon billet**), mais je n'ai pas (**ton billet**). Tu ne l'as pas?

Direct and indirect (reported) speech

Changing direct into indirect (reported) speech

It is often useful to be able to recount what someone said, without using their exact words, for instance if you have to pass on a message. This means changing direct speech into indirect speech.

Here's an example in English:

Direct speech: "**I really like this record**", said Nicole.
What did Nicole say?

Indirect speech: She said that **she really liked this record**.

The same example in French would be:

Direct speech: «**J'aime beaucoup ce disque**» a dit Nicole.
Qu'est-ce que Nicole a dit?

Indirect speech: Elle a dit qu'**elle aimait beaucoup ce disque**.

It isn't difficult to change direct speech into indirect speech provided that you follow the rules. Here are the main points to remember:

1 Tense

direct speech		indirect speech
Present Tense	→	**Imperfect Tense**
Perfect Tense	→	**Pluperfect Tense**
Future Tense	→	**Conditional Tense**

Examples:

«Je **passe** souvent mes vacances en France» dit John.
John a dit qu'il **passait** souvent ses vacances en France.

«Ma sœur et moi **sommes allées** en Espagne, cet été».
Suzanne a dit qu'elles **étaient allées** en Espagne, cet été.

«Nous **irons** au Canada, l'année prochaine» dit Marc.
Marc a dit qu'ils **iraient** au Canada, l'année prochaine.

2 Person of the verb

The person of the verb is often changed and this can affect other words in the sentence:

direct speech		indirect speech
Je **me** **moi** **mon, ma, mes**	→	**il/elle** **se/le/la** **lui/elle** **son, sa, ses**
Nous **nous** **notre/nos**	→	**ils/elles** **se/eux/elles** **leur/leurs**
Vous/Tu **votre, vos** **ton, ta, tes**	→	**je** **mon, ma, mes**

Examples:

«J'ai perdu ma clef » a dit Philippe.
Philippe a dit qu'**il** avait perdu sa clef.

»**Nous** irons chez nos parents à Paris» a dit Michèle.
Michéle a dit qu'**ils** iraient chez leurs parents à Paris.

«**Tu** finis ton cours de piano à quelle heure?» a demandé Claude.
Claude a demandé à quelle heure **je** finissais mon cours de piano.

3 Questions

direct speech		indirect speech
Tu pars?	→	**si je partais**
Est-ce que ...?	→	**si ...**
Avez-vous ...?	→	**si j'avais ...** *(no inversion)*
Pourquoi arrive-t-il ...?	→	**pourquoi il arrivait ...** *(no inversion with question words)*
Qu'est-ce qui ...	→	**ce qui ...**
Qu'est-ce que ...	→	**ce que ...**

Examples:

«**Tu veux partir?**» demanda-t-il.
Il a demandé **si je voulais partir**.

«**Est-ce que** vous pouvez commencer tout de suite?» me demanda-t-il.
Il m'a demandé **si** je pouvais commencer tout de suite.

«**Avez-vous** son adresse?» me demanda-t-elle.
Elle m'a demandé **si j'avais** son adresse.

«**Pourquoi partez-vous?**» demandèrent-ils.
Ils ont demandé **pourquoi nous partions**.

«**Qu'est-ce qui** se passe?» demandá-t-elle.
Elle a demandé **ce qui** se passait.

«**Qu'est-ce qu**'il a dit?» me demanda-t-il.
Il m'a demandé **ce qu**'il avait dit.

4 Commands

direct speech		indirect speech
Allez tout droit.	→	**On m'a dit d'aller** tout droit.
Ne traversez pas la rivière.	→	On m'a dit de **ne pas traverser la rivière**.

5 Expressions of time

direct speech		indirect speech
demain	→	**le lendemain**
aujourd'hui	→	**ce jour-là**
hier	→	**la veille**
lundi prochain	→	**le lundi suivant**
la semaine dernière	→	**la semaine précédente**
il y a un mois	→	**il y avait un mois**

ENCORE

6 Passing on a message

C'est M. Duval à l'appareil. Dites à M. Lebrun que je serai en retard pour mon rendez-vous.

M. Duval a téléphoné pour vous dire qu'il serait en retard pour son rendez-vous.

C'est Nicole à l'appareil. Salut, Jacques. Tu peux me rendre un service? Dis à maman que je rentrerai plus tard, ce soir.

Nicole a téléphoné pour te dire qu'elle rentrerait plus tard ce soir.

Changing indirect (reported) speech into direct speech

Occasionally you may be asked to imagine a conversation which took place between two people, from information that you are given. To change indirect into direct speech, just follow the same rules in reverse.

Imaginez la conversation

Imaginez la conversation entre la malade et son médecin.

Madame Lebrun avait mal à la gorge depuis trois jours, alors elle a décidé d'aller voir le médecin.

Le médecin lui a demandé ce qui n'allait pas et Madame Lebrun a expliqué qu'elle avait mal à la gorge et qu'elle perdait sa voix.

Le médecin lui a demandé d'ouvrir la bouche.

Le médecin a dit que ce n'était pas grave et qu'il allait lui donner une ordonnance pour un sirop et pour des pastilles.

Madame Lebrun a demandé si elle devait rester à la maison et le médecin a répondu qu'elle devait rester deux on trois jours à la maison, mais qu'après, si elle allait mieux, elle pourrait sortir.

Madame Lebrun a demandé combien elle devait au médecin. Et il lui a dit de payer à la réception.

Elle l'a remercié et lui a dit, «Au revoir».

The Conditional Perfect Tense

Sophie, femme du pop-star Olivier, est toujours secrétaire

On aurait cru que Sophie, femme d'Olivier, menait une existence dorée comme tous ceux qui partagent la vie des chanteurs célèbres. Mais non! Depuis son mariage, elle a gardé son poste dans une société à Paris où elle travaille comme secrétaire.

Dans quelques jours, quand son congé de maternité prendra fin, Sophie reprendra le travail. Elle retrouvera ses dossiers, sa machine à écrire et ses collègues. Mais pourquoi, vous demandez-vous, continue-t-elle à travailler? Ne pourrait-elle pas, comme beaucoup d'autres l'auraient fait, rester tranquillement dans sa nouvelle maison et s'occuper de Claude, son fils? N'aurait-elle pas pu passer ses journées à faire du shopping ou à se détendre dans la capitale?

Olivier, pourtant, lui l'aurait préféré. C'est Sophie qui a refusé. Elle n'a jamais voulu quitter la société où elle travaille. «Lorsque j'ai rencontré Olivier, j'étais secrétaire; lorsqu'il a connu ses premiers succès, j'étais secrétaire; pourquoi changerais-je maintenant? J'ai l'impression que si je le faisais, rien ne serait plus comme avant. Et puis, je m'ennuierais seule avec Claude à la maison. Non, ça m'arrange bien. Au bureau, j'ai du travail intéressant et j'ai beaucoup d'amis. J'aime mieux rester secrétaire.»

Avez-vous bien compris?

1. What does the writer of this article find surprising about Sophie's life?
2. What, according to the article, would other people have preferred to do?
3. What is Olivier's opinion on the matter?
4. Give *three* reasons that Sophie mentions in support of her decision.

In the magazine article there are several examples of a tense which looks similar to the Conditional tense. This is called the Conditional Perfect or the Past Conditional.

On **aurait cru** ...	*One would have thought ...*
... comme beaucoup d'autres l'**auraient fait** ...	*... as a lot of others would have done ...*
N'**aurait**-elle pas **pu** ...	*Couldn't she have ...*
Olivier ... l'**aurait préféré.**	*Olivier ... would have preferred it.*

It is formed from the Conditional Tense of **avoir** or **être** and the past participle of the verb. The rules about agreement of the past participle that apply in the Perfect Tense also apply to the Conditional Perfect. It is used when you want to say that something would have been possible, advisable, should have happened etc. but, in fact, did not take place.

The Conditional Perfect is particularly useful for the following expressions:

On aurait dû + infinitive	*We should have ...*
On aurait cru	*You would have thought ...*
J'aurais voulu + infinitive	*I would have liked to ...*
J'aurais préféré + infinitive	*I would have preferred to ...*
On aurait pu + infinitive	*We could have ...*
N'aurait-on pas pu ...? + infinitive	*Couldn't we have ...?*

Vous avez passé de bonnes vacances

Écrivez six phrases pour dire comment vous auriez pu passer de meilleures vacances.

Exemple: **1** Oui, mais on aurait dû éviter les vacances scolaires.

On aurait dû J'aurais préféré On n'aurait pas dû	réserver des chambres à l'avance. prendre l'avion. passer six jours à Paris. visiter tous les monuments. passer plus de temps à la campagne. prendre la voiture. aller à la montagne/au bord de la mer. faire du camping.

Si j'avais su que vous veniez, j'aurais fait un gâteau

Notice another use of the Conditional Perfect in *Si* sentences. This is the pattern:

Si + Pluperfect Tense + Conditional Perfect

Here are some more examples:

Si tu m'**avais téléphoné** plus tôt, j'**aurais pu** venir.	*If you had rung me earlier, I would have been able to come.*
Sil **avait su**, il **serait venu** tout de suite.	*If he had known, he would have come straightaway.*
Si elle **avait eu** assez d'argent, elle l'**aurait acheté**.	*If she'd had enough money, she would have bought it.*
Qu'est-ce que vous **auriez fait** hier, **si** vous **étiez allé** à Paris?	*What would you have done yesterday, if you had gone to Paris?*

Si j'avais su que vous veniez ...

Exemple: **1** ... j'aurais rangé la maison.

1 ... je (ranger) la maison.
2 ... je (préparer) un bon repas.
3 ... mon mari (acheter) du bon vin.
4 ... nous (inviter) nos amis à la maison.
5 ... nous (venir) vous chercher à l'aéroport.
6 ... je (pouvoir) prévenir mon mari.
7 ... il (annuler) son rendez-vous à Paris.
8 ... il (rentrer) plus töt.

En effet, vous auriez mieux fait de nous téléphoner à l'avance!

Premiers soins – SOLUTION

1 b) **2** a) **3** b)
4 c) Si l'on craint que le chien soit atteint de la rage, il faut nettoyer la blessure très scrupuleusement, même si ça fait mal, et consulter un médecin de toute urgence.
5 a) Il est conseillé de ne pas bouger quelqu'un, qui s'est cassé la jambe, avant d'immobiliser la fracture. Evitez aussi de donner à boire à quelqu'un, s'il va éventuellement être opéré.
6 b) **7** c) **8** b) **9** c) **10** a)

EXAMINATION PRACTICE

In this section, you will find notes and practice material to help you prepare for your examination in French. The notes are divided into four main sections: listening comprehension, reading comprehension, speaking, and writing.

Listening Comprehension

Points to remember

1 Don't panic! Listen as calmly as you can. Prepare yourself by listening to as much French as possible.

2 Find out in advance *exactly* what you're supposed to do.

3 Try to pick out the main points of what you hear. Listen especially for dates, numbers, prices etc., and jot them down if you're allowed to.

4 If the recording is going to be repeated, listen for the main points the first time. Try to get the whole picture; get the 'feel' of the passage. Look at the questions and see what you can't answer yet and listen especially for this the second time around.

5 Always think of the questions as possible clues to the answers.

6 Remember that the answers usually come in the recording in the same order as the questions.

7 As a last resort, make an *intelligent* guess rather than leaving a gap.

8 You're unlikely to be presented with words you've really never heard before, so don't make wild guesses, try to think of something you recognize.

9 Listen carefully to verbs and decide which tense they're in. Don't miss the 'clue-words' which may help you with this, e.g. *hier, il y a longtemps, autrefois, demain, l'an prochain*, etc.

10 Watch out for expressions which may be misleading

a) **la veille de** = *the eve of, the day before*
le lendemain de = *the day after*

La veille de son anniversaire, Paul quitta Paris pour rentrer chez ses parents.

Question
When did Paul leave for his parents' house?
Answer
On the day before his birthday.

Le lendemain de leur arrivée à Dieppe, la voiture de la famille Martin est tombée en panne et ils ont dû la laisser au garage pendant deux jours. Ils ne sont repartis pour le Midi que le mardi matin.

Question
When did the Martin family's car break down?
Answer
The day after their arrival (in Dieppe). (Ignore the built-in distractors: two days, Tuesday morning and midday!)

b) **Après avoir** / **Après être** + past participle — *after having done something*
Avant de + infinitive — *before doing something*

c) Negatives, especially **ne ... que** (*not only*) and **ne ... plus que** (*now only*)

d) **venir de** *to have just done something*

e) **être en train de** + infinitive *to be in the process of doing something*

f) **ce n'est pas** / **ça ne vaut pas** **la peine de** + infinitive — *it's not worth doing something*

g) **avoir beau** + infinitive — *to do something in vain*

J'ai beau frapper à la porte. Personne n'est venu. — *I knocked at the door in vain. No-one came.*

h) **faillir** + infinitive *to almost do something*

Ma sœur a failli tomber dans la rivière.	*My sister almost fell in the river.*

i) **devoir** *to owe, to have to*
Notice how the tense affects the meaning:

Je **devrai** faire ça.	*I shall have to do that.*
J'**ai dû** faire ça.	*I had to do that.*
J'**aurais dû** faire ça.	*I ought to have done that.*

11 *Faux amis* (false friends) are French words which look and sound like English ones but have a different meaning.

assister à	=	*to attend, be present at* (*to assist* = aider)
une caméra	=	*movie camera* (*camera* = un appareil-photo)
un car (autocar)	=	*coach* (*car* = une voiture, une auto)
la cave	=	*cellar* (*cave* = une caverne)
le conducteur	=	*driver* (*bus conductor* = le receveur)
le couvert	=	*cover charge, place in a restaurant* (*a cover, blanket, covering* = une couverture)
la librairie	=	*bookshop* (*library* = la bibliothèque)
le pétrole	=	*oil, paraffin* (*petrol* = l'essence)
une pièce	=	*room, coin, play, per item* (*piece* = un morceau)
un photographe	=	*photographer* (*photograph* = une photographie)

12 Listen for words which sound alike, or nearly alike, and use your common sense to work out which one must be correct.

l'argent = *money*
l'agent = *policeman*

un chêne = *oak tree*
une chaîne = *a chain*

dans = *in*
dont = *of which, of whom, whose*

le livre = *book*
la livre = *pound/£1* or *1lb.*

un magasin = *a shop*
un magazine = *a magazine*

le Midi = *the South of France*
midi = *midday* (12 noon)

une montre = *a watch*
montrer = *to show*

la peau = *skin*
un pot = *pot, jug, jar*

une pêche = *a peach*
aller à la pêche = *to go fishing*

prêt = *ready*
près = *near*

vert = *green*
un vers = *a line* (of verse, etc.)
un ver = *a worm*
un verre = *a glass*
vers = *towards*

Listening Comprehension: short items with questions in English

Task A

Write down the answers to the questions *in English*.

Section 1

1 How late was the bus?
2 How much money did she find in the drawer?
3 How many postcards did he send?
4 When did Monsieur Doublet leave for America?

Section 2

1 What did Madame Poulenc intend to buy?
2 When did the dinner take place?
3 What happened to her brother?
4 What did Jacques lend?

Section 3

1 What relation is the young man to Paul?
2 What would Martine like to do?
3 Why is Chantal not going to go out?
4 How did the man know that Madame Raymond was dead?

ALSEB 1984

Task B

1 Mme Desforges will have to go to the
A railway station.
B town hall.
C travel agency.
D lost property office.

2 Jean listened to his transistor radio
A after doing his homework.
B before doing his homework.
C instead of doing his homework.
D while doing his homework.

3 The speaker is recommending a
A trip to the theatre.
B night in Paris.
C shopping trip in Paris.
D football match.

4 The tourist office is
A opposite to the town hall.
B to the left of the town hall.
C next to the cinema.
D opposite the cinema.

5 The total bill is
A 7fr. 70.
B 8fr. 80.
C 8fr. 60.
D 7fr. 20.

6 This would be said at a
A vegetable stall
B dairy
C newsagent's
D fruit stall

7 The speaker would be
A celebrating someone's birthday.
B buying a gift in a souvenir shop.
C about to go down a cave.
D admiring a tourist attraction.

8 The train will leave at
A 6. 58
B 17. 59.
C 6. 49.
D 16. 59.

9 The speaker is
A complaining that it is too cold.
B objecting to the price of something
C buying some suntan cream
D explaining his prejudices.

10 This hotel manager is
A talking about a lift.
B explaining the prices of various rooms.
C talking about the traffic outside.
D explaining the cost of breakfast.

EMREB 1984

Listening Comprehension: longer items with questions in English

Task A

Section A

Someone you have met while staying in France, rings you up to arrange a meeting:

1 Exactly when and where are you to meet?
2 What does your new friend suggest you do after the film?
3 What does your friend say to explain to you which place he means?

Section B

Listen to this news item from French radio and find out:

1 Where and when did the robbery take place?
2 What two things were stolen?
3 Why was the theft of the second item particularly serious?

Section C

Listen to this weather forecast and make notes about it mentioning:

1 the general outlook for the weekend
2 the weather during the past week
3 roughly what time of year it is
4 what the weather will be like early in the morning
5 what it will be like during the day on Sunday

Task B

An appeal for witnesses

Answer *in English* the following questions. Include all relevant details. Single word answers are permitted, where appropriate.

Part 1

1 How old was the victim?
2 What was his job?
3 How was he travelling?
4 At what time did the accident happen?
5 Where does he live?
6 What injury did he receive?

Part 2

7 What happened to the other vehicle?
8 Describe its driver.
9 When had M. Dusquesne returned from holiday?
10 Where were his wife and family when the accident occurred?
11 When did his wife visit him?

WMEB 1984

Task C

A longer passage of French will now be read to you.

You should listen carefully and not write anything during the readings.

During the first reading there will be no pauses. You will then have two minutes to study the questions.

The passage will then be read again in 3 parts, with a short pause after each part to allow you twenty seconds to answer each question on that part.

A third reading without pauses will then be made, after which you will be allowed two minutes to check your answers.

The name you will hear in this passage is St. Jean le Val.

Part 1

1 When the coach stopped, some of the townspeople nearby were

A having their lunch.
B having a party.
C playing bowls.
D having a celebration.

2 When the tourists got out of the coach, they

A grouped themselves around the guide.
B stood around in groups.
C stood in front of the guide.
D strolled around the square.

3 The guide told the tourists

A not to leave their things in the coach.
B to make sure their cases were locked.
C the driver would stay on the coach.
D the coach would be locked if nobody stayed on the coach.

4 The guide advised the tourists to take their cameras because

A they would not have time to come back for them.
B the coach would not be locked.
C there were some good views to photograph.
D someone might take them.

Part 2

5 At the tourist information office, the tourists would be

A able to consult a plan of the town.
B able to buy some brochures.
C given a town plan.
D able to buy a plan of the town.

6 On presenting the card of the tourist agency at the Restaurant Vatel, the tourists would get a

A surprise gift.
B free drink.
C meal at a reduced price.
D special meal.

7 The church near the restaurant was built in the

A 3rd century.
B 15th century.
C 13th century.
D 16th century.

Part 3

8 St Jean le Val is on the main route between Orléans and

A the north-west.
B the south-west.
C the north-east.
D the south-east.

9 A disadvantage of visiting the castle is that

A it can no longer be reached by the bridge over the river.
B it is several kilometres away.
C the view is not particularly good.
D the road to it climbs quite sharply.

10 The guide recommends that those tourists who are a bit tired should

A have a rest in a nearby park.
B have a little sleep.
C have a rest in the coach.
D sit around in the square.

EMREB 1983

Reading Comprehension

Points to remember

1 Find out in advance *exactly* what you have to do (e.g. whether you have to answer in a complete sentence or not).

2 Read the passage through really well at least twice. Notice what the title is, if it is supplied. Don't worry if you don't understand every word – get the gist of the passage.

3 Read through *all* the questions before beginning to answer them. (This is for two reasons: firstly, they may give you clues to the answers, and secondly, you might otherwise include in one answer information which really belongs in another.)

4 When you've answered, check back to see if:
– you've answered all the parts
– you've answered *exactly* what the question asks
– that you've included *all* the relevant points
– that you've not included material which was not asked for.

5 Attempt all the answers. Guess sensibly if you're not sure of some of the words.

6 Look carefully at the verbs, their tenses and endings.

7 Watch out for expressions which may be misleading (see page 198).

8 Watch out for *faux amis* (see page 199).

9 Watch out for words with several meanings, e.g.

encore	'still'; 'again'
même	'even'; 'same'; 'self'
propre	'clean'; 'own'
toujours	'always'; 'still'

10 The beginning or ending of a word can often make a difference to its meaning:

Beginnings

im or *in* = 'not' e.g. *im*possible, *in*connu, *in*évitable, *im*prévu

para = 'against', 'for protection against' e.g. un *para*chute, un *para*pluie, un *para*sol, un *para*vent.

re = 'again', 'back' e.g. *re*tourner, *re*venir, *re*partir, *re*faire, *re*ntrer

Endings

-ée = 'ful' e.g. une bouch*ée* ('mouthful'), une cuiller*ée* ('spoonful')

-ette = 'little' e.g. une fill*ette*, une camionn*ette*

-aine = 'about' e.g. une vingt*aine* ('about 20'), une cent*aine* ('about 100')

Reading Comprehension: short items with questions in English

Task A

In this part of the test you will have to read a number of signs, notices, advertisements, etc. For each item four answers are given, lettered A to D. Write down the code letter of the answer you think most suitable.

1 This is an advertisement for
A pure lemon juice.
B lemon juice with added sugar.
C pure orange juice.
D orange juice with added sugar.

TÉLÉVISIONS D'OCCASION

PRIX FABULEUX
● Magnifiques TV N/B 3 ch., à part. de **150 F**
● Magnifiques TV couleur RADIOLA ou THOMSON, à partir de ... **850 F**
Garantie totale pièces et main-d'œuvre de 1 à 6 mois.
Reprise de vos vieux téléviseurs

2 This is an advertisement for
A secondhand television sets
B new television sets
C television set hire
D television set repairs

VIDEO GUIDE

A: Aventure – B: Biographie – C: Comédie – CM: Comédie musicale
DP: Drame psychologique – E: Espionnage – F: Fantastique – FP: Politique
GS: Grand spectacle – G: Guerre – P: Policier – SF: Science-fiction – S: Satire
W: Western – DA: Dessin animé

dimanche *FR 3 – 22 h 35* **LA BELLE DE MOSCOU** CM	**mercredi** *FR 3 – 20 h 30* **LA TOUR INFERNALE** A
lundi *FR 3 – 20 h 30* **CONVOI DE FEMMES** W	**jeudi** *A2 – 20 h 45* **LA GRANDE CUISINE** P
mardi *A 2 – 20 h 40* **LA CLE SUR LA PORTE** C	**vendredi** *A 2 – 23 h 05* **LE GOUT DU SAKE** DP

3 A detective film may be seen on
A Monday.
B Thursday.
C Tuesday.
D Friday.

18 h 45 Magazine auto-moto.
19 h 05 Tout va très bien.
19 h 20 Emissions régionales.
19 h 45 Vous pouvez compter sur nous.
20 h 00 Journal.
20 h 35 Droit de réponse.
22 h 05 Série : Dallas.
Le destin.
J.R. engage un détective pour suivre Sue Ellen et apprend des choses bien désagréables.
22 h 55 Magazine d'actualité : sept sur sept.
La Rhodésie, un an et demi après l'indépendance : Images de la semaine : Les informations télévisées vues par les télévisions étrangères.
22 h 55 Journal.

4 Dallas describes how
A JR receives unpleasant news.
B JR becomes engaged.
C JR becomes a detective.
D JR follows Sue Ellen.

Les banques et Pâques

Les banques fermeront vendredi à midi et ne rouvriront au public que mardi matin aux heures habituelles.
Les marchés des valeurs et des changes seront fermés vendredi et lundi.

5 The banks will be closed
A Friday afternoon and Monday.
B all day Friday and Monday.
C all day Friday, Monday and Tuesday.
D Friday afternoon, Monday and Tuesday.

RALENTIR
VITESSE LIMITE

6 To obey this notice at the side of the road, a motorist would
A get into lane.
B slow down.
C pull on to verge.
D pull up immediately.

PRÉVISIONS RÉGIONALES

Sur l'ensemble de la région, le beau temps très chaud persistera avec toutefois quelques orages très isolés. L'après-midi sur les Alpes, les vents resteront faibles et les températures supérieures aux normales.

7 In the afternoon in the Alps there may be
A high winds.
B scattered showers.
C occasional thunderstorms.
D low temperatures.

LREB 1983

Task B

1 Here is a newspaper advert for a special kind of jumble sale. Read it carefully, then answer the questions.

Bourse aux vêtements «Rentrée scolaire»

Une bourse aux vêtements «Spéciale rentrée scolaire» se tiendra la semaine prochaine, au centre social de La Rabière, rue de la Rotière.

Les vêtements offerts devront être en bon état, très propres, non démodés, sans boutons manquants.

Une étiquette de carton devra être sur chaque vêtement (épingles, agraphes, étiquettes en tissu étant refusées).

Chaque personne est invitée à ne pas déposer plus de quinze effets et à verser un droit de participation de 1,50 F par lot de cinq vêtements.

L'entrée sera libre pour tous les acheteurs éventuels.

a) When will the sale take place?
b) About what time of the year do you think it is?
c) Mention *two* things about the clothes which will be essential if they are to be accepted for the sale.
d) How should the clothes be labelled?
e) How many garments is each person allowed to bring?
f) What would be the cost for a person bringing the maximum amount of garments allowed to the sale?

2 Here are two extracts from a newspaper horoscope for September 10th. Read them, then answer the questions.

LION (24.7 au 23.8)

ACTIVITÉS : Votre manque de patience fait que vous négligez souvent les détails de votre travail, essayez de vous corriger de ce défaut. AFFECTION : Ne prenez pas de décision à la légère. SANTÉ : Bonne vitalité.

SAGITTAIRE (23.11 au 21.12)

ACTIVITÉS : Un changement dans vos conditions de travail pourrait avoir lieu et faciliter grandement la plupart de vos tâches. AFFECTION : Contrôlez votre impulsivité et vos sautes d'humeur. SANTÉ : Bonne.

a) Which fault should 'Leos' try to correct, and why?
b) In general, what is the health forecast for both 'Sagittarians' and 'Leos'?
c) What kind of change should 'Sagittarians' expect? (i.e. in what area of activity and will it be for the better or worse?)

3 This advertisement from a French local newspaper is part of a publicity campaign in the City of Tours. Read the advert, then answer the questions.

+ Avec la Carte Verte, vous avez la possibilité d'effectuer un nombre illimité de voyages dans les bus de la Sémitrat. Venez retirer la vôtre à notre kiosque "Accueil" place Jean-Jaurès.

Elle vous sera établie gracieusement, et vous n'aurez plus qu'à la valider par un coupon hebdomadaire ou mensuel.

TOUT TOURS PREND LE BUS

a) What is the green card, and where can you obtain one?
b) When you have got such a card, what else do you have to do before you can begin to use it?
c) What would be the financial advantages to a person who bought one of these cards?

4 Read this account of the escape of a bear cub, and answer the questions.

Nounours en cavale

A quelques heures de son départ pour le Qatar, où l'attend un prince arabe, «Marco Charly», un ourson «Baribal» de six mois s'est échappé hier matin de la vitrine d'un magasin spécialisé, quai de la Mégisserie, à Paris pour s'offrir quelques heures de liberté.

Retrouvé en haut d'un arbre, avenue Victoria, près du Châtelet, il a été délogé de sa cachette par les services spécialisés de la préfecture de police qui ont réussi à l'endormir en utilisant un fusil hypodermique.

Les propriétaires de «l'Oisellerie du Châtelet» ont été surpris, en ouvrant leur magasin, de constater que «Marco Charly» avait rompu la porte de sa cage. Peu après, l'ourson Baribal, né dans un zoo américain, parvenait à s'enfuir dans la rue.

a) Where and to whom should the bear cub have been going, had he not escaped?
b) Explain how the bear cub had escaped.
c) Where was he eventually found and how was he recaptured?

Reading Comprehension: longer items with questions in English

Task A

Read this letter and then answer the questions which follow.

le 18 août

Ma chère Paulette,

Je viens de recevoir, ce matin seulement, ta carte car elle a dû passer par Dieppe où nous étions en vacances au début du mois.

Comme tu le sais, nous devions passer trois semaines là-bas, mais nous ne sommes pas restés, l'hôtel n'étant pas bien – les chambres étaient trop petites et pas assez confortables. Après beaucoup de coups de téléphone avec mon frère, nous sommes venus ici, à Carolles, dans la maison qu'il avait louée pour sa famille. Comme la maison était très chère, nous avons décidé de partager en deux la location. On est vraiment bien ici. La plage est devant la maison et le paysage est magnifique. La seule chose qui ne va pas trop bien c'est que le temps n'est pas très beau depuis deux jours. Quand même, je suis contente d'être ici.

J'espère que tu passes de bonnes vacances, toi aussi. Je t'embrasse, ainsi que toute la famille,

Élise

1 Where had Paulette's card first gone to?
2 When did Élise and her family begin their holiday?
3 How long had they intended to stay in the first hotel?
4 What was it about this hotel that they disliked?
5 With whom did Élise discuss the change of holiday plans?
6 What financial arrangements did she make about the holiday house in Avranches?
7 What *two* things did she especially like about this new place for a holiday?
8 What is the *one* thing wrong with the holiday at present?

Task B

Read the following passage carefully. Then answer *in English* the ten questions which follow.

Study the whole passage before attempting the questions.

L'inspecteur poussa la porte et entra. En plus d'un gendarme installé devant une machine à écrire, il y avait là un homme d'une bonne corpulence, accompagné d'un jeune homme d'une vingtaine d'années, vêtu d'une combinaison bleue. Le gros homme prit la parole.

– Vous allez peut-être dire que nous aurions pu venir plus tôt; mais, voilà, c'est seulement aujourd'hui que Raymond a jeté un coup d'œil sur le journal. Il indiqua le jeune homme d'un coup de menton, puis il reprit:

– J'ai déjà expliqué à vos collègues que je m'appelle Vigneron et que je suis propriétaire d'une station-service sur la Route Nationale 5. Je n'ai que Raymond pour employé. Alors, vendredi dernier, dans la soirée, on m'avait appelé pour un dépannage et Raymond était seul au garage quand ces gens sont arrivés.

Le jeune homme intervint à son tour.

– Il était environ huit heures moins le quart. Ils venaient de crever presque en face de la station. C'était une Peugeot 204 qui paraissait toute neuve. On m'a demandé de faire vite, parce qu'ils étaient pressés et on les attendait à dîner. Et pendant que je réparais la chambre à air, la dame est sortie de l'auto.

– Et vous pensez que c'est la dame du journal? interrompit l'inspecteur.

Raymond hocha affirmativement la tête.

– Je l'ai reconnue dès que j'ai vu la photo dans le journal, déclara-t-il.

1 Who else was in the room, besides the two visitors, when the inspector entered?
2 What was the occupation of the fat man?
3 How many people did he employ?
4 How old was Raymond?
5 Why had the two visitors not come to give evidence earlier?
6 At what time had the incident occurred which they had come to talk about?
7 How was it that Raymond was alone at that time?
8 What had happened to the Peugeot 204?
9 What reason did the occupants of the car give for being in a hurry?
10 In what way did Raymond find out the identity of the lady?

AEB 1981

Task C

Read the following passage carefully; *do not translate*. Then answer the questions *in English*, basing your answers only on the material given in the text. Additional or invented material will be penalised. Complete sentences are not essential.

A campaign to attract more visitors to French ski resorts

L'Europe compte plus de 23 millions de skieurs. La France n'en accueille que 4 millions et demi, dont 500 000 étrangers. Et les étrangers, où vont-ils? Trois millions et demi en Suisse, autant en Autriche et 2 millions en Italie.

Pour rattraper le retard sur les pays voisins, des stations en altitude, conçues pour le ski de loisir, poussent vite, trop vite. Mais voilà qu'on leur reproche aujourd'hui d'être trop souvent mal intégrées au paysage. Envahies par la foule comme le métro aux heures de pointe.

Pour que le domaine skiable français soit mieux exploité, François Abadie, secrétaire d'État au Tourisme, a repris l'opération 'Janvier plein ski' lancée par son prédecesseur. Il s'agit d'attirer les skieurs qui n'ont pas d'enfants d'âge scolaire, et, bien sûr, cette clientèle étrangère qui ne vient plus. Soixante-quatorze stations proposent des prix spéciaux pour l'utilisation des pistes, avec remontées illimitées par télésiège et location gratuite du matériel. Les Ecoles du ski français ont dû changer de méthode de travail depuis deux ans, sous la direction du nouveau président du Syndicat des moniteurs, Bernard Chevallier, et pour répondre à la concurrence de moniteurs indépendants et dynamiques. On ne voit donc plus ces cours surchargés de vingt-cinq à trente apprentis skieurs. Maintenant il n'y a que des classes de dix élèves pendant la période hors congés scolaires, de douze à quinze en haute saison. Les Ecoles du ski français ont pu proposer des programmes plus variés: leçons particulières, engagements à la journée, qui favorisent l'évasion dans les grandes espaces de la montagne.

Mais il y a le ski extrême: certains skieurs imprudents et mal préparés sous-estiment les dangers de la randonnée sur les terrains vierges de la haute altitude et du ski hors piste. Pourtant, les grands domaines skiables, ensembles de stations reliées, donnent des possibilités d'évasion dans une relative sécurité.

Les grandes stations françaises sont en tête du classement mondial pour la sécurité et l'entretien des pistes. L'été, il faut scier les troncs d'arbre, faire sauter des rochers à la dynamite, aplanir le terrain au bulldozer, planter du gazon pour obtenir un sol uniforme où l'on pourra skier en toute sécurité dès la première chute de neige. Par mesure de sécurité – pour que le skieur ne risque pas de tomber sur un obstacle – on met des piquets noir et jaune devant les rochers, des filets pour interdire les passages dangereux, des panneaux triangulaires de circulation, et même des feux clignotants pour signaler un passage de télésiège ou de route. 'C'est affreux, répliquent certains fanatiques de la montagne sauvage. On retrouve aux sports d'hiver l'atmosphère d'un réseau routier.' D'où l'attrait croissant du ski sauvage en neige vierge, loin de la foule bruyante.

Questions

1. How many foreign skiers visit Austria?
2. What detailed criticisms are made of modern resorts?
3. At whom is the campaign 'Janvier plein ski' (line 14) aimed?
4. What does it offer?
5. What has made the ski schools change their methods?
6. In what ways have the French ski schools improved?
7. What type of imprudent skier is criticised, and why?
8. In what respects are French ski resorts world leaders?
9. What work is done during the summer?
10. Give *three* examples of the safety devices used?
11. How do some people react, and with what consequence?

Oxford and Cambridge 1983

Speaking

Points to remember

1. Always listen carefully to the examiner's questions to find out exactly what you are being asked, and what tense is being used. You nearly always use the same tense in the answer as in the question.
2. Reply simply and in fairly short sentences, but not just *oui* or *non*. Remember, the more correct French you say, the more marks you get.
3. If you can go on talking, do so – keeping to the subject, of course! Most examiners are only too pleased to listen to you talking. All too often they have to do most of the talking themselves.
4. If you don't understand the question, ask (in French, of course).
5. You don't have to tell the truth. If you can't think of the French for your Dad's job, or your sister's favourite hobbies, make up something else for which you know the French.

6 Remember, the examiner is there to find out what French you know, not what a fascinating person you are, so don't introduce an interesting but complicated subject unless you are confident that you can talk about it without getting into difficulties.

7 Be prepared – some subjects always come up, so make sure you can talk about them.

8 Call the examiner *vous*, and also use *Monsieur* or *Madame* when talking to him or her. The same applies in the role-playing situations, if you are talking to an official, etc. But be careful – if you are supposed to be talking to a teenage friend, use *tu*.

9 Try to use different tenses in your exam. Expect to be asked about what you *will do* on holiday, or in the future, and what you *did* last weekend, in the Easter holidays, etc.

10 Try to introduce a few opinions, use phrases like:
A mon avis ...
Je pense que ...

11 In conversation, and especially in role-playing, don't be taken by surprise by an unexpected reply. Listen carefully to what is said – after all, in real life, people often don't say what you expect them to!

Speaking: role-playing

A lot of examination practice is provided in each unit, in the sections called *A vous, maintenant*. The following items provide extra practice. Work out what you would say each time.

Unit 6

1 Your school is on an exchange visit to Lyon and you each have a special assignment. Yours is to visit the local youth club and find out some facts. (Your teacher will play the part of the club organiser.)

a) Find out what the opening hours of the club are and what kinds of activities, e.g. sport, art etc., are on offer.
b) Ask which sports are offered and which are most popular.
c) Ask which more educational activities (e.g. foreign language classes, debates) are available.
d) Ask which are the most popular activities and whether they are more popular with boys or girls.
e) Ask whether they organise any trips abroad, or visits to the theatre or concerts, or hikes in the summer.

2 You are staying with a French family and are discussing the evening's activities with them.

a) Ask if there's anything good on T.V. and if they're going to watch it.
b) They suggest going to a cinema-club, so ask what's on, what kind of film it is and whether they think you'll understand it.
c) Say you would like to go and find out what you ought to wear and how much the show will cost.
d) Ask who else will be going and if you already know them.
e) Say you're looking forward to it, and ask what time you should be ready to leave.

Unit 7

1 While skiing in France you have a fall and are taken to the doctor's by your friends. Your leg is painful and swollen and might be broken, and your head hurts a bit. This is what the doctor says. Think out what your replies would be.

Le Docteur: Alors, qu'est-ce qui ne va pas?
Vous: *Describe your symptons.*
Le Docteur: Et tout ça est arrivé comment?
Vous: *Explain that you fell while skiing and hit your head as you fell.*
Le Docteur: Eh bien, asseyez-vous là et je vais examiner votre jambe.
Vous: *Ask if he thinks you've broken it.*
Le Docteur: Non, non. Ce n'est pas très grave. Je vais vous mettre un pansement, et il faut vous reposer pendant quelques jours. Et pour votre tête je vais vous donner des pilules.
Vous: *Ask if you will be able to ski again at the end of the week.*
Le Docteur: Ça dépend. Mais franchement, je ne (le) pense pas.
Vous: *Ask if the doctor wants to see you again.*
Le Docteur: Non, non, sauf si vous avez des problèmes. Mais à votre retour allez voir votre médecin en Grande Bretagne.

2 You have just witnessed a road accident in France while out walking your host's dog. A car was going along quite quickly in front of the town hall towards the town centre when another came out suddenly from a road on the right and they crashed. The driver of the first car was hurt, and taken to hospital, but the driver of the car which was at fault, was not hurt. When you get back, your hosts want to know all about it.

Tell them
a) where the accident took place.
b) what happened as far as the cars were concerned.
c) what happened to the first driver.
d) what happened to the second driver.
e) whose fault it was in your opinion, and why.

Unit 8

1 While in France on holiday you bought two similar tee-shirts, but in different colours. However, two days later, one shrank in the wash although you obeyed the instructions on the ticket. You go back to the shop. Your teacher will act as the assistant.

a) Explain when you bought the tee-shirts, and that you wore one, washed it and it shrank.
(You are asked if you followed the instructions.)
b) Stress that you followed the washing instructions, and ask for your money back.
(They agree to a refund.)
c) Say that you also want to return the other similar tee-shirt, in case the same thing happens.
(You are offered an exchange or a refund.)
d) Say you will change it for some socks. (State which size and colour.)
(You are shown a wide variety of socks.)
e) Choose which you want and take your leave.

2 You've decided to have your hair done.

a) Ring up and ask for an appointment tomorrow morning.
b) Explain what you want done (cut and blow dry).
c) Ask the price of this.
d) Thank them and say you'll see them tomorrow.

Unit 9

1

Imagine this situation:

It is nearly the end of the Summer term. Your French pen-friend has been staying with you for two of the planned three weeks of his visit, and likes it so much here that he wants to stay another month, perhaps finding a holiday job. However, your own family is going to Spain at the end of next week, so you can't let him stay on with you.

Think out the alternative plans possible (finding another family for him to stay with; asking local farmers, fruit farms etc., if there are any temporary jobs he could do; seeing if he could be added to the numbers for local youth club or scout camps).

Think out the changes in arrangements and possible snags – whether he has enough money with him, whether he can change his return ticket easily, phoning his parents for their agreement etc.,

a) Explain why you can't invite him to stay longer.
b) Discuss with him the possible plans mentioned above, explaining also the difficulties he might have with each one.
c) Check with him about money, tickets and his parents' agreement.
d) Say that you are prepared to help him (e.g. take him to the ticket office, ask at school if anyone can put him up, contact friends who might employ him).
e) Agree with him on what you are going to try, but explain that while you will do your best, if it doesn't work out you can't do much about it.

2

You are being interviewed for a job as a *moniteur/monitrice* in a *colonie de vacances.*

a) Explain who you are, state your age and for how long you have learnt French.
b) Explain why you want the job.
c) Ask for details of what training you would have to have beforehand.
d) Find out which *colonie* you would have to go to and roughly what dates. (Say also when you will be available, and ask any other questions you think relevant.)
e) Ask when they will be letting you know if you have got the job because, if not, you want to try and get other holiday work in France.

Unit 10

1

You are in a tourist office in Versailles.

a) Find out what there is to do in the area besides visiting the castle, where the main shops are etc.
b) Explain that you would like to visit a French family for a day, and ask if this could be arranged.
c) Explain what your hobbies and interests are and ask about local opportunities relating to these.
d) Ask about the arrangements for visiting the *château*, whether there are guided tours, what you can see there etc.
e) Ask how to get to Paris from Versailles.

2

Phone up a campsite in Brittany called *Le Camping des Filets bleus* and find out:

a) If there are any bookings available for the first two weeks in August, for you and for your family. (State how many people, caravan and/or tent.)
b) Ask if it's near the beach or a river and what the site is like.
c) Find out about the sanitary arrangements (washing facilities, toilets, showers, etc.,) and whether you can be connected up to electricity.
d) Ask what leisure facilities are available on site.
e) Say you would like to book and ask what you have to do to confirm the booking.

Speaking: describing pictures

Sometimes, in an oral examination, you will be asked to describe either a single picture, or a series of pictures. For hints on how to cope with a series of pictures, which usually tells a story, have a look at the notes on writing a picture narrative (see 4A p.235). The single picture is mainly a test of vocabulary and of how well you can string a series of sentences together. Have a good look at the picture and think of all the things you *can* say, don't worry about the things you don't know. Again, some standard phrases will come in handy. Start from a general description of the scene, e.g.

La scène se passe à la campagne.
La famille se trouve sur la place.

Au premier plan (*in the foreground*)	il y a . . .
A l'arrière-plan (*in the background*)	se trouve . . .
Au milieu (*in the middle*)	se trouvent . . .
Au fond (*at the back*)	on voit . . .
A gauche/à droite/tout près de . . .	

Then move on to the details about the picture. Bring some verbs in by saying what the people are doing, e.g.

Les enfants *jouent* . . .
Le père *dort* et la mère *lit* un journal.

Try to pick up any opportunity to say what *has just* happened or what *is going* to happen – you get extra marks for this, and there is nearly always a built-in clue or two to help you, e.g.

Un taxi *vient d'arriver* et les enfants *vont monter* dedans.

Say what the people look like, e.g.

Les enfants *ont l'air heureux*, mais la mère est *en colère* et le père *semble très fatigué*.

If you can't think of anything else, at least say who the people are and describe what they are wearing.

Speaking: giving information

1 Have a calm and thorough look at the material you are going to talk about and ask, in French, if there is something about it you don't understand.
2 Use the vocabulary of the printed item to help you to talk about it.
3 Try to say as much as you can and certainly more than *oui* or *non*.

1 Imaginez que vous avez fait ce voyage à bicyclette pendant les grandes vacances de l'an dernier. Racontez-moi vos vacances.

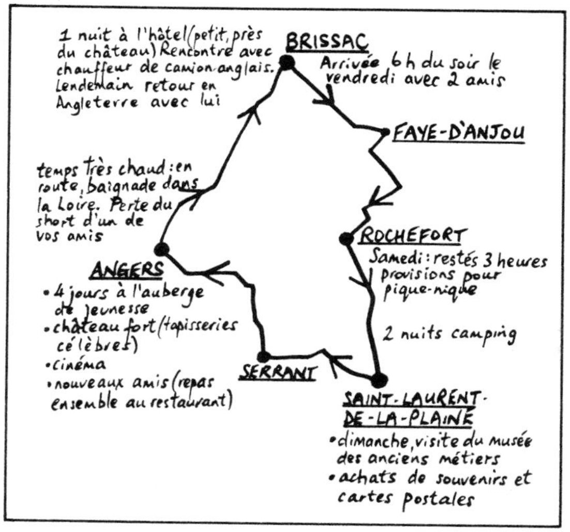

2 a) Imaginez que vous avez assisté à Jeux sans Frontières ('It's a Knockout!') à Sherborne. Racontez-moi ce qui est arrivé, qui a gagné, etc.

A2

JEUX SANS FRONTIERES

JEU proposé par **Guy Lux** et **Claude Savarit,** commentaires **Simone Garnier** et **Claude Savarit.** Réalisation : **John Rooney.**
VILLE D'ACCUEIL : Sherborne - West Dorset (Grande-Bretagne).
AUTRES VILLES PARTICIPANTES :
— **Versoix** (Suisse)
— **Villa-Real Mateus** (Portugal)
— **Frammeries** (Belgique)
— **Ulcinj** (Yougoslavie)
— **Dieppe** (France)
— **Lizzano** (Italie)
THEME DES JEUX : Sherborne
Jeu n° 1 : Le débarquement
Jeu n° 2 : La cape de Sir Walter
Jeu n° 3 : La taverne
Jeu n° 4 : Le combat à l'épée
Jeu n° 5 : Le perroquet
Jeu n° 6 : Le baril de rhum
Jeu n° 7 : Les racoleurs
Jeu n° 8 : L'embarquement
MARATHON : Le passager clandestin

D'autres questions

b) Aimez-vous regarder cette émission à la télé?
c) Quelle sorte d'émission préférez-vous, à la télé?
d) Qu'est-ce que vous avez regardé hier, par exemple?
e) Voudriez-vous faire partie d'une vraie équipe pour ces jeux?

3 a) Lisez cet extrait du guide SNCF et expliquez où et comment on peut louer une voiture.
b) A votre avis, quels sont les avantages et les désavantages de ce système de location de voitures?
c) Voudriez-vous apprendre à conduire une voiture quand vous aurez 17 ans?
d) Quelle méthode de transport préférez-vous et pourquoi?

4 a) Vous travaillez au Syndicat d'Initiative à Lude, cet été. Parlez à un touriste, au sujet du spectacle au château. Expliquez ce que c'est, quand le spectacle a lieu, comment on obtient les billets etc.
b) Parlez un peu des spectacles que vous avez vus en Angleterre, ou dans un autre pays. Donnez vos avis sur cette sorte de distraction. Racontez un spectacle que vous avez vu ou que vous voudriez voir.

service S.N.C.F. "Train + auto"

Dans près de 200 villes, la S.N.C.F. met à votre disposition des automobiles sans chauffeur que vous pouvez réserver à l'avance dans toute la France en vous adressant :

- au Bureau central de réservation «Train + Auto» :

3 rue Bernoulli PARIS (8e).Tél. : (1) 292.02.92 (9 lignes groupées). Télex : TRANOTO 660.828.

- à certaines gares de départ ou d'arrivée.
- à votre agence de voyages.

Le dépliant «Location de voitures S.N.C.F.» vous fournira toutes les informations nécessaires.

5 a) Vous travaillez dans ce restaurant. Racontez à des touristes qui vous ont téléphoné tout ce qu'on peut manger et faire ici. Décrivez la situation du restaurant et parlez un peu de la région.

D'autres questions

b) Aimez-vous manger au restaurant?
c) Décrivez un repas que vous avez aimé récemment.
d) Vous pouvez choisir un repas à n'importe quel prix. Qu'est-ce que vous mangerez?

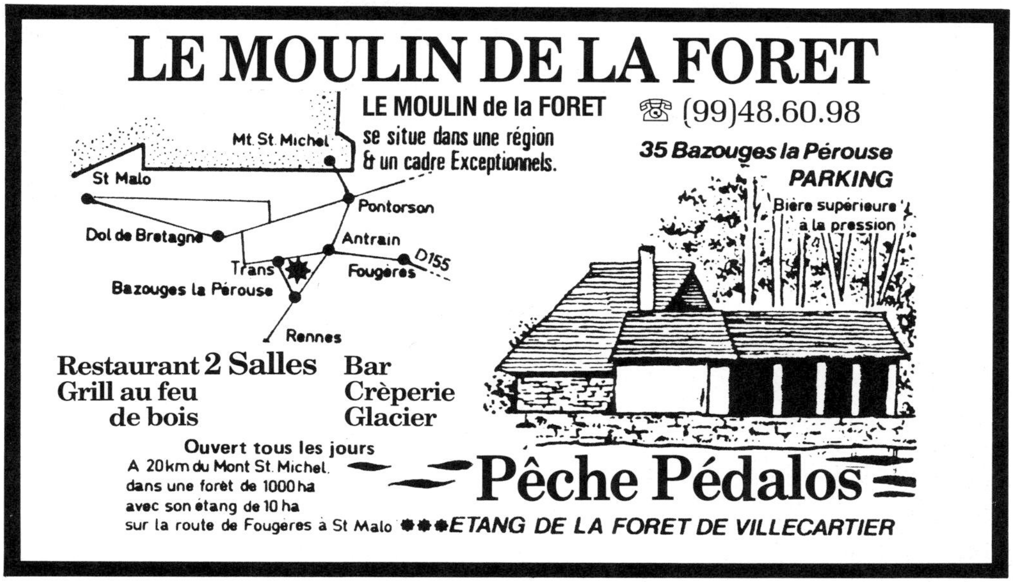

Writing

Find out exactly what sort of writing in French you will be required to do in your examination. This may vary quite considerably. This section has been divided into three parts: writing messages and short notes; writing letters (informal and formal); writing essays and stories.

Writing messages and short notes

What you write should be *short* and *to the point,* but remember: it should be *grammatically correct.*

Write a short message, in about 20–25 words of French, on the following situations. (Each message should take about 10–15 minutes to write).

1 Leave your French friend, with whom you are staying, a message to say that

a) you have gone to post a letter to your parents.
b) you will be back in half an hour.
c) you will buy the bread while you are out.

2 Write a note for your French friend's mother, who has offered to do some shopping for you. Say

a) that you need something from the chemist's. (Mention *one* thing e.g. paper hankies, toothpaste, suntan lotion.)
b) that you would like two postcards of the village.
c) that you will pay her when she comes back, and thank her.

3 The dentist's receptionist rang while you were alone in your pen-friend's house to change his dad's appointment. Make a note of the message. State

a) that the dentist phoned and why.
b) that the appointment is for Saturday at 10.00 a.m. instead of at 9.00 a.m.
c) that he should phone the dentist if that is not all right.

4 Your pen-friend wants you to go on a weekend camping excursion with his youth club while you are on holiday in France with him next summer. The group leader needs to have some details about you. Write a note for him stating

a) your name and age
b) how long you have been learning French and if you speak it well.
c) whether you have been camping before.

5 You want your pen-friend to meet you in town later. Leave him/her a note to say that:

a) you have gone into town to buy some postcards.
b) the film starts at 8.00 p.m.
c) you will be in front of the cinema by 7.45 p.m.

6 Write a postcard to your hosts in France on your return from a stay there.

a) Say you had a good journey back.
b) Thank them very much for a lovely holiday.
c) Say you hope their son/daughter will be able to come and stay with your family soon.

Writing letters

Points to remember

1 In informal letters you can use *tu* and write as you speak.
2 In formal letters, you must use *vous* and keep to set beginnings and endings, which should be learnt by heart.
3 Plan your letter in advance under headings, *Beginning, Middle* and *Ending.* Allocate a rough number of words to each. Write the notes in French.
4 Write the number of words asked for – no more, no less.
5 Jot down relevant vocabulary before you start.
6 Make sure you answer all the questions and give all the information required.
7 Only quote from the original if it's absolutely essential, and spell correctly the words you quote.
8 Set the letter out correctly. Check in advance if a full address and date are required.
9 In an informal letter, add a bit of extra information or a few questions yourself.
10 Keep to the point.
11 Check the tense and ending of verbs and don't use the Past Historic.
12 Check what you've written and make sure it reads like a real letter.

Writing informal letters: useful phrases

Opening

(Mon) cher/(Ma) chère/ (Mes) chers ...	*(My) Dear ...*
Chers (Chères) ami(e)s, ...	*Dear friends ...*

Expressing thanks

Merci (beaucoup) de ta (votre) lettre.	*Thank you (very much) for*
Je te (vous) remercie de ta (votre) lettre.	*your letter.*
J'ai bien reçu ta (votre) lettre qui m'a fait beaucoup de plaisir.	*Thank you (very much) for your letter which gave me a great deal of pleasure.*

Commenting

Tu as dit que ...	*You said that ...*
Vous avez dit que ...	
C'est très bien/excellent/ fantastique.	*That's very good/great/ fantastique.*
C'est bien triste.	*That's very sad.*
C'est vraiment affreux.	*That's really awful.*
C'est difficile.	*That's difficult.*
C'est (bien) dommage.	*That's a (real) pity.*
Félicitations.	*Congratulations.*
Tu as de la chance.	*You're lucky.*
Vous avez de la chance.	

Closing

Maintenant, je dois terminer ma lettre.	*I must stop now.*
Je dois faire mes devoirs.	*I've got to do my homework.*
Je dois sortir.	*I've got to go out.*
J'espère bientôt te (vous) lire.	*I hope to hear from you soon.*
En attendant de tes (vos) nouvelles, ...	*Waiting to hear from you ...*
Écris (écrivez)-moi bientôt!	*Write soon!*

Signing off

Amicalement ...	
(Meilleures) amitiés ...	
Bien cordialement ...	*(Fairly casual)*
Ton ami(e) ...	
Ton (Ta) correspondant(e) ...	
Je t'embrasse ...	
(Bien) affectueusement ...	*(More affectionate)*
Grosses Bises ...	
Bons baisers ...	

Writing formal letters: useful phrases

Opening

Monsieur(Messieurs), ...	*Dear Sir(s), ...*
Madame/Mademoiselle, ...	*Dear Madam, ...*

Expressing thanks

Je vous remercie de votre lettre du 5 avril.	*Thank you for your letter of 5th April.*
J'ai bien reçu votre lettre du 5 avril.	*I have received your letter of 5th April.*
J'accuse réception de votre lettre du 5 avril.	*I acknowledge receipt of your letter of 5th April.*

Requesting something

Veuillez m'envoyer ...	*Please send me ...*
Je voudrais vous demander de ...	*I would like to ask you to ...*
Je vous prie de ...	
Je serais très reconnaissant(e) si vous pouviez ...	*I would be very grateful if you could ...*
Vous seriez très aimable de me faire savoir ...	*Would you kindly let me know ...*

Apologising

J'ai le regret de vous faire savoir que ...	*I am sorry to advise you that ...*
Je vous prie d'accepter mes excuses.	*Please accept my apologies.*

Ending

Veuillez agréer, Monsieur/Madame/Mademoiselle, l'expression de mes sentiments distingués.	*Yours sincerely, ...*
Je vous prie d'agréer, Monsieur/Madame/Mademoiselle, l'assurance de mes sentiments les meilleurs.	

Informal letters

Task A

Imagine that you are Daniel and that you have just received the following answer to your first letter to a French pen-friend. Answer the letter as fully as you can. Your letter should be between 90 and 100 words, not including the address.

ROCHEFORT

le 5 mai 1982

Cher Daniel,
J'ai été très heureux de recevoir ta lettre. Je serais très content de correspondre avec toi. Veux-tu bien m'envoyer une photo?

J'apprends l'anglais depuis cinq ans, alors je serais très content de passer les vacances chez toi. L'année dernière j'ai passé les grandes vacances en Allemagne chez mon correspondant allemand. Et toi? Où es-tu allé?

N'oublie pas de me décrire ta famille et ta maison dans ta prochaine lettre.

Qu'est-ce que nous pourrons faire pour passer le temps quand je serai chez toi? J'aime beaucoup la natation. Y a-t-il une piscine dans ta ville?

Qu'est-ce que tu as l'intention de faire à la fin de cette année scolaire? Moi, je vais travailler quinze jours dans l'usine de mon père. J'espère ainsi pouvoir me payer la moto dont je rêve depuis des mois.

Bien amicalement,

Michel.

NEA 16+ 1982

Task B

La Rochelle

le 4 juin

Cher Robert,
Mille fois merci de ta lettre. J'espère que tu vas mieux maintenant. Mois aussi j'ai été un peu malade. J'ai dû passer deux ou trois jours au lit à cause de la grippe – heureusement j'ai réussi à manquer un examen en mathématiques de même temps.

Cette année nous espérons partir en vacances au pays de Galles. J'ai un cousin qui habite près de Cardiff. Connais-tu ce pays et cette ville? Où vas-tu passer tes vacances cette année? Tu pars avec ta famille ou avec des amis? Qu'est-ce que tu aimes faire en vacances? Les Anglais, quelle sorte de vacances préfèrent-ils en général? Qu'as-tu fait l'année dernière, par exemple?

Maintenant je dois faire mes devoirs de biologie. Qu'est-ce que tu étudies comme sciences?

A bientôt,

Christophe

Imagine you are Robert and reply to the letter in about 120 words, making sure that you answer all the questions.

Task C

Write, *in French*, a composition of about 120 words on the following subject. (No credit will be given for words in excess of 130 but penalties will be incurred for less than 110 words.)

At the end of your composition *state the number of words* you have written.

Write a letter to your French correspondent. Apologise for not writing for a long time and give an excuse. Tell him/her that your brother (or sister), who is two years younger than you are, would like to have a French pen-friend. Describe your brother (or sister) mentioning his (or her) interests and how long he (or she) has been learning French. Ask if your correspondent can help you find a pen-friend.

WMEB 1982

Task D

Write about 120 words on one of the subjects below.

1 Write a letter to your pen-friend who has written asking for information about your home and town.

a) Thank him for his letter.
b) Explain why you haven't replied before.
c) Describe your house or flat briefly.
d) Give a description of your home town giving general details (size, type of town, etc.) Mention some of the main buildings, what entertainments there are, what you specially like or dislike about it.
e) Ask some questions about his home or district.
f) Sign off with a friendly greeting.

2 Write to your pen-friend describing one or more of your own friends. Describe their physical characteristics, mention their hobbies, favourite sports etc. Ask him to describe some of his friends to you.

3 Write and tell your pen-friend about a holiday job you have been doing. Say what the job involves, whether you like it and what you have done and plan to do with the money you earn.

Formal letters

Task A

Write *in French* a letter of about 100 words on the following. (N.B. You may lose marks if you write less, or much more, than 100 words.)

Vous aviez écrit au directeur d'un camping en France, espérant y trouver du travail pendant le mois d'août. Vous avez reçu la lettre suivante. Écrivez votre réponse.

Royan, le premier février.

Monsieur,
Je vous remercie de votre lettre dans laquelle vous demandez des renseignements sur les possibilités de travail qui existent ici.

Nous avons besoin du personnel suivant: vendeurs à l'épicerie du camping, serveurs au restaurant, et garçons au café. Voulez-vous me dire, s'il vous plaît, lequel de ces postes vous intéresse, et quelle expérience vous avez déjà. Comme tout notre personnel doit parler anglais et français, et allemand si possible, je voudrais savoir aussi quelle est votre compétence en ces langues.

Nous vous payerions 54 francs par jour, repas compris, ou 84 francs sans repas, selon vos préfèrences.

Voulez-vous me dire aussi entre quelles dates vous pourriez travailler.

En attendant le plaisir de vous lire, je vous prie d'agréer, Monsieur, l'assurance de mes sentiments distingués.

Thierry Desmoulins.

AEB 1981

Task B

Your youth club has recently been on an official visit to the small town of Maule, about 30 miles from Paris. You have to write and thank the Mayor for organising the visit, and say how much you all enjoyed it, mentioning especially the kindness of the host families, the marvellous trip to the *Château de Versailles*, the splendid meals you had and the lovely party on the last evening. Say that you hope to return there one day, and hope that the young people of Maule will one day visit your town. Sign off formally (120 words, 30 minutes).

Task C

Write a letter, *in French*, in 60–80 words, to the proprietor of a café, asking for a job. Tell him when you are going to France, how long you intend staying, why you want the job and what experience you have in this kind of work.

LREB 1983

Writing essays and stories

Points to remember

1. Find out exactly what the test entails, *beforehand.*
2. You are being tested on your ability to write fairly simple *correct* French, not on your skill in telling a story in English.
3. Read through the outline you are given or study the pictures carefully before planning the essay.
4. Think out your essay in French. Make a rough plan and under each paragraph or picture note down some words and expressions you might use. Be clear about how many words you are to write and divide the amount equally between the parts of the essay.
5. Think out in advance the tenses in which the story is to be written and afterwards check that you have correctly used these.
6. Decide if you are to be in the story yourself, or if it is entirely about other people. This will dictate which *persons* of the verb you should use.
7. Learn some key words and phrases for story writing, but don't bring them in at all costs – only when they really make sense.
8. Prepare yourself by learning the vocabulary for some common "story topics" such as accidents, picnics and holidays.
9. Use *what you know.* Don't think things out in English and then try to translate them into French. Think what you would say if you were telling the story in French, and then just write it down.
10. When working on practise essays, revise the relevant vocabulary in advance, but then try to write the essay in the time and number of words allowed in the actual examination.

Writing essays and stories: useful vocabulary and phrases

Setting the scene

Time

Ce jour-là . . .	*That day . . .*
L'année dernière . . .	*Last year . . .*
Pendant les vacances . . .	*During the holidays . . .*
Un jour en hiver . . .	*One winter's day . . .*
Hier matin . . .	*Yesterday morning . . .*

Place

à la campagne	*in the country*
à la montagne	*in the mountains*
en ville	*in town*
chez moi	*at home*

Linking phrases

à ce moment même	*at that very moment*
à la fin	*in the end*
à ma grande surprise	*to my great surprise*
ainsi	*thus*
alors	*in that case, then, so*
bref	*in short*
car	*for, because*
cependant	*however*
c'est à dire	*that's to say*
d'abord	*first, at first*
d'ailleurs	*moreover, besides*
déjà	*already*
de toute façon	*in any case*
donc	*therefore, so*
du moins	*at any rate*
et . . . et	*both . . . and*
en effet	*indeed, as a matter of fact*
en fait	*in fact*
en général	*in general*
enfin	*at last, finally*
ensuite	*then, next*
finalement	*finally*
heureusement	*fortunately*
lorsque	*when*
mais	*but*
malgré	*in spite of*
malheureusement	*unfortunately*
naturellement	*of course*
parce que	*because*
par conséquent	*as a result, consequently*
peut-être	*perhaps*
pourtant	*however*
puis	*then, next*
quand	*when*
quand même	*all the same*
soit . . . soit	*either . . . or*
soudain	*suddenly*
surtout	*above all, especially*
tandis que	*while, whereas*
tout à coup	*suddenly*
tout de suite après	*immediately afterwards*

Writing essays: title and brief details

Task A

While on a shopping expedition in Paris, you discovered you had lost your purse. Tell how you retraced your steps, went to the lost property office and eventually found it.

Task B

Imaginez qu'un ami français vous a invité à son mariage – racontez tout: votre voyage; le mariage civil et religieux; le repas; votre retour chez vous.

Task C

Write *in French* between 120 and 130 words (*and no more*), not counting names, on the following subject. Use as your main narrative tense a past tense suited to the composition.

Vous avez passé le weekend à aider votre oncle dans son hôtel-restaurant. Racontez ce que vous avez fait.

London 1984

Writing essays: story from an outline

Task A

Un soir un garçon que vous connaissez, mais que vous n'aimez pas, vous invite à une boum. Vous refusez en disant que vous avez mal à la tête. Plus tard un autre garçon vous téléphone. Vous acceptez – mais au café vous rencontrez le premier garçon . . .

Task B

Imagine that you are a young journalist who has been asked to write a short article about the career of Guy Paillette, a disc-jockey who has just been given his own radio programme. Below are some notes about him which have been prepared for you.

Write this article *in French*, using between 140 and 150 words, not counting names. You must tell your story in a suitable past tense and include everything mentioned in the notes. Marks will be awarded for the accurate use of a variety of verbs and appropriate vocabulary and expressions not taken directly from the notes. You will not be given credit for any material beyond 150 words, or for repetition and irrelevance.

GUY PAILLETTE, disc-jockey

Né Limoges, père jardinier
Élève médiocre (intérêts: sport, camping)
Formation musicale: enfant de chœur
Études terminées à 16 ans
Occupe plusieurs emplois mal payés
Paris – vendeur de disques
Apprend jouer guitare, saxaphone
Groupe pop «les Fantômes»

London 1984

Writing essays: picture narrative

Task A

NEA Joint GCE O-level and CSE examination 1981

Task B

NEA Joint GCE O-level and CSE examination 1983

Preparing for the examination

Revision – a few ideas

1 Plan your revision early – weeks not days before the examination! Put your plan up on the wall where you can see it and tick things off as you do them.

2 Verbs are the number 1 mark winners (or losers) and anyone can learn them. List three or four a week and make sure you know them in all their tenses.

3 To extend your vocabulary, revise one or two lists each week. Make up 6 questions you might be asked, using that vocabulary and work out your answers. Learn anything that you weren't absolutely sure of.

4 Make a list of all the types of test that are included in your examination, and practise an example of each, in strict rotation. It doesn't matter if it's a role-play or an exercise you've done before. Go back to the beginning of the book and try them again. Note down any difficulties and ask your teacher for help.

5 Revise with a friend – not everyone's ideal method, but question and answer work with a friend can be a help.

6 If you don't like any of these ways of revising, make up your own system, but write down what it is and pin it up so that you won't forget it!

In the examination

1 Read the instructions carefully – even if you think you know what they say!
2 Plan out your time and stick to it. (Four unfinished questions are better than three completed and one not started.)
3 Check the number of words you should have.
4 Don't miss the clues (e.g. words provided elsewhere on the paper, titles which give you useful hints or questions which help you understand the passage.)
5 Use what you know – don't try to produce new French on the day of the examination.
6 Make sure you answer the questions that are actually on the paper, not the ones you would like to see there or think are almost the same.
7 What you don't know, guess, but guess sensibly – don't leave gaps.
8 Check your work carefully several times, but only change it if you're sure it will be an improvement!

Grammaire

This section provides both an index to the grammatical sections which appear in each unit of this book and some additional notes on different points of French grammar.

Nouns

Masculine and feminine

All nouns in French are either **masculine** or **feminine**:

masculine singular	*feminine singular*
un appartement **le** village **l'**hôtel	**une** maison **la** ville **l'**épicerie

Nouns which describe people often have a special feminine form. Most follow one of these patterns:

1. For the feminine form, you add an -**e**:

un ami	une ami**e**
un Français	une Français**e**
un client	une client**e**
un employé de bureau	une employé**e** de bureau

2. If the masculine form ends in -**er**, you change this to -**ère**:

un ouvrier	une ouvri**ère**
un infirmier	une infirmi**ère**

3. a) Many masculine nouns which end in -**eur**, have a feminine form ending in -**euse**:

un coiffeur	une coiff**euse**
un vendeur	une vend**euse**

b) However, a few have a feminine form ending in -**rice**:

un moniteur de ski	une monit**rice** de ski
un instituteur	une institut**rice**

4. To convert some masculine nouns, you double the last letter and add an -**e**. (This is common with nouns which end in -**n**):

un lycéen	une lycée**nne**
un Parisien	une Parisie**nne**

5. The feminine forms of some masculine nouns don't follow any clear pattern. You just have to try and remember these:

un copain	une copine
un roi	une reine

Remember, not all nouns referring to people have different masculine and feminine forms:

un touriste	une touriste
un élève	une élève
un enfant	une enfant

Singular and plural

Nouns can also be **singular** (referring to just one thing or person)) or **plural** (referring to more than one thing):

une chambre	des chambre**s**

In many cases, it is easy to use and recognise plural nouns because the last letter is an -**s** (remember that this is not usually sounded in spoken French):

un ami	des ami**s**
un ouvrier	des ouvrier**s**

Again, there a few exceptions:

1. Nouns which end in -**eau**, -**eu** or -**ou** in the singular, add an -**x** for the plural:

un château	des château**x**
un bateau	des bateau**x**
un jeu	des jeu**x**
un chou	des chou**x**

2. Most nouns which end in -**al**, change this to -**aux**:

un animal	des anim**aux**
un journal	des journ**aux**

3. Nouns which already end in -**s**, -**x**, or -**z** don't change in the plural:

un repas	des **repas**
le prix	les **prix**

4. A few nouns don't follow any clear pattern:

un œil	des **yeux**

Articles

le, la, l', les (definite article)

The word for 'the' in French is masculine, feminine, singular or plural according to the noun which follows:

masculine singular	*feminine singular*	*before a vowel*	*plural*
le village	**la** ville	**l'**épicerie	**les** touristes

The main uses are as follows:

– to refer to a particular thing or person, in the same way as we use 'the' in English:

C'est **le** village où il y a un bon petit restaurant.	*It's the village where there's a nice little restaurant.*
Voici **l'**hôtel où nous sommes descendus l'année dernière.	*There's the hotel where we stayed last year.*

– to make general statements about likes and dislikes:

J'aime beaucoup **les** frites.	*I like chips a lot.*
Je n'aime pas **les** carottes.	*I don't like carrots.*

– and about things as a whole, e.g. *all* dogs, *all* mushrooms:

Les chiens me font toujours peur.	*I'm afraid of dogs.*
Les champignons me rendent malade.	*Mushrooms make me feel ill.*

– with titles:

le président de la République française	*the President of the French Republic*
la reine Elisabeth	*Queen Elizabeth*
la princesse de Galles	*the Princess of Wales*
Monsieur **le** Directeur	*the headmaster*

– with parts of the body:

Il s'est brossé **les** dents.	*He cleaned his teeth.*
J'ai mal à **la** tête.	*I've got a headache.*
Elle a **les** cheveux frisés.	*She's got curly hair.*
Il a ouvert **les** yeux.	*He opened his eyes.*

– with days of the week to give the idea of 'every':

Je vais chez mes grands-parents **le** dimanche.	*I go to my grandparents on Sundays.*

– with different times of the day to mean 'in' or 'during':

Le matin, j'ai cours de 9 heures jusqu'à midi et demi.	*In the morning, I have lessons from 9 o'clock until 12.30.*

– with prices, to refer to a specific quantity:

C'est 5 francs **la** pièce.	*They're 5 francs each.*
C'est 12 francs **le** paquet.	*They're 12 francs a packet.*

un, une, des (indefinite article)

The word for 'a' or 'an' is masculine or feminine according to the noun which follows:

masculine singular	*feminine singular*	*plural*
un appartement	**une** maison	**des** appartements **des** maisons

Un and **une** are used when you aren't referring to a specific item, in the same way as we use 'a' or 'an' in English:

Passe-moi **une** cuillère, s'il te plaît.	*Pass me a spoon please.*
Je cherche **un** hôtel, pas trop cher.	*I'm looking for a reasonably-priced hotel.*

Notice that it is omitted when you describe what someone does for a living. In this case, the word for 'a' or 'an' is not translated:

Elle est vendeuse.	*She's a sales assistant.*
Il est employé de bureau.	*He's an office-worker.*

du, de la, des (partitive article)

The word for 'some' or 'any' agrees with the noun which follows:

masculine singular	*feminine singular*	*before a vowel*	*plural*
du pain	**de la** viande	**de l'**eau **de l'**huile	**des** pommes

Du, de, la, de l' and **des** are used to mean 'some' or 'any' or to refer to a substance (such as sugar, water, milk) where an exact quantity is not specified:

Avez-vous **du** pain?	*Have you any bread?*
Voulez-vous encore **de la** viande?	*Would you like some more meat?*
C'est **de l'**eau potable?	*Is it drinking water?*
Elle a acheté **des** pommes.	*She bought some apples.*
Vous prenez **du** lait et **du** sucre?	*Do you take milk and sugar?*

After a *negative*, use **de** or **d'**:

Je n'ai pas **d'**argent.	*I haven't any money.*
Il n'y a plus **de** pain.	*There's no bread left.*

After *expressions of quantity*, use **de** or **d'**:

un kilo **de** poires
un morceau **de** fromage
une portion **de** frites
beaucoup **de** bananes
un paquet **de** biscuits

'This' and 'that'

ce, cette, ces

See page 87.

ceci *and* cela

See page 87.

celui, celle, ceux, celles

See page 95.

Adjectives

Agreement of adjectives

Adjectives change their form according to the noun they describe. They are then said to 'agree' with that noun. They can be masculine, feminine, singular or plural.

1. Regular adjectives

	masculine singular	*feminine singular*	*masculine plural*	*feminine plural*
a) Many adjectives follow this pattern.	grand intelligent fort français allemand	grande intelligente forte française allemande	grands intelligents forts français* allemands	grandes intelligentes fortes françaises allemandes
b) Adjectives which end in -**u**, **i** or **é** follow this pattern, but although the spelling changes, they don't sound any different when you say them.	bleu joli fatigué âgé	bleue jolie fatiguée âgée	bleus jolis fatigués âgés	bleues jolies fatiguées âgées
c) Adjectives which already end in -**e** (with no accent) have no different feminine form.	jaune mince stupide jeune	jaune mince stupide jeune	jaunes minces stupides jeunes	jaunes minces stupides jeunes
d) Adjectives which end in -**er** follow this pattern.	cher premier	chère première	chers premiers	chères premières
e) Adjectives which end in -**x** follow this pattern.	délicieux merveilleux	délicieuse merveilleuse	délicieux* merveilleux*	délicieuses merveilleuses
f) Some adjectives double the last letter before adding an -**e** for the feminine form.	gentil mignon gros bon	gentille mignonne grosse bonne	gentils mignons gros* bons	gentilles mignonnes grosses bonnes

2. Irregular adjectives

Many common adjectives are irregular, and each one has to be learnt separately. Here are some which you have already met:	blanc long vieux (vieil**) nouveau (nouvel**) beau (bel**)	blanche longue vieille nouvelle belle	blancs longs vieux* nouveaux beaux	blanches longues vieilles nouvelles belles

*If the adjective already ends in -**s** or -**x** in the masculine singular, it doesn't change in the plural form.

A few adjectives have a different masculine form which is used when the following word begins with a vowel or a silent **h

un **vieil** homme   un **nouvel** élève

un **bel** appareil photo

Position of adjectives

Adjectives normally follow the noun. This is always the case with adjectives of colour and nationality:

J'ai lu un article très **intéressant** sur le camping en France.	*I read a very interesting article about camping in France.*
Tu aimes cette jupe **noire**?	*Do you like this black skirt?*
Nous avons une voiture **française**.	*We have a French car.*

However, there are a few common, usually short adjectives which go *in front of* the noun:

beau	**haut**
bon	**jeune**
court	**joli**
excellent	**long**
gentil	**mauvais**
grand	**petit**
gros	**vieux**

C'est un **petit** garçon d'environ six ans.	*He's a small boy aged about six.*
La Loire est un **long** fleuve.	*The Loire is a long river.*

Some adjectives alter their meaning depending on whether they come *before* or *after* the noun. Here are a few of the most common ones:

ancien

un **ancien** élève	*a former pupil*
un bâtiment **ancien**	*an old (ancient) building*

cher

un **cher** ami	*a dear friend*
un hôtel **cher**	*an expensive hotel*

même

la **même** robe	*the same dress*
le jour **même**	*the very day*
même le Président	*even the President*

pauvre

pauvre Nicole	*poor old Nicole*
un pays **pauvre**	*a poor (not wealthy) country*

propre

Elle a son **propre** appartement.	*She's got her own flat.*
Je n'ai pas de chemise **propre**	*I haven't got a clean shirt.*

The comparative

See page 15.

The superlative

See page 18.

tout

masculine singular	*feminine singular*	*masculine plural*	*feminine plural*
tout	**toute**	**tous**	**toutes**

Tout, meaning 'all', 'the whole' or 'every' is usually used as an adjective and agrees with the noun that follows:

On a mangé **tout** le pain.	*We've eaten the whole loaf.*
Je suis resté sur la plage **toute** la journée.	*I stayed on the beach all day.*
On va en France **tous** les ans.	*We go to France every year.*
Dans **toutes** les régions de France on trouve un conseil régional.	*In every region of France there is a regional council.*

Tout, meaning 'all' or 'everything', can sometimes be used as a pronoun. When this is the case, it doesn't change form:

On a **tout** vu.	*We've seen everything.*
Tout est bien qui finit bien.	*All's well that ends well.*

Expressing possession

mon, ma, mes *etc.*

See page 112.

de + *noun*

See page 113.

à moi, à toi *etc.*

See page 113.

le mien, le tien *etc.*

See page 193.

le, la, l', les + *plus parts of the body*

In French, the definite article (**le, la, l', les**) is normally used with parts of the body:

Elle s'est lavé **les** mains.	*She washed her hands.*
Il s'est coupé **le** doigt.	*He cut his finger.*

Adverbs

See page 26.

Comparative and superlative

See page 27.

Pronouns

le, la, l', les (direct object pronouns)

These pronouns replace a noun, or a phrase containing a noun, which is not the subject of the verb. They can refer to people or things and are frequently used as they save having to repeat a noun or phrase.

Le is used instead of a masculine singular noun:

– Tu connais Pierre Duval?	– *Do you know Pierre Duval?*
– Oui, je **le** connais très bien.	– *Yes, I know him very well.*

La is used instead of a feminine singular noun:

– Vous prenez la jupe?	– *Will you take the skirt?*
– Non, je ne **la** prends pas, elle est trop petite.	– *No, I won't take it, it's too small.*

L' is used when the next word in the sentence begins with a vowel:

– Tu as lu le journal, ce matin?	– *Have you read the newspaper this morning?*
– Oui, je **l'**ai lu dans le train.	– *Yes, I read it in the train.*

Les is used instead of a plural noun:

– Tu as acheté des billets pour le train?	– *Have you bought the train tickets?*
– Non, pas encore. Je **les** achèterai ce soir.	– *No, not yet. I'll buy them this evening.*

Notice that the pronoun usually goes before the verb, even when the verb is a question or in the negative:

– Tu **le** vois?	– *Can you see him?*
– Non, je ne **le** vois pas.	– *No, I don't see him.*

This also happens when the pronoun is used with an infinitive:

Quand est-ce que vous allez **les** voir?	*When are you going to see them?*

In the Perfect Tense, the object pronoun goes *before* the auxiliary verb:

C'est un bon film. Tu **l'**as vu?	*It's a good film. Have you seen it?*

These pronouns can also be used with **voici** and **voilà**:

– Vous avez votre billet?	– *Have you got your ticket?*
– **Le** voilà.	– *Here it is.*

lui *and* leur (indirect object pronouns)

Lui is used to replace masculine or feminine singular nouns, often in a phrase beginning with *à*. It usually means 'to *or* for him' or 'to *or* for her':

– Qu'est ce que tu vas offrir à ta sœur?	– *What are you going to give your sister?*
– Je vais **lui** offrir un disque.	– *I'm going to give her a record.*
– Et à ton frère?	– *And your brother?.*
– Je vais **lui** offrir un livre.	– *I'm going to give him a book.*

In the same way, **leur** is used to replace masculine or feminine plural nouns, often in a phrase beginning with *à* or *aux*:

– Tu as déjà téléphoné à tes parents?	– *Have you already phoned your parents?*
– Non, mais je vais **leur** téléphoner, ce soir.	– *No, but I'm going to phone them this evening.*

me, te, nous, vous

These pronouns are used as both direct and indirect object pronouns.

Me (or **m'**) means 'me', 'to *or* for me':

Zut! elle **m'**a vu.	*Oh no, she's seen me.*
– Est-ce que tu peux **m'**acheter un timbre?	– *Can you buy me a stamp?*
– Oui, si tu **me** donnes de l'argent.	– *Yes, if you give me the money.*

Te (or **t'**) means 'you', 'to *or* for you':

Henri . . ., Henri, je **te** parles. Qui **t'**a donné cet argent?	*Henry . . ., Henry, I'm speaking to you. Who gave you this money?*

Nous means 'us', 'to *or* for us':

Jean-Pierre vient **nous** chercher à la maison.	*Jean-Pierre is coming round to pick us up.*
Il **nous** écrit souvent.	*He often writes to us.*

Vous means 'you', 'to *or* for you':

On **vous** attend au café.	*We'll wait for you at the café.*
Je **vous** rendrai les disques, la semaine prochaine.	*I'll give you the records back next week.*

Direct object pronouns in the Perfect Tense

When **le, la, l'** or **les** are used in the Perfect Tense, with verbs which take *avoir*, the past participle agrees with the pronoun:

masculine singular

– Où as-tu acheté ton pull?	– *Where did you buy your pullover?*
– Je **l'**ai acheté à Paris.	– *I bought it in Paris.*

feminine singular

– Tu as vu Chantal en ville?	– *Did you see Chantal in town?*
– Oui, je **l'**ai vu**e** au supermarché.	– *Yes, I saw her at the supermarket.*

masculine plural

– Tu as déjà écouté tes nouveaux disques?	– *Have you already listened to your new records?*
– Oui, je **les** ai écouté**s** dans le magasin.	– *Yes, I listened to them in the shop.*

feminine plural

– As-tu acheté tes chaussures de ski?	– *Have you bought your ski boots?*
– Non, je **les** ai loué**es**.	– *No, I've hired them.*

The same rule applies to **me, te, nous, vous** when they are used as direct object pronouns, i.e. when they mean 'me', 'you', 'us', 'you':

Vous **nous** avez vu**s** au concert?	*Did you see us at the concert?*

Emphatic pronouns

See page 38.

Pronouns in commands

When the command is *to do* something, the pronoun comes *after* the verb:

Donne-**le**-lui.	*Give it to him*
Montrez-**lui** votre passeport.	*Show him your passport.*

When the command is *not to do* something, (i.e. in the negative), the pronouns come *before* the verb:

Surtout, ne **le lui** dites pas!	*Be sure not to tell him.*
Ne **lui** dites rien.	*Don't say anything to her.*

Note that:
– in commands, **moi** and **toi** are used instead of *me* and *te* except when the command is in the negative:

Donnez-**moi** un kilo de tomates, s'il vous plaît.	*Give me a kilo of tomatoes, please.*
Ne **me** regarde pas, comme ça!	*Don't look at me like that.*

y

Y, meaning 'there', is used instead of repeating the name of a place:

– Qu'est-ce qu'on achète à la pâtisserie?	– *What can you buy at the 'pâtisserie'.*
– On **y** achète des gâteaux.	– *You can buy cakes there.*
– Tu vas à Strasbourg cette semaine?	– *Are you going to Strasbourg this week?*
– Oui, j'**y** vais demain.	– *Yes, I'm going there tomorrow.*

Y is also used to replace *à* or *dans* + a noun or phrase which does not refer to a person:

– Je pensais à partir plus tôt.	– *I was thinking of leaving earlier.*
– Moi, j'**y** pensais aussi.	– *I was also thinking of that.*

en

En means 'some', 'any', 'of them' or 'of it':

Ce pâté est excellent. Tu **en** veux?	*This pâté is excellent. Do you want some?*
– Tu as du sucre?	– *Do you have any sugar?*
– Oui, j'**en** ai.	– *Yes, I've got some.*
– Est-ce qu'il y a une banque près d'ici?	– *Is there a bank near here?*
– Oui, il y **en** a une, rue Victor Hugo.	– *There's one (of them) in the rue Victor Hugo.*
– Avez-vous des frères ou des sœurs?	– *Have you any brothers or sisters?*
– Non, je n'**en** ai pas.	– *No, I haven't any (of them).*

Note that:
– when an infinitive is used, **en** often goes in front of the infinitive:

Je veux lui **en** parler.	*I want to speak to her about it.*

It is often used to replace an expression beginning with *du*, *de la*, *de l'* or *des*:

– Est-ce que votre fils a peur des chiens?	– *Is your son afraid of dogs?*
– Oui, il **en** a très peur.	– *Yes, he's very much afraid of them.*
– Quand êtes-vous revenu de Paris?	– *When did you get back from Paris?*
– J'**en** suis revenu samedi dernier.	– *I got back (from there) last Saturday.*

Order of pronouns

Occasionally two pronouns are used together in a sentence. When this happens, the pronouns are used in this order:

me	**le**	**lui**	**y**	**en**
te	**la**	**leur**		
nous	**les**			
vous				

Qui **te** l'a dit?	*Who told you that?*
Je **le lui** ai souvent dit.	*I've often told him so.*
Elle **me l'**a donné.	*She gave it to me.*

Relative pronouns

qui

See page 68.

que

See page 69.

dont

See page 70.

lequel

See page 71.

auquel, duquel *etc*

See page 193.

ce qui, ce que, ce dont

See page 192.

Negatives

General points

1. As a general rule, the negative goes on either side of the verb.
2. In the Perfect Tense, the negative (apart from *ne ... personne, ne ... que* and *ne ... nulle part*) goes round the auxiliary verb:

Je **n'**ai **pas** vu ça.	*I haven't seen that.*

3. If there is a pronoun before the verb, the *ne* goes before that:

Je **ne le** connais pas.	*I don't know him.*

4. If the infinitive is in the negative, the two parts of the negative are used together:

Je l'ai persuadée de **ne pas** partir.	*I persuaded her not to leave*

5. After the negative, *du, de la, de l', des, un, une* become **de** or **d'** (except with the verb *être* and after *ne ... que*):

Il ne reste plus **de** gâteau.	*There's no cake left.*

ne ... pas	*not*
ne ... plus	*no more, no longer, none left*
ne ... jamais	*never*
ne ... rien	*nothing*
ne ... personne	*nobody*
ne ... que	*only*
ne ... nulle part	*nowhere, not ... anywhere*
ne ... aucun	*no*
ne ... ni ... ni	*neither ... nor, not ... either ... or*

ne ... pas

Je **n'**ai **pas** le temps.	*I haven't got time.*
Ne vous inquiétez **pas**.	*Don't worry.*

ne ... plus

Merci, je **n'**en veux **plus**.	*No thank you, I don't want any more.*

ne ... jamais

On **ne** sort **jamais**.	*We never go out.*
Je **ne** l'ai **jamais** vu.	*I've never seen him.*
– Avez-vous déjà visité la Bretagne?	*– Have you ever been to Brittany.*
– Non, **jamais**.	*– No, never.*

ne ... rien

Il **n'**y a **rien** au cinéma.	*There's nothing on at the cinema.*
Ça **ne** fait **rien**.	*It doesn't matter.*

Notice that **rien** can be used on its own and at the beginning of a sentence:

– Qu'est-ce que tu as fait aujourd'hui?	*– What did you do today?*
– **Rien**.	*– Nothing.*
Rien n'est plus facile.	*There's nothing simpler.*

ne ... personne

Je **ne** connais **personne** à Paris.	*I don't know anyone in Paris.*
Il **n'**y a **personne**.	*There's nobody there.*

Notice that **personne** can also be used on its own and at the beginning of a sentence:

Personne n'est venu.	*Nobody came.*
– Qui est dans le café? – **Personne**.	*– Who's in the café?* *– Nobody.*

In the Perfect Tense, **personne** goes *after* the past participle:

Je **n'**ai vu **personne** en ville.	*I didn't see anybody in town.*

ne ... que

Je **n'**ai **que** 10 francs.	*I've only got 10 francs.*
Il **ne** reste **que** ça.	*That's all that's left.*

In the Perfect Tense, **que** goes *after* the past participle:

Elle **n'**a passé **qu'**un week-end à Paris.	*She only spent a weekend in Paris.*

ne ... nulle part

Je **ne** les vois **nulle part**.	*I can't see them anywhere.*

In the Perfect Tense, **nulle part** goes *after* the past participle:

Elle a cherché partout son porte-monnaie, mais elle **ne** l'a trouvé **nulle part**.	*She looked all over for her purse, but she didn't find it anywhere.*

ne ... aucun

Notice that **aucun** is an adjective and agrees with the noun which follows:

Il **n'**y a **aucun** doute.	*There's no doubt.*
Ça **n'**a **aucune** importance.	*It's of no importance.*
Je **n'**en ai **aucune** idée.	*I've no idea.*

ne ... ni ... ni

Notice that *ni ... ni ...* go *before* the words to which they refer:

Je **ne** connais **ni** lui **ni** ses parents.	*I don't know either him or his parents.*
Ni l'un **ni** l'autre.	*Neither one nor the other.*
Ni moi non plus.	*Nor me.*

Prepositions

à *to* or *at*

masculine singular	*feminine singular*	*before a vowel*	*plural*
au parc	**à la** piscine	**à l'**épicerie **à l'**hôtel	**aux** magasins

A can be used on its own with nouns which do not have an article *(le, la, les):*

Il va **à** Paris.

de *of* or *from*

masculine singular	*feminine singular*	*before a vowel*	*plural*
du	**de la**	**de l'**	**des**

Le train est parti **de la** gare à six heures.

Pour aller **du** centre-ville à la gare, il faut environ une demi-heure.

De can be used on its own with nouns which do not have an article (*le, la, les*):

Elle vient **de** Boulogne.

en *in, by, to, made of*

En is often used with the names of countries and regions:

Strasbourg se trouve **en** Alsace.

Nous passons nos vacances **en** Italie.

Je vais **en** France.

It is used with most means of transport:

en autobus	*by bus*
en autocar	*by coach*
en avion	*by plane*
en bateau	*by boat*
en camion	*by lorry*
en moto	*by motorbike*
en taxi	*by taxi*
***en vélo**	*by bike*
***en vélomoteur**	*by moped*
en voiture	*by car*

***à** is the correct word to use, but **en** is becoming more common.

It is used to describe what something is made of:

C'est **en** cuir ou **en** plastique?	*Is it leather or plastic?*
des fleurs **en** papier	*paper flowers*
Elle est **en** coton ou **en** nylon?	*Is it cotton or nylon?*

Grammaire

Notice the following additional uses:

en 1789	*in 1789*
Le film est **en** version originale, mais il est sous-titré **en** anglais.	*... with the original soundtrack, but it is subtitled in English.*
On fait les vendanges **en** octobre.	*The grapes are picked in October.*
en automne, **en** hiver, **en** été	*in Autumn, in Winter, in Summer*

Prepositions with countries and towns

Notice that:
- you use **en** with countries to mean 'in' or 'to'.
- you use **à** with towns and cities to mean 'in', 'to' or 'at'.
- you use **de** with towns and countries to mean 'of' or 'from'.

Exceptions:

Most names of countries are feminine and follow the above rule. There are, however, a few masculine countries (*le* Maroc, *le* Canada, *le* Luxembourg, *le* pays de Galles, *les* États-Unis) when you have to use **au** or **aux** to mean 'in' or 'to':

Je vais **au** Maroc.	*I'm going to Morocco.*
New York se trouve **aux** États-Unis.	*New York is in the United States.*

You also have to use **du** or **des** to mean 'of' or 'from':

Mon oncle vient **du** Canada.	*My uncle comes from Canada.*
Nos voisins sont venus **des** États-Unis.	*Our neighbours come from the United States.*

Some towns have *le* before the name (*le* Mans, *le* Havre) and follow this pattern:

Je vais de Southampton **au** Havre.	*I'm going from Southampton to Le Havre.*
Ils vont **du** Havre à Southampton.	*They're going from Le Havre to Southampton.*

Numbers

1	**un, une**
2	**deux**
3	**trois**
4	**quatre**
5	**cinq**
6	**six**
7	**sept**
8	**huit**
9	**neuf**
10	**dix**
11	**onze**
12	**douze**
13	**treize**
14	**quatorze**
15	**quinze**
16	**seize**
17	**dix-sept**
18	**dix-huit**
19	**dix-neuf**
20	**vingt**
21	**vingt et un**
22	**vingt-deux *etc.***
30	**trente**
31	**trente et un**
32	**trente-deux *etc.***
40	**quarante**
41	**quarante et un**
42	**quarante-deux *etc.***
50	**cinquante**
51	**cinquante et un**
52	**cinquante-deux *etc.***
60	**soixante**
61	**soixante et un**
62	**soixante-deux *etc.***
70	**soixante-dix**
71	**soixante et onze**
72	**soixante-douze *etc.***
80	**quatre-vingts**
81	**quatre-vingt-un**
82	**quatre-vingt-deux *etc.***
90	**quatre-vingt-dix**
91	**quatre-vingt-onze *etc.***
100	**cent**
101	**cent un *etc.***
200	**deux cents**
201	**deux cent un *etc.***
500	**cinq cents**
1 000	**mille**
1 001	**mille un *etc.***
2 000	**deux mille**
1 000 000	**un million**

$\frac{1}{4}$ **un quart** $\frac{1}{3}$ **un tiers** $\frac{1}{2}$ **un demi***

$\frac{3}{4}$ **trois-quarts**

***La moitié** is used to mean 'the *or* a half'. Notice the following differences of use:

Quelle est **la moitié** de quatre?	*What is half of four?*
Je passe **la moitié** de mon temps à Paris.	*I'm spending half of my time in Paris.*
Il a six ans et **demi**.	*He's six and a half.*

Note that:
– telephone numbers are read out in groups of two or three digits, e.g. 888. 92. 17:
huit cent quatre-vingt-huit
quatre-vingt douze
dix-sept

'First', 'second', 'third' etc.

1st **premier, première (1er)**
2nd **deuxième (2e)**
3rd **troisième (3e)**
4th **quatrième (4e)**
5th **cinquième (5e)**
6th **sixième (6e)**
7th **septième (7e)**
8th **huitième (8e)**
9th **neuvième (9e)**
10th **dixième (10e)**
11th **onzième (11e)**
12th **douzième (12e)**
13th **treizième (13e)**
14th **quatorzième (14e)**
15th **quinzième (15e)**
16th **seizième (16e)**
17th **dix-septième (17e)**
18th **dix-huitième (18e)**
19th **dix-neuvième (19e)**
20th **vingtième (20e)**
21st **vingt et unième (21e)** *etc.*

Note that:
– **premier** has a different masculine and feminine form:

le **premier** jour des vacances	*the first day of the holidays*
la **première** année de ma vie	*the first year of my life*

– you say 'first two' as here:

les **deux premières** personnes	*the first two people*

– **seconde** is occasionally found instead of *deuxième* e.g. for school years:

J'étais en troisième, mais l'année prochaine, je serai en **seconde**.

Time and dates

Telling the time

The hours

Quelle heure est-il?	*What time is it?*
Il est une hueure.	*1 o'clock.*
Il est deux heures.	*2 o'clock etc.*

Minutes past the hour

Il est trois heures-cinq.	*3.05.*
Il est trois heures dix.	*3.10 etc.*

Minutes to the hour

Il est quatre heures moins cinq.	*3.55 (five to four)*
Il est quatre heures moins dix.	*3.50 (ten to four)*

Quarter and half hours

Il est trois heures et quart.	*3.15*
Il est trois heures et demie.	*3.30*
Il est quatre heures moins le quart.	*3.45 (quarter to four)*

Midday and midnight

Il est midi.	*12 noon*
Il est minuit.	*12 midnight*
Il est midi cinq.	*12.5 pm*
Il est midi et demi.	*12.30 pm*

24 hour clock

Il est treize heures.	*13.00*
Il est quatorze heures cinq.	*14.05*
Il est quinze heures quinze.	*15.15*
Il est seize heures trente.	*16.30*
Il est dix-sept heures quarante-cinq.	*17.45*

Days, months, dates

Les jours de la semaine

lundi
mardi
mercredi
jeudi
vendredi
samedi
dimanche

Les mois de l'année

janvier
février
mars
avril
mai
juin
juillet
août
septembre
octobre
novembre
décembre

Les saisons

le printemps	au printemps
l'été	en été
l'automne	en automne
l'hiver	en hiver

Quel jour sommes-nous?
Quelle est la date?

le premier mars
le dix-huit novembre

Expressions of time

Il y a *ago*

Pierre Dublanc est arrivé à l'aéroport **il y a** vingt minutes.	*Pierre Dublanc arrived at the airport 20 minutes ago.*

depuis *since, for*

La famille Khan attend à l'aéroport **depuis** dix heures.	*The Khan family have been waiting at the airport since ten o'clock.*
Lisa Brennan attend à l'aéroport **depuis** une heure.	*Lisa Brennan has been waiting at the airport for one hour.*

Remember that when the action is *still going on,* the Present Tense is used.

Nicole Frazer attendait **depuis** deux heures l'avion de Toulouse, puis elle est partie.	*Nicole Frazer had waited for two hours for the Toulouse plane, then she left.*

Notice that the Imperfect Tense is used to say what *had happened* for a certain period of time.

Ça fait + length of time *for*

Ça fait deux heures que j'attends.	*I've been waiting for two hours.*

pour *for (used for future time)*

Elle va à Paris **pour** le week-end.	*She's going to Paris for the weekend.*

dans *in (at a fixed point in time)*

Les O'Neill partent **dans** une heure quarante minutes.	*The O'Neill's leave in one hour forty minutes.*

en *in (length of time)*

Je ferai cet exercise **en** dix minutes.	*I'll do this exercise in ten minutes. (i.e. It'll take me ten minutes to do this exercise).*

pendant *during, for (used with the past tense)*

J'ai travaillé à l'aéroport **pendant** trois ans.	*I worked at the airport for three years.*

Asking questions

a) **Using your voice**

In conversational French, you will find that people change a simple statement into a question, simply by raising their voice in a questioning way.

Tu as des frères ou des sœurs?	*Do you have any brothers or sisters?*

b) **Using *Est-ce que ...***

You can make any statement into a question by adding **Est-ce que** to the beginning of the sentence:

Est-ce que vous restez longtemps en France?	*Are you staying long in France?*

c) **Using *n'est-ce pas***

N'est-ce pas is used when you are expecting someone to agree with you. Roughly translated it means 'don't you think?', 'isn't it?':

Il fait froid, **n'est-ce pas**?	*It's cold, isn't it?*

d) **Using inversion**

A more formal way of asking questions, particularly found in written French, is to turn the verb and subject round:

Avez-vous un animal à la maison?	*Do you have any pets?*

Notice that if the verb ends in a vowel in the 3rd person, you have to add an extra -**t** when you turn it round:

Où habite-**t**-elle?	*Where does she live?*

e) Useful question words:

Combien?	*How much?*
Comment?	*How?*
Comment est-il?	*What is he like?*
Où?	*Where?*
D'où venez-vous?	*Where are you from?*
Pourquoi?	*Why?*
Quand?	*When?*
Qu'est-ce que ...?	*What ...?*
Qu'est-ce qu'il fait dans la vie?	*What does he do for a living?*
Qui?	*Who?*
Quoi?	*What?*

f) **Quel**
Notice that **quel** is an adjective and agrees with the noun which follows:

Quel âge avez-vous?	*How old are you?*
De **quelle** nationalité est-elle?	*What nationality is she?*
Quels journaux lisez-vous?	*Which newspapers do you read?*
Quelles chaussures vas-tu mettre?	*Which shoes are you going to wear?*

g) **Lequel?** *Which one?*

This follows a similar pattern to **quel**:

– Je voudrais du pâté.
– **Lequel?**

– Est-ce que je peux voir ta jupe?
– **Laquelle?**

– Où sont mes gants?
– **Lesquels?**

– J'ai perdu mes chaussures.
– **Lesquelles?**

Imperative

To tell someone *to do something* in French, you use the imperative or command form. In most cases you just leave out *tu* or *vous* and use the verb by itself. With *-er* verbs, you take the final *-s* off the *tu* form of the verb:

Finis ce travail!	**Finissez** ce travail!
Regarde!	**Regardez!**
Attends!	**Attendez!**

You can use the imperative form of *nous* to suggest doing something:

Allons au cinéma!	*Let's go to the cinema!*
Restons à la maison!	*Let's stay at home!*

Notice that the command form is frequently used in the negative:

Ne **faites** pas ça!	*Don't do that!*
Ne **touche** à rien!	*Don't touch anything!*
Ne me **parle** pas comme ça!	*Don't speak to me like that!*
Ne me **quitte** pas!	*Don't leave me!*

Direct and indirect speech

See page 194.

Verb tenses

The Present Tense

The Present Tense is used to describe what is happening *now*, at the present time. In English, there are three forms of the Present Tense, in French there is only one: **il travaille** means 'he works', 'he is working' and 'he does work'.

Notice that the Present Tense is used with some expressions of time, when the action is still going on.

Je l'**attends** depuis deux heures.	*I've been waiting for him for two hours (and still am).*
Ça fait longtemps que vous **habitez** ici?	*Have you been living here for a long time?*

The Perfect Tense

The Perfect Tense is the most commonly used of the past tenses. It is frequently used in conversation and letters. It describes an action which is *completed* and which is *no longer happening*. Often the action happened *once only*.
Elle a joué means 'she played' or 'she has played'.

The Imperfect Tense

The Imperfect Tense is used to describe something that *used to happen* frequently or regularly in the past:

Quand j'étais plus jeune, je **jouais** de la guitare régulièrement dans un groupe.	*When I was younger, I played the guitar regularly in a group.*

It is also used for description of something that *lasted for a long period*, when there is no indication of when it started or finished:

Il **neigeait**.	*It was snowing.*
En ce temps-là, nous **habitions** à Paris.	*At that time, we lived in Paris.*

It is used to *set the scene* or to describe *what was happening* (a continuous action) *when something else happened* (in the Perfect Tense):

Que **faisiez**-vous quand l'accident est arrivé?	*What were you doing when the accident happened?*

It is often used with *pendant que*:

Pendant que Nicole **stationnait** la voiture, Marc est entré dans le restaurant.	*While Nicole was parking the car, Marc went into the restaurant.*

The Imperfect Tense is also used to *express a wish* or to *make a suggestion*:

Si on **allait** au cinéma?	*How about going to the cinema?*

It is also used with *depuis* to describe *how long* an action had been going on, when something else happened:

Il **attendait** depuis trois heures quand elle est arrivée.	*He had been waiting for three hours when she arrived.*

See also *aller/venir de* + infinitive (page 234).

The Future Tense

The Future Tense is used to describe what *will* (or *will not*) *take place* at some future time:

L'année prochaine, je **passerai** mes vacances en Espagne.	*Next year, I'll spend my holidays in Spain.*

The Future Tense must be used after expressions of time like *quand, lorsque, dès que* ('the moment that'), *aussitôt que* ('as soon as') if the action is going to take place in the future:

Je lui dirai de vous téléphoner dès qu'il **rentrera**.	*I'll tell him to phone you the moment he gets home.*
Quand tu **viendras** à Paris, on ira au Centre Pompidou.	*When you come to Paris, we'll go to the Pompidou Centre.*

The Past Historic Tense *See page 187.*

The Pluperfect Tense *See page 99.*

The Conditional Tense

See pages 141, 143 and 153.

The Conditional Perfect Tense

See page 197.

'If' sentences

Notice which tenses are used in 'if' sentences:

si + Present Tense	+ Future Tense
si + Imperfect Tense	+ Conditional Tense
si + Pluperfect Tense	+ Conditional Perfect

S'il **pleut** demain, je **resterai** à la maison.	*If it rains tomorrow, I'll stay at home.*
Sauriez-vous quoi faire, **si** la voiture **tombait** en panne?	*Would you know what to do, if the car broke down?*
Si tu m'**avais téléphoné** plus tôt, j'**aurais pu** venir.	*If you had phoned earlier, I would have been able to come.*

Reflexive verbs

Reflexive verbs are ones like **se laver** and **s'habiller** which require a *reflexive pronoun* to be added before the verb. They are just like ordinary verbs, apart from the extra (reflexive) pronoun. In fact, many reflexive verbs are regular *-er* verbs.

Some common reflexive verbs:

s' amuser	*to enjoy oneself*
s' appeler	*to be called*
s' approcher (de)	*to approach*
s' arrêter	*to stop*
se baigner	*to bathe*
se brosser les dents	*to clean your teeth*
se coucher	*to go to bed*
se débrouiller	*to sort things out, manage*
se dépêcher	*to be in a hurry*
se demander	*to ask oneself, to wonder*
se déshabiller	*to get undressed*
se disputer (avec)	*to have an argument*
s' échapper	*to escape*
s' entendre (avec)	*to get on (with)*
se fâcher	*to get angry*
se faire mal	*to hurt oneself*
s' habiller	*to get dressed*
s' intéresser (à)	*to be interested in*
se laver	*to get washed*
se lever	*to get up*
se promener	*to go for a walk*
se raser	*to shave*
se reposer	*to rest*
se réveiller	*to wake up*
se sauver	*to run away*
se trouver	*to be (situated)*

The pronouns (**me, te, se nous, vous**) which come before the reflexive verb are called *reflexive pronouns*.
These can also be used to mean 'each other' or 'one another'. Many verbs can be made reflexive by adding a reflexive pronoun in front:

Quand est-ce qu'on va **se revoir**?	*When shall we see each other again?*
Ils **se regardaient**.	*They looked at each other.*
Il faut **se dire** «Au revoir».	*We'll have to say 'Goodbye'.*

Notice how to tell someone *to do something* (or *not to*), using the imperative form of reflexive verbs:

Lève-toi!	*Get up!*
Amusez-vous bien!	*Have a good time!*
Dépêchons-nous!	*Let's hurry!*
Ne **te fâche** pas!	*Don't get angry!*
Ne **vous approchez** pas!	*Don't come near!*
Ne **nous disputons** pas!	*Don't let's argue!*

See also page 53 and Verb Table, page 235.

Verbs: some special uses

avoir

The following expressions all use **avoir**:

avoir ... ans	*to be ... years old*
avoir besoin de	*to need*
avoir chaud	*to feel hot*
avoir de la chance	*to be lucky*
avoir envie de	*to wish, want*
avoir faim	*to be hungry*
avoir froid	*to feel cold*
avoir l'air (fatigué *etc.*)	*to look, seem (tired* etc.*)*
avoir le droit de	*to have the right to*
avoir lieu	*to take place*
avoir mal	*to have a pain*
avoir peur	*to be frightened*
avoir raison	*to be right*
avoir soif	*to be thirsty*
avoir tort	*to be wrong*

– Quel âge avez-vous?	– *How old are you?*
– J'**ai** seize **ans**.	– *I'm sixteen.*
– Ça va? Tu **as l'air** triste.	– *Are you okay? You look sad.*
– Bof, ça va ... mais j'**ai** un peu **mal** à la tête.	– *Oh, I'm okay ... I've got a bit of a headache.*

devoir

The verb **devoir** has three different uses:

a) **devoir** *to owe*

When it means 'to owe', **devoir** is not followed by an infinitive.

– Je te **dois** combien?	– *How much do I owe you?*
– Tu me **dois** 20 francs.	– *You owe me 20 francs.*

b) **devoir** *to have to, must*

With this meaning, **devoir** is nearly always followed by the infinitive of a second verb:

Excuse-moi, **je dois me dépêcher**.	*Sorry, I have to rush off.*
Ça **doit être** sa sœur.	*That must be his sister.*
Vous **devez avoir** faim.	*You must be hungry.*
J'**ai dû travailler** tard.	*I had to work late.*
Il **devait être** minuit quand nous sommes rentrés.	*It must have been midnight when we got back.*

c) **devoir** *ought to, should*

When used in the Conditional or Conditional Perfect tense, **devoir** means 'ought', 'should', 'ought to have':

Je **devrais** leur téléphoner.	*I ought to phone them.*
Tu **devrais** venir me voir en Angleterre, l'année prochaine.	*You ought to come and see me in England next year.*
Elle **devrait** venir.	*She should be coming.*
Vous **devriez** aller le voir.	*You ought to go and see him.*
J'**aurais dû** prendre l'avion.	*I should have travelled by plane.*
Tu **aurais dû** leur écrire.	*You should have written to them.*
Il **aurait dû** rentrer à minuit.	*He should have come home at midnight.*

être sur le point de *to be about to do something*

J'**étais sur le point de** partir quand le téléphone a sonné.	*I was about to leave when the telephone rang.*
L'avion **est sur le point de** décoller.	*The plane is about to take off.*

être en train de *to be in the middle of doing something*

J'étais **en train de** déjeuner quand quelqu'un a frappé à la porte.	*I was in the middle of having lunch when someone knocked on the door.*

faillir *to almost (nearly) do something*

Il **a failli** manquer le train.	*He almost missed the train.*
Ils **ont failli** avoir un accident.	*They nearly had an accident.*

falloir *to be necessary, must, need*

This is an unusual verb which is only used in the *il* form and can have different meanings according to the tense and context.

Il faut deux heures pour aller à Paris.	*It takes two hours to get to Paris.*
Il faut manger pour vivre et non pas vivre pour manger.	*You must eat to live, not live to eat.*

It can be used with indirect object pronouns in the following way:

Avez-vous tout ce qu'**il** vous **faut**?	*Do you have everything you need?*
Il me **faut** une serviette, s'il vous plaît.	*I need a towel, please.*
Il te **faut** partir maintenant.	*You should leave now.*

It can also be used in different tenses:

Il fallait me le dire.	*You should have told me.*
Il vous **faudra** 200 francs pour y aller.	*You will need 200 francs to go there.*

aller + *infinitive*

The Present Tense of **aller** followed by the infinitive is a simple way of referring to events which will take place in the *fairly near future:*

Je **vais me coucher**.	*I'm going to bed.*
Tu **vas regarder** le film?	*Are you going to watch the film?*
Ils **vont prendre** un verre.	*They're going to have a drink.*

The Imperfect Tense of **aller** followed by the infinitive is used to describe what *was about to take place* when something happened:

Elle **allait partir** quand il est arrivé.	*She was going to leave when he arrived.*

venir de + *infinitive*

Venir de + the infinitive is used to say that something *has just happened:*

Je **viens de déjeuner**.	*I've just had lunch.*
Elle **vient de téléphoner**.	*She's just phoned.*

The Imperfect Tense is used to describe what *had just happened:*

Nous **venions d'arriver** en France quand nous avons perdu nos bagages.	*We had just arrived in France when we lost our luggage.*
Ils **venaient de partir** quand la police est arrivée.	*They had just left when the police arrived.*

savoir *and* connaître

Savoir is used when you want to talk about *knowing specific facts* or *knowing how to do something.*

Connaître is used to say you *know people* or *places.* It has the sense of *being acquainted with.*

savoir	*to know (have knowledge of, know a fact)*
connaître	*to know (be familiar with, acquainted with)*

Je ne **savais** pas que son père était mort.	*I didn't know that his father was dead.*
Tu **sais** faire du ski?	*Do you know how to ski?*
Vous **connaissez** mon professeur de français, n'est-ce pas?	*You know (you've made the acquaintance of) my French teacher, don't you?*
Il **connaît** bien Paris.	*He knows Paris well.*

Verb constructions

Verbs directly followed by the infinitive

See page 128.

Verb + *à* + infinitive *See page 130.*

Verb + *de* + infinitive *See page 131.*

Verb + *à* + person + *de* + infinitive

See page 138.

'Before' and 'after'

Avant de ('before') is followed by the infinitive of the verb:

Elle m'avait donné son adresse **avant de** partir.	*She gave me her address before she left.*

After doing something is expressed in French by **après avoir** or **après être** + past participle:

Après avoir téléphoné au bureau, je suis parti.	*After phoning the office, I left.*
Après être arrivée à Paris, elle est allée directement à son hôtel.	*After arriving in Paris, she went straight to her hotel.*
Après s'être échappés, ils sont allés directement à la gare.	*After escaping, they went straight to the station.*
Après les avoir vus à la télé, on à décidé d'aller les voir en concert.	*After seeing them on TV, we decided to go and see them in concert.*

Note that:
- the same rules about the agreement of the past participle apply as in the Perfect Tense.
- this structure can only be used when the subject is the same for both verbs.

En + present participle *See page 55.*

The Passive *See page 76.*

Regular verbs

Infinitive Present participle Imperative	Present	Perfect	Past Historic	Imperfect	Future	Conditional	Pluperfect
jouer *to play* jouant joue! jouons! jouez!	je joue tu joues il joue nous jouons vous jouez ils jouent	j'ai joué tu as joué il a joué nous avons joué vous avez joué ils ont joué	je jouai tu jouas il joua nous jouâmes vous jouâtes ils jouèrent	je jouais tu jouais il jouait nous jouions vous jouiez ils jouaient	je jouerai tu joueras il jouera nous jouerons vous jouerez ils joueront	je jouerais tu jouerais il jouerait nous jouerions vous joueriez ils joueraient	j'avais joué tu avais joué il avait joué nous avions joué vous aviez joué ils avaient joué
attendre *to wait (for)* attendant attends! attendons! attendez!	j'attends tu attends il attend nous attendons vous attendez ils attendent	j'ai attendu tu as attendu il a attendu nous avons attendu vous avez attendu ils ont attendu	j'attendis tu attendis il attendit nous attendîmes vous attendîtes ils attendirent	j'attendais tu attendais il attendait nous attendions vous attendiez ils attendaient	j'attendrai tu attendras il attendra nous attendrons vous attendrez ils attendront	j'attendrais tu attendrais il attendrait nous attendrions vous attendriez ils attendraient	j'avais attendu tu avais attendu il avait attendu nous avions attendu vous aviez attendu ils avaient attendu
finir *to finish* finissant finis! finissons! finissez!	je finis tu finis il finit nous finissons vous finissez ils finissent	j'ai fini tu as fini il a fini nous avons fini vous avez fini ils ont fini	je finis tu finis il finit nous finîmes vous finîtes ils finirent	je finissais tu finissais il finissait nous finissions vous finissiez ils finissaient	je finirai tu finiras il finira nous finirons vous finirez ils finiront	je finirais tu finirais il finirait nous finirions vous finiriez ils finiraient	j'avais fini tu avais fini il avait fini nous avions fini vous aviez fini ils avaient fini
se laver *to wash oneself* se lavant lave-toi! lavons-nous! lavez-vous!	je me lave tu te laves il se lave nous nous lavons vous vous lavez ils se lavent	je me suis lavé(e) tu t'es lavé(e) il s'est lavé elle s'est lavée nous nous sommes lavé(e)s vous vous êtes lavé(e)(s) ils se sont lavés elles se sont lavées	je me lavai tu te lavas il se lava nous nous lavâmes vous vous lavâtes ils se lavèrent	je me lavais tu te lavais il se lavait nous nous lavions vous vous laviez ils se lavaient	je me laverai tu te laveras il se lavera nous nous laverons vous vous laverez ils se laveront	je me laverais tu te laverais il se laverait nous nous laverions vous vous laveriez ils se laveraient	je m'étais lavé(e) tu t'étais lavé(e) il s'était lavé elle s'était lavée nous nous étions lavé(e)s vous vous étiez lavé(e)(s) ils s'étaient lavés elles s'étaient lavées

-*er* verbs with stem changes

1. Verbs like **acheter, lever, mener, peser, se promener**

Present	Future	Conditional
j'achète tu achètes il achète nous achetons vous achetez ils achètent	j'achèterai *etc.*	j'achèterais *etc.*

2. Verbs like **espérer, considérer, s'inquiéter, répéter, préférer**

Present
j'espère tu espères il espère nous espérons vous espérez ils espèrent

3. Verbs like **appeler, jeter, se rappeler**

Present	Future	Conditional
j'appelle tu appelles il appelle nous appelons vous appelez ils appellent	j'appellerai *etc.*	j'appellerais

4. Verbs ending in -**yer**, like **payer, essayer, appuyer, ennuyer, employer, nettoyer**

Present	Future	Conditional
je paie tu paies il paie nous payons vous payez ils paient	je paierai	je paierais

5. Verbs ending in -**ger** like **manger, ranger, changer, échanger, loger, obliger, partager, nager**

Present	Imperfect	Past Historic
je mange tu manges il mange nous mangeons vous mangez ils mangent	je mangeais *etc.*	je mangeai *etc.*

6. Verbs ending in -**cer** like **commencer, avancer, lancer, menacer, prononcer, remplacer**

Present	Imperfect	Past Historic
je commence tu commences il commence nous commençons vous commencez ils commencent	je commençais	je commençai

Irregular verbs

Infinitive Present participle Imperative	Present	Perfect	Past Historic	Imperfect	Future	Conditional	Pluperfect
aller *to go* allant	je vais tu vas il va	je suis allé(e) tu es allé(e) il est allé elle est allée	j'allai tu allas il alla	j'allais tu allais il allait	j'irai tu iras il ira	j'irais tu irais il irait	j'étais allé(e) tu étais allé(e) il était allé elle était allée
va! allons! allez!	nous allons vous allez ils vont	nous sommes allé(e)s vous êtes allé(e)(s) ils sont allés elles sont allées	nous allâmes vous allâtes ils allèrent	nous allions vous alliez ils allaient	nous irons vous irez ils iront	nous irions vous iriez ils iraient	nous étions allé(e)s vous étiez allé(e)(s) ils étaient allés elles étaient allées
apprendre *to learn* see **prendre**							
s'asseoir *to sit down* s'asseyant	je m'assieds tu t'assieds il s'assied	je me suis assis(e) tu t'es assis(e) il s'est assis elle s'est assise	je m'assis tu t'assis il s'assit	je m'asseyais tu t'asseyais il s'asseyait	je m'assiérai tu t'assiéras il s'assiéra	je m'assiérais tu t'assiérais il s'assiérait	je m'étais assis(e) tu t'étais assis(e) il s'était assis elle s'était assise
assieds-toi! asseyons-nous! asseyez-vous!	nous nous asseyons vous vous asseyez ils s'asseyent	nous nous sommes assis(e)s vous vous êtes assis(e)(es) ils se sont assis elles se sont assises	nous nous assîmes vous vous assîtes ils s'assirent	nous nous asseyions vous vous asseyiez ils s'asseyaient	nous nous assiérons vous vous assiérez ils s'assiéront	nous nous assiérions vous vous assiériez ils s'assiéraient	nous nous étions assis(e)s vous vous étiez assis(e)(s) ils s'étaient assis elles s'étaient assises
avoir *to have* ayant	j'ai tu as il a	j'ai eu tu as eu il a eu	j'eus tu eus il eut	j'avais tu avais il avait	j'aurai tu auras il aura	j'aurais tu aurais il aurait	j'avais eu tu avais eu il avait eu
aie! ayons! ayez!	nous avons vous avez ils ont	nous avons eu vous avez eu ils ont eu	nous eûmes vous eûtes ils eurent	nous avions vous aviez ils avaient	nous aurons vous aurez ils auront	nous aurions vous auriez ils auraient	nous avions eu vous aviez eu ils avaient eu
battre *to beat* battant	je bats tu bats il bat	j'ai battu tu as battu il a battu	je battis tu battis il battit	je battais tu battais il battait	je battrai tu battras il battra	je battrais tu battrais il battrait	j'avais battu tu avais battu il avait battu
bats! battons! battez!	nous battons vous battez ils battent	nous avons battu vous avez battu ils ont battu	nous battîmes vous battîtes ils battirent	nous battions vous battiez ils battaient	nous battrons vous battrez ils battront	nous battrions vous battriez ils battraient	nous avions battu vous aviez battu ils avaient battu

Verb Table

Infinitive Present participle Imperative	Present	Perfect	Past Historic	Imperfect	Future	Conditional	Pluperfect
boire *to drink* buvant bois! buvons! buvez!	je bois tu bois il boit nous buvons vous buvez ils boivent	j'ai bu tu as bu il a bu nous avons bu vous avez bu ils ont bu	je bus tu bus il but nous bûmes vous bûtes ils burent	je buvais tu buvais il buvait nous buvions vous buviez ils buvaient	je boirai tu boiras il boira nous boirons vous boirez ils boiront	je boirais tu boirais il boirait nous boirions vous boiriez ils boiraient	j'avais bu tu avais bu il avait bu nous avions bu vous aviez bu ils avaient bu
comprendre *to understand* see **prendre**							
conduire *to drive* conduisant conduis! conduisons! conduisez!	je conduis tu conduis il conduit nous conduisons vous conduisez ils conduisent	j'ai conduit tu as conduit il a conduit nous avons conduit vous avez conduit ils ont conduit	je conduisis tu conduisis il conduisit nous conduisîmes vous conduisîtes ils conduisirent	je conduisais tu conduisais il conduisait nous conduisions vous conduisiez ils conduisaient	je conduirai tu conduiras il conduira nous conduirons vous conduirez ils conduiront	je conduirais tu conduirais il conduirait nous conduirions vous conduiriez ils conduiraient	j'avais conduit tu avais conduit il avait conduit nous avions conduit vous aviez conduit ils avaient conduit
connaître *to know* connaissant connais! connaissons! connaissez!	je connais tu connais il connaît nous connaissons vous connaissez ils connaissent	j'ai connu tu as connu il a connu nous avons connu vous avez connu ils ont connu	je connus tu connus il connut nous connûmes vous connûtes ils connurent	je connaissais tu connaissais il connaissait nous connaissions vous connaissiez ils connaissaient	je connaîtrai tu connaîtras il connaîtra nous connaîtrons vous connaîtrez ils connaîtront	je connaîtrais tu connaîtrais il connaîtrait nous connaîtrions vous connaîtriez ils connaîtraient	j'avais connu tu avais connu il avait connu nous avions connu vous aviez connu ils avaient connu
construire *to build* see **conduire**							
coudre *to sew* cousant couds! cousons! cousez!	je couds tu couds il coud nous cousons vous cousez ils cousent	j'ai cousu tu as cousu il a cousu nous avons cousu vous avez cousu ils ont cousu	je cousis tu cousis il cousit nous cousîmes vous cousîtes ils cousirent	je cousais tu cousais il cousait nous cousions vous cousiez ils cousaient	je coudrai tu coudras il coudra nous coudrons vous coudrez ils coudront	je coudrais tu coudrais il coudrait nous coudrions vous coudriez ils coudraient	j'avais cousu tu avais cousu il avait cousu nous avions cousu vous aviez cousu ils avaient cousu
courir *to run* courant cours! courons! courez!	je cours tu cours il court nous courons vous courez ils courent	j'ai couru tu as couru il a couru nous avons couru vous avez couru ils ont couru	je courus tu courus il courut nous courûmes vous courûtes ils coururent	je courais tu courais il courait nous courions vous couriez ils couraient	je courrai tu courras il courra nous courrons vous courrez ils courront	je courrais tu courrais il courrait nous courrions vous courriez ils courraient	j'avais couru tu avais couru il avait couru nous avions couru vous aviez couru ils avaient couru

craindre *to fear* craignant crains! craignons! craignez!	je crains tu crains il craint nous craignons vous craignez ils craignent	j'ai craint tu as craint il a craint nous avons craint vous avez craint ils ont craint	je craignis tu craignis il craignit nous craignîmes vous craignîtes ils craignirent	je craignais tu craignais il craignait nous craignions vous craigniez ils craignaient	je craindrai tu craindras il craindra nous craindrons vous craindrez ils craindront	je craindrais tu craindrais il craindrait nous craindrions vous craindriez ils craindraient	j'avais craint tu avais craint il avait craint nous avions craint vous aviez craint ils avaient craint
croire *to believe* croyant crois! croyons! croyez!	je crois tu crois il croit nous croyons vous croyez ils croient	j'ai cru tu as cru il a cru nous avons cru vous avez cru ils ont cru	je crus tu crus il crut nous crûmes vous crûtes ils crurent	je croyais tu croyais il croyait nous croyions vous croyiez ils croyaient	je croirai tu croiras il croira nous croirons vous croirez ils croiront	je croirais tu croirais il croirait nous croirions vous croiriez ils croiraient	j'avais cru tu avais cru il avait cru nous avions cru vous aviez cru ils avaient cru
découvrir *to discover* see **ouvrir**							
descendre *to go down* descendant descends! descendons! descendez!	je descends tu descends il descend nous descendons vous descendez ils descendent	je suis descendu(e) tu es descendu(e) il est descendu elle est descendue nous sommes descendu(e)s vous êtes descendu(e)(s) ils sont descendus elles sont descendues	je descendis tu descendis il descendit nous descendîmes vous descendîtes ils descendirent	je descendais tu descendais il descendait nous descendions vous descendiez ils descendaient	je descendrai tu descendras il descendra nous descendrons vous descendrez ils descendront	je descendrais tu descendrais il descendrait nous descendrions vous descendriez ils descendraient	j'étais descendu(e) tu étais descendu(e) il était descendu elle était descendue nous étions descendu(e)s vous étiez descendu(e)(s) ils étaient descendus elles étaient descendues
devenir *to become* see **venir**							
devoir *to have to, to owe* devant dois! devons! devez!	je dois tu dois il doit nous devons vous devez ils doivent	j'ai dû tu as dû il a dû nous avons dû vous avez dû ils ont dû	je dus tu dus il dut nous dûmes vous dûtes ils durent	je devais tu devais il devait nous devions vous deviez ils devaient	je devrai tu devras il devra nous devrons vous devrez ils devront	je devrais tu devrais il devrait nous devrions vous devriez ils devraient	j'avais dû tu avais dû il avait dû nous avions dû vous aviez dû ils avaient dû

Verb Table

Infinitive Present participle Imperative	Present	Perfect	Past Historic	Imperfect	Future	Conditional	Pluperfect
dire	je dis	j'ai dit	je dis	je disais	je dirai	je dirais	j'avais dit
to say	tu dis	tu as dit	tu dis	tu disais	tu diras	tu dirais	tu avais dit
disant	il dit	il a dit	il dit	il disait	il dira	il dirait	il avait dit
dis!	nous disons	nous avons dit	nous dîmes	nous disions	nous dirons	nous dirions	nous avions dit
disons!	vous dites	vous avez dit	vous dîtes	vous disiez	vous direz	vous diriez	vous aviez dit
dites!	ils disent	ils ont dit	ils dirent	ils disaient	ils diront	ils diraient	ils avaient dit
dormir	je dors	j'ai dormi	je dormis	je dormais	je dormirai	je dormirais	j'avais dormi
to sleep	tu dors	tu as dormi	tu dormis	tu dormais	tu dormiras	tu dormirais	tu avais dormi
dormant	il dort	il a dormi	il dormit	il dormait	il dormira	il dormirait	il avait dormi
dors!	nous dormons	nous avons dormi	nous dormîmes	nous dormions	nous dormirons	nous dormirions	nous avions dormi
dormons!	vous dormez	vous avez dormi	vous dormîtes	vous dormiez	vous dormirez	vous dormiriez	vous aviez dormi
dormez!	ils dorment	ils ont dormi	ils dormirent	ils dormaient	ils dormiront	ils dormiraient	ils avaient dormi
écrire	j'écris	j'ai écrit	j'écrivis	j'écrivais	j'écrirai	j'écrirais	j'avais écrit
to write	tu écris	tu as écrit	tu écrivis	tu écrivais	tu écriras	tu écrirais	tu avais écrit
écrivant	il écrit	il a écrit	il écrivit	il écrivait	il écrira	il écrirait	il avait écrit
écris!	nous écrivons	nous avons écrit	nous écrivîmes	nous écrivions	nous écrirons	nous écririons	nous avions écrit
écrivons!	vous écrivez	vous avez écrit	vous écrivîtes	vous écriviez	vous écrirez	vous écririez	vous aviez écrit
écrivez!	ils écrivent	ils ont écrit	ils écrivirent	ils écrivaient	ils écriront	ils écriraient	ils avaient écrit
entendre	j'entends	j'ai entendu	j'entendis	j'entendais	j'entendrai	j'entendrais	j'avais entendu
to hear	tu entends	tu as entendu	tu entendis	tu entendais	tu entendras	tu entendrais	tu avais entendu
entendant	il entend	il a entendu	il entendit	il entendait	il entendra	il entendrait	il avait entendu
entends!	nous entendons	nous avons entendu	nous entendîmes	nous entendions	nous entendrons	nous entendrions	nous avions entendu
entendons!	vous entendez	vous avez entendu	vous entendîtes	vous entendiez	vous entendrez	vous entendriez	vous aviez entendu
entendez!	ils entendent	ils ont entendu	ils entendirent	ils entendaient	ils entendront	ils entendraient	ils avaient entendu
envoyer	j'envoie	j'ai envoyé	j'envoyai	j'envoyais	j'enverrai	j'enverrais	j'avais envoyé
to send	tu envoies	tu as envoyé	tu envoyas	tu envoyais	tu enverras	tu enverrais	tu avais envoyé
envoyant	il envoie	il a envoyé	il envoya	il envoyait	il enverra	il enverrait	il avait envoyé
envoie!	nous envoyons	nous avons envoyé	nous envoyâmes	nous envoyions	nous enverrons	nous enverrions	nous avions envoyé
envoyons!	vous envoyez	vous avez envoyé	vous envoyâtes	vous envoyiez	vous enverrez	vous enverriez	vous aviez envoyé
envoyez!	ils envoient	ils ont envoyé	ils envoyèrent	ils envoyaient	ils enverront	ils enverraient	ils avaient envoyé

éteindre *to put out, to switch off* éteignant éteins! éteignons! éteignez!	j'éteins tu éteins il éteint nous éteignons vous éteignez ils éteignent	j'ai éteint tu as éteint il a éteint nous avons éteint vous avez éteint ils ont éteint	j'éteignis tu éteignis il éteignit nous éteignîmes vous éteignîtes ils éteignirent	j'éteignais tu éteignais il éteignait nous éteignions vous éteigniez ils éteignaient	j'éteindrai tu éteindras il éteindra nous éteindrons vous éteindrez ils éteindront	j'éteindrais tu éteindrais il éteindrait nous éteindrions vous éteindriez ils éteindraient	j'avais éteint tu avais éteint il avait éteint nous avions éteint vous aviez éteint ils avaient éteint
être *to be* étant sois! soyons! soyez!	je suis tu es il est nous sommes vous êtes ils sont	j'ai été tu as été il a été nous avons été vous avez été ils ont été	je fus tu fus il fut nous fûmes vous fûtes ils furent	j'étais tu étais il était nous étions vous étiez ils étaient	je serai tu seras il sera nous serons vous serez ils seront	je serais tu serais il serait nous serions vous seriez ils seraient	j'avais été tu avais été il avait été nous avions été vous aviez été ils avaient été
faire *to do, make* faisant fais! faisons! faites!	je fais tu fais il fait nous faisons vous faites ils font	j'ai fait tu as fait il a fait nous avons fait vous avez fait ils ont fait	je fis tu fis il fit nous fîmes vous fîtes ils firent	je faisais tu faisais il faisait nous faisons vous faisez ils faisaient	je ferai tu feras il fera nous ferons vous ferez ils feront	je ferais tu ferais il ferait nous ferions vous feriez ils feraient	j'avais fait tu avais fait il avait fait nous avions fait vous aviez fait ils avaient fait
falloir *must, is necessary*	il faut	il a fallu	il fallut	il fallait	il faudra	il faudrait	il avait fallu
lire *to read* lisant lis! lisons! lisez!	je lis tu lis il lit nous lisons vous lisez ils lisent	j'ai lu tu as lu il a lu nous avons lu vous avez lu ils ont lu	je lus tu lus il lut nous lûmes vous lûtes ils lurent	je lisais tu lisais il lisait nous lisions vous lisiez ils lisaient	je lirai tu liras il lira nous lirons vous lirez ils liront	je lirais tu lirais il lirait nous lirions vous liriez ils liraient	j'avais lu tu avais lu il avait lu nous avions lu vous aviez lu ils avaient lu
mettre *to put (on)* mettant mets! mettons! mettez!	je mets tu mets il met nous mettons vous mettez ils mettent	j'ai mis tu as mis il a mis nous avons mis vous avez mis ils ont mis	je mis tu mis il mit nous mîmes vous mîtes ils mirent	je mettais tu mettais il mettait nous mettions vous mettiez ils mettaient	je mettrai tu mettras il mettra nous mettrons vous mettrez ils mettront	je mettrais tu mettrais il mettrait nous mettrions vous mettriez ils mettraient	j'avais mis tu avais mis il avait mis nous avions mis vous aviez mis ils avaient mis

Verb Table

Infinitive Present participle Imperative	Present	Perfect	Past Historic	Imperfect	Future	Conditional	Pluperfect
mourir *to die* mourant	je meurs tu meurs il meurt	je suis mort(e) tu es mort(e) il est mort elle est morte	je mourus tu mourus il mourut	je mourais tu mourais il mourait	je mourrai tu mourras il mourra	je mourrais tu mourrais il mourrait	j'étais mort(e) tu étais mort(e) il était mort elle était morte
meurs! mourons! mourez!	nous mourons vous mourez ils meurent	nous sommes mort(e)s vous êtes mort(e)(s) ils sont morts elles sont mortes	nous mourûmes vous mourûtes ils moururent	nous mourions vous mouriez ils mouraient	nous mourrons vous mourrez ils mourront	nous mourrions vous mourriez ils mourraient	nous étions mort(e)s vous étiez mort(e)(s) ils étaient morts elles étaient mortes
naître *to be born* naissant	je nais tu nais il naît	je suis né(e) tu es né(e) il est né elle est née	je naquis tu naquis il naquit	je naissais tu naissais il naissait	je naîtrai tu naîtras il naîtra	je naîtrais tu naîtrais il naîtrait	j'étais né(e) tu étais né(e) il était né elle était née
	nous naissons vous naissez ils naissent	nous sommes né(e)s vous êtes né(e)(s) ils sont nés elles sont nées	nous naquîmes vous naquîtes ils naquirent	nous naissions vous naissiez ils naissaient	nous naîtrons vous naîtrez ils naîtront	nous naîtrions vous naîtriez ils naîtraient	nous étions né(e)s vous étiez né(e)(s) ils étaient nés elles étaient nées
offrir *to offer, give* see **ouvrir**							
ouvrir *to open* ouvrant	j'ouvre tu ouvres il ouvre	j'ai ouvert tu as ouvert il a ouvert	j'ouvris tu ouvris il ouvrit	j'ouvrais tu ouvrais il ouvrait	j'ouvrirai tu ouvriras il ouvrira	je ouvrirais tu ouvrirais il ouvrirait	j'avais ouvert tu avais ouvert il avait ouvert
ouvre! ouvrons! ouvrez!	nous ouvrons vous ouvrez ils ouvrent	nous avons ouvert vous avez ouvert ils ont ouvert	nous ouvrîmes vous ouvrîtes ils ouvrirent	nous ouvrions vous ouvriez ils ouvraient	nous ouvrirons vous ouvrirez ils ouvriront	nous ouvririons vous ouvririez ils ouvriraient	nous avions ouvert vous aviez ouvert ils avaient ouvert
paraître *to appear* see **connaître**							
partir *to leave* partant	je pars tu pars il part	je suis parti(e) tu es parti(e) il est parti elle est partie	je partis tu partis il partit	je partais tu partais il partait	je partirai tu partiras il partira	je partirais tu partirais il partirait	j'étais parti(e) tu étais parti(e) il était parti elle était partie
pars! partons! partez!	nous partons vous partez ils partent	nous sommes parti(e)s vous êtes parti(e)(s) ils sont partis elles sont parties	nous partîmes vous partîtes ils partirent	nous partions vous partiez ils partaient	nous partirons vous partirez ils partiront	nous partirions vous partiriez ils partiraient	nous étions parti(e)s vous étiez parti(e)(s) ils étaient partis elles étaient parties

pleuvoir *to rain* pleuvant	il pleut	il a plu	il plut	il pleuvait	il pleuvra	il pleuvrait	il avait plu
pouvoir *to be able, can*	je peux tu peux il peut nous pouvons vous pouvez ils peuvent	j'ai pu tu as pu il a pu nous avons pu vous avez pu ils ont pu	je pus tu pus il put nous pûmes vous pûtes ils purent	je pouvais tu pouvais il pouvait nous pouvions vous pouviez ils pouvaient	je pourrai tu pourras il pourra nous pourrons vous pourrez ils pourront	je pourrais tu pourrais il pourrait nous pourrions vous pourriez ils pourraient	j'avais pu tu avais pu il avait pu nous avions pu vous aviez pu ils avaient pu
prendre *to take* prenant prends! prenons! prenez!	je prends tu prends il prend nous prenons vous prenez ils prennent	j'ai pris tu as pris il a pris nous avons pris vous avez pris ils ont pris	je pris tu pris il prit nous prîmes vous prîtes ils prirent	je prenais tu prenais il prenait nous prenions vous preniez ils prenaient	je prendrai tu prendras il prendra nous prendrons vous prendrez ils prendront	je prendrais tu prendrais il prendrait nous prendrions vous prendriez ils prendraient	j'avais pris tu avais pris il avait pris nous avions pris vous aviez pris ils avaient pris
recevoir *to receive* recevant reçois! recevons! recevez!	je reçois tu reçois il reçoit nous recevons vous recevez ils reçoivent	j'ai reçu tu as reçu il a reçu nous avons reçu vous avez reçu ils ont reçu	je reçus tu reçus il reçut nous reçûmes vous reçûtes ils reçurent	je recevais tu recevais il recevait nous recevions vous receviez ils recevaient	je recevrai tu recevras il recevra nous recevrons vous recevrez ils recevront	je recevrais tu recevrais il recevrait nous recevrions vous recevriez ils recevraient	j'avais reçu tu avais reçu il avait reçu nous avions reçu vous aviez reçu ils avaient reçu
reconnaître *to recognise* see **connaître**							
revenir *to come back, return* see **venir**							
rire *to laugh* riant ris! rions! riez!	je ris tu ris il rit nous rions vous riez ils rient	j'ai ri tu as ri il a ri nous avons ri vous avez ri ils ont ri	je ris tu ris il rit nous rîmes vous rîtes ils rirent	je riais tu riais il riait nous riions vous riiez ils riaient	je rirai tu riras il rira nous rirons vous rirez ils riront	je rirais tu rirais il rirait nous ririons vous ririez ils riraient	j'avais ri tu avais ri il avait ri nous avions ri vous aviez ri ils avaient ri
savoir *to know* sachant sache! sachons! sachez!	je sais tu sais il sait nous savons vous savez ils savent	j'ai su tu as su il a su nous avons su vous avez su ils ont su	je sus tu sus il sut nous sûmes vous sûtes ils surent	je savais tu savais il savait nous savions vous saviez ils savaient	je saurai tu sauras il saura nous saurons vous saurez ils sauront	je saurais tu saurais il saurait nous saurions vous sauriez ils sauraient	j'avais su tu avais su il avait su nous avions su vous aviez su ils avaient su
sortir *to go out* see **partir**							

Verb Table

Infinitive Present participle Imperative	Present	Perfect	Past Historic	Imperfect	Future	Conditional	Pluperfect
suivre *to follow* suivant suis! suivons! suivez!	je suis tu suis il suit nous suivons vous suivez ils suivent	j'ai suivi tu as suivi il a suivi nous avons suivi vous avez suivi ils ont suivi	je suivis tu suivis il suivit nous suivîmes vous suivîtes ils suivirent	je suivais tu suivais il suivait nous suivions vous suiviez ils suivaient	je suivrai tu suivras il suivra nous suivrons vous suivrez ils suivront	je suivrais tu suivrais il suivrait nous suivrions vous suivriez ils suivraient	j'avais suivi tu avais suivi il avait suivi nous avions suivi vous aviez suivi ils avaient suivi
tenir *to hold*	see **venir**						
venir *to come* venant viens! venons! venez!	je viens tu viens il vient nous venons vous venez ils viennent	je suis venu(e) tu es venu(e) il est venu elle est venue nous sommes venu(e)s vous êtes venu(e)(s) ils sont venus elles sont venues	je vins tu vins il vint nous vînmes vous vîntes ils vinrent	je venais tu venais il venait nous venions vous veniez ils venaient	je viendrai tu viendras il viendra nous viendrons vous viendrez ils viendront	je viendrais tu viendrais il viendrait nous viendrions vous viendriez ils viendraient	j'étais venu(e) tu étais venu(e) il était venu elle était venue nous étions venu(e)s vous étiez venu(e)(s) ils étaient venus elles étaient venues
vivre *to live* vivant vis! vivons! vivez!	je vis tu vis il vit nous vivons vous vivez ils vivent	j'ai vécu tu as vécu il a vécu nous avons vécu vous avez vécu ils ont vécu	je vécus tu vécus il vécut nous vécûmes vous vécûtes ils vécurent	je vivais tu vivais il vivait nous vivions vous viviez ils vivaient	je vivrai tu vivras il vivra nous vivrons vous vivrez ils vivront	je vivrais tu vivrais il vivrait nous vivrions vous vivriez ils vivraient	j'avais vécu tu avais vécu il avait vécu nous avions vécu vous aviez vécu ils avaient vécu
voir *to see* voyant vois! voyons! voyez!	je vois tu vois il voit nous voyons vous voyez ils voient	j'ai vu tu as vu il a vu nous avons vu vous avez vu ils ont vu	je vis tu vis il vit nous vîmes vous vîtes ils virent	je voyais tu voyais il voyait nous voyions vous voyiez ils voyaient	je verrai tu verras il verra nous verrons vous verrez ils verront	je verrais tu verrais il verrait nous verrions vous verriez ils verraient	j'avais vu tu avais vu il avait vu nous avions vu vous aviez vu ils avaient vu
vouloir *to want, wish* voulant veuille! veuillons! veuillez!	je veux tu veux il veut nous voulons vous voulez ils veulent	j'ai voulu tu as voulu il a voulu nous avons voulu vous avez voulu ils ont voulu	je voulus tu voulus il voulut nous voulûmes vous voulûtes ils voulurent	je voulais tu voulais il voulait nous voulions vous vouliez ils voulaient	je voudrai tu voudras il voudra nous voudrons vous voudrez ils voudront	je voudrais tu voudrais il voudrait nous voudrions vous voudriez ils voudraient	j'avais voulu tu avais voulu il avait voulu nous avions voulu vous aviez voulu ils avaient voulu

VOCABULAIRE

A

à (au, à la, à l', aux) in, to, at
abîmer to ruin
d'abord first (of all), at first
absolument without fail, entirely
accéder to get to
d'accord agreed, all right
accroché caught up, hooked
accroupir to crouch
s'acharner to be set against
n achat purchase
acheter to buy
s actualités *f.pl.* current affairs
actuel up to date
actuellement now, at the present time
l'addition *f* bill
admettre to admit
adorer to love
l'adresse *f* address
e aérogare air terminal
n aéroglisseur hovercraft
n aéroport airport
s affaires *f.pl.* things, matters
s affaires étrangères foreign affairs
e affiche poster
s'affirmer to assert oneself
s'affoler to get into a panic
affreux awful
afin de in order to
l'âge *m* age
e agence de voyages travel agent
s'aggraver to get worse
agir to act
s'agir de to be about, concerned with
n agneau lamb
e agrafe staple, clip
agréable pleasant
aider to help
s aiguilles *f.pl.* needles
l'ail *m* garlic
e aile wing
ailleurs elsewhere
d'ailleurs moreover
aimable likeable
aimer to like, love
aîné older
ainsi que as well as
e aire de service service area
l'Algérie *f* Algeria
l'alimentation *f* food-product
l'Allemagne Germany
allemand German
aller to go
aller à la pêche to go fishing
n aller to go away
n aller-retour return journey
allez-y go on
s'allonger to stretch out
allumer to light up, switch on
s allumettes *f.pl.* matches
alors well, so, in that case
e ambiance (good) atmosphere
e amélioration improvement
améliorer to improve
aménager to equip
e amende a fine
amener to bring
e)ami(e) friend
l'amitié *f* friendship
l'amour *m* love
s'amuser to have a good time
un an year
un ananas pineapple
un anchois anchovy
ancien old, former
une ancre anchor
anéantir to exterminate
anglais English
l'Angleterre *f* England
anglophone English-speaking
un animal domestique pet
animé lively
une année year
un anniversaire birthday
un annuaire directory
annuler to cancel
l'A.N.P.E. Job Centre
antillais West Indian
août August
apercevoir to notice
à l'appareil on the phone
un appareil appliance, camera
un appartement flat
appartenir to belong to
s'appeler to be called
apporter to bring
apprendre to learn
un apprentissage apprenticeship
s'approcher de to approach
appuyer to lean
après after
après-demain the day after tomorrow
l'après-midi *m* afternoon
une araignée spider
un arbre tree
l'argent *m* money, silver
l'argot *m* slang
une armoire cupboard, wardrobe
arracher to snatch
un arrêt d'autobus bus stop
s'arrêter to stop
les arrhes *f.pl.* deposit
(en) arrière behind
l'arrivée *f* arrival
arriver to arrive
un arrondissement district
un artichaut artichoke
un ascenseur lift
asiatique Asian
asphyxier to suffocate
un aspirateur vacuum-cleaner
s'asseoir to sit down
assez quite
une assiette plate
l'assistance *f* attendance
assister à to attend, be present at
une assurance insurance
l'assurance médicale health insurance
un athlète athlete
atteindre to reach
attendre to wait (for)
l'atterrissage *m* landing (of plane)
attirer to attract
une auberge inn, small hotel
une auberge de jeunesse youth hostel
aucun no, not one
augmenter to increase
aujourd'hui today
auprès de with, close by
aussi also, as well
autant as many
un(e) auteur(-trice) author
une auto car
une auto-école driving school
un autobus bus
l'automne *m* Autumn
un(e) automobiliste car driver
une autoroute motorway
l'auto-stop *m* hitch-hiking
autour around
autre other
autrefois formerly
l'Autriche *f* Austria
avaler to swallow
d'avance in advance
avancer to put forward, advance
en avant in front
avant (de) before
avant-hier the day before yesterday
avec with
l'avenir *m* future
une averse shower (of rain)
avertir to warn
aveugle blind
un avion plane
un avis opinion
à mon ~ in my opinion
aviser to inform
un avocat lawyer
avoir to have
~ **l'air** to seem
~ **besoin de** to need
~ **le droit** to have the right, be allowed
~ **envie de** to wish, want
~ **faim** to be hungry
~ **honte** to be ashamed
~ **lieu** to take place
~ **peur** to be afraid
~ **raison** to be right
~ **soif** to be thirsty
~ **tort** to be wrong
avril April
avouer to admit

B

le bac boat, ferry
le baccalauréat (le bac) equivalent to A-level examination
les bagages *m.pl.* luggage
une bague ring
une baguette French loaf
la baignade bathing
se baigner to swim, bathe
baisser to lower
le bal dance
un bal travesti fancy-dress party
une balade *slang* excursion
un balcon balcony
une baleine whale
un ballon ball
un banc bench
une bande dessinée cartoon
en bandoulière with a shoulder strap
la banlieue suburbs
une banque bank
la banquette bench, seat
une barbe beard
une barette hairslide
bas low
le basket basketball
une bataille battle
un bateau boat
un bateau à avirons rowing boat
un batteur drummer
se battre to have a fight
beau (bel, belle) fine, beautiful
beaucoup a lot, many
un beau-frère brother-in-law
la Belgique Belgium
une belle-sœur sister-in-law
un berger allemand Alsatian dog
un besoin need
une bête animal
bête stupid
le béton concrete
le beurre butter
la bibliothèque bookcase, library
bien well
le bien-être well-being
bien sûr of course
la bienvenue welcome
bien vêtu well-dressed
bientôt soon
la bière beer
une bijouterie jeweller's shop
les bijoux *m.pl* jewellery
un billet ticket, note
la biologie biology
bizarre strange, peculiar
blanc (blanche) white
blessé injured
une blessure wound
bleu blue
le bloc sanitaire washrooms
blond blonde
boire to drink
le bois wood
une boisson drink
une boîte box
une boîte aux lettres post-box
une boîte de conserve tinned food
une boîte (de nuit) (night-) club
un bol bowl
une bombe riding hat
bon(-ne) good, correct
un bonbon sweet
de bonne heure early
de bonne humeur in a good mood
un bord edge, river bank
le bouche mouth
une bouchée mouthful
une boucherie butcher's
un bouchon traffic jam
une boucle d'oreille earring
la bouffée puff
bouger to move
bouillir to boil
une boulangerie bakery
une boum party
un bouquin *slang* book
un bourg market town
une bourse exchange
bousculer to jostle
le bout end
une bouteille bottle
une boutique hors taxe duty-free shop
un bouton button
brancher to plug in
une brasserie large café
un break estate car
bref briefly

le bricolage handiwork, DIY
briller to shine
un briquet cigarette lighter
britannique British
une brochure brochure
se bronzer to get brown
une brosse à dents toothbrush
le brouillard fog
au brouillon in rough
la bruine drizzle
le bruit noise
se brûler to burn oneself
brumeux misty
brun brown
brusque abrupt
brusquement suddenly
un buffet sideboard
un bureau office
le bureau d'accueil reception office
un bureau de change exchange office
un bureau de tabac tobacconist's
un but aim, goal

C

ça that
une cabine téléphonique call-box
un cabinet de médecin surgery
un cabinet de toilette washing facilities
cacher to hide
une cachette hiding place
un cadeau (de noces) (wedding) present
le cadet youngest
un cadre executive, frame
le café coffee, café
un cahier exercise book
~ **de brouillon** rough book, jotter
la caisse cash desk
un(e) caissier(-ière) cashier
le calcul arithmetic, number work
le cambriolage burglary
la campagne country, countryside
une camionnette van
un camping campsite
le Canada Canada
un canard duck
un caniche poodle
un canif penknife
la capitale capital
car for
le car coach
une caravane caravan
un carnet book of métro tickets, notebook, pupil's record book
une carotte carrot
carré square
le carrefour crossroads
une carrière career
un cartable school bag, satchel
une carte card, map
~ **de crédit** credit card
une carte d'identité identity card
une carte postale postcard
le carton cardboard
un cascadeur stunt man
un casque helmet
un casse-croûte snack
casse-pieds *slang* boring
casser to break
une casserole saucepan
une caution deposit
en cavale on parade
un cavalier horse-rider

la cave cellar
ce (cet, cette, ces) this, that
ce n'est pas la peine... it's not worth...
céder to give way
une ceinture belt
une ceinture de sécurité seat belt
célèbre famous
le céleri celery
célibataire single
celui (celle) the one
les cendres *f.pl.* ash(es)
un cendrier ashtray
une centaine about a hundred
le centre centre
un centre commercial shopping centre
le centre-ville town centre
cependant however
les céréales *f.pl.* cereals
la cervelle brain
cesser to stop, cease
c'est it is
c'est-à-dire that's to say
chacun each one
une chaîne chain, channel (TV)
une chaîne stéréo stereo system
la chair flesh
une chaise chair
une chambre bedroom
la chambre d'hôte bed and breakfast
un champ field
le champagne champagne
un champignon mushroom
le championnat championship
la chance luck
une chanson song
chanter to sing
un chapeau hat
chaque each, every
le charbon coal
une charcuterie pork butcher's, delicatessen
chargé heavy, loaded
un chariot trolley
chasser to hunt
un chat cat
châtain brown-haired
un château castle, stately home
chaud hot
le chauffage heating
chauffer to heat
un chauffeur driver
les chaussures *f.pl.* shoes
chauve bald
le chef boss
le chemin way, path
le chemin de fer railway
cher (chère) dear, expensive
chercher to look for
un cheval horse
les cheveux *m.pl.* hair
la cheville heel
une chèvre goat
chez at the house of
un chien dog
un chiffre figure, number
la Chine China
les chips *m.pl.* crisps
un chirurgien surgeon
le chocolat chocolate
un chœur choir
choisir to choose
le choix choice
une chorale choir
une chose thing
un chou cabbage
la choucroute sauerkraut
chouette nice, great

une chute fall
ci-dessous mentioned below
le ciel sky, heaven
le cimitière cemetery
le cinéma cinema
un cintre coat hanger
cinq five
un circuit tour
la circulation traffic
circuler to move around
un cirque circus
un citadin city dweller
citer to quote
un citron lemon
le classement filing
une clef/clé key
un(e) client(e) customer
clignoter to signal
la climatisation air-conditioning
une clinique private hospital
clos enclosed
un cochon pig
une cocotte stew-pan
le cœur heart
le coffre boot
se coiffer to do one's hair
un coiffeur hairdresser
une coiffe head-dress
le coin corner
en colère angry
la colère anger
un collège school (11 – 16)
coller to stick
un collier necklace
une colline hill
combien how much, how many?
une combinaison overalls
un(e) comédien(-ienne) actor
commander to order
comme as, like
comment how, what
un commerçant shopkeeper
les commerces *m.pl.* shops, business
le commissariat (de police) police station
une commode chest of drawers
commun common
un compartiment compartment
complet complete, full
complètement completely
(se) comporter to consist of, (behave)
composter to date-stamp
comprendre to understand
des comprimés *m.pl.* tablets
compris included
la comptabilité accounting
les comptes *m.pl.* accounts
une comptine rhyme
le comptoir counter
un concombre cucumber
un concours competition
la concurrence competition
le conducteur driver
conduire to drive
une conférence lecture, talk
une confiserie sweet shop
la confiture jam
le confort comfort
le congé (annuel) (annual) leave
la connaissance acquaintance, knowledge
connaître to know, be acquainted with
(bien) connu (well-) known
le Conseil de l'Europe Council of Europe
un conseil piece of advice

conseiller to advise
un conseiller d'orientation ca adviser
le consentement consent
la consigne left luggage offi
les consignes *f.pl.* instructior
construire to build
le contenu contents
continuer to continue
le contraire opposite
le contrôle checking point
le contrôleur inspector
convenable suitable
convenir to suit, be suitak
un copain (une copine) frienc
un cornichon gherkin
le corps body
correctement correctly
la correspondance connecti
un correspondant penfriend
correspondre to correspo write
corriger to correct
la côte coast
à côté de next to
un côté side
le coton cotton
le coton hydrophile cotton w
se coucher to go to bed
le coude elbow
coudre to sew
couler to run out, flow
une couleur colour
le couloir corridor
un coup blow, hit
~ **d'œil** glance
~ **de pied** a kick
couper to cut
une coupure cut
la cour school yard
couramment fluently
au courant in touch, aware
le courant current
~ **d'air** draught
un coureur racer
courir to run
le courrier post, letters
un cours lesson
au cours de in the course of
le cours de change exchang
une course (d'automobiles) (c race
un coursier messenger
court short
courtois courteous
un cousin cousin
un couteau knife
coûter to cost
un couturier fashion designe
couvert overcast (weathe
couvert de covered with
une couverture blanket
(se) couvrir to cover (oneself)
craindre to fear
une cravache riding whip
une cravate tie
un crayon pencil
créer to create, form
la crème anglaise custard
une crémerie dairy
une crêpe pancake
le cresson cress
crever to have a puncture
les crevettes *f.pl.* prawns
crier to shout
une crise cardiaque heart atta
la Croix Rouge the Red Cros
croire to believe, think
une croisière cruise
croquer to munch

roûte crust, pastry
ru raw
rudités *f.pl.* raw vegetables served as a first course
ueillette fruit-picking
uillère (cuiller) spoon
uillerée a spoonful
uir leather
uire to cook
uisine kitchen, cooking
uisinier chef, cook
uit cooked
uriosité touristique tourist sight
yclomoteur moped

D

ame lady
anemark Denmark
angereux dangerous
ans in
anser to dance
ate date
e of, from
~ **nos jours** nowadays
ébarasser la table to clear the table
ébarquer to disembark
ébouché opening
éboucher to emerge
ebout standing up
ébrouiller to manage, get by
ébut beginning
ebutant beginner
écédé dead, deceased
écembre December
écevant disappointing
échiffrer to decipher
echirer to tear
écoller to take off (plane)
écontracté relaxed, easy going
écouvrir to find out, discover
edans inside
éfaut fault
éfendu forbidden
éfinition definition
égustation tasting (of wines etc.,)
ehors outside
éjà already
éjeuner lunch
elà de beyond
élabré broken-down
élesté relieved of
emain tomorrow
emander to ask
émenager to move away
emeurer to live
emi-pension half-board
emi-pensionnaire pupil who has school lunch
emi-tarif half-fare
ense heavy, dense
ent tooth
entelle lace
entifrice toothpaste
épannage breakdown service
épart departure
épasser to exceed
épêcher to hurry
épenses *f.pl.* expenses
épenser to spend (money)
éplacer to move about, travel
épliant leaflet
épouiller to deprive
epuis for, since
éprime depression
ernier-(ère) last

derrière behind
dérober to steal
dès since, from
dès que as soon as
un désastre disaster
descendre to go down, get off (bus etc.)
désirer to wish, want
désolé very sorry
desservi served
un dessin drawing
un dessin animé cartoon
un(e) dessinateur(-rice) designer
dessiner to draw
dessous below
dessus above
un détartrage scale and polish
se détendre to relax
détester to hate
détruire to destroy
une dette debt
deux two
dévaler to go down
devant in front of
devenir to become
dévêtu undressed
deviner to guess
une devise currency
devoir to have to, must
les devoirs *m.pl.* homework
dicter to dictate
un(e) diététicien(-ne) dietician
une diapositive slide
dimanche Sunday
la dinde turkey
le dîner dinner
dire to say
le (la) directeur(-trice) headmaster (-mistress)
se diriger to go towards
une discothèque discothèque
un discours speech
discuter to talk, discuss
disparaître to disappear
la disparition disappearance
disponible available
se disputer to have an argument
un disque record
une distraction diversion, entertainment
se distraire to take one's mind off things
distribuer to give out
divers various
diviser to divide
divorcé divorced
dix ten
un doigt finger
c'est dommage it's a pity
domicile home, place of residence
un don gift
donc so, therefore
un donjon dungeon
donner to give
dont of which
doré golden
dormir to sleep
un dortoir dormitory
le dos back
un dossier document, folder
le double copy
doubler to overtake
doucement gently
une douche shower
la douleur pain, sorrow
une doute doubt
doux (douce) mild, sweet
douze twelve
un drapeau flag

un droit right, fee, law
à droite on the right
drôle funny
durcir to harden
la durée duration, lasting
durer to last
un duvet sleeping bag

E

l'eau *f* water
l'eau minérale *f* mineral water
l'eau potable *f* drinking water
écarter to part, open
un échange exchange
s'échapper to escape
l'échauffement *m* warming up
les échecs *m.pl.* chess
échouer to fail
une éclaircie sunny period
une école school
une école maternelle nursery
économiser to save
l'Ecosse *f* Scotland
écouter to listen
un écran screen
s'écraser to crash
écrire to write
l'écriture *f* writing
un écrivain writer
l'éducation *f* education
en effet in fact
efficace effective
effroyable dreadful
s'égarer to get lost
une église church
égoïste selfish
élargir to broaden
un électrophone record player
un(e) élève pupil
élevé high
élire to elect
elle she, her
l'emballage *m* packaging
embarquer to go on board
un embouteillage traffic jam
s'embrasser to kiss one another
une émission programme, broadcast
emménager to move to an area
empêcher to present
un emplacement site
les emplettes *f.pl.* purchases
un emploi du temps timetable
un employé de banque bank employee
un employé de bureau office worker
employer to use
emprunter to borrow
en in, of it/them
encaisser to cash
encore again, more, yet
s'endormir to fall asleep
un endroit place
énervé irritable, on edge
s'énerver to get irritable, annoyed
un enfant child
enfin at last, finally, in a word
s'enflammer to become covered in flames
enflé swollen
engorgé blocked, choked
un ennui problem
s'ennuyer to get bored
une enquête survey, enquiry
un enquêteur investigator
l'enregistrement *m* recording

enregistrer to record
enrhumé with a bad cold
une enseigne sign
l'enseignement *m* teaching
enseigner to teach
ensemble together
l'ensemble *m* whole, entirety
ensoleillé sunny
ensuite next, then
entendre to hear
s'entendre to get on well
enterrer to bury
entier whole, complete
une entorse sprain, twist
entouré de surrounded by
l'entraînement *m* training
entre between
l'entrée *f* entrance
l'entreprise *f* business
une entreprise company
l'entretien *m* maintenance
environ about
envoyer to send
épais (épaisse) thick
l'épaule *f* shoulder
épeler to spell
une épicerie grocer's
une épingle pin
éplucher to peel
une époque era, age
épouser to marry
épouvantable dreadful
un époux (une épouse) spouse
une épreuve test
éprouver to experience, feel
épuisé exhausted
équilibré balanced
une équipe team
l'équitation *f* horse-riding
une erreur mistake
un escalier staircase
un escargot snail
l'espace *m* space
une espace *f* space, gap
l'Espagne *f* Spain
espagnol Spanish
en espèces in cash
l'espérance de vie *f* life expectancy
espérer to hope
l'espionnage *m* spying
essayer to try
l'essence *f* petrol
essoufflé out of breath
les essuie-glaces *m.pl.* windscreen wipers
essuyer to wipe up (dishes)
l'est *m* east
est-ce que...? question form
une esthéticienne beautician
et and
une étable stable
un étage storey, floor
une étagère shelf
un étal stall
étaler to spread out, space out
étanche waterproof
un étang pond
une étape section, stage
l'état *m* state
les États-Unis *m.pl.* United States
l'été *m* summer
éteindre to turn off
une étiquette label
une étoile star
étouffer to smother
étrange strange
à l'étranger abroad
un étranger foreigner, stranger
être to be

être reçu to pass
être témoin to be a witness
étroit narrow
l'étude *f* study
un étudiant student
étudier to study
s'évanouir to faint
l'évasion *f* escape
un éventail range, fan
eventuellement possibly
évidemment obviously
éviter to avoid
exactement exactly
un examen exam
un exemple example
s'exercer to do exercises
exigeant demanding
expédier to send
expliquer to explain
exposer to exhibit
exprimer to express
à l'extérieur outside
un extrait extract

F

la fabrication manufacture
fabriquer to make, manufacture
en face de opposite
se fâcher to get angry
facile easy
facilement easily
une façon way
le facteur postman
facultatif optional
fade tasteless
faible weak
faillir to nearly, almost do something
faire to do, make, go
~ **des achats** to go shopping
~ **le calcul** to add up
~ **la connaissance de** to get to know
~ **les courses** to go shopping
~ **la cuisine** to cook
~ **une demande** to make an application
~ **des économies** to save
~ **faillite** to go bankrupt
~ **la lessive** to do the washing
~ **mal** to hurt
~ **le ménage** to do the housework
~ **partie de** to belong to
~ **le plein** to fill up (petrol)
~ **la plonge** to do the washing-up
~ **le repassage** to do the ironing
~ **savoir** to inform
~ **la vaisselle** to do the washing up
~ **les valises** to pack
~ **les vendanges** to pick grapes
~ **visiter** to show someone round
familial *adj.* family
un fantôme ghost
farci stuffed
fatigué tired
il faut you need, it is necessary
un faucon falcon
un faussaire forger
une faute mistake
un fauteuil armchair
faux false
un faux billet counterfeit note
favori favourite
félicitations congratulations
une femme woman, wife
une fenêtre window
une ferme farm
fermer to close
une fête festival, Saint's Day
fêter to celebrate
un feu fire
un feu d'artifice firework display
une feuille sheet of paper, leaf
feuilleter to flick through (magazine)
un feuilleton serial
les feux *m.pl.* traffic lights
les feux de détresse *m.pl.* hazard warning lights
février February
les fiançailles *f.pl.* engagement
une fiche form
un fichier card index
la figure face
le fil thread
le filet luggage rack, net
une fille girl, daughter
un film film
un fils son
la fin end, finish
fin fine
finir to finish
un flacon small bottle
fléché with arrows
fléchir to bend
une fleur flower
un fleuve river
le flipper pin-ball machine
le foie liver
une fois time, once
foncé dark
un fonctionnaire civil servant
fonctionner to work, function
le fond bottom, base
au fond at the far end, back
le footing jogging
pas forcément not necessarily
la forêt forest
forfaitaire inclusive
un forgeron blacksmith
la formation training
la forme shape
avoir la ~ to be fit, in good shape
formidable great
une formulaire form
fort strong, loud, well-built
un fou madman
la foudre lightning
fouiller to search
une foule crowd
se fouler la cheville to sprain one's ankle
le four oven
une fourchette fork
fourni provided
fournir to provide
un foyer hostel, centre
frais (fraîche) fresh
les frais *m.pl.* expenses
une fraise strawberry
une framboise raspberry
français French
franchement frankly
francophone French-speaking
frapper to knock
le frein brake
un frère brother
frisé curly
les frites *f.pl.* chips
froid cold
le froid cold
le fromage cheese
une frontière border, frontier
frotter to rub
les fruits de mer *m.pl.* seafood
une fuite d'eau leak
la fumée smoke
fumer to smoke
furieux furious
un fuseau horaire time zone
un fusil gun

G

le gagnant winner
gagner to win
un galet pebble
la gamme range
un gant glove
un garçon boy
garder to keep (watch over)
la gare station
la gare routière bus station
garer to park
un gâteau cake
à gauche on the left
une gaufre waffle
le gaz gas
le gazon lawn
géant giant
la gencive gum
un gendarme armed policeman
gêner to get in the way
généralement usually
un généraliste general practitioner
le genou knee
un genre kind, type
les gens *m.pl.* people
gentil kind, nice
la géographie geography
le gérant manager
le gibier game
un gilet de sauvetage life jacket
une glace ice cream
glisser to slide
la gorge throat
le goût taste
goûter to taste
le goûter afternoon tea, snack
grâce à thanks to
une graine seed
la graisse grease, fat
grand large, tall
une grand-mère grandmother
un grand-père grandfather
un grand magasin department store
une grande surface large store
gras fatty
gratuit free
la Grèce Greece
la grève strike
une grille grid
grimper to climb
gris grey
grave serious
la grippe flu
gronder to grumble, tell off
gros big
en gros generally
grossir to put on weight
un groupe group
une grue crane
un guépard cheetah
une guêpe wasp
guérir to heal, cure
la guerre war
le guichet ticket office
un guignol puppet show
une guitare guitar
le gymnase gymnasium

H

s'habiller to get dressed
un habitant inhabitant
habiter to live
d'habitude normally
un habitué regular (custome
hâché chopped
la hanche hip
les haricots (verts) *m.pl.* (gre beans
en haut up there
à haute voix aloud
la hauteur level, height
hebdomadaire weekly
l'hébergement *m* accommodation, lodgi
de l'herbe *f* grass
une herbe herb
l'heure *f* time
les heures d'affluence *f.pl.* rus hour
les heures de pointe *f.pl.* rush
les heures supplémentaires *f.* overtime
heureusement fortunately
heureux happy, pleased
heurter to hit, crash into
hier yesterday
une hirondelle swallow
l'histoire *f* history
une histoire story
l'hiver *m* winter
hocher la tête to nod
un homme man
honnête honest
l'hôpital *m* hospital
un horaire timetable
horizontalement across
hors outside
un hôte host, guest
un hôtel hotel
l'hôtel de ville *m* town hall
une hôtesse de l'air air hostes
l'huile *f* oil
l'huile d'olive *f* olive oil
huit eight
les huîtres *f.pl.* oysters

I

ici here
une idée idea
il y a there is, there are
il y a (deux ans) (two year
une île island
une image picture
immatriculer to register (c
un immeuble building, block flats
un immigré immigrant
l'immobilier property
un impôt tax
un imperméable raincoat
imprévu unexpected
à l'improviste unexpectedly
inattendu unexpected
un incendie (large) fire
incliné sloping
un inconvénient disadvantag
l'indicateur gauge, departu board
industriel industrial
un(e) infirmier(-ière) nurse
les informations *f.pl.* the new

informatique *f* computer studies
inquiet anxious
inquiéter to worry
inscrire to enroll
installer to settle in
instituteur(-trice) primary school teacher
instrument de musique musical instrument
insupportable insufferable
interdit forbidden
intéressant interesting
intérieur inside
interroger to question
interrompre to interrupt
intoxication poisoning
invité guest
Irlande *f* Ireland
islamique Islamic
isolé isolated, lonely
Italie *f* Italy
ivre drunk

J

jamais ever, never
jambe leg
jambon ham
janvier January
jardin garden
jardinage gardening
jaune yellow, tan
javelot javelin
jean pair of jeans
jeter to throw
jeu (les jeux) game
jeu de société indoor (usually card or board) game
jeudi Thursday
jeune young
jeunesse youth
Jeux Olympiques *m.pl.* Olympic Games
joie joy
joli pretty
jouer to play
~ **de la batterie** to play percussion
jouet toy
joueur player
jour day
jour de l'An New Year's Day
jour de congé holiday
journal newspaper
journalier daily
journée day
jupe skirt
jus de fruit fruit juice
juillet July
juin June
jusqu'à until
juste correct, right

L

le, la, l', les the
là there
là-bas over there
laboratoire laboratory
lac lake
laid ugly
laine wool
laisser to leave
laisser tomber to drop
lait milk
laitue lettuce
landau pram
une langue language, tongue
un lapin rabbit
las tired, weary
un lavabo washbasin
laver to wash
un lave-vaisselle dishwasher
la lecture reading
la location for rent, hire
un lecteur reader
la lecture reading
léger light
légèrement lightly
un légume vegetable
le lendemain the following day
lequel (laquelle)? which one?
une lettre letter
leur (leurs) their
la levée collection (post)
se lever to get up
une librairie bookshop
libre free
libre-service self-service
un lien link, tie
le lieu place
un lieu de rencontre meeting place
une ligne line
la limonade lemonade
le linge linen (sheets, towels etc.)
lire to read
un lit bed
la literie bed, linen
un livre book
une livre pound
livrer to deliver
la location hire
loger to stay, live in
la loi law
loin far
les loisirs *m.pl.* leisure
Londres London
le long de along
longtemps for a long time
lorsque (at a time) when
louche suspicious
louer to rent
un loup wolf
le loyer rent
lui to or for him, her, it
la lumière light
lundi Monday
la lune moon
les lunettes *f.pl.* glasses
le lycée senior school (15+)

M

un machin thing, 'whatsit'
la mâchoire jaw
un maçon builder
un magasin shop
un magazine magazine
un magnétophone tape-recorder
une magnétoscope video-recorder
mai May
maigre thin
maigrir to lose weight
un maillot shirt
un maillot de bain bathing costume
la main hand
maintenant now
le maire mayor
la mairie town hall
mais but
une maison house
un maître master
une maîtresse mistress
mal badly
le(s) mal (maux) ache, pain
malade ill
une maladie illness, disease
maladroitement awkwardly
un malaise discomfort
un malfaiteur wrong-doer
malgré in spite of
un malheur misdeed, misfortune
malheureusement unfortunately
la Manche the Channel
manger to eat
la manière way
manquer to be missing
un mannequin model
le manque lack of
un manteau coat
une maquette model
le maquillage make-up
se maquiller to put on make-up
la marchandise goods, stock
la marche step
mars March
un marché market
un marché aux puces flea market
le Marché Commun Common Market
marcher to work, walk
mardi Tuesday
un mari husband
le mariage marriage
le marié (la mariée) bridegroom (bride)
se marier to get married
le Maroc Morocco
une marque make, brand
marquer to score
marrant funny
se marrer to have fun
marron brown
un matelas pneumatique lilo, air bed
les mathématiques *f.pl.* maths
une matière grasse fatty food
une matière (scolaire) (school) subject
le matin morning
mauvais bad
un mécanicien mechanic
mécontent unhappy
la médaille medal
un médecin doctor
la méfiance suspicion
(le) meilleur better (best)
mélanger to mix
même even, same
mener to lead
le menton chin
la mer sea
mercredi Wednesday
merci thank you
une mère mother
méridional southern
mériter to deserve
merveilleux marvellous, fantastic
la messe mass
un métier job, trade
le métro underground
mettre to put, place
se mettre à to begin to
mettre le couvert to set the table
meublé furnished
un meurtre murder
un meurtrier murderer
un micro-ordinateur microcomputer
le miel honey
mieux better
mignon sweet, cute
au milieu de in the middle of
un militaire soldier
mille a thousand
mince slim
une mise en plis shampoo and set
la mi-temps half-time
le mobilier furniture
la mode fashion
moi me
moins less
du moins at least
un mois month
la moitié half
mon (ma, mes) my
le monde world
mondial world-wide, in the world
la monnaie change, currency
un monsieur gentleman
la montagne mountain
monter to go up, get on (bus etc)
une montre watch
montrer to show
un monument historique historical building
la moquette fitted carpet
un morceau piece
mordre to bite
une morsure bite
un mot word
une moto motorbike
un mouchoir handkerchief
les moules *f.pl.* mussels
mourir to die
la moutarde mustard
un mouton sheep
moyen average
un moyen de transport means of transport
en moyenne on average
municipal owned by the local authority
le mur wall
mûr ripe
un musée museum
la musique music

N

nager to swim
la naissance birth
naître to be born
une nappe tablecloth
la natation swimming
la nationalité nationality
nautique relating to water
ne...aucun no...
ne...guère not much
ne...jamais never
ne...ni...ni neither...nor
ne...nulle part nowhere
ne...pas not
ne...personne nobody
ne...plus no more, no longer
ne...que only
ne...rien nothing
nécessaire necessary
néfaste ill-fated
neiger to snow
net outright
nettement clearly
le nettoyage cleaning
neuf nine
neuf (neuve) new
un neveu nephew
le nez nose
une nièce niece
n'importe quel any, no matter which

le niveau level
nocturne by night
Noël Christmas
noir black
noisette with nuts
le nom name, surname
nombreux numerous
être nommé to be appointed
nommer to name
non no
le nord north
la note bill
noter to mark
les nouilles *f.pl.* noodles
un nounours teddy bear
se nourrir to eat
la nourriture food
nous we, us, to us
nouveau (nouvel, nouvelle) new
la nouvelle piece of news
novembre November
la noyade drowning
un nuage cloud
nuageux cloudy
la nuit night
une nuitée one night's accommodation
nul hopeless
un numéro number
la nuque neck

O

être obligé de to have to, be obliged to
obtenir to obtain
un occasion opportunity
s'occuper de to be concerned with
octobre October
un œil eye
un œuf egg
un œuf à la coque boiled egg
une œuvre work
l'office *m* church service
l'office de tourisme *m* tourist office
offrir to offer, give (present)
une oie goose
un oignon onion
un oiseau bird
à l'ombre in the shade
on one, we, people (in general)
un oncle uncle
onze eleven
l'opposé *m* opposite
l'opticien optician's
l'or *m* gold
un orage storm
un ordinateur computer
une ordonnance prescription
les ordures *f.pl.* rubbish
une oreille ear
un organisme de bienfaisance charity
l'orgue *m* organ
oriental Eastern, oriental
s'orienter to specialise
originaire native of, originally from
un orphelin orphelin orphan
l'orthographe *f* spelling
un os bone
ôter to take off
ou or
où where
oublier to forget
l'ouest *m* west
oui yes
un ourson bear club
ouvert open
un(e) ouvrier(-ière) worker
un ouvre-bouteille bottle opener
l'ouvreuse usherette

P

une pagaie paddle
la page page
le pain bread
le pain complet wholemeal bread
un palais palace
le palier landing
le pain grillé toast
un panier basket
un panneau sign
un pansement dressing
un pantalon pair of trousers
une papeterie stationer's, newsagent's
le papier paper
les papiers *m.pl.* papers, form of identification
un papillon butterfly
Pâques Easter
par by
paraître to seem
un parapluie umbrella
un parc park
parce que because
un pardessus overcoat
pareil the same
un parent parent, relative
les parenthèses *f.pl.* brackets
paresseux lazy
parfait perfect
parfois sometimes
le parfum perfume, flavour
un pari a bet
un parking car park
parler to speak
parmi among
une parole word
à part besides, apart from
partager to share
un partenaire partner
participer to take part in
particulier private
un particulier private individual
une partie part
partir to leave
à partir de from
partout everywhere
parvenir to reach
au pas at a walking pace
pas mal not bad
pas tellement not much
un passager passenger
le passage souterrain subway
un passant passer-by
le passé the past
un passeport passport
passer to spend (time)
se passer to happen
~ **de** to do without something
un passetemps hobby
passionnant fascinating
les pâtes *f.pl.* pasta
le patin sur glace ice-skating
une patinoire skating rink
une pâtisserie cake shop
une pause-café coffee break
la pause-déjeuner lunch break
pauvre poor
payer to pay for
un pays country
le pays de Galles Wales
le paysage scenery, landscape
un paysan peasant
PD-G managing director
la peau skin
une pêche peach
un pêcheur fisherman
un peigne comb
peindre to paint
une peinture painting
peler to peel
le pèlerinage pilgrimage
la pelote ball game played in S.W. France
une pelouse lawn
penché leaning
pendant for, during
pénible tiresome, tedious
la pensée thought
penser to think
la pension complète full board
un pépin seed, pip
percuter to crash
perdre to lose
~ **connaissance** to lose consciousness
un père father
se perfectionner to perfect, improve
le périphérique ring road
permettre to allow
un permis de conduire driving licence
le persil parsley
le personnage character
une personne person
personnel personal
une perte loss
peser to weigh
la Pétanque French bowls
petit small, little
le petit déjeuner breakfast
une petite annonce small ad.
les petits pois *m.pl.* peas
un peu a little, few
le peuple people
un peuplier poplar tree
la peur fear, anxiety
peut-être perhaps
un phare headlight
une pharmacie chemist's
un(e) pharmacien(-ienne) chemist
la philosophie philosophy
une photo photo
une phrase sentence, phrase
la physique physics
le piano piano
une pièce room, coin, play
la pièce each (fruit etc.)
un pied foot
un piéton pedestrian
un pilote racing driver
une pilule pill
une pincée pinch
le ping-pong table tennis
un pique-nique picnic
piquer to sting
un piquet post, pole
une piqûre injection
une piscine swimming pool
une piste ski slope
une piste cyclable cycle track
pittoresque picturesque
un placard cupboard
une place seat, square
le plafond ceiling
la plage beach
la plaie wound
se plaindre (de) to complain (of)
plaire (à qqn.) to please (someone)
le plaisir pleasure
la planche à voile windsurfin
une plaque d'immatriculation number plate
plat flat
à plat flat
un plat dish
un plateau tray
plein full
le plein air open air
pleurer to cry, weep
pleuvoir to rain
un plomb pipe
la plongée sous-marine sub-diving
plonger to dive, dip
la pluie rain
la plupart de most of
plus... more...
plusieurs several
plutôt (que) rather (than)
un pneu tyre
une poche pocket
une poêle frying pan
la poésie poetry
le poids weight
un poignet wrist
un poil hair
à point medium (steak)
un point stitch, full stop
un point noir black spot
une poire pear
un poireau leek
un poisson rouge goldfish
une poissonnerie fishmonger's
le poivre pepper
un poivron vert green pepper
poli polite
policier detective
la politique politics
pollué polluted
une pomme apple
une pomme de terre potato
les pompiers *m.pl.* fire brigad
un pompiste petrol pump atte
un pont bridge
le port port
un port de pêche fishing port
un porte-clés key ring
un porte-monnaie purse
porter to wear, to carry
la portière door
le Portugal Portugal
poser to put
la poste post-office
un poste job, position
un poste transistor transistor
le potage soup
une poubelle dustbin
la poudre powder
une poule hen
le poulet chicken
les poumons *m.pl.* lungs
une poupée doll
pour for, in order to
un pourboire tip
pourquoi why
pourtant however
pousser to grow, push
la poussière dust
pouvoir to be able, can
le pouvoir power
une prairie meadow
préférer to prefer
premier(-ière) first
les premiers soins *m.pl.* first a
prendre to take
prendre en charge to take c of, sort out
le prénom first name

préparer to prepare
près near
présenter to introduce oneself
presque almost, nearly
presse press
pressé to be in a hurry
presser to crowd around
pression pressure
prêt ready
prêter to lend
prévenir to warn
prévoir to foresee
prier to request, ask, beg
principal main
principalement mainly
printemps spring
prisonnier prisoner
privé private
prix prize, price
prochain next
proche near
professeur secondary school teacher
profiter to take advantage of
profond deep
projet plan
prolonger to extend
promener to go for a walk, go for a trip
promettre to promise
pronom pronoun
propice favourable
propos (de) by the way, (about, concerning)
proposer to suggest
propre own, clean
propriétaire owner
provenance de from the direction of, coming from
prudence caution
publicité advertising
puis then, next
puisque since, seeing that
pull(-over) jumper, pullover
purée (de pommes) mashed potato

Q

quai platform
quand when
quant à as for
quartier district
quatorze fourteen
quatre four
que that
quel (quelle, quels, quelles) what
quelle que soit whatever
quelque some, a few
quelquefois sometimes
quelque part somewhere
quelqu'un someone
queue tail, queue
qui who
quinze fifteen
quitter to leave
quoi what
quotidien daily

R

raccourcir to shorten
raconter to tell about
radio radio
radis radish
rage rabies
ragoût stew
raid straight, stiff
du raisin grapes
une raison reason
ralentir to slow down
ramasser to collect together, pick up
ramener to bring back
un rang row
ranger to sort out, put in order
rapide fast
un rapport report
se raser to get shaved
rater to fail
rayé striped
un rayon department (shop)
réagir to react
récemment recently
un récepteur TV set
une recette recipe
recevoir to receive
la recherche research
une récompense reward
reconnaissant grateful
reconnaître to recognise
la recréation break
être reçu to pass
un reçu receipt
reculer to go back, reverse
la redevance TV licence
se redresser to raise oneself up
réduire to reduce
réfléchir to think about
un réfrigérateur fridge
regarder to look at, watch
un régime diet
une région area, region
une règle rule, ruler
rejoindre to join, contact
rembourser to reimburse, pay back
remercier to thank
une remontée mécanique ski lift
remplacer to replace
remplir to fill
remporter to achieve, take away
remuer to move
rencontrer to meet
un rendez-vous appointment, meeting
rendre to return, give back
rendre visite to visit (person)
renforcer to reinforce
les renseignements *m.pl.* information
renseigner to inform
rentrer to return home
renverser to spill, knock over
répandu widespread
réparer to repair
la répartition sharing out
un repas meal
repasser to iron
répéter to repeat
répondre to reply
le repos rest, relaxation
un réseau network
réserver to reserve, book
respirer to breathe
un responsable person responsible, representative
ressembler à to look like, resemble
un restaurant restaurant
rester to stay, remain
restituer to return, hand back
en retard late
retarder to put back, delay
une retenue hold up
le retour return journey
retraité retired
se rétrécir to shrink
une réunion meeting
réunir to bring together
réussir to succeed
un rêve dream
un réveille-matin alarm clock
se réveiller to wake up
une revue magazine
le rez-de-chaussée ground floor
un rhume a cold
un rideau curtain
rien nothing
à la rigueur at a pinch
rire to laugh
~ **aux éclats** to roar with laughter
une rivière river
le riz rice
une robe dress
une robe de chambre dressing gown
un robinet tap
un robot-chef food processor
rôder to prowl around
le roi king
romain Roman
un roman novel
un roman policier crime story, thriller
rompre to break
rond round
un rond-point roundabout
rose pink
une roue wheel
rouge red
par roulement on a rota
rouler to run (car etc.), go along (a road)
une route road
un routier lorry driver
le Royaume Uni United Kingdom
un ruban ribbon
une rue street
le russe Russian

S

le sable sand
un sac bag
une sacoche wallet
sacré holy
sage wise, good
saignant rare (steak)
saigner to bleed
sain healthy
saisir to seize
une saison season
une salade salad
sale dirty
salé salty, savoury
une salle à manger dining-room
une salle de bains bathroom
une salle de séjour living-room
un salon lounge
salut! Hi!
samedi Saturday
le sang blood
sans without
~ **doute** doubtless
~ **interruption** without a break
la santé health
la sauce sauce, gravy
la sauce vinaigrette French dressing
sauf except
le saumon salmon
sauter to jump
sauvage wild
se sauver to escape
un savant scientist
savoir to know (a fact, how to do something)
le savon soap
la scène stage
la science-fiction science-fiction
scier to saw
scolaire *adj.* school
une séance performance, showing (of film)
sec dry
sécher to dry
un séchoir hair dryer
secouer to shake
une secrétaire secretary
sécurisant reliable
la sécurité safety
seize sixteen
un séjour stay
le sel salt
la selle saddle
selon according to
une semaine week
semblable similar
sembler to seem
un sens sense, meaning
sensas (sensationnel) superb
sensible sensitive
sentir to feel, sense
se sentir to feel oneself
sept seven
septembre September
sérieux serious
un serpent snake
serré tight
serrer to hold tightly
serrer la main to shake hands
la serrure lock
les services de garde *m.pl.* emergency services
une serviette towel
servir to serve
seul alone
sévère strict
le shampooing shampoo
si if, yes
un siècle century
un siège seat, head office
le sifflet whistle
signaler to point out
s'il vous plaît please
singulier suspicious
sinon otherwise
un sirop fruit squash
situé situated
six six
le ski skiing
le ski nautique water-skiing
une sœur sister
la soie silk
soigner to look after
soigneusement carefully
le soin care
le soir evening
une soirée evening
soit...soit either...or
le sol ground, soil
une solde sale bargain
un soldat soldier
le soleil sun
sombre gloomy, dark
le sommeil sleep
un sommet height, peak
son (sa, ses) his, her, its
un sondage opinion poll
songer to think
la sonnerie bell
la sorcellerie witchcraft
le sort fate
la sortie exit

sortir to go out
un souci worry
une soucoupe saucer
soudain suddenly
souffrir to suffer
souhaiter to wish, want
souligner to underline
soupçonner to suspect
la soupe soup
une souris mouse
des sous *m.pl. slang* money, cash
le sous-sol basement
sous terre underground
sous-titré sub-titled
souterrain underground
un souvenir memory
souvent often
le sparadrap elastoplast
spatial *adj.* space
un spectacle show
un stade stadium
un stage course
un(e) stagiaire trainee
une station resort
une station balnéaire seaside resort
une station de métro underground station
une station-service petrol station
stationner to park
un studio bedsitter
un stylo pen
sucer to suck
le sucre sugar
sucré sweet
des sucreries *f.pl.* sweet things
le sud south
suffisamment sufficiently, enough
la Suisse Switzerland
suivant following
suivre to follow
super 4-star petrol
un supermarché supermarket
sur on, about
sûr safe
surchargé overloaded
les surgelés *m.pl.* frozen food
le surlendemain the following day
le surnaturel supernatural
surnommer to nickname
surtout above all
survenir to occur, happen
svelte slender
sympa(-thique) nice, good
un Syndicat d'Initiative tourist office

T

le tabac tabacco
le tableau board, picture
un tache stain
une tâche task
la taille size
le talon heel
tandis que whilst
tant so much
tant mieux so much the better
une tante aunt
tantôt...tantôt sometimes...sometimes
taper à la machine to type
le tapis carpet
tapisser to wallpaper
tard late
plus ~ later
une tartine piece of bread and butter and/or jam
un tas heap, pile
une tasse cup
le taux rate
un(e) technicien(-ienne) technician
une teinture hair tinting
tel (telle) such
téléphoner to telephone
un téléspectateur viewer
un témoignage personal account, evidence
un témoin witness
le temps time, weather
tendu stretched out straight
tenir to hold
une tentative attempt
une tente tent
une tenue outfit
la terminale final year at lycée
se terminer to end, finish
un terrain ground, pitch
la terre earth
la tête head
le thé tea
le théâtre theatre
un tiers a third
un timbre stamp
timide shy
un tire-bouchon corkscrew
tirer to pull
un tiroir drawer
le tissage weaving
tisser to weave
un tissu fabric, material
toi you
le toit roof
une tomate tomato
tomber to fall
~ **en panne** to break down
un torchon tea towel
tôt early
toujours always, still
le tour turn, tour
à tour de rôle each in turn
en tournée on tour
tourner to turn
un tournoi tournament
tousser to cough
tout all, every
tout de suite straight away, immediately
tout droit straight ahead
tout le monde everybody
toutefois however
une toux a cough
traduire to translate
le train train
en train de in the process of
le traitement treatment
traiter to treat
un trajet journey
une tranche slice
tranquille quiet
travailler to work
traverser to cross
trébucher to trip over
treize thirteen
très very
le trésor treasure
le tribunal law magistrates court
les tribunes *f.pl.* stands
le tricot knitting
un trimestre term
triste sad
trois three
un trois-pièces three-roomed flat
du troisième âge old age
se tromper to make a mistake
une trompette trumpet
trop too many, too much
le trottoir pavement
une trousse pencil case
la trousse de médicaments first-aid kit
trouver to find
se trouver to be found, to be situated
un truc thing
une truite trout
un tube hit record
tuer to kill
se tutoyer to use 'tu'
typique typical

U

un (une) a, an, one
unique only
une usine factory
utile useful

V

les vacances *f.pl.* holidays
un vacancier holiday-maker
une vache cow
vaincre to conquer
le vainqueur winner
la vaisselle crockery
valable valid
une valise suitcase
une valeur value
la vapeur steam
une vedette (de cinéma) (film-) star
la veille the day before
veiller to supervise
un vélo bicycle
un vélomoteur small motorbike (50cc – 125cc)
le velours velvet
un(e) vendeur(-euse) sales assistant
vendre to sell
vendredi Friday
venir to come
venir de to have just
le vent wind
la vente aux enchères auction sale
le ventre stomach
un verger orchard
le verglas ice on roads
vérifier to check
véritable genuine, authentic
la vérité truth
un verre a glass
vers towards
un vers worm
verser to pour
vert green
une veste jacket
la vestiaire cloakroam
un vêtement article of clothing
veuillez (from **vouloir**) kindly, please
veuf (veuve) widowed
la viande meat
vide empty
la vie life
vif bright, lively
un village village
une ville town
le vin wine
le vinaigre vinegar
un violin violin
un virage bend
le visage face
la vitesse speed
une vitre window pane
une vitrine shop window
vivement brightly, smartly
vivre to live
voilà here is, here are
la voile sailing
voir to see
voisin neighbouring
un voisin neighbour
une voiture car
une voix voice
un vol flight
le vol à voile gliding
le volant steering wheel
voler to steal, to fly
le volley volley ball
volontiers willingly
vomir to be sick
vouloir to wish, want to
vouloir dire to mean
vous you
votre (vos) your
se vouvoyer to use 'vous'
voyager to travel
vrai true
vraiment really, truly
la vue view

Y

y there
un yaourt yoghurt
les yeux eyes

Z

zut! blast!

Index to vocabulary sections

Index to Grammar

VOCABULAIRE ET PHRASES UTILES

For ease of reference, the topic vocabulary lists from 4A have been included here.

Détails personnels

l' adresse (f)	*address*
l' âge (m)	*age*
l' anniversaire (m)	*birthday*
la date de naissance	*date of birth*
le domicile habituel	*permanent address*
le lieu de naissance	*place of birth*
la nationalité	*nationality*
né(e)	*born*
le nom de famille	*surname*
le numéro de téléphone	*telephone number*
le prénom	*Christian name*
la ville domicile	*home town*

La situation de famille

célibataire	*single*
divorcé(e)	*divorced*
marié(e)	*married*
séparé(e)	*separated*
veuf(veuve)	*widowed*

Religion

catholique	*catholic*
chrétien(-ienne)	*Christian*
croyant(e)	*practising a religion*
hindou(e)	*Hindu*
juif(ve)	*Jewish*
musulman(e)	*Muslim*
protestant(e)	*protestant*
sans religion	*agnostic*
sikh	*Sikh*

Quelques professions

un agent de police	*policeman*
un(e) coiffeur(-euse)	*hairdresser*
un(e) cuisinier(-ière)	*cook*
un électricien	*electrician*
un(e) employé(e)	*employee*
~ de bureau	*office worker*
~ des PTT	*Post Office worker*
~ de la SNCF	*railway worker*
un(e) fonctionnaire	*civil servant, government worker*
un(e) infirmier(-ière)	*nurse*
un ingénieur	*engineer*
un maçon	*builder*
un mécanicien	*mechanic*
un mineur	*miner*
un(e) programmeur(-euse)	*programmer*
un(e) représentant(e)	*representative*
une secrétaire	*secretary*
un(e) technicien(-ienne)	*technician*
un(e) vendeur(-euse)	*sales assistant*
sans profession	*without a current job*
en chômage	*unemployed*

Vos papiers, s'il vous plaît?	*Your papers, please? (You are asked to show some form of identification, either a 'carte d'identité' or a passport.)*
Votre nom, s'il vous plaît?	*What is your name (surname) please?*
Ça s'écrit comment?	*How do you spell it?*
Et votre prénom?	*And your Christian name?*
Quelle est votre adresse en France?	*What is your address in France?*
Avez-vous le téléphone?	*Do you have a phone?*
Quelles sont vos co-ordonnées?	*How can you be contacted? (address, telephone)*
Quelle est votre date de naissance?	*What is your date of birth?*

Les numéros

1	un
2	deux
3	trois
4	quatre
5	cinq
6	six
7	sept
8	huit
9	neuf
10	dix
11	onze
12	douze
13	treize
14	quatorze
15	quinze
16	seize
17	dix-sept
18	dix-huit
19	dix-neuf
20	vingt
21	vingt et un
22	vingt-deux
30	trente
31	trente et un
40	quarante
41	quarante et un
50	cinquante
51	cinquante et un
60	soixante
61	soixante et un
70	soixante-dix
71	soixante et onze
72	soixante-douze
80	quatre-vingts
81	quatre-vingt-un
82	quatre-vingt-deux
90	quatre-vingt-dix
91	quatre-vingt-onze
100	cent
500	cinq cents
550	cinq cent cinquante
1 000	mille
5 000	cinq mille
1 000 000	un million

premier(-ère)	*first*
deuxième	*second*
troisième	*third*
quatrième	*fourth*
cinquième	*fifth*
sixième	*sixth*
septième	*seventh*
huitième	*eighth*
neuvième	*ninth*
dixième	*tenth*
un quart	*a quarter*
un tiers	*a third*
un demi	*a half*
deux tiers	*two thirds*
trois quarts	*three quarters*

La famille

un beau-frère	*brother-in-law*
un beau-père	*step-father, father-in-law*
les beaux-parents (m.pl.)	*parents-in-law*
un bébé	*baby*
une belle-mère	*step-mother, mother-in-law*
une belle-sœur	*sister-in-law*
un(e) cousin(e)	*cousin*
un(e) enfant	*child*
la famille	*family*
une femme	*wife, woman*
un(e) fiancé(e)	*fiancé(e)*
une fille (unique)	*(only) daughter, girl*
un fils (unique)	*(only) son*
un frère	*brother*
un garçon	*boy*
une grand-mère	*grandmother*
un grand-père	*grandfather*
les grands-parents	*grandparents*
le mari	*husband*
la mère	*mother*
un neveu	*nephew*
une nièce	*niece*
un oncle	*uncle*
un parent	*parent, relation*
le père	*father*
les petits-enfants	*grandchildren*
une sœur	*sister*
une tante	*aunt*
un(e) voisin(e)	*neighbour*

Pour décrire quelqu'un dans la famille

plus âgé que	*older than*
moins âgé que	*younger than*
l'aîné(e)	*oldest*
le(la) cadet(ette)	*youngest*
jeune	*young*
vieux(vieille)	*old*
décédé / mort	*dead*

Les animaux domestiques

un animal	*animal*
un chat (une chatte)	*cat*
un cheval	*horse*
un chien (une chienne)	*dog*
un cochon d'Inde	*guinea pig*
un hamster	*hamster*
un lapin	*rabbit*
un oiseau	*bird*
un perroquet	*parrot*
une perruche	*budgerigar*
un poisson(rouge)	*(gold)fish*
une souris	*mouse*
une tortue	*tortoise*

Les pays du monde

l'Afrique (*f*); africain	*Africa*
le Maroc; maroc	*Morocco*
la Tunisie; tunisien	*Tunisia*
l'Amérique (*f*); américain	*America*
les Antilles; antillais	*West Indies*
le Canada; canadien	*Canada*
les Etats-Unis *(m.pl.)*	*United States*
l'Asie (*f*); asiatique	*Asia*
la Chine; chinois	*China*
l'Inde (*f*); indien(ne)	*India*
le Japon; japonais	*Japan*
le Pakistan; pakistanais	*Pakistan*
l'Australie; australien	*Australia*
la Nouvelle-Zélande; néo-zélandais	*New Zealand*
l'Europe;	*Europe*
l'Autriche; autrichien(ne)	*Austria*
la Belgique; belge	*Belgium*
Chypre; cypriote	*Cyprus*
le Danemark; danois(e)	*Denmark*
l'Espagne (*f*); espagnol(e)	*Spain*
la France; français(e)	*France*
la Grèce; grec(que)	*Greece*
l'Islande (*f*); islandais(e)	*Iceland*
l'Irlande (*f*); irlandais(e)	*Ireland*
l'Italie (*f*); italien(ne)	*Italy*
le Liechtenstein	*Liechtenstein*
le Luxembourg; luxembourgeois(e)	*Luxembourg*
Malte; maltais(e)	*Malta*
la Norvège; norvégien(ne)	*Norway*
les Pays-Bas; néerlandais(e)	*Holland*
la Pologne; polonais	*Poland*
le Portugal; portugais(e)	*Portugal*
la République fédérale d'Allemagne (RFA); allemand(e)	*West Germany*
le Royaume-Uni	
l'Angleterre (*f*); anglais(e)	*England*
l'Ecosse; écossais(e)	*Scotland*
l'Irlande du nord; irlandais(e)	*Northern Ireland*
le pays de Galles; gallois(e)	*Wales*
la Suède; suédois(e)	*Sweden*
la Suisse; suisse	*Switzerland*
la Turquie; turc(turque)	*Turkey*
l'Union Soviétique; russe	*Russia*
la Yougoslavie; yougoslave	*Yugoslavia*

L'alphabet

A B C D E F G H I J K
L M N O P Q R S T U
V W X Y Z

Les accents

à	accent grave (m)
é	accent aigu (m)
ô	accent circonflexe (m)
ç	cédille (f)
ï	tréma (m)

La ponctuation

.	point (m)
,	virgule (f)
:	deux-points (m)
;	point-virgule (m)
?	point d'interrogation (m)
-	tiret (m)
!	point d'exclamation (m)
« »	guillemets (m.pl.) (*Ouvrez/Fermez les guillemets.*)
( )	parenthèses (f.pl.) (*Mettre entre parenthèses.*)

Pour faire une description

Age

J'ai Il a Elle a	(environ)	dix quinze dix-huit vingt trente quarante cinquante	ans.

Physical appearance

Je	(ne) suis	(pas)	assez très	grand(e). petit(e). mince.
Il Elle	(n') est			

Hair colour and style

J'ai Il a Elle a	les cheveux	blonds blancs noirs marron foncés	et	courts. longs. moyens. raids. frisés.
. . . aux cheveux				

Eye colour

J'ai Il a Elle a	les yeux	bleus. gris. verts. bruns. noirs.
... aux yeux		

Other features

Il	a	une barbe. une moustache.
	est	chauve.

Wearing glasses, earring(s), necklace

Je Il Elle	porte	des lunettes. une(des) boucle(s) d'oreille. un collier.

Your impressions of someone or something

avoir l'air	*to seem, look*
Il a l'air sympa.	*He seems pleasant.*
Elle a l'air intelligente.	*She seems clever.*
Ce livre a l'air intéressant.	*This book looks interesting.*
sembler	*to seem*
Le chien semble avoir faim.	*The dog seems hungry.*
Il semble être plus âgé.	*He seems older.*

Les vêtements

un anorak	*anorak*
les bas (m.pl.)	*stockings*
un blouson	*casual jacket*
un bonnet	*woolly hat*
des bottes (f.pl.)	*boots*
une casquette	*cap*
un chapeau	*hat*
des chaussettes (f.pl.)	*socks*
des chaussures (f.pl.)	*shoes*
une chemise	*shirt*
un chemisier	*blouse*
un collant	*tights*
un complet	*suit, outfit*
une costume	*men's suit*
une cravate	*tie*
une écharpe	*long, woolly scarf*
un ensemble	*ladies suit*
un foulard	*scarf (headscarf)*
des gants (m.pl.)	*gloves*
un gilet	*waistcoat*
un imperméable	*raincoat*
un jean	*pair of jeans*
une jupe	*skirt*
un maillot (de bain)	*swimming costume*
un manteau	*coat*
un mouchoir	*handkerchief*
un pantalon	*pair of trousers*
un pardessus	*overcoat*
un pullover	*pullover*
un pyjama	*pyjamas*
une robe	*dress*
un short	*pair of shorts*
un slip	*pants*
un soutien-gorge	*bra*
un sweat-shirt	*sweatshirt*
un tailleur	*ladies' suit*
un tricot	*knitted top*
un T-shirt	*T-shirt*
une veste	*jacket*
un vêtement	*article of clothing*

Les couleurs

noir	*black*	rouge	*red*
blanc	*white*	jaune	*yellow*
bleu	*blue*	blond	*blonde*
vert	*green*	marron*	*brown*
brun	*brown*	clair	*light*
gris	*grey*	foncé	*dark*

* *marron* is invariable.

On rencontre des gens

Formal introductions

Je vous présente . . .	*I'd like to introduce . . .*
Enchanté(e). Heureux (-euse) de faire votre connaissance.	*Pleased to meet you.*

Informal introductions

Vous connaissez . . . (Tu connais . . .) ?	*Do you know . . . ?*
Voici . . .	*This is . . .*
Bonjour . . .	*Hello . . .*
On peut se tutoyer.* On peut se dire «tu».	*We can call each other 'tu'.*
Est-ce que je peux te tutoyer?	*Can I call you 'tu'?*
D'où venez-vous?	*Where are you from?*

Friends

un(e) ami(e)	*close friend*
un(e) camarade	*friend, classmate*
un copain (une copine)	*friend*
un(e) petit(e) ami(e)	*boy-(girl-) friend*

Greetings

A bientôt.	*See you soon.*
A ce soir/demain/samedi.	*See you this evening/ tomorrow/on Saturday.*
A tout à l'heure!	*See you later!*
A un de ces jours!	*See you around!*
Au revoir.	*Goodbye.*
Soyez le(la) bienvenu(e)!	*Welcome!*
Bonjour!	*Hello!/Good morning.*
Bonne nuit!	*Good night!*
Bonsoir!	*Good evening!*
Ça va?	*How are you?*
Comment ça va? Comment vas-tu? Comment allez-vous?	*How are things?*
Ça va.	*Okay.*
Pas mal.	*Not bad.*
Bien, merci.	*Fine, thanks.*
Et toi/vous?	*How about you?*
faire la bise*	*to kiss someone on both cheeks*
Salut!	*Hello!/Hi!*

Special occasions

A votre santé!	*Cheers!*
Bonne/Heureuse année!	*Happy New Year!*
Bon anniversaire!	*Happy Birthday!*
Bon appétit!	*Enjoy your meal!*
Bonne chance!	*Good luck!*
Bonne fête!	*Best wishes on your Saint's day!*
Bonne fin de séjour!	*Enjoy the rest of your stay!*
Bon voyage!	*Have a good journey!*
Bon retour!	*Have a good journey back!*
Bon week-end!	*Have a good weekend!*
Félicitations!	*Congratulations!*
Joyeux Noël!	*Happy Christmas!*

Arranging to see someone again

On pourrait peut-être se revoir?	*Perhaps we could see each other again.*
Tu es libre ce soir?	*Are you free this evening?*
Tu fais quelque chose samedi?	*Are you doing anything on Saturday?*

Accepting or declining

Oui, je veux bien. Merci, c'est gentil. Oui, avec plaisir.	*Yes, I'd like to.*
Euh . . . je ne sais pas.	*I'm not sure.*
C'est un peu difficile.	*It's a bit difficult.*
Je vais en parler à . . .	*I'll ask . . .*
Désolé(e), mais je ne suis pas libre.	*Sorry, I'm not free.*
Je te remercie, mais je ne peux pas.	*Thank you, but I can't manage it.*

Difficulties

Comment?	*Sorry, what was that? Pardon?*
Je suis désolé(e), mais je ne comprends rien.	*I'm sorry, but I don't understand a word.*
Excusez-moi, je n'ai pas compris.	*Excuse me, I didn't catch that.*
Je ne comprends pas très bien.	*I don't understand that very well.*
Pouvez-vous parler plus lentement/plus fort, s'il vous plaît?	*Can you please speak more slowly/louder?*
Pouvez-vous répéter ça, s'il vous plaît?	*Can you say that again please?*
Comment? Pardon?	*What was that? Sorry?*
Pouvez-vous m'expliquer le mot «...», s'il vous plaît?	*Can you explain what the word "..." means, please?*
«...», qu'est-ce que ça veut dire, en anglais?	*"...", what's that in English?*
Pouvez-vous écrire/épeler ça, s'il vous plaît?	*Can you write it out/spell it out, please?*

Asking for help

Comment est-ce qu'on dit «...» en français?	*How do you say "..." in French?*
Ça s'appelle comment en français?	*What's that in French?*
Et ça s'écrit comment?	*And how is that spelt?*
Pouvez-vous corriger mes fautes, s'il vous plaît?	*Can you please correct my mistakes?*
Je ne sais pas le mot en français.	*I don't know the French word.*
C'est trop compliqué!	*It's too difficult!*
Avez-vous un dictionnaire?	*Do you have a dictionary?*

Polite phrases

Merci (beaucoup).	*Thank you (very much).*
De rien. Il n'y a pas de quoi.	*It's nothing.*
C'est (très) gentil de ta/votre part.	*It's (very) kind of you.*
. . . s'il vous (te) plaît.	*. . . please.*
Je (t') vous invite.	*Be my guest.*
Je vous en prie.	*It's a pleasure.*

Pour parler du caractère de quelqu'un

agréable	*pleasant*
agressif (-ve)	*aggressive*
aimable	*kind, likeable*
ambitieux (-euse)	*ambitious*
amusant	*fun*
bête	*stupid*
calme	*quiet*
courageux (-euse)	*brave*
difficile	*difficult*
drôle	*funny*
égoïste	*selfish*
fier (-ière)	*proud*
généreux (-euse)	*generous*
gentil	*nice*
honnête	*honest*
impatient	*impatient*
indépendant	*independent*
intelligent	*intelligent*
jaloux (-ouse)	*jealous*
méchant	*naughty, bad, spiteful*
paresseux (-euse)	*lazy*
patient	*patient*
sensible	*sensitive*
sérieux (-euse)	*serious*
sociable	*sociable*
sportif (-ve)	*sporty, athletic*
sympathique	*nice*
timide	*shy*

C'est un imbécile.	*(S)he's an idiot.*
Quel imbécile!	*What a fool!*
Il/Elle a mauvais caractère.	*(S)he's an unpleasant character.*

A la campagne

agricole	*agricultural*
un arbre	*tree*
un berger	*shepherd*
un bois	*wood*
le bord	*edge*
une branche	*branch*
un buisson	*bush*
un camping	*campsite*
un champ	*field*
une colline	*hill*
une étable	*stable*
une ferme	*farm*
un fermier	*farmer*
une feuille	*leaf*
une fleur	*flower*
un fleuve	*river*
la forêt	*forest*
un fruit	*fruit*
la gorge	*ravine*
le grenier	*hay loft*
les grottes (f.pl.)	*caves*
la haie	*hedge*
l' herbe (f)	*grass*
un insecte	*insect*
un lac	*lake*
un légume	*vegetable*
la lune	*moon*
la mer	*sea*
une montagne	*mountain*
la nature	*nature*
un ouvrier agricole	*farm-worker*
un parc régional naturel	*regional park*
le paysage	*countryside*
un paysan	*countryman, peasant*
la pêche	*fishing*
la plage	*beach*
une plante	*plant*
en plein air	*in the open air*
une prairie	*meadow*
une randonnée	*ramble, hike*
une rivière	*river*
un rocher	*rock*
sauvage	*wild*
un sentier	*path*
les vendanges (f.pl.)	*grape harvest*
un verger	*orchard*
un vignoble	*vineyard*
un village	*village*

Les animaux et les oiseaux

un agneau	*lamb*
un canard	*duck*
un cheval	*horse*
une chèvre	*goat*
un cochon	*pig*
un lièvre	*hare*
un mouton	*sheep*
une oie	*goose*
un oiseau	*bird*
une poule	*hen*
un renard	*fox*
un serpent	*snake*
un taureau	*bull*
une vache	*cow*
un veau	*calf*

Votre ville, votre région

C'est une	grande petite	ville	administrative. industrielle. historique. touristique. importante. de province.

C'est une ville moyenne.

... au bord de la mer.		
... située dans	le nord le sud l'est l'ouest le centre	de l'Angleterre. de l'Écosse. de l'Irlande. du pays de Galles.

C'est un	grand petit	village dans	le Yorkshire. le Somerset. le Sussex. *etc.*

C'est près de ...

C'est à ... kilomètres (milles) de ...

Il y a environ ... habitants.

A ... il y a Près de ... il y a Comme distractions, il y a	une bibliothèque. une cathédrale. un centre commercial. un château. un cinéma. un complexe sportif. une discothèque. de grands magasins. un jardin public. une maison de la culture. un (grand) marché. des monuments historiques. un musée. un (grand) parc. une patinoire. une piscine. un stade. un terrain de sports. un théâtre. une université.

En ville

Asking for directions

Pardon	Monsieur, Madame, Mademoiselle,	pour aller	à la gare à l'office de tourisme au commissariat		s'il vous plaît?
		est-ce qu'il y a	un café une piscine	dans le quartier près d'ici	

Understanding directions

Continuez tout droit.	*Go straight on.*
Prenez la première rue à droite/à gauche.	*Take the first road on the right/left.*
Prenez la deuxième rue à droite/à gauche.	*Take the second road on the right/left.*
Continuez jusqu'aux feux.	*Go on to the traffic lights.*
Au carrefour, tournez à droite/à gauche.	*At the crossroads, turn right/left.*
C'est en face du grand magasin.	*It's opposite the department store.*
là-bas	*over there*

Points of reference

au carrefour	*at the crossroads*
au coin	*at the corner*
au passage à niveau	*at the level crossing*
au pont	*at the bridge*
au rond-point	*at the roundabout*
aux feux	*at the traffic-lights*
Vous passerez devant un cinéma.	*You'll pass a cinema.*

Describing distance

C'est tout près.	*It's very near.*
C'est près de ...	*It's near the ...*
C'est assez loin.	*It's quite a way.*
C'est loin.	*It's some distance.*
C'est très loin.	*It's a very long way away.*
C'est près d'ici?	*Is it near here?*
C'est loin?	*Is it far?*
C'est à deux kilomètres.	*It's two kilometres away.*
C'est à dix minutes d'ici.	*It's ten minutes from here.*
C'est à 500 mètres environ.	*It's about 500 metres away. (approx. one third of a mile)*
C'est à cinq minutes à pied.	*It's five minutes on foot.*
Vous en avez pour dix minutes de marche.	*You've got about a ten-minute walk.*

In town

le boulevard périphérique	*ring road*
le panneau	*sign*
le passage cloûté	*pedestrian crossing*
le passage souterrain	*subway*
la place	*square*
le refuge	*central reservation*
la rue (principale)	*(main) street*
le sens unique	*one-way system*
le trottoir	*pavement*
la voie piétonne	*pedestrian precinct*

Describing position

C'est après la station-service.	*It's after the petrol station.*
C'est avant le supermarché.	*It's before the supermarket.*
C'est à votre droite/gauche.	*It's on your right/left.*
C'est droit devant vous.	*It's right in front of you.*

à (au, à l' 'à la, aux)	*to, at*
à côté de	*next to, beside*
à l'intérieur de	*inside*
au bout de	*at the end of*
au coin de	*at the corner of*
au dessous de	*below*
au dessus de	*above*
au milieu de	*in the middle of*
contre	*against*
dans	*in*
de (du, de l', de la, des)	*from*
devant	*in front of*
derrière	*behind*
en face de	*opposite*
entre	*between*
sous	*under*
sur	*on*

A la maison

Type of accommodation

un appartement (de grand standing)	*(luxury) flat*
un bâtiment	*building*
une chambre	*room*
une cité	*housing estate residence*
une ferme	*farmhouse*
un gîte	*self-catering accommodation (usually in the country)*
un HLM	*Council flat*
un immeuble	*block of flats*
une maison	*house*
un pavillon	*detached house*
un studio	*bed-sitter*
meublé	*furnished*
vide	*unfurnished*
(tout) aménagé	*(fully) furnished equipped*

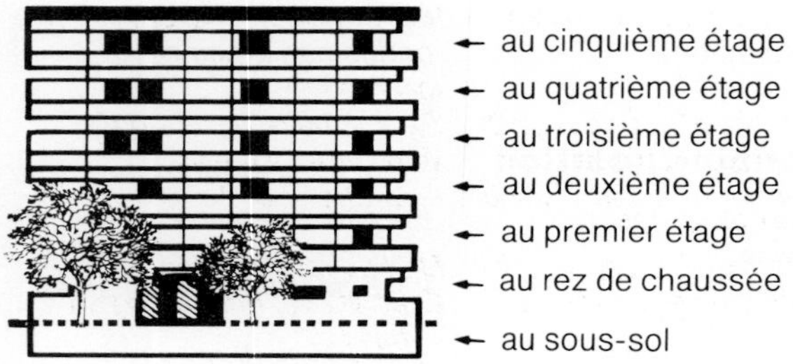

Location

dans la banlieue	*in the suburbs*
dans la ville même	*in the town*
au centre-ville	*in the centre of town*
un quartier	*district*
à ... kilomètres de ...	*... kilometres from*

Details of accommodation

un ascenseur	*lift*
un balcon	*balcony*
un cabinet de toilette	*washing facilities*
une cave	*cellar*
une chambre	*room*
un coin cuisine	*cooking area*
une cuisine	*kitchen*
une douche	*shower*
l' escalier (m)	*staircase*
un garage	*garage*
un grenier	*loft, attic*
un palier	*landing*
une pièce	*room*
une salle à manger	*dining-room*
une salle de bains	*bathroom*
la salle d'eau (les W.-C.)	*toilet*
une salle de séjour	*living-room*
un salon	*lounge*
un vestibule	*hall*

Furniture and fittings

une armoire	*wardrobe*
un aspirateur	*vacuum cleaner*
une baignoire	*bath*
une bibliothèque	*bookcase*
un buffet	*sideboard*
un canapé	*sofa*
une chaise	*chair*
le chauffage central	*central heating*
une cheminée	*chimney*
une commode	*chest of drawers*
un congélateur	*deep freeze*
une cuisinière (électrique/à gaz)	*cooker*
un évier	*sink*
un fauteuil	*armchair*
un fer à repasser	*iron*
un four	*stove, oven*
une lampe	*lamp*
un lavabo	*wash-basin*
un lave-vaisselle	*dishwasher*
un lit	*bed*
une machine à laver	*washing-machine*
la moquette	*fitted carpet*
le mur	*wall*
un placard	*cupboard*
le plafond	*ceiling*
le plancher	*floor*
une porte	*door*
une prise de courant	*electric point*
un radiateur	*radiator*
un rayon	*shelf*
un réfrigérateur	*refrigerator*
un rideau	*curtain*
un robinet	*tap*
un tapis	*carpet*
un tiroir	*drawer*
le toit	*roof*
un volet	*shutter*

Kitchen utensils

une assiette	*plate*
un bol	*bowl*
une carafe à eau	*water jug*
une casserole	*saucepan*
des ciseaux (m.pl.)	*scissors*
une clé (clef)	*key*
un couteau	*knife*
une cuillère	*spoon*
une fourchette	*fork*
un ouvre-boîte	*tin-opener*
un plateau	*tray*
une poêle	*frying pan*
une poubelle	*dustbin*
une tasse	*cup*
une soucoupe	*saucer*
un verre	*glass*

Bedding and linen

une couverture	*blanket*
un dessus de lit	*bedspread*
des draps (m.pl.)	*sheets*
une housse	*duvet cover*
le linge	*bed-linen*
une nappe	*table-cloth*
un oreiller	*pillow*
une serviette	*towel*
un torchon	*tea-towel*

Le transport urbain

s'arrêter	*to stop*
un arrêt d'autobus	*bus-stop*
l'arrière (f)	*rear, back*
arriver	*to arrive*
un autobus	*bus*
la barrière	*barrier*
un billet	*ticket*
le bureau de renseignements	*information-office*
un carnet	*book of 'métro' tickets*
changer	*to change*
le chauffeur	*driver*
la correspondance	*connection*
défense de	*forbidden to*
le départ	*departure*
dernier	*last*
descendre	*to get off*
(en) deuxième classe	*(by) second-class*
direct	*direct*
la direction	*direction*
le guichet	*booking-office*
les heures de pointe (f.pl)	*rush-hour*
l'horaire (m)	*timetable*
la ligne	*line*
le machiniste	*bus-driver*
manquer	*to miss*
le métro	*métro*
monter	*to get on*
le numéro	*number*
obligatoire	*compulsory*
une place	*place, seat*
premier	*first*
prochain	*next*
le quai	*platform*
le receveur	*conductor*
la sortie	*exit*
une station de métro	*'métro' station*
tarif unique	*flat-rate fare*
un taxi	*taxi*
terminer	*to end*
le train	*train*
le trajet	*journey*
traverser	*to cross*
valable	*valid*
la voie	*platform*
le voyage	*journey*
un voyageur	*traveller*

On peut y aller en métro/en autobus?	*Can you go there by 'métro'/by bus?*
Est-ce qu'il y a une station de métro/un arrêt d'autobus près d'ici?	*Is there a 'métro' station/bus stop near here?*
La station la plus proche, c'est ...	*The nearest station is ...*
Pour aller à ..., c'est quel autobus?	*To go to ..., which bus is it?*
..., c'est combien de tickets?	*How many tickets for ...?*
C'est quelle direction?	*Which direction is it?*
C'est quelle station pour ...?	*Which station is it for ...?*
C'est direct?	*Is it direct?*
Est-ce qu'il faut changer?	*Do you have to change?*
Le dernier métro/le dernier autobus, c'est à quelle heure?	*What time is the last 'métro'/bus?*
On descend ici, pour ...?	*Do I get off here for ...?*
Pardon, je descends ici.	*Excuse me, I'm getting off here.*
Est-ce que vous avez un plan du métro?	*Have you got a 'métro' map?*
Un carnet/un billet, s'il vous plaît.	*A book of tickets/a ticket please.*
J'ai manqué le dernier métro, alors je vais prendre un taxi.	*I've missed the last 'metro', so I'm taking a taxi.*
Où est-ce que je peux prendre un taxi?	*Where can I get a taxi?*
C'est à quelle heure le prochain train/le prochain autobus?	*When does the next train/bus leave?*
Il y a un train/un autobus tous les dix minutes.	*There's a train/bus every ten minutes.*

Les moyens de transport

un aéroglisseur (par l'...) — *(by) hovercraft*
une auto (en ...) — *(by) car*
un autobus (en ...) — *(by) bus*
un avion (en ...) — *(by) plane*
un bateau (en .../par le ...) — *(by) boat*
une bicyclette (à ...) — *(by) bicycle*
un camion (en ...) — *(by) lorry*
une camionnette (en ...) — *(by) van*
un car (en ...) — *(by) coach*
un car-ferry (par le ...) — *(by) car ferry*
un cyclomoteur (à ...) — *(by) moped*
un hélicoptère (en ...) — *(by) helicopter*
un hovercraft (par le ...) — *(by) hovercraft*
un hydroglisseur (par l'...) — *(by) hydrofoil*
le métro (en .../par le ...) — *(by) underground*
une motocyclette (à ...) — *(by) motorbike*
un taxi (en ...) — *(by) taxi*
un train (en .../par le ...) — *(by) train*
un vélo (à ...) — *(by) bicycle*
un vélomoteur (à ...) — *(by) motorbike (under 50cc)*

une voiture (en ...) — *(by) car*
aller à pied — *to go on foot*
faire de l'auto-stop
faire du stop — *to hitch-hike*

On prend le train

un aller et retour — *return ticket*
un aller simple — *single ticket*
s'arrêter — *to stop*
l'arrière (m) — *rear, back*
arriver — *to arrive*
les bagages (m.pl.) — *luggage*
la barrière — *barrier*
un billet — *ticket*
le buffet — *buffet*
le bureau de renseignements — *information-office*
changer — *to change*
le chemin de fer — *railway*
un compartiment — *compartment*
composter — *to date-stamp a ticket*
la consigne — *left luggage*
la correspondance — *connection*
une couchette — *sleeping berth*
le départ — *departure*
dernier — *last*
descendre — *to get off*
(en) deuxième classe — *(by) second-class*
direct — *direct*
enregistrer — *to register*
une excursion — *excursion*
un express — *regional train*
la fenêtre — *window*
fermer — *to close*
la gare SNCF — *French railway station*
le guichet — *booking-office*
les heures d'affluence (f.pl.) — *rush-hour*
l'horaire (m) — *timetable*
interdit — *forbidden*
un kilomètre — *kilometre*
libre — *free*
manquer — *to miss*
monter — *to get on*
non-fumeurs — *non-smoking*
une place — *place*
un porteur — *porter*
premier — *first*
prochain — *next*
le quai — *platform*
un rapide — *express inter-city train*
réserver — *to reserve*
en retard — *late*
le retour — *return journey*
une salle d'attente — *waiting room*
la SNCF — *French Railways*
la sortie — *exit*
un supplément — *supplement*
les toilettes — *toilets*
le train — *train*
le trajet — *journey*
valable — *valid*
la voie — *platform*
le voyage — *journey*
un voyageur — *traveller*
le wagon-restaurant — *dining-car*

Un aller simple pour Bordeaux, s'il vous plaît. — *A single ticket for Bordeaux, please.*
Un aller et retour, deuxième classe, pour Paris. — *A second-class return ticket to Paris.*
Un aller et retour, deuxième classe pour Lille, c'est combien? — *How much is a second-class return ticket to Lille?*
Est-ce qu'il y a un train vers midi? — *Is there a train around midday?*
Le train de 12h20 est déjà parti? — *Has the 12.20 train already left?*
Le prochain train part à quelle heure? — *When does the next train leave?*
Et il arrive à Paris à quelle heure? — *And at what time does it arrive in Paris?*
Est-ce qu'il y a un wagon-restaurant dans le train? — *Is there a dining-car in the train?*
Le train pour Paris part de quel quai? — *Which platform does the Paris train leave from?*
Je voudrais réserver une place. — *I'd like to reserve a place.*
Est-ce qu'il faut changer? — *Do you have to change?*
Il faut changer à Poitiers. — *You have to change at Poitiers.*

On voyage en avion

une aérogare	*air terminal*
un aéroport	*airport*
à l'arrière	*at the rear*
attacher les ceintures	*to fasten seat-belts*
atterrir	*to land*
l'atterrissage	*landing*
à l'avant	*at the front*
un avion	*plane*
un billet d'avion	*plane ticket*
le commandant de bord	*captain*
une compagnie aérienne	*airline*
décoller	*to take off*
l'équipage (m)	*plane crew*
une hôtesse de l'air	*air hostess*
une ligne aérienne	*air route*
le mal de l'air	*travel sickness*
un pilote	*pilot*
un pirate de l'air	*hijacker*
une porte	*gate*
le retard	*delay*
la salle d'embarquement	*boarding lounge*
survoler	*to fly over, around*
un vol	*flight*
voler	*to fly*

Un billet, classe touriste, s'il vous plaît.	*A tourist-class ticket, please.*
Le prochain avion pour Toulouse part à quelle heure?	*When does the next plane for Toulouse leave?*
Il faut attendre combien de temps?	*How long must I wait?*
Je voudrais une place dans la section non-fumeurs.	*I'd like a seat in the non-smoking section*
Je préfère être à l'arrière.	*I prefer to be at the rear.*
Où sont les chariots?	*Where are the luggage trolleys?*
Est-ce qu'il y a un vol pour Londres, aujourd'hui?	*Is there a flight to London today?*
Est-ce qu'il y a un car qui va à l'aéroport?	*Is there a coach to the airport?*
Est-ce que l'avion partira à l'heure?	*Will the plane be leaving on time?*
Pouvez-vous me confirmer l'heure du départ du vol AF503 à destination de Londres?	*Can you confirm the departure time of flight AF503 to London?*
Pouvez-vous me confirmer l'heure d'arrivée du vol BA618 provenance d'Édimbourg?	*Can you confirm the arrival time of flight BA618 from Edinburgh?*

Au garage

l'air (m)	*air*
s'arrêter	*to stop*
un(e) automobiliste	*motorist*
avancer	*to drive forward*
la batterie	*car battery*
un bidon d'huile	*can of oil*
un bruit	*noise*
une ceinture de sécurité	*seat-belt*
changer	*to change*
un(e) conducteur (conductrice)	*driver*
conduire	*to drive*
couper le moteur	*to switch the engine off*
l'eau (f)	*water*
l'essence (f)	*petrol*
essuyer	*to wipe*
les essuie-glaces (m.pl.)	*windscreen wipers*
éteindre	*to extinguish*
faire le plein	*to fill up with petrol*
freiner	*to brake*
les freins (m.pl.)	*brakes*
le garage	*garage*
garer	*to park*
l'huile (f)	*oil*
un instrument	*instrument*
le klaxon	*horn*
klaxonner	*to sound the horn*
un litre	*litre*
marcher	*to work*
la marque	*make*
le mécanicien	*mechanic*
le moteur	*engine*
le numéro d'immatriculation	*registration number*
ordinaire	*ordinary (2-star petrol)*
en panne	*broken-down*
le pare-brise	*windscreen*
les phares (m.pl)	*headlights*
un pneu (crevé)	*(burst) tyre*
un poids lourd	*heavy-goods lorry*
une portière	*car door*
la pression	*pressure*
le radiateur	*radiator*
reculer	*to reverse*
le rétroviseur	*rear-view mirror*
les réparations (f.pl.)	*repairs*
une roue de secours	*spare wheel*
rouler	*to drive*
la route	*road*
la route nationale	*main road, A-road*
une station-service	*petrol station*
stationner	*to park*
super	*4-star petrol*
vérifier	*to check*
la vitesse	*speed*
une voiture	*car*
le volant	*steering-wheel*

En famille

Au repas

Tu peux Vous pouvez	me passer	le pain le sucre le sel le poivre l'eau le vin les assiettes un verre le lait	s'il vous plaît?

Est-ce que je peux	avoir de l'eau		?
	goûter un peu de	ce fromage Roquefort ce vin ce pâté	

Encore	du potage de la viande de l'eau des légumes	?

Oui,	je veux bien. avec plaisir. s'il vous plaît.
Un (tout) petit peu, s'il vous plaît.	
Non, merci.	
Merci,	ça me suffit. j'en ai assez mangé.

Ça va? Est-ce qu'il y a quelque chose que vous n'aimez pas?

C'est C'était	délicieux. excellent. très bon.

J'aime (beaucoup) ...
Je regrette mais je n'aime pas beaucoup ...
Je n'aime pas tellement ...

A la maison

Où se trouve la salle de bains	s'il vous plaît?
Où sont les toilettes	

A quelle heure vous couchez-vous, d'habitude?
Je me couche vers ...
A quelle heure vous levez-vous, d'habitude?
Je me lève vers ...
Qu'est-ce que vous prenez d'habitude au petit déjeuner?
– Vous avez bien dormi?
– J'ai très bien dormi, merci.
Est-ce que je peux téléphoner à mes parents?
Est-ce qu'il y a du courrier/une lettre pour moi, aujourd'hui?
Qu'est-ce que je peux faire pour vous aider?
Est-ce que je peux vous aider?
(*Voir aussi la page 132*)

Vous avez besoin de quelque chose?

Est-ce que je peux avoir une serviette, s'il vous plaît?
Est-ce que je peux prendre ce livre dans ma chambre?
Est-ce que vous avez un séchoir?
Est-ce que je peux repasser quelque chose?
(*Voir aussi la page 129*)

J'ai oublié du Je n'ai plus de	dentifrice ... shampooing ... savon ...	... est-ce que je peux en prendre? ... est-ce que je peux en emprunter?

J'ai perdu Je ne trouve plus	ma brosse à dents. mon stylo.

Dites-nous si vous avez besoin de quelque chose.
J'ai besoin de cintres.
J'ai besoin de timbres – on peut en acheter demain?

Vous voulez sortir?

Est-ce que je peux sortir ce soir/samedi soir avec ...?
Il faut que je rentre à quelle heure?
A quelle heure devrais-je rentrer?

A la fin de votre séjour

J'ai passé	une (excellente) soirée une (excellente) journée	merveilleuse.
	des vacances merveilleuses.	
Je garderai un très bon souvenir de mon séjour en France.		
Merci	beaucoup. pour tout. pour votre hospitalité.	

La vie scolaire

Les matières scolaires

l'anglais (m)	*English*
les arts ménagers (m.pl.)	*domestic science*
la biologie	*biology*
la chimie	*chemistry*
la couture	*sewing*
la dactylo	*typing*
le dessin (industriel)	*(industrial) drawing*
l'éducation physique et sportive (E.P.S.) (f)	*P.E.*
l'espagnol (m)	*Spanish*
le français	*French*
la géographie	*geography*
le grec	*Greek*
l'histoire (f)	*history*
l'informatique (f)	*computer studies*
l'instruction civique (f)	*current affairs*
l'instruction religieuse (f)	*religious education*
une langue vivante	*a modern language*
une langue ancienne	*a classical language*
le latin	*Latin*
les mathématiques (maths) (f.pl.)	*maths*
la musique	*music*
la physique	*physics*
les sciences économiques et sociales (S.E.S) (f.pl.)	*social studies*
les sciences naturelles (sciences nat.) (f.pl.)	*natural science*
les sciences physiques (f.pl.)	*general science*
le travail manuel éducatif (T.M.E.)	*craft and technology*
le travail sur bois (métal)	*woodwork (metalwork)*

Les sports

l'athlétisme (m)	*athletics*
le football	*football*
la gymnastique	*gymnastics*
le hockey	*hockey*
la natation	*swimming*
le netball	*netball*
le rugby	*rugby*
le tennis	*tennis*

Les salles de classe

un atelier	*workshop*
la bibliothèque	*library*
le bureau (du directeur/de la directrice)	*(headmaster's/headmistress') study*
la cantine	*dining-hall*
le couloir	*corridor*
la cour	*school yard, grounds*
les courts de tennis/de netball	*tennis/netball courts*
le gymnase	*gymnasium*
le hall	*hall*
un laboratoire (de langue)	*(language) laboratory*
une salle de classe	*classroom*
la salle des profs	*staffroom*
le terrain de sports/de football/de rugby	*sports/football/rugby ground*
les toilettes	*toilets (f.pl.)*
le vestiaire	*cloakroom*

Le personnel

le concierge	*caretaker*
le/la directeur/directrice	*headmaster/headmistress*
le/la documentaliste	*information officer/librarian*
l'instituteur/institutrice	*primary teacher*
le professeur	*teacher*
la secrétaire	*secretary*
un(e) surveillant(e)	*student who supervises pupils during school hours*

Le matériel scolaire

un bic	*Biro*
un cahier	*exercise book*
un cahier de brouillon	*jotter, rough book*
une calculatrice	*calculator*
un carnet	*notebook, pupil's record book*
la craie	*chalk*
une feuille	*sheet of paper*
une gomme	*rubber*
un livre	*book*
un magnétophone	*tape-recorder*
un manuel	*textbook*
un micro-ordinateur	*microcomputer*
le papier	*paper*
un stylo	*pen*
le tableau	*board*

L'organisation

apprendre	*to learn*
le baccalauréat (le bac)	*equivalent to A-level examination*
un collège	*school for 11–16 year olds*
un cours	*lesson*
un(e) demi-pensionnaire	*pupil who has lunch at school*
les devoirs (m.pl.)	*homework*
échouer à un examen	*to fail an exam*
une école maternelle/primaire	*nursery/primary school*
un(e) élève	*pupil*
un emploi du temps	*timetable*
l'étude (f)	*study period*
être reçu à un examen	*to pass an exam*
facultatif (-ve)	*optional*
les heures de permanence (les permes) (f.pl.)	*free period*
un(e) interne	*boarder*
un lycée	*school for 16–19 year olds*
une note	*mark*
le niveau	*level*
obligatoire	*compulsory*
passer un examen	*to take an exam*
la récréation	*break*
la rentrée scolaire	*return to school*
une retenue	*detention*
la sonnerie	*bell*
un trimestre	*term*
les vacances scolaires (f.pl.)	*school holidays*

La routine journalière

aller à l'école (au travail)	*to go to school (to work)*
se coucher	*to go to bed*
déjeuner	*to have lunch*
se déshabiller	*to get undressed*
dormir	*to sleep*
goûter	*to have afternoon tea*
s'habiller	*to get dressed*
se laver	*to get washed*
se lever	*to get up*
prendre un bain (une douche)	*to take a bath (a shower)*
prendre son petit déjeuner	*to have breakfast*
rentrer	*to return home*
se réveiller	*to wake up*

Les repas

le déjeuner	*lunch*
le dîner	*dinner*
le goûter	*tea*
la pause-café	*coffee-break*
le petit déjeuner	*breakfast*

Pour acheter des provisions

Les magasins

une alimentation	*grocer's, general food shop*
une boucherie	*butcher's*
une boulangerie	*baker's*
une boutique	*small shop*
une charcuterie	*pork butcher's, delicatessen*
une confiserie	*confectioner's, sweet shop*
une crémerie	*dairy (and grocer's)*
une épicerie	*grocer's*
un hypermarché	*hypermarket*
un grand magasin	*department store*
un magasin	*shop*
le marchand de légumes / le marchand de fruits	*greengrocer*
un marché	*market*
une pâtisserie	*cake shop*
une poissonnerie	*fish shop*
un supermarché	*supermarket*
un traiteur	*caterer, delicatessen*

Les quantités

un kilo de	*a kilo of*
un demi-kilo de / 500 grammes de / une livre de	*a pound of*
un morceau de	*a piece of*
une portion de	*a portion of*
une rondelle de	*a round slice (of continental sausage)*
une tranche de	*a slice of (ham, pâté etc.)*

Les mots descriptifs

assaisonné	*seasoned*
beau	*beautiful*
bon	*good*
dur	*hard*
fade	*tasteless*
fort	*strong*
frais, fraîche	*fresh*
léger, légère	*light*
mauvais	*bad*
mûr	*ripe*
piquant	*spicy*
salé	*salt(y)*
sucré	*sweet, sweetened*
tendre	*tender*

Expressions utiles

Vous

Je voudrais ...	*I should like ...*
Avez-vous ...?	*Have you ...?*
... s'il vous plaît.	*... please.*
Est-ce que vous vendez ...?	*Do you sell ...?*
Quel est le prix de ...?	*How much is ...?*
Avez-vous quelque chose de moins cher?	*Have you anything cheaper?*
Mettez-moi (aussi) ...?	*Give me ... (as well).*
Qu'est-ce que vous avez comme jambon?	*What kind of ham have you?*
Donnez-moi un morceau comme ça.	*Give me a piece like that.*
C'est combien?	*How much is it?*
Je prends/vais prendre ça.	*I'll take that.*
Ça fait combien?	*How much does it come to?*
C'est tout.	*That's all.*
Merci bien/beaucoup.	*Thank you very much.*
Avez-vous la monnaie de 100 francs?	*Have you got the change for 100 francs?*

Le marchand

Vous désirez?	*What would you like?*
Et avec ça?	*Something else?*
Vous voulez autre chose?	*Would you like anything else?*
Vous en voulez combien?	*How much do you want?*
Nous avons un grand choix de vins.	*We have a big choice of wines.*
C'est tout?	*Is that all?*
C'est tout ce qu'il vous faut?	*Is that all you need?*
Payez à la caisse, s'il vous plaît.	*Pay at the cash desk, please.*

A propos de la nourriture

Les provisions

le beurre	*butter*
les biscuits (m.pl.)	*plain biscuits*
le café	*coffee*
le chocolat	*chocolate, drinking chocolate*
la confiture	*jam*
la crème fraîche	*fresh cream*
l'eau minérale (f)	*mineral water*
le fromage	*cheese*
le gâteau	*cake*
l'huile (d'olive) (f)	*(olive) oil*
le jambon	*ham*
le lait (pasteurisé)	*milk (pasteurised)*
la moutarde	*mustard*
les œufs (m.pl.)	*eggs*
le pain	*bread*
le pâté	*meat paste*
les pâtes (f.pl.)	*pasta*
les nouilles	*noodles*
la pâtisserie	*pastry*
les petits gâteaux (m.pl.)	*sweet biscuits*
le poisson	*fish*
le poivre	*pepper*
le riz	*rice*
le sucre	*sugar*
le sel	*salt*
le thé	*tea*
le vin	*wine*
le vinaigre	*vinegar*

Les légumes

l'ail (m)	*garlic*
l'artichaut (m)	*artichoke*
l'aubergine	*aubergine*
la carotte	*carrot*
le champignon	*mushroom*
le chou	*cabbage*
le chou-fleur	*cauliflower*
le concombre	*cucumber*
les haricots verts (m.pl.)	*green beans*
la laitue	*lettuce*
un oignon	*onion*
les petits pois (m.pl.)	*peas*
le(s) poireau(x)	*leek(s)*
la pomme de terre	*potato*
le radis	*radish*
la salade	*(green) salad*

Les fruits

l'abricot (m)	*apricot*
l'ananas (m)	*pineapple*
la banane	*banana*
la cerise	*cherry*
le citron	*lemon*
la clémentine	*clementine*
la datte	*date*
la fraise	*strawberry*
la framboise	*raspberry*
la figue	*fig*
le melon	*melon*
l'orange (f)	*orange*
le pamplemousse	*grapefruit*
la pêche	*peach*
la poire	*pear*
la pomme	*apple*
la prune	*plum*
le raisin	*grape*
la tomate	*tomato*

La viande

l'agneau (m)	*lamb*
le bœuf	*beef*
le bifteck / le steack	*steak*
le mouton	*mutton*
le porc	*pork*
le poulet	*chicken*
le veau	*veal*
la volaille	*poultry*
la saucisse	*sausage (for cooking)*
le saucisson(sec)	*salami, continental sausage*
une rondelle de ~	*a slice of salami*

Pour décrire quelque chose

C'est fait avec ...	*It's made with ...*
C'est une sorte de ...	*It's a kind of ...*
C'est une spécialité de la région ...	*It's a local speciality ...*
C'est un peu comme ...	*It's a bit like ...*
C'est vraiment délicieux.	*It's really delicious.*
C'est assez piquant.	*It's quite spicy.*
C'est très léger.	*It's very light.*

Au café

Des boissons

une boisson alcoolisée	*alcoholic drink*
une boisson non-alcoolisée	*non-alcoholic drink*
une boisson gazeuse	*fizzy drink*
une bière	*beer*
un demi	*half a pint (draught beer)*
un café	*(black) coffee*
un (café) crème	*coffee with cream*
un café au lait	*coffee with milk*
un décafeiné	*decaffeinated coffee*
un express	*expresso coffee*
un grand café	*large cup of coffee*
un petit café	*small cup of coffee*
un chocolat chaud	*hot chocolate*
un cidre	*cider*
un citron pressé	*fresh lemon juice*
un Coca Cola	*Coke*
de l'eau minérale (f)	*mineral water*
un jus de fruit	*fruit juice*
un jus d'ananas	*pineapple juice*
un jus d'orange	*orange juice*
un jus de pamplemousse	*grapefruit juice*
un jus de tomate	*tomato juice*
du lait (m)	*milk*
une limonade	*lemonade*
une menthe à l'eau	*mint-flavoured drink (with water)*
un diabolo menthe	*mint-flavoured drink (with lemonade)*
un Orangina	*fizzy orange drink*
un Perrier	*Perrier water*
un thé	*tea*
un thé au lait	*tea with milk*
du vin blanc/rosé/rouge (m)	*wine (white, rosé, red)*

Les quantités

une bouteille	*bottle*
une carafe	*carafe*
une demi-bouteille	*half a bottle*
un quart (de vin rouge)	*quarter of a litre (of red wine)*
un verre	*glass*

Les casse-croûtes

une crêpe	*pancake*
un croissant	*croissant*
un croque-monsieur	*toasted cheese and ham sandwich*
des frites	*chips*
une gaufre	*waffle*
une glace	*ice cream*
~ au chocolat	*chocolate-flavoured*
~ aux noisettes	*hazelnut*
~ à la pistache	*pistachio*
~ à la vanille	*vanilla*
un hot-dog	*hot dog*
un œuf sur le plat	*fried egg*
une omelette	*omelette*
une pizza	*pizza*
un sandwich	*sandwich*
~ au fromage	*with cheese*
~ au jambon	*with ham*
~ au pâté	*with pâté*
~ au saucisson	*with continental sausage*

Expressions utiles

Est-ce que vous servez des plats chauds?	*Are you serving hot meals?*
Qu'est-ce que vous avez comme sandwichs?	*What sort of sandwiches do you have?*
Est-ce que je peux avoir de la monnaie pour . . .?	*Can I have some change for . . .?*
le téléphone	*the telephone*
le flipper	*the pin-ball machine*
le juke-box	*the juke box*
les jeux vidéo	*the video games*
Où sont les toilettes/W.-C., s'il vous plaît?	*Where are the toilets please?*
Je vous dois combien?	*How much do I owe you?*
C'est combien?	*How much is it?*
Le service est compris? / C'est service compris?	*Is the service charge included?*

Pour inviter quelqu'un à boire quelque chose

Je vous payerai un verre. / Je vous paie un verre. / Je vais te payer un verre.	*I'll buy you a drink.*
Viens, on va prendre/boire un pot!	*Let's go for a drink!*
A votre santé!	*Good health! Cheers!*
A la vôtre! / A la tienne!	*And to yours!*
Qu'est-ce que tu prends/ vous prenez?	*What will you have?*
Je t'invite. / Je vous invite.	*I'm paying.*

Le travail à la maison

aider à la maison	*to help at home*
essuyer	*to wipe up*
débarrasser la table	*to clear the table*
faire les courses	*to go shopping*
faire la cuisine	*to cook*
faire les lits	*to make the beds*
faire le ménage	*to do the housework*
faire le repassage	*to do the ironing*
faire la vaisselle	*to do the washing up*
laver la voiture	*to wash the car*
mettre la table	*to lay the table*
nettoyer	*to clean*
passer l'aspirateur	*to vacuum*
préparer les repas	*to prepare the meals*
ranger ses affaires	*to tidy up*
repasser	*to iron*
travailler dans le jardin	*to work in the garden*

Au restaurant

Lieux pour manger

un bistro	*small café*] *serving*
une brasserie	*large café*] *drinks/food*
un relais-routier	*transport café (often good value for money)*
un restaurant	*restaurant with waiter service*
un salon de thé	*tea-room*
un self-service	*self-service restaurant*

Le menu

la carte	*menu*
manger à la carte	*to eat from the menu*
le menu à prix fixe	*set price menu (limited choice)*
le plat du jour	*today's special dish*
la table d'hôte	*set meal (no choice)*

Les hors-d'œuvres

assiette anglaise (f)	*selection of ham and cold meats*
charcuterie (f)	*selection of cold meats*
consommé (m)	*thin soup*
crudités (f.pl.)	*raw vegetables*
escargots (m.p.)	*snails*
œuf mayonnaise (m)	*hard-boiled egg in mayonnaise*
pâté maison (m)	*home-made pâté*
potage (m)	*soup*

Les poissons

coquilles Saint-Jacques (f.pl.)	*scallops, usually cooked in wine*
crabe (m)	*crab*
crevettes (f.pl.)	*prawns*
fruits de mer (m.pl.)	*seafood*
hareng (m)	*herring*
homard (m)	*lobster*
huîtres (m)	*oysters*
morue (f)	*cod*
moules marinières (f.pl.)	*mussels cooked with white wine*
saumon (m)	*salmon*
truite (f)	*trout*

Les viandes

bifteck (m)	*beef steak*
canard (m)	*duck*
cervelle (f)	*brain*
coq au vin (m)	*chicken in red wine*
côte d'agneau/de porc (f)	*lamb/pork chop*
côtelette (f)	*cutlet*
escalope de veau (f)	*fillet of veal*
lapin (m)	*rabbit*
steak (m)	*steak*
~ bleu	*nearly raw*
~ saignant	*rare*
~ à point	*medium*
~ bien cuit	*well-done*
steak tartare	*raw chopped steak mixed with egg yolk and capers*

Les desserts

crème caramel (f)	*caramel custard*
fruits (m.pl.)	*fruit*
glaces (f.pl.)	*ice cream*
mousse au chocolat (f)	*chocolate mousse*
pâtisserie (f)	*cake*
tarte aux pommes (f)	*apple tart*
yaourt (m)	*yoghurt*

Vocabulaire général

le couvert	*cover charge*
la crème Chantilly	*whipped cream with sugar*
farci	*stuffed*
aux fines herbes	*with herbs*
garni	*served with a vegetable or salad*
au gratin	*crispy browned topping (breadcrumbs or cheese)*
hachis	*minced*
la moutarde	*mustard*
nature	*plain*
le poivre	*pepper*
pommes (de terre) vapeur	*steamed potatoes*
pommes (de terre) sautées	*sauté potatoes*
pommes (de terre) provençale	*potatoes with tomatoes, garlic etc.*
ragoût	*stew*
rôti	*roast*
de saison	*in season*
salade verte/composée	*green/mixed salad*
la sauce vinaigrette	*French dressing (for salad)*
le sel	*salt*
un vin doux	*sweet wine*
un vin sec	*dry wine*
volaille (f)	*poultry*